RYSZARD KUKLIŃSKI
ŻYCIE ŚCIŚLE TAJNE

BENJAMIN WEISER

RYSZARD KUKLIŃSKI

ŻYCIE ŚCIŚLE TAJNE

Z angielskiego przełożył
Bohdan Maliborski

Świat Książki

Tytuł oryginału

A SECRET LIFE
The Polish Officer, His Covert Mission, and the Price He Paid to Save His Country

Wydawca
Daria Kielan

Redaktor prowadzący
Tomasz Jendryczko

Redakcja
Kazimierz Stembrowicz

Konsultacja
dr Paweł Kowal

Redakcja techniczna
Julita Czachorowska

Korekta
Jolanta Spodar
Anna Sidorek

Źródła ilustracji
archiwum Ryszarda Kuklińskiego oraz David Forden, Alan Goldfarb,
„L'Osservatore Romano"

Świat Książki
Warszawa 2014

Świat Książki Sp. z o.o.
02-103 Warszawa, ul. Hankiewicza 2

Księgarnia internetowa: Fabryka.pl

Skład
Piotr Trzebiecki

Druk i oprawa
Białostockie Zakłady Graficzne S.A.

Dystrybucja
Firma Księgarska Olesiejuk sp. z o.o., sp. k.a.
05-850 Ożarów Mazowiecki, ul. Poznańska 91
e-mail: hurt@olesiejuk.pl, tel. 22 721 30 00
www.olesiejuk.pl

ISBN 978-83-7943-630-9
Nr 90093436

Dla Dorothy

Drogi Danielu

...chcę Cię zapewnić, że również jestem świadom wielkiej potrzeby wyrwania z mrocznej otchłani szczelnie zamkniętego systemu komunistycznego wszystkiego, co nie służy sprawom pokoju na świecie i wolności narodów.

Z tym przekonaniem jeszcze raz pragnę potwierdzić gotowość służenia wspólnej sprawie do kresu swych sił i możliwości...

Twój
P.V.

Z listu płk. Ryszarda J. Kuklińskiego do CIA
22.09.1980

Spis treści

Przedmowa do wydania polskiego – Jan Nowak-Jeziorański 9
Wstęp 11
Wstęp do wydania polskiego 16

Prolog 17
I Przekroczenie granic 21
II Ziemia niczyja 40
III Podwójne życie 62
IV Oddawanie ciosów 87
V Mało brakowało 115
VI Na cienkim lodzie 131
VII Zapowiedź zmian 153
VIII Z mrocznej otchłani 170
IX Przygotowania do zdławienia „Solidarności" 205
X „Wszystko wskazuje na koniec mojej misji" 237
XI Patriota czy zdrajca? 258
XII Powrót 276
Posłowie 297

Bibliografia 299
Przypisy 301
Podziękowania 319
Indeks osób 323

Przedmowa do wydania polskiego

Pierwszy raz spotkałem się z Ryszardem Kuklińskim po jego przyjeździe do Stanów Zjednoczonych. Powiedział mi o nim Zbigniew Brzeziński. Razem pojechaliśmy do Pułkownika. Przebywał wtedy w Wirginii. Słyszał o mnie i chciał mnie poznać. Spotkanie odbyło się na jego życzenie. Można by więc rzec, że to on mnie wybrał. Żył w całkowitej izolacji. Wyznał, że musi mieć wśród Polaków ludzi, którym może ufać. Osoby, które nad nim czuwały, miały pewność, że Brzeziński i ja zachowamy całkowitą dyskrecję. Było to wtedy ich główne zmartwienie. Wiedzieli bowiem o próbach namierzenia Kuklińskiego.

Bardzo się zaprzyjaźniłem z Pułkownikiem. Opowiadał mi o swoich przeżyciach, zwierzał ze swoich trosk Zawsze się bałem, że nie wytrzyma – zwyczajnie dlatego, że dla każdego człowieka to, co on przeszedł, byłoby zbyt wielkim ciężarem do udźwignięcia.

Nie odpowiadał żadnym stereotypom. Od razu go polubiłem. Była w nim szczerość. Ufałem mu. Miał w sobie mnóstwo osobistego uroku. Miał dobre serce, był dobrym człowiekiem. I bardzo skromnym. Nie uważał, żeby dokonał czegoś nadzwyczajnego, choć przecież tak było.

Dzięki swojej pozycji w sztabie Ludowego Wojska posiadał pełny dostęp do tajnych planów operacyjnych Układu Warszawskiego. Wiedział, że jedną z sowieckich opcji było błyskawiczne uderzenie na Europę Zachodnią i całkowite jej zaskoczenie. Jedyną obroną dla Zachodu mogło być wówczas użycie taktycznych broni nuklearnych na obszarze Polski i Czechosłowacji – aby powstrzymać przerzut głównych sił sowieckich. Kukliński zdawał sobie sprawę, że to oznaczałoby zagładę ludności Polski.

Aby temu zapobiec, trzeba było odebrać Moskwie możliwość zaskoczenia. Dlatego też Pułkownik zaoferował Amerykanom gotowość szczegółowego informowania o przygotowaniach sowieckich. Przez dziesięć lat przekazywał im tysiące cennych dokumentów. Nie przyjmował za to żadnego wynagrodzenia. Kierował się jedynie pragnieniem ratowania Polski.

Za swoje czyny zapłacił bardzo wysoką cenę.

Szkoda, że Polacy nigdy nie poznali go bliżej, tak jak ja. To była jego tragedia, przeżywana bardzo boleśnie. Wierzył w siebie i w to, co czynił. Miał świadomość swoich intencji, ryzyka i poświęcenia, jakie towarzyszyło jego działaniom.

Ryszard Kukliński znajdzie właściwe sobie miejsce w historii. Bardzo mocno w to wierzę. Będzie fascynował historyków i publicystów, będzie się o nim dyskutować w przyszłości i, w końcu, zostanie powszechnie uznany za bohatera. Jestem przekonany, że w dłuższej perspektywie – zwycięży.

Jan Nowak-Jeziorański

Wstęp

Pułkownika Ryszarda Kuklińskiego poznałem w roku 1992 w pokoju hotelowym w Reston w Wirginii. Kiedy wszedłem, stał w rogu, pod oknem, z papierosem w ustach. Odwrócił się do mnie i powitał szerokim uśmiechem. Niewiele o nim wiedziałem. Wyczytałem, że był kluczowym podwładnym komunistycznego ministra obrony, Wojciecha Jaruzelskiego, i ważnym źródłem informacji dla Centralnej Agencji Wywiadowczej (CIA) o wydarzeniach z lat 1980–1981, które doprowadziły do wprowadzenia stanu wojennego i zdławienia niezależnego związku zawodowego „Solidarność". Tamtego dnia dowiedziałem się o czymś, o czym nie wiedział nikt spoza CIA: o tym, że przez 9 lat Kukliński współpracował z Zachodem w tajnej operacji o niespotykanym zasięgu i poziomie ryzyka, skierowanej przeciwko Związkowi Sowieckiemu i Układowi Warszawskiemu. Wyznał mi, że przekazał CIA dziesiątki tysięcy stron tajnych dokumentów. Zawierały informacje na temat sowieckiej strategii wojennej w Europie, nowych rodzajów broni, zamaskowanych schronów oraz planów dotyczących interwencji w Polsce. Jak przyznał później pewien funkcjonariusz CIA, materiały te „były podstawą, kamieniem milowym".

Pierwszy raz postanowiłem skontaktować się z Kuklińskim po przeczytaniu krótkiego fragmentu poświęconej CIA książki *Veil* Boba Woodwarda, opisującego jego rolę w dostarczeniu Amerykanom dokumentów dotyczących wprowadzenia stanu wojennego. Nie wiedząc, jak do niego dotrzeć, wysłałem mu list za pośrednictwem biura prasowego CIA. Agencja – nie bez powodu – pilnie strzegła Kuklińskiego, gdyż sąd wojskowy komunistycznej Polski skazał go zaocznie za zdradę na karę śmierci (wyrok później złagodzono do kary dwudziestu pięciu lat pozbawienia wolności). W tym czasie w Polsce obowiązywał nakaz aresztowania Kuklińskiego.

Podczas naszej pierwszej rozmowy Kukliński wyznał: „Myślę, że powinienem opowiedzieć o kulisach swojej działalności, o jej motywach, celach i konsekwencjach. Na tej podstawie osądzimy, na czym polegała moja «zdrada»".

Od początku było jasne, że motywy Kuklińskiego, który zajmował się w Sztabie Generalnym przygotowaniami do wojny z Zachodem, miały charakter ideologiczny. Był dumnym Polakiem żywiącym głęboką nienawiść do Związku Sowieckiego, który przejął kontrolę nad Polską pod koniec II wojny światowej, narzucając jej komunizm, i w efekcie uczynił z polskiej armii wasala Armii Czerwonej. Do roku 1972 42-letni wówczas Kukliński systematycznie awansował i wszystko wskazywało na to, że zostanie generałem. Tymczasem zdecydował się na niebywały krok, ryzykując własne życie, a także narażając na niebezpieczeństwo swoich bliskich. Chciałem się dowiedzieć dlaczego.

Tak rozpoczęła się seria niezwykłych wywiadów przeprowadzanych w anonimowych pokojach hotelowych i w domu Kuklińskiego na przedmieściach Waszyngtonu. Nigdy nie wiedziałem, skąd przyjechał ani dokąd pojedzie po naszej rozmowie, i nie znałem aktualnego nazwiska, którego używał w kontaktach zewnętrznych. Nasze spotkania organizowała CIA. Początkowo jej agenci byli obecni podczas wywiadów, jednak nie próbowali ingerować w wypowiedzi Kuklińskiego. (Kiedy zdecydowałem się napisać tę książkę, przez lata rozmawiałem z nim telefonicznie bądź osobiście bez udziału Agencji).

W roku 1992 opublikowałem dwa artykuły w „Washington Post" i „Post Magazine" opisujące działalność Kuklińskiego skierowaną przeciwko Związkowi Sowieckiemu i Układowi Warszawskiemu. W Polsce artykuły te stały się częścią gwałtownej debaty na temat znaczenia patriotyzmu. Zdradzając komunistyczne władze, Kukliński był patriotą czy zdrajcą? „Dzienniki poświęcają temu tematowi całe szpalty, w dyskusjach telewizyjnych prawie nie mówi się o niczym innym, a ludzie dyskutują o tym w tramwajach" – pisał mi z Warszawy kolega z „Washington Post", Blaine Harden.

Przygotowując tę książkę, zwróciłem się do CIA o udostępnienie mi wewnętrznych akt dotyczących tej sprawy. Zawierały telegramy i raporty sporządzane przez agentów CIA, zapiski ich rozmów z Kuklińskim oraz listy, które kierował do Agencji. Były w nich bieżące sprawozdania na temat jego trwającej wiele lat tajnej działalności, umożliwiające mi opisanie wydarzeń w porządku chronologicznym, poparte czymś więcej niż tylko wspomnieniami osób, które brały w nich udział. Przede wszystkim chciałem skupić się na ludzkim wymiarze tych działań – na relacjach między Kuklińskim a współpracującymi z nim Amerykanami. Na przykład dowiedziałem się o obszernej osobistej korespondencji pomiędzy Kuklińskim a „Danielem", jego „opiekunem" z CIA, któremu zwierzał się jak nikomu innemu – nawet członkom najbliższej rodziny.

Moja prośba doprowadziła do długich negocjacji z CIA na temat warunków udostępnienia tych dokumentów. Dzięki polityce otwartości zainicjowanej przez jej byłego dyrektora, Roberta M. Gatesa, i kontynuowanej przez jego następców, CIA udostępnia niekiedy akta osobom z zewnątrz, ale na ściśle określonych zasadach. Autor zostaje dokładnie sprawdzony i musi przedłożyć maszynopis książki przed jej wydaniem specjalnej komisji recenzującej, która może domagać się usunięcia fragmentów zagrażających bezpieczeństwu Stanów Zjednoczonych lub ujawniających metody pracy i źródła informacji Agencji.

Rozumiałem powody zastosowania tych procedur. W przypadku Kuklińskiego były one szczególnie uzasadnione, ponieważ sprawa była stosunkowo świeża, jednak nie chciałem, by CIA recenzowała i, prawdopodobnie, cenzurowała książkę przed jej wydaniem. Zaproponowałem, że zatrudnię do przejrzenia materiałów CIA osobę, która dysponowała stosowną przepustką. Jej notatki oraz wszelkie kopiowane dokumenty, zanim trafiłyby do mnie, byłyby przeglądane i – w razie konieczności – cenzurowane, bym mógł z nich później swobodnie korzystać. Innymi słowy, chciałem, by CIA była moim informatorem, który – jak każdy informator – może kontrolować przekazywane mi informacje, lecz nie ma wpływu na sposób ich wykorzystania.

Osobą, która miała przeszukiwać archiwa Agencji, był Peter Earnest, emerytowany agent CIA z 36-letnim stażem, który przez ponad dwadzieścia lat zajmował się operacjami tajnymi. Był też w swoim czasie szefem służb prasowych Agencji i jej rzecznikiem. Znał uwarunkowania pracy dziennikarzy, którzy cenili go za szczerość. Peter pracowałby dla mnie, stosując się oczywiście do przepisów obowiązujących w Agencji.

Wyłuszczyłem sprawę decydentom z CIA za pośrednictwem biura prasowego. Po długich namysłach Agencja ostatecznie wyraziła zgodę. W sumie Peter spędził ponad rok przy biurku w sekcji Związku Sowieckiego/Europy Wschodniej w Centrali CIA w Langley, zgłębiając zawartość dziesiątków pudeł i sporządzając około 750 stron notatek. Zawierały one obszerne fragmenty dalekopisów, okólników, listów oraz kopii dokumentów, a także jego własne opisy różnych kwestii dotyczących tej sprawy. Powstało z tego około siedemdziesięciu dokumentów w pomarańczowych, datowanych teczkach oznaczonych kryptonimem i numerem sprawy. Wiele z nich było na oryginalnym, cienkim papierze. Teczki zawierały również zdjęcia, plany sytuacyjne, mapy i rysunki miejsc przekazywania informacji i wykonywania innych tajnych zadań. „Czułem się trochę jak archeolog" – wspominał Peter. „Wiedziałem, że od dawna nikt ich nie dotykał". Jednak nie były to materiały z całkiem innej epoki. W miarę jak zagłębiał się w temat, często odwiedzali go agenci, którzy byli w jakiś sposób zaangażowani w tę sprawę.

Dokumenty, które ostatecznie otrzymałem, dały mi rzadką możliwość wejrzenia w kulisy operacji szpiegowskiej prowadzonej przez pojedynczego człowieka, w tym w jego pisma i listy, które przekazywał CIA przez dziewięć lat współpracy z Amerykanami. Materiały te w dużej mierze potwierdziły jego wcześniejsze, ustne wypowiedzi i dostarczyły mi wskazówek do dalszych dociekań.

Komisja recenzująca usunęła niewielką część dokumentów, które zostały mi przekazane, i nie sądzę, by miało to znaczący wpływ na końcowy kształt tej książki. Nie wszystkie z tych materiałów ukazują Agencję w korzystnym świetle, co wskazuje, że członkowie komisji zachowali obiektywizm. Jestem też przekonany, że szczegółowe rozmowy z Kuklińskim i innymi osobami pozwoliły mi wypełnić wiele luk. Naturalnie istniały ważne obszary, których nie mogłem w pełni zbadać. Ogólnie podpadały one pod kategorię „źródeł informacji i metod działania" Agencji. Jednak, po zapoznaniu się z całością materiałów, Peter Earnest stwierdził, że nie było w nich nic, co podważałoby główną tezę tej książki, że Kukliński działał z pobudek politycznych, gdyż wierzył, że przysłuży się w ten sposób ojczyźnie, i bardzo zaszkodzi Związkowi Sowieckiemu i Układowi Warszawskiemu. Książka ta jest zatem rodzajem eksperymentu, podobnie jak prace kilku innych autorów, którzy szukali sposobów na uniknięcie recenzji swoich prac przed ich wydaniem, by móc pisać poważnie i niezależnie, korzystając, między innymi, z archiwów CIA.

Być może nie ma bardziej kontrowersyjnej instytucji w Ameryce niż Centralna Agencja Wywiadowcza, przez lata poddawana uzasadnionej krytyce za planowanie zamachów na przywódców obcych państw, łamanie swobód obywatelskich, nieudolnie przeprowadzane operacje, błędy wywiadowcze oraz nieskuteczną walkę ze szpiegami działającymi na szkodę Stanów Zjednoczonych. Ostatnio ożyła dyskusja na temat efektywności działania amerykańskiego wywiadu, zwłaszcza po terrorystycznych atakach z 11 września i decyzji administracji Busha o interwencji w Iraku.

Casus Kuklińskiego to całkiem inna opowieść, pokazująca, że działania wywiadu mogą zakończyć się powodzeniem, gdy przeprowadza się je starannie i z wyobraźnią. Przykład ten ujawnia rzadko dostrzeganą stronę CIA – działania agentów inspirowanych zawiłością tajnych operacji, towarzyszącymi im emocjami oraz ideą służby publicznej. CIA stanowi pierwszy kontakt z Ameryką dla ludzi karmiących się wartościami Zachodu, takich jak Kukliński. Relatywnie do rozmiarów niepowodzeń działań Agencji Stany Zjednoczone tracą potężny instrument do zrozumienia narodów, rządów i ugrupowań wrogich Zachodowi.

W czasach, gdy ustępują zimnowojenne zagrożenia i gdy Rosja próbuje pogodzić swą komunistyczną przeszłość z niepewnymi dążeniami do wprowadzenia bardziej demokratycznego systemu, niekiedy trudno nam sobie przypomnieć, co oznaczała obecność wojsk sowieckich i państw Układu Warszawskiego na rubieżach Europy. Kukliński wskazał, że gdyby Sowieci zaatakowali Zachód, Stany Zjednoczone prawdopodobnie odpowiedziałyby uderzeniem broni jądrowej na sowieckie siły przemieszczające się przez terytorium Polski. Jego informacje wywiadowcze dały Zachodowi podstawy systemu wczesnego ostrzegania; dały je także – w jego przekonaniu – Polsce skazanej na klęskę w przypadku jakiegokolwiek sowieckiego ataku. „Nawet gdybyśmy wygrali, co byśmy zyskali?" – spytał podczas jednej z naszych rozmów.

Mimo że doszedł do wysokiego stanowiska w Sztabie Generalnym, Kukliński pozostał pod wieloma względami typowym Polakiem, obywatelem kraju, którego tradycje opierają się na symbolach heroizmu żołnierzy, roli Kościoła katolickiego i potędze niegdysiejszego imperium rozciągającego się na terenach Europy Centralnej i Wschodniej. Tradycje te przetrwały głównie jako mit, gdyż granice Polski ulegały nieustannym zmianom. Od schyłku XVIII wieku do roku 1918 Polska pozostawała pod zaborami Rosji, Prus i Austrii. W końcu wybiła się na niepodległość, by znów ją utracić w roku 1939 w wyniku inwazji hitlerowskich Niemiec, a następnie Sowietów. Historyk Simon Schama powiedział mi kiedyś, że Polacy postrzegają się widmowo jak polityczny hologram. „Raz są widzialni, raz niewidzialni. Wciąż mają poczucie, że ich narodowa tożsamość zależy od wewnętrznego sprzeciwu wobec tych, którzy mówią: Pozwolimy wam być narodem, pod warunkiem że będziecie naszym satelitą". Nawet za czasów komunizmu Polacy nigdy do końca nie przyjęli tej służalczej roli. Chodzili do kościoła. Wielu rolników zachowało prywatne gospodarstwa, opierając się naciskom kolektywizacji na wzór sowiecki. Polacy słuchali Radia Wolna Europa i wytrwale utrzymywali kontakty z przyjaciółmi lub krewnymi z Zachodu. Wiedzieli, że kiedyś ich kraj odzyska wolność, choć mieli świadomość, że nie stanie się to bez ich udziału w walce. Wierzył w to Kukliński, co pomaga zrozumieć, dlaczego zrobił to, co zrobił. Jego losy są bolesnym przypomnieniem tego, jak trudno było pozostać patriotą oficerowi ery komunizmu inspirowanemu zachodnimi wartościami.

Tamtego dnia, w pokoju hotelowym w Wirginii, Kukliński podkreślał, że nie postrzega się jako amerykański szpieg albo wtyczka. Zawsze miał poczucie, że działa dla dobra ojczyzny i że, w istocie, to on „zwerbował" Stany Zjednoczone do walki przeciwko komunistycznym władzom Polski i Związkowi Sowieckiemu.

„Na początku zadałem sobie pytanie, czy mam do tego moralne prawo" – wyznał. „Jestem Polakiem. Uważałem, że Polacy powinni być wolni i że Stany Zjednoczone są jedynym krajem mogącym wesprzeć nas w walce o wyzwolenie Polski. Z kolei przekazywałem im mnóstwo ważnych informacji i zawsze będzie powracać pytanie, czy człowiek ma prawo to robić, decydując o tym jedynie we własnym sumieniu, zwłaszcza gdy dotyczy to losów całego kraju i być może milionów jego obywateli. Był to dylemat, mój moralny dylemat, ale doszedłem do wniosku, że nie tylko mam do tego prawo, ale że jest to wręcz mój moralny obowiązek".

Benjamin Weiser
11 listopada 2003

Wstęp do wydania polskiego

Ryszard Kukliński zmarł 11 lutego 2004 r., kilka dni po rozległym wylewie. Dyrektor CIA, George Tenet, wydał publiczne oświadczenie, nazywając go człowiekiem pełnym pasji i odwagi, „prawdziwym bohaterem zimnej wojny, wobec którego wszyscy mamy dozgonny dług wdzięczności". W marcu, podczas uroczystości w ambasadzie polskiej w Waszyngtonie, ambasador Przemysław Grudziński określił go mianem patrioty, dla którego „ojczyzna była najwyższą życiową wartością … a jego oddanie sprawie nie znało granic". Zbigniew Brzeziński, były amerykański doradca do spraw bezpieczeństwa narodowego, stwierdził, że Kukliński zostanie zapamiętany jako postać historyczna, „bohater, który zaryzykował wszystko, by Polska była bezpieczna i by w końcu stała się wolna".

Prochy Kuklińskiego przewieziono do Polski. Pogrzeb odbył się 19 czerwca na dawnym cmentarzu wojskowym na Powązkach. W uroczystości wzięła udział wdowa po pułkowniku, Hanka, oraz tysiące Polaków – weteranów wojennych, byli premierzy Jerzy Buzek i Jan Olszewski, inni przedstawiciele byłych władz oraz ambasador Stanów Zjednoczonych, Christopher Hill. Przedstawiciele najwyższych władz polskich nie uczestniczyli w pogrzebie, jednak minister obrony przysłał wartę honorową i uroczystość odbyła się z pełnym ceremoniałem wojskowym. W następnych miesiącach tysiące osób odwiedziły grób pułkownika, pozostawiając znicze i kwiaty.

Benjamin Weiser
21 listopada 2004

Prolog

Czwartek, 4 grudnia 1980, godz. 22.00

Od wielu godzin w Warszawie sypał gęsty śnieg. Pułkownik Ryszard J. Kukliński jechał ostrożnie, wypatrując drogi w świetle reflektorów poprzez opadające płatki i starając się nie stracić panowania nad samochodem. Zimą w Warszawie przez oszczędność przyciemniano lampy uliczne, jednak on znał tę drogę na pamięć i nie potrzebował map ani znaków. Mimo to musiał jechać bardzo ostrożnie, bo gdy wycieraczki ledwo zgarnęły śnieg z szyby, ten znów ją pokrywał.

Był ubrany w gruby płaszcz i ciepłą, wełnianą czapkę, które skrywały krótkie blond włosy ostrzyżone na jeża i wojskowy mundur. Po drodze mijał nieliczne samochody i pieszych, ale ten śnieżny spokój był mylący. W Polsce rozgrywała się rewolucja. Zaledwie pięć miesięcy wcześniej robotnicy zaczęli organizować dzikie strajki, które szybko objęły setki fabryk w całym kraju. W sierpniu Lech Wałęsa, 36-letni elektryk z charakterystycznym wąsem i wybuchową, charyzmatyczną osobowością, przeskoczył przez żelazny płot Stoczni im. Lenina w Gdańsku i poprowadził tysiące robotników do historycznego strajku, który dał zaczątek „Solidarności", pierwszemu niezależnemu związkowi zawodowemu w Polsce.

Pod zdecydowanym naciskiem Moskwy komunistyczne władze próbowały zdławić ten robotniczy zryw. Ministerstwo Spraw Wewnętrznych (MSW) i Ministerstwo Obrony Narodowej (MON) przygotowały plany wprowadzenia stanu wojennego, aresztowań działaczy związkowych i przywrócenia porządku. Miała je wprowadzić w życie Służba Bezpieczeństwa (SB) przy wsparciu wojska. Czołgi i setki tysięcy żołnierzy sprawią, że plan zostanie zrealizowany szybko i brutalnie.

Mózgiem operacji mającej na celu wprowadzenie stanu wojennego był Sztab Generalny. W zwalistym, czteropiętrowym budynku w centrum Warszawy pracowała tam w największej tajemnicy niewielka grupa oficerów. Powierzono im koordynację działań wojska w dławieniu „Solidarności". Istniały tylko dwie kompletne kopie planów przechowywane w sejfie Sztabu Generalnego.

Jedną dysponował pułkownik Kukliński, cieszący się świetną opinią oficer sztabowy, członek wyselekcjonowanej grupy przygotowującej plany udziału wojska we wprowadzaniu stanu wojennego. Kukliński miał ponadtrzydziestoletnie doświadczenie w planowaniu operacji wojskowych, taktyki wojennej i ćwiczeń. Był wysoko ceniony przez ministra obrony, generała Wojciecha Jaruzelskiego, i ściśle współpracował z wyższymi oficerami naczelnego dowództwa Układu Warszawskiego w Moskwie.

Wydawało się, że jest wzorem lojalnego oficera, jednak prywatnie mierziła go myśl o planowanym ataku i zaangażowaniu w to wojska. Był Polakiem i nienawidził służalczej postawy polskich dowódców wobec Moskwy. Podziwiał odwagę i determinację Wałęsy i miał świadomość, że wielu członków „Solidarności" służyło kiedyś w wojsku, podobnie jak ich synowie i bracia. Tymczasem konfrontacja wydawała się nieunikniona. Od wielu dni oddziały sowieckie koncentrowały się na granicy z Polską. Jedyną niewiadomą było to, czy „Solidarność" zostanie zdławiona przez samych Polaków, czy poprzez interwencję z zewnątrz.

Kukliński mocno chwycił kierownicę swojego granatowego opla rekorda, skupiając się na plątaninie uliczek, które miały doprowadzić go do celu znajdującego się kilkaset metrów od domu. Jeździł już ponad godzinę, by mieć pewność, że nie śledzi go SB.

Skręcił w Wisłostradę, szeroki bulwar nad Wisłą, w jedną z nielicznych ulic, przy których zimą nie przygaszano oświetlenia. Zaczął odliczać mijane uliczne latarnie. Zwolnił, aż w końcu mocno nacisnął hamulec, tak że samochód zatoczył się na chodnik. Wyłączył silnik i wziął z tylnego siedzenia zawiniętą w celofan paczuszkę. Zawierała dwie kartki, na których opisał starannym charakterem pisma plany Moskwy dotyczące wprowadzenia za cztery dni osiemnastu sowieckich, czeskich i enerdowskich dywizji na terytorium Polski. Były to najściślejsze tajemnice państw Układu Warszawskiego. Kukliński, jedna z niewielu osób, które je znały, był gotów je ujawnić. Wysiadł z samochodu i zaczął odgarniać jedną ręką śnieg z przedniej szyby. Drugą rzucił paczuszkę na ziemię pod uliczną lampę.

Wrócił do domu, zaparkował samochód i poszedł do pobliskiego parku Traugutta. Schował się za kępą drzew. W oddali widział Wisłostradę i miejsce, w którym podrzucił zawiniętą w celofan paczuszkę. Wiedział, że wkrótce jego ślady przykryje śnieg. Modlił się w duchu, by jego znajomi przyjechali, zanim przysypie także paczuszkę. Czekał jakiś czas, drżąc za każdym razem, gdy z rzadka przejeżdżał tamtędy samochód.

Rozdział I

Przekroczenie granic

Pewnego sierpniowego dnia w roku 1972 niemiecki pracownik amerykańskiej ambasady w Bonn przeglądał poranną pocztę, gdy nagle jego uwagę przykuł list nadany pocztą lotniczą. Został wysłany trzy dni wcześniej, 11 sierpnia, z Wilhelmshaven, niemieckiego portu nad Morzem Północnym. Na kopercie widniał napis wypisany wielkimi literami granatowym flamastrem:

AMBASADA USA W BONN
EXPRESS

Urzędnik otworzył kopertę i znalazł w środku drugą, tym razem zaadresowaną do amerykańskiego attaché wojskowego. Zaniósł obydwie do jego gabinetu i wręczył chorążemu. Chorąży otworzył drugą kopertę, znalazł w niej list i przekazał go attaché wojskowemu, będącemu w tym czasie najwyższym rangą oficerem w ambasadzie. Oficer ten, palący fajkę pułkownik, przeczytał list i przeszedł do budynku od frontu ambasady, w którym urzędował szef komórki CIA.

Siedmiopiętrowa ambasada amerykańska w Bonn, zlokalizowana na południe od centrum miasta, z widokiem na Ren, została wzniesiona na podporach, które chronią ją przed powodziami. Pewien agent CIA opisał tę budowlę z lat pięćdziesiątych jako zwaliste koszary z wielkiej płyty. Pracowało tam kilkuset Amerykanów, z których jedna trzecia była agentami Centralnej Agencji Wywiadowczej. Placówka CIA w Bonn stanowiła ośrodek nadzorujący pracę mniejszych komórek w Hamburgu, Frankfurcie, Monachium i, oczywiście, w Berlinie, gdzie Wschód i Zachód pozostawały w najbliższej fizycznej bliskości i gdzie agenci mogli spotykać się ze swoimi informatorami, przepytywać ich i sprawdzać wiarygodność, patrząc im prosto w oczy.

Placówce w Bonn szefował John P. Dimmer Jr., rudowłosy, szczupły mężczyzna z Portland w stanie Maine. Był synem rybaka z Nowej Fundlandii, który – jak mawiał Dimmer – łowił w czasach ludzi z żelaza i kutrów z drewna. Miał pięćdziesiąt dwa lata i równie krzepki organizm, ale nie zamierzał zostać rybakiem jak jego ojciec. Pewny siebie i oczytany, w wieku dwunastu lat został mistrzem stanu Maine w ortografii. W roku 1942 zdobył dyplom inżyniera budownictwa wodnego i lądowego na uniwersytecie stanowym i zaciągnął się do wojska. Po II wojnie światowej był szefem obozu jenieckiego dla 10 000 niemieckich zbrodniarzy wojennych i osób podejrzanych. Objęcie placówki w Bonn stanowiło kulminację jego trwającej ponad dwadzieścia lat kariery w CIA, z których większość spędził za granicą.

W sierpniu, gdy większość Europejczyków przebywała na wakacjach, Dimmer i jego ludzie szykowali się na olimpiadę w Monachium, która miała się odbyć za kilka tygodni. Miały w niej uczestniczyć setki sportowców ze Związku Sowieckiego i państw bloku wschodniego. CIA wiedziała, że będą wśród nich szpiedzy KGB.

Tamtego ranka Dimmer był w swoim gabinecie, przeglądając przy biurku w kształcie litery „L" codzienną porcję dalekopisów i raportów, gdy zjawiła się sekretarka i zapowiedziała przybycie gościa. Do pokoju wszedł attaché wojskowy ambasady i wręczył Dimmerowi koperty. Ten podziękował mu i zaczął czytać list napisany odręcznie łamaną angielszczyzną[1].

Drogi Ser

Przepraszam za mój angielski.

Jestem zagraniczny MAF z Communistische Kantry. Chcę się spotkać (potajemnie) z oficerem armii USA (podpułkownikiem, pułkownikiem) 17, 18 albo 19.08 w Amsterdamie lub 21, 22 w Ostendzie.

Ma niedużo czasu. Jestem z moim towarzyszem i oni nie mogą wiedzieć[2].

Autor listu napisał, że zadzwoni do attaché wojskowego ambasady amerykańskiej po przybyciu do Amsterdamu. Dodał, że osoba, która odbierze telefon, „musi znać rosyjski albo polski". List podpisano „P.V".

Dimmer nie miał pojęcia, co kryły te inicjały, ale wysłał telegram do centrali CIA w Langley w Wirginii z sugestią, że Bonn powinno spróbować nawiązać kontakt z P.V. Dodał, że jego zdaniem tajemniczy „MAF" może oznaczać angielskie słowo „man" i że stempel pocztowy wskazuje, że autor listu jest marynarzem. Trasa jego podróży – Amsterdam, a następnie portowa Ostenda w Belgii – sugeruje, że porusza się w kierunku zachodnim. W jakim celu? Dimmer podejrzewał, że na jakąś imprezę sportową w jednym z tych miast, być może towarzyszącą olimpiadzie, jednak pobieżne rozpoznanie tematu nie przyniosło żadnego rezultatu.

Tymczasem pismo trafiło w Langley na biurko Davida Blee, szefa sekcji sowieckiej*.

55-letni, łysiejący i ascetyczny Blee był kwintesencją mężczyzny w sile wieku. Mógł uchodzić za profesora z amerykańskiego uniwersytetu. Podwładnym wydawał się czasami nieprzystępny, jednak miał sardoniczne poczucie humoru i był znany z niezależności sądów. Nie bał się podważać powszechnie obowiązujących opinii.

Dyrektor CIA, Richard Helms, powierzył mu kierownictwo sekcji sowieckiej rok wcześniej. Była to zaskakująca decyzja, gdyż Blee nigdy nie pracował w Moskwie ani w żadnym innym państwie Bloku Wschodniego. Jednak Helms pragnął zmian. Dziesięć lat wcześniej, w Moskwie, został aresztowany i stracony jeden z najcenniejszych agentów CIA, pułkownik GRU (sowieckiego wywiadu wojskowego), Oleg Pieńkowski, który przekazał Amerykanom tysiące stron ściśle tajnych dokumentów sowieckich, co umożliwiło administracji Kennedy'ego rozszyfrowanie możliwości rosyjskiego uzbrojenia w czasie kryzysu kubańskiego. Od tego czasu działalność CIA w Moskwie praktycznie zamarła. Zdaniem Blee stało się tak, ponieważ CIA nie wyzbyła się obaw sławnego szefa kontrwywiadu z lat sześćdziesiątych, Jamesa J. Angletona, przekonanego, że Moskwie udało się przeniknąć do struktur CIA i że każdy rosyjski szpieg ochotnik jest wtyczką[3].

Za czasów Angletona pozbyto się dotychczasowych informatorów i wszyscy „klienci z ulicy", jak nazywano ochotników, byli odrzucani. Co najmniej jednego z nich CIA wsypała i odesłała do Związku Sowieckiego, gdzie prawdopodobnie został stracony. Były dyrektor CIA, Robert M. Gates, napisał, że „przez nadgorliwość Angletona i pracowników kontrwywiadu mieliśmy w tym czasie bardzo niewielu agentów na terenie ZSRR, którzy zasługiwaliby na to miano"[4].

Blee zrobił znaczącą karierę w CIA jako ekspert od Bliskiego Wschodu. Pochodził z San Francisco, był absolwentem Uniwersytetu Stanforda i wydziału prawa Uniwersytetu Harvarda. Początkowo pracował w po-

---

* W połowie lat sześćdziesiątych sekcje Rosji Sowieckiej i Europy Wschodniej zostały połączone w sekcję Bloku Sowieckiego, przekształconą w latach siedemdziesiątych w sekcję sowiecką i Europy Wschodniej. Autor stosuje tu powszechnie używaną w CIA nazwę „sekcja sowiecka".

przedniku Agencji, Biurze Służb Strategicznych (OSS). Podczas II wojny światowej działał na tyłach wroga, przerzucony potajemnie przez okręt podwodny na wyspę u wybrzeży Tajlandii, by monitorować stamtąd ruchy japońskiej floty. Wstąpił do CIA w roku jej założenia – 1947. Był szefem placówek w RPA, Pakistanie i Indiach, skąd, w połowie lat sześćdziesiątych, jego agenci wywieźli po kryjomu Swietłanę Stalin, gdy poprosiła o azyl w tamtejszej ambasadzie USA. W roku 1968 został szefem sekcji bliskowschodniej CIA.

Był zdumiony, gdy w roku 1971 Helms mianował go na stanowisko dyrektora sekcji sowieckiej. Oznajmił mu, że nie wie nic o Związku Sowieckim i że nie chce tej posady.

Helms odpowiedział: „Nie kłóć się ze mną. Już zdecydowałem. Poza tym próbowałem już wszystkiego. Teraz chcę mieć na tym stanowisku kogoś, kto nic na ten temat nie wie...". „Nie dostawał ze Związku Sowieckiego tego, czego oczekiwał" – wspominał później Blee.

Blee zaczął od podróży do Moskwy z wizą turystyczną. Oficer CIA tak wysokiej rangi pierwszy raz odwiedził sowiecką stolicę. Podróż okazała się pożyteczna. Blee spodziewał się, na przykład, że w moskiewskich budynkach znajdzie niewiele wind, tymczasem były one praktycznie wszędzie. Przy okazji odkrył, że panele sterowania były często pokryte sklejką. Uznał, że są to idealne miejsca na skrytki, w których agenci i ich informatorzy mogą ukrywać przesyłki.

W Langley Blee otoczył się ludźmi spoza sekcji sowieckiej, w tym kilkoma przeprowadzającymi operacje w Europie Wschodniej, do której Angleton się nie wtrącał. Blee stwierdził, że najlepszym miejscem do werbowania agentów z Rosji nie była Moskwa, Berlin czy nawet Warszawa, ale Afryka, Europa Zachodnia, Ameryka Południowa i wszystkie te miejsca, do których Moskwa wysyłała swoich dyplomatów i szpiegów, i z których ściągała ich później do domu. Jego ludzie nawiązali dyskretne kontakty z kilkoma byłymi informatorami CIA, których pozbyto się za czasów Angletona. Inni sami wrócili do współpracy z Agencją. „Powiedział nam: werbować i prowadzić" – wspomina Clair George, jeden z oficerów zaangażowanych przez Blee[5].

Taka taktyka doprowadziła do pewnych napięć w sekcji i przynajmniej do jednej ostrej wymiany zdań w sali konferencyjnej, kiedy Blee zgromił wysokiego rangą oficera, gdy ten zasugerował, że pewien plan na pewno się nie powiedzie. Oświadczył mu: „Problemem starej gwardii jest to, iż wydaje się wam, że wszystko wiecie, ale się mylicie. Jestem przekonany, że sceptyczne, ale rozsądne podejście jest najlepszym sposobem na określenie, czy ktoś wciska nam kit, czy nie. Jeśli mówią, że chcą dla nas pracować, to przekonajmy się, na co ich stać".

Gdy wiadomość o P.V. dotarła do Langley, Katharine Hart, szefowa działu raportów i priorytetów wywiadowczych przy sekcji sowieckiej wyraziła wątpliwość, by marynarz z Europy Wschodniej - jak przypuszczał Dimmer - okazał się cennym źródłem informacji na temat Związku Sowieckiego. „Nie powie nam nic, czego już nie rozpracowałam" - oznajmił Blee[6].

Jednak Blee polecił Bonn natychmiastowe przygotowanie spotkania z P.V. Następnie wydał szczegółowe instrukcje współpracownikom z Langley i Bonn. Często powtarzał, że problemem Allena Dullesa, weterana OSS, założyciela CIA i jej dyrektora za prezydentury Eisenhowera, było to, że zbyt dużo wiedział i zbytnio angażował się w poszczególne operacje. Śmiał się, naśladując pewnego razu Dullesa zagłębiającego się w szczegóły tajnego spotkania z agentem. „Powiedz mu, żeby czekał pod jabłonią, a nie pod gruszą" - radził Dulles. „Jabłonie o tej porze roku mają więcej liści".

Tymczasem w Bonn Dimmer wezwał do siebie Waltera Langa*, 45-letniego agenta podszywającego się pod oficera armii USA, specjalistę od spraw sowieckich. Lang wychował się w Springfield w Illinois. Zamierzał zajmować się sprzedażą maszyn liczących, jak jego ojciec, jednak po odbyciu służby w wywiadzie wojskowym w czasie wojny koreańskiej zmienił zdanie. Pracował w komórkach CIA w Monachium, Berlinie i Bonn. Na jego wizytówce można było przeczytać: „Walter Lang, sekcja oceny projektów armii amerykańskiej". Zajmował gabinet na tyłach ambasady i - jak zawsze podkreślał - miał znacznie lepszy widok na Ren niż szychy urzędujące od frontu.

Dimmer przedstawił Langowi szczegóły operacji, zaznaczając, że należy ją przeprowadzić dyskretnie. „Zero wycieków" - zaznaczył. Wskazał także na konieczność zaangażowania w to agenta znającego biegle rosyjski. Lang zaproponował estońskiego oficera z Hamburga. Miał pseudonim Wally** i już razem pracowali. Dimmer wyraził zgodę.

Wally przyjechał do Bonn. Przyjaźnił się z Langiem. W czasie wizyt w Bonn zwykle zatrzymywał się u niego w położonym o półtorej mili w górę rzeki Plittersdorfie. Postawny, 53-letni Wally miał prawie metr dziewięćdziesiąt wzrostu i ważył ponad 110 kilogramów. Miał gęste, falujące, siwe włosy i okulary w złotej oprawce na ogorzałej twarzy. Nigdy nie został szefem komórki CIA, ponieważ nie radził sobie z administracją i nie był dobrym menedżerem, jednak cieszył się opinią niezrównanego podczas ope-

* Pseudonim.

** Zdrobniała forma imienia agenta, którego nazwisko w tej książce nie pada.

racji w terenie. Roztaczał wokół siebie aurę pogody ducha i pewności siebie i umiał wprowadzać informatorów w dobry nastrój. Gdy Stalin zajął republiki bałtyckie, Wally był oficerem estońskiej marynarki wojennej. Członków jego oddziału ustawiono w szeregu i postawiono przed wyborem: wstąpić do Armii Czerwonej lub stanąć przed plutonem egzekucyjnym. Wally wybrał życie, jednak zżerała go nienawiść do Sowietów. Poprzysiągł walczyć przeciwko nim.

Po inwazji Hitlera na Rosję zdezerterował z Armii Czerwonej i przyłączył się do Niemców. Otrzymał stopień kapitana, jednak przy pierwszej nadarzającej się okazji zdezerterował ponownie i walczył przeciwko nazistom w duńskim ruchu oporu. Po wojnie wstąpił do nowo utworzonej CIA i zajmował się tajnymi operacjami w Europie Wschodniej.

Dla potrzeb tej akcji Wally'emu nadano nową tożsamość: podpułkownika Henry'ego T. Mortona z wydziału zarządzania i planowania armii amerykańskiej we Frankfurcie w RFN. Odtąd znany był jako pułkownik Henry.

Nowo mianowany pułkownik Henry Morton i jego partner, Walter Lang, pojechali pociągiem do Hagi. Mieli przy sobie walizki i byli ubrani jak turyści. Nie wiedzieli, gdzie zadzwoni P.V. Powiedział, że do ambasady amerykańskiej w Amsterdamie, jednak Amerykanie mieli tam tylko konsulat. P.V. mógł o tym nie wiedzieć, więc Henry wynajął samochód i pojechał do konsulatu, żeby czekać tam na jego telefon. Tymczasem Lang pozostał w ambasadzie w Hadze, czekając na ewentualny kontakt w biurze attaché wojskowego.

W czwartek 17 sierpnia P.V. się nie odezwał. W piątek początkowo też nic się nie działo. Dopiero o 16.30 w Hadze telefonistka przełączyła rozmowę do Langa, informując, że mówiący jak Rosjanin mężczyzna pyta o list wysłany do Bonn.

„Czy to P.V.?" – spytał po angielsku Lang.

Rozmówca odłożył słuchawkę.

Po pięciu minutach telefon zadzwonił ponownie.

P.V. poprosił łamaną angielszczyzną o spotkanie. Powiedział, że nazajutrz rano wypływa do Rotterdamu.

„Żadnych mundurów" – dorzucił.

Jego głos brzmiał obojętnie i oficjalnie.

Lang odpowiedział, że ze swoim kolegą, pułkownikiem, będzie na niego czekał wieczorem, między dziewiątą a dziesiątą, na centralnym dworcu kolejowym w Hadze. Kolega miał trzymać pod pachą magazyn „Time".

„Czy zna polski?" – spytał P.V.

„Nie ma sprawy" – odparł Lang.

P.V. powiedział, że przyjdzie w jasnobrązowym garniturze i pierwszy nawiąże kontakt. Później odłożył słuchawkę.

Henry dojechał z Amsterdamu i ruszył z Langiem na dworzec. Przybyli tam około dziewiątej wieczorem. Dołączył do nich jeszcze jeden agent CIA z Hagi. Prowadził dyskretną obserwację, by mieć pewność, że tamci nie są śledzeni. Nawet o tak później porze na dworcu roiło się od dojeżdżających do miasta i turystów, więc trzem agentom łatwo było wtopić się w tłum. Lang stanął na przystanku tramwajowym około stu metrów od stacji, a Henry zajął pozycję przy wejściu, przeglądając „Time'a".

Minęła ponad godzina, a oni nie zauważyli nikogo, kto odpowiadałby rysopisowi P.V. Nagle, około 22.10, Henry spostrzegł mężczyznę, który mógł być ich telefonicznym rozmówcą. Podążył za nim, ale mężczyzna nie dał mu żadnego sygnału i wkrótce znikł. Mniej więcej w tym samym czasie Henry ujrzał innego mężczyznę w jasnym garniturze, który nawiązał z nim krótki kontakt wzrokowy, po czym się odwrócił. Nerwowo rozejrzał się po stacji, jakby chciał sprawdzić, czy nikt go nie obserwuje. Później ponownie spojrzał na Henry'ego.

Ten skinął do niego znacząco i ruszył ku wyjściu. Nieznajomy bez namysłu ruszył za nim. Lang szedł przodem, prowadząc ich przez około dwieście metrów za róg – do samochodu. Mężczyzna bez chwili wahania zajął miejsce na tylnej kanapie. Dołączył do niego Henry.

Lang usiadł za kierownicą, po czym odwrócił się i przedstawił. W ciemnościach ledwo dostrzegał twarz mężczyzny, ale na zawsze zapamiętał uścisk dłoni; była mocna, ale lodowato zimna.

Lang zajechał pod hotel Central i wysadził Henry'ego i P.V. przy głównym wejściu. Zaparkował samochód i wszedł do holu, gdzie spotkał agenta, który zapewniał im bezpieczeństwo na dworcu, a później pojechał za nimi innym samochodem. Lang rzucił mu, że „wyprawa się opłaciła". Było to umówione hasło, że wszystko przebiega zgodnie z planem. Dodał, że wkrótce do niego wróci i będzie znał więcej szczegółów.

Po chwili wszyscy trzej byli już w pokoju hotelowym, gdzie P.V. się im przedstawił.

„Nazywam się Ryszard Kukliński". Urodził się w Warszawie 13 czerwca 1930 r. i był podpułkownikiem w polskim Sztabie Generalnym.

Henry pokazał legitymację wojskową i przedstawił się jako „Pułkownik Henryk" vel „Colonel Henry". Zaproponował P.V. kawę lub koniak.

Kukliński potrząsnął przecząco głową. Łamaną angielszczyzną oświadczył, że tego wieczoru wypił wystarczająco dużo jednego i drugiego.

On i Henry usiedli w fotelach. Lang przysiadł na brzegu łóżka. Henry poprosił Kuklińskiego o jakiś dokument. Ten bezzwłocznie wręczył mu legitymację wojskową i paszport.

Przechodząc na rosyjski, Kukliński oświadczył, że jest kapitanem „Legii", 17-metrowego jachtu będącego własnością polskiego Sztabu Generalnego, i dowódcą jego 9-osobowej załogi składającej się z oficerów piechoty, marynarki wojennej i lotnictwa. Wypłynęli z Polski dwa tygodnie wcześniej. Mieli zawijać do portów w Niemczech, Holandii i Belgii i wrócić do domu pod koniec sierpnia. Kukliński powiedział, że jest doświadczonym żeglarzem i że zorganizował rejs za zgodą przełożonych. Żeglowali jako turyści, w cywilnych ubraniach. Większość czasu spędzali na podziwianiu widoków i zakupach. Kukliński zabrał w rejs swojego 17-letniego syna, Bogusława vel Bogdana, który uwielbiał żeglować z ojcem. Kukliński przekonał swoich szefów, że wyprawa ta będzie jedynie przykrywką dla misji szpiegowskiej, służącej rozpracowaniu zachodnich portów i obiektów wojskowych. Mieli zbadać linię brzegową, rzeki, porty, mosty i kanały, które znali jedynie z map.

Naturalnie nie wspomniał przełożonym o ukrytym celu podróży – o zawiłym planie umożliwiającym mu nawiązanie kontaktu z Zachodem.

Wydawał się tym ożywiony i podniecony, ale jednocześnie sprawiał wrażenie człowieka o silnym charakterze. Zapowiedział załodze, żeby wróciła na pokład o północy, zatem miał jeszcze tylko półtorej godziny. Płynący z nimi oficer kontrwywiadu kazał im przemieszczać się w parach lub w większych grupach. Kukliński złamał tę zasadę. Któryś z członków załogi mógł zauważyć jego nieobecność i zacząć zadawać pytania. Kukliński założył, że będzie miał tylko jedną sposobność, by zaaranżować spotkanie i zaprezentować się, dlatego bardzo emocjonalnie zaklinał Henry'ego, by ten zrozumiał powody, dla których dążył do nawiązania kontaktu z amerykańskim wojskowym. Podczas rozmowy bez przerwy palił, dźgając powietrze papierosem.

Polska sama nie wybrała sobie miejsca w podzielonym świecie, tłumaczył. Polska armia nie chciała być częścią radzieckiej machiny wojennej. Uważał, że interes Polski był znacznie bliższy interesom Zachodu niż Moskwy i chciał, by Polska została wyzwolona spod dominacji ZSRR. Nie upatrywał wroga w Ameryce i był przekonany, że – dla wzajemnego bezpieczeństwa – armia polska i amerykańska powinny nawiązać kontakt. Doszedł do tego wniosku, będąc oficerem Sztabu Generalnego, w którym miał dostęp do tajemnic wojskowych Polski i państw Układu Warszawskiego. Niemal przez dziewięć lat uczestniczył w przygotowaniach do „gorącej wojny" z Zachodem. To, czego był świadkiem, utwierdziło go w przeświadczeniu, że jego kraj znalazł się po niewłaściwej stronie barykady.

Henry spytał go, do jakich dokumentów ma dostęp. Kukliński odpowiedział, że ma dostęp do materiałów i głęboką wiedzę na temat radzieckich planów dotyczących wojny z Europą Zachodnią. Dokumenty te obejmowały radzieckie rozkazy dla wojsk polskich i innych państw Układu Warszawskiego na wypadek wojny oraz istotne elementy priorytetowych działań wojsk NRD, Czechosłowacji i sił radzieckich stacjonujących na terenie Niemiec Wschodnich. Miał wiedzę na temat ostatnich manewrów wojskowych, ponieważ wiele z nich sam przygotowywał. Planowano je na podstawie danych dotyczących sił i zdolności mobilizacyjnej wojsk państw Układu Warszawskiego. Mógł dostarczyć raporty z testów radzieckich rakiet, bomb i czołgów, na podstawie których przygotowywano plany co do gotowości bojowej wojsk. Miał dostęp do najważniejszych planów dotyczących mobilizacji, rozmieszczenia i przegrupowań sił Układu Warszawskiego. Mógł przekazywać kopie ściśle tajnej radzieckiej publikacji „Wojennaja Mysl" (Myśl Wojenna). Przemycenie czegokolwiek na jachcie było zbyt ryzykowne, ale mógł przekazać te materiały tuż po powrocie do Polski.

Doszedł do wniosku, że NATO ma poważne luki dotyczące radzieckiej strategii wojennej, i pragnął pomóc je wypełnić, by wzmocnić Zachód, co było najlepszym sposobem na utrzymanie pokoju.

Stwierdził, że uczyni wszystko, by udowodnić szczerość swoich intencji, włącznie z poddaniem się „testowi prawdy", jak to nazwał. Wyznał, że zna trochę angielski, ale że zawsze był zbyt leniwy, żeby się go nauczyć. Obiecał, że nadrobi to w możliwie najkrótszym czasie.

Powiedział, że często pobiera akta z tajnych sejfów Ministerstwa Obrony. Miał dobre kontakty z oficerami trzymającymi nad nimi pieczę i mógł wydobyć od nich praktycznie każdy dokument. Wskazał oficerów, którzy – podobnie jak on – wykazywali troskę o los Polski w przypadku wybuchu wojny, podając ich nazwiska, stopnie i pełnione funkcje. Zaproponował ustanowienie tajnego systemu wczesnego ostrzegania Zachodu na wypadek niczym niesprowokowanej, zaskakującej napaści Rosjan. Powodzenie takiego ataku byłoby uzależnione od możliwości przeprowadzenia potężnej grupy wojsk lądowych, znanych pod nazwą drugiego rzutu strategicznego, przez terytorium Polski do Europy Zachodniej. Plan Kuklińskiego zakładał sparaliżowanie systemów łączności i dowodzenia sił Układu Warszawskiego i podjęcie próby zablokowania inwazji.

Nie podzielił się jeszcze tymi planami z pozostałymi oficerami, ale był pewien, że zgodziliby się mu pomóc. Wspólnie wydaliby własne rozkazy, nakazując żołnierzom nieprzyłączanie się do ofensywy, dopóki Zachód nie zaatakuje pierwszy. Twierdził, że zna na pamięć lokalizację wszystkich strategicznych dróg, mostów, kanałów, linii kolejowych, wież radiowych i miejsc tankowania paliwa, z których musiałby korzystać drugi rzut strategiczny, przechodząc przez terytorium Polski.

Nie mylił się. Pentagon żywił głębokie obawy, że Moskwa i Układ Warszawski, dysponując przewagą sił konwencjonalnych, zaatakuje Europę Zachodnią bez dłuższej koncentracji wojsk – „jak grom z jasnego nieba", jak określił to jeden z amerykańskich wojskowych.

Zdaniem Kuklińskiego radzieccy stratedzy wierzyli, że Pentagon zdołałby odeprzeć taki atak jedynie przy użyciu broni nuklearnej. Jednak było mało prawdopodobne, by Ameryka uderzyła w terytorium Związku Radzieckiego, ponieważ groziłoby to poważną eskalacją konfliktu. Zachód wykorzystałby raczej krok pośredni: uderzenie broni jądrowej w drugi rzut strategiczny, który opuściłby terytorium ZSRR i kierował się w stronę Europy Zachodniej.

Było tylko jedno miejsce, gdzie mogłoby to nastąpić: Polska.

Niemal 95 procent spośród tysięcy czołgów i innych pojazdów wchodzących w skład drugiego rzutu strategicznego musiałoby przejechać przez terytorium Polski, zanim dotarłyby do RFN, Francji, Holandii i Belgii. Oznaczało to, że Polska stałaby się celem ataku od 400 do 600 natowskich pocisków jądrowych. Kukliński stwierdził, że nawet gdyby inwazja ze strony ZSRR i pozostałych państw Układu Warszawskiego zakończyła się sukcesem, to Polska i tak ległaby w gruzach.

Henry słuchał go z uwagą i tłumaczył jego wypowiedzi Langowi. Powiedział Kuklińskiemu, że rozumie jego niechęć do Moskwy, lecz że plan polskich oficerów jest skazany na porażkę. Zarówno Kukliński, jak i jego koledzy naraziliby się na śmierć.

Uznał, że najlepszym sposobem, by Kukliński osiągnął swoje cele, jest działanie w pojedynkę i informowanie Amerykanów o ruchach ich wspólnego wroga.

Podczas gdy tamci rozmawiali, Lang bacznie obserwował Kuklińskiego, by później napisać: „Drobny mężczyzna o zmierzwionych blond włosach, przeszywającym spojrzeniu błękitnych oczu oraz gestach i nawykach człowieka o niewyczerpanej, lecz wciąż tłumionej energii. Czasami się uśmiecha, jednak poczucie humoru odgrywa niewielką rolę w jego ogólnych reakcjach i zachowaniach".

Ze słów Kuklińskiego przebijała pewność siebie, a nawet lekkie poczucie wyższości. „Chciał, żebyśmy dokładnie zrozumieli, co zamierza robić i co może nam dać" – zanotował Lang.

„Powiem wam wszystko, co wiem..." – mówił. „Możecie kopiować wszystkie dokumenty... Pomagając wam, pomagam ojczyźnie".

W trakcie rozmowy Lang wyszedł do łazienki. Zabrał legitymację Kuklińskiego i paszport, wyciągnął z kieszeni notes, zapisał wszystkie dane oraz zanotował kilka szczegółów rozmowy, którą tłumaczył mu Henry. Kiedy wrócił do pokoju, powiedział, że musi ich na chwilę zostawić. Zszedł do holu i przekazał swoje notatki ubezpieczającemu ich agentowi CIA.

Po powrocie na górę stwierdził, że Kukliński i Henry prowadzą ożywioną rozmowę i chociaż nie znał rosyjskiego, wyczuł, że dyskutują o wspólnej nienawiści do systemu sowieckiego, na zmianę przeklinając komunizm. Kukliński ujawnił tylko niektóre szczegóły dotyczące swojego życia prywatnego: Jego ojciec zginął w niemieckim obozie koncentracyjnym. Kukliński zaciągnął się do wojska po wojnie, w roku 1947, jako siedemnastolatek. W roku 1952 ożenił się z Joanną, którą pieszczotliwie nazywał Hanką. Mieli dwóch synów. W roku 1967 awansował na stopień podpułkownika.

To nie był pierwszy raz, kiedy pomyślał o nawiązaniu kontaktu z Zachodem. Między listopadem 1967 a majem 1968 r. był członkiem polskiej misji przy Międzynarodowej Komisji Kontroli i Nadzoru (ICC), monitorującej realizację postanowień konferencji genewskiej. Obserwując amerykańskich żołnierzy w Sajgonie, zastanawiał się, czy nie skontaktować się z jakimś amerykańskim oficerem polskiego pochodzenia, z którym mógłby szczerze porozmawiać. Ostatecznie uznał, że nie jest to właściwy moment, jednak wyjeżdżał z Sajgonu z przeświadczeniem, że Zachód nie jest aż tak zepsuty, jak malują to przedstawiciele władz polskich i radzieckich.

Przyznał, że w systemie komunistycznym powodzi mu się dobrze. Jesienią oczekiwał awansu na stopień pułkownika i na stanowisko szefa sztabu dywizji. Jednak dwa wydarzenia skłoniły go do działania: inwazja na Czechosłowację w roku 1968, w której polskie oddziały wspomagały Rosjan, oraz udział wojska w pacyfikowaniu wystąpień robotników Wybrzeża dwa lata później.

Henry spojrzał na zegarek. Kukliński musiał wracać na pokład. Postanowili spotkać się ponownie. Kukliński sugerował, żeby odczekać kilka dni, aż „Legia" dopłynie do Ostendy, jednak Henry napierał na spotkanie nazajutrz w Rotterdamie. Lang zaproponował, żeby spotkać się przy Euromaszcie, znanej atrakcji turystycznej miasta położonej blisko portu, którą łatwo było znaleźć. Kukliński mógł tam pójść nie zwracając na siebie uwagi, chociaż musiał zachować ostrożność, ponieważ było to popularne miejsce, które mogło przyciągnąć innych członków załogi. Henry powiedział, że będą się za nim rozglądać o piątej po południu przy wieży telewizyjnej w parku. Jeśli się nie zjawi, wrócą tam o siódmej, a – w razie konieczności – także o dziesiątej wieczorem.

Rozmawiali o wymówce dla wypraw Kuklińskiego do miasta. Kukliński stwierdził, że najbardziej wiarygodną będą poszukiwania gaźnika i innych części do jego opla rocznik '68.

Dwadzieście minut przed północą Henry i Lang uściskali Kuklińskiego, patrząc na niego z niekłamanym podziwem. Gotując się do wyjścia, Lang spytał go o tajemnicze inicjały, którymi podpisał list wysłany do Bonn.

„Co to znaczy P.V.?" – spytał Lang.

Kukliński wyciągnął palec wskazujący prawej ręki ku górze i uśmiechnął się. „Jestem polskim wikingiem" – odpowiedział[7].

Po podwiezieniu Kuklińskiego w okolice dworca, położonego o pięć minut pieszo od miejsca, gdzie cumował jego jacht, agenci pojechali do ambasady amerykańskiej w Hadze. O północy wysłali dwa telegramy do Centrali, opisując przebieg pierwszej rozmowy i plany dotyczące następnych spotkań. Pierwszą wiadomość podsumowali oceną motywów działania Kuklińskiego: „najwyraźniej czysto ideologicznych, popartych silnym patriotyzmem i antysowietyzmem".

Drugi telegram zawierał uwagi bardziej szczegółowe. Zdaniem Henry'ego, Kukliński wydawał się „całkowicie świadom kwestii bezpieczeństwa... Bardzo interesował się jakością naszych procedur w tym względzie, a także niepokoił się o bezpieczeństwo własne, a zwłaszcza swoich bliskich".

Henry zacytował jego wypowiedź: „Nie przesyłajcie moich raportów drogą elektroniczną. Słyszałem w Sztabie Generalnym plotki, że złamali wasze szyfry". Henry zapamiętał, że kiedy go odwozili, Kukliński „chciał, żeby wysadzili go w [jakimś] ciemnym zaułku, by uniknąć ewentualności spotkania z kolegami".

„Jako Polak i patriota bez odrobiny sympatii do Sowietów uznał, że powinien wspierać Zachód" – pisał Henry. „Imponował mi odwagą... «Dajcie mi dyktafon i wybierzcie temat, a powiem wam wszystko, co wiem...». Jest jak wodospad".

Henry zwrócił uwagę, że Kukliński jest typem „wojskowego", a nie „oficera wywiadu". Później dodaje: „To bardzo szczery człowiek albo piekielnie dobry aktor". Przypominał mu jego własne doświadczenia z czasów II wojny światowej. „Krótko mówiąc, to Polak".

Lang umieścił w telegramie pojedyncze słowa, którymi go opisał: „poważny", „zdecydowany", „dumny", „inteligentny", „szorstki". „Wydaje się, że mamy do czynienia z człowiekiem o zdecydowanie ponadprzeciętnej inteligencji i zdolnościach" – napisał. Stwierdził, że Kukliński ma około metra siedemdziesięciu centymetrów wzrostu, waży około 75 kilogramów i jest dobrze zbudowany. Dodał, że mimo iż on sam jest podobnego wzrostu i waży co najmniej 5 kilogramów więcej, to nie chciałby się z nim boksować, stoczyć zapaśniczego pojedynku ani w jakikolwiek inny sposób zmierzyć z nim fizycznie. „To twardziel".

Dalej pisze: „Odniosłem wrażenie, że właściwie nie jest zdenerwowany. W każdym razie z pewnością zdawał sobie sprawę, co tak naprawdę oznacza nasze spotkanie. Trzeba odwagi, by – mając tego świadomość – uczynić taki krok... Przyszedł w konkretnym celu i mówił konkretnie. Cieszę się, że jest po naszej stronie".

Na koniec obaj agenci umieścili wspólne spostrzeżenie, że „śmierć ojca, doświadczenia z Sajgonu i długo tłumione emocje każą nam podczas kilku następnych spotkań traktować go jak człowieka przechodzącego *catharsis*, rozdartego pomiędzy sukcesem, jaki odniósł w swoim świecie, a zachodnim idealizmem".

Henry i Lang dołączyli do telegramu prośbę o „wskazówki wywiadowcze" – pytania, które Centrala chce zadać Kuklińskiemu, oraz dokumenty, o które mieli się do niego zwrócić.

Wiadomość wysłali o 2.04. Odpowiedź z Langley nadeszła niemal natychmiast. Pięć linijek tekstu potwierdzało, że Centrala dysponuje aktami Kuklińskiego zawierającymi dane dotyczące jego życiorysu oraz roli, jaką pełnił w Międzynarodowej Komisji Kontroli i Nadzoru w Wietnamie. Nazwiska, które podał podczas pierwszej rozmowy, były wiarygodne. Langley poleciło Langowi i Henry'emu skupić się podczas drugiego spotkania na sposobie komunikowania się z Kuklińskim po jego powrocie do Polski. Mieli mu przekazać obietnicę, że – gdyby zaszła nagła konieczność – zapewnią jemu i jego rodzinie możliwość ucieczki z kraju. Henry i Lang mieli podtrzymywać wrażenie, że są wojskowymi, a nie agentami CIA.

Wczesnym rankiem w sobotę Lang i Henry pokonali krótką drogę do Rotterdamu, gdzie znów wynajęli pokój w hotelu. Chcąc uchodzić za biznesmenów, wypełnili pustą walizkę butami, żeby ją dociążyć. Dołączył do nich agent z działu technicznego z Bonn, który potrafił naprawić niemal wszystko, w tym aparat fotograficzny i dyktafon. Agenci wysłali go po zakup gaźnika.

Późnym popołudniem Lang i Henry wybrali się do parku na spotkanie z Kuklińskim. Zobaczyli go około piątej w towarzystwie nastolatka o rozwichrzonych blond włosach. Minęli Henry'ego, który – jak to turysta – pstrykał zdjęcia.

„To mój syn" – powiedział cicho Kukliński.

Poszli dalej, robiąc zdjęcia, i wmieszali się w grupę turystów.

Po kilku minutach Lang i Henry zobaczyli, jak Kukliński mówi coś do syna, po czym chłopiec odchodzi. Kukliński zbliżył się do Langa, który poprowadził go przez most dla pieszych, i już razem z Henrym pojechali do hotelu.

W pokoju Kukliński rozpromienił się, opowiadając o swoim synu, Bogdanie. Chłopiec nie znał angielskiego. Sądził, że zdanie wypowiedziane przez ojca było jedynie miłym pozdrowieniem skierowanym do jakiegoś turysty. Kukliński powiedział synowi, że chce kupić jakiś prezent Hance i dał mu dziesięć guldenów na coś do picia i słodycze. Mieli się spotkać za kilka godzin w parku, ale gdyby Kukliński tam nie dotarł, Bogdan miał wrócić na pokład sam.

Kukliński, który był nałogowym palaczem i czasami kaszlał, wydawał się spokojniejszy niż poprzedniego dnia. Lang postawił na stole magnetofon kasetowy Philipsa z małym, odpinanym mikrofonem[8].

„Mieszkam w Warszawie – zaczął Kukliński – przy ulicy Jana Olbrachta 19A mieszkania 55". W bloku tym mieszkali wyłącznie wojskowi i ich rodziny. Budynek miał osiem pięter. Pozostałe bloki na osiedlu były trzypiętrowe. Kukliński mieszkał na piątym piętrze. W budynku były dwie windy. Jego najbliższym sąsiadem był gwiazdor szermierczej reprezentacji olimpijskiej, Egon Franke, zatrudniony na stanowisku trenera w klubie sportowym. Jedynie jego mieszkanie sąsiadowało przez ścianę z mieszkaniem Kuklińskiego. Nazwisk pozostałych sąsiadów z piętra Kukliński nie znał.

„Mam trzy pokoje z kuchnią" – ciągnął Kukliński. „Do mieszkania prowadzi tylko jedno wejście. Potrójne okno z dużym balkonem wychodzi na dzielnicę mieszkaniową".

Ulicę, zwłaszcza po zmierzchu, patrolowali umundurowani milicjanci na motocyklach lub w radiowozach. „Zwykle pracuję po godzinach" – stwierdził Kukliński. Często wracał do domu nawet o jedenastej wieczorem, a niekiedy później.

„Czasami, kiedy nawali mi samochód albo chcę oszczędzić na benzynie, korzystam ze służbowego fiata mojego szefa, którego często mi zostawia, kiedy kończy pracę" – opowiadał Kukliński. „Jeśli jadę sam, kierowca odwozi mnie do domu normalną trasą. Jeśli jest nas kilku, ustalamy między sobą, kogo podrzucimy w pierwszej kolejności".

Lubił spędzać czas z innymi oficerami w jachtklubie Sztabu Generalnego „Atol" przy Wiśniowej. Był jego wiceprezesem. Lubił też żeglować z rodziną i starał się rezerwować weekendy dla żony Hanki, Bogdana i drugiego syna, 19-letniego Waldemara.

Hanka pracowała jako księgowa w tokarni. Razem starczało im „na skromne życie". Wziął pożyczkę na zakup garażu i płacił za naprawę samochodu po dwóch stłuczkach. Chłopcy potrzebowali ubrań i przyborów szkolnych. Waldemar bez przerwy dokupywał książki do swojej okazałej biblioteki.

Lang był pod wrażeniem pamięci Kuklińskiego do szczegółów. Czasami, podczas drugiej rozmowy i trzeciej, do których doszło kilka dni później w Ostendzie, Kukliński odłączał mikrofon i przechadzał się z nim po pokoju. W pewnym momencie wygłosił 45-minutowe *exposé* na temat swojej edukacji wojskowej, przeszłości, bieżących zadań i dostępu do tajnych dokumentów, gestykulując, jakby przemawiał na odprawie sztabowej. „Całkowicie panował nad tematem" - napisali później Lang i Henry - i miał „niezwykłą zdolność analizy materiału i jego werbalizacji".

Do Sztabu Generalnego przyszedł w roku 1963. Teraz pracował w Zarządzie Operacyjnym, który można nazwać mózgiem Ministerstwa Obrony. Opisał swój półroczny pobyt w Wietnamie, gdzie bacznie przyglądał się amerykańskim żołnierzom. W roku 1969 był głównym autorem planu manewrów sygnalizacyjnych oddziałów z Polski, NRD, Czechosłowacji i Związku Radzieckiego. By się do nich przygotować, jeździł do Moskwy, gdzie nawiązał bliską współpracę z dowódcami Układu Warszawskiego[9]. Został doceniony i przydzielono mu opracowywanie wszystkich planów szkoleń wojsk w Polsce. Był głównym autorem planów ćwiczeń „Lato 70", „Lato 71" i „Wiosna 69". Wszystkie wymagały współpracy z 20–40 oficerami dowództwa Układu Warszawskiego.

Przygotowywał roczne dyrektywy operacyjno-szkoleniowe dla ministra obrony, Wojciecha Jaruzelskiego, w których analizował stan wyszkolenia całości polskich sił zbrojnych, i każdego roku opracowywał nowe plany. Został wysłany do Rumunii, gdzie dokonał analizy bieżących i planowanych szkoleń wojskowych. Jesienią towarzyszył Jaruzelskiemu podczas wizyty w Związku Radzieckim, by obserwować ćwiczenia polskich wojsk obejmujące wystrzeliwanie pocisków typu Scud i polskich rakiet przeciwlotniczych.

Kukliński nie miał rodziny ani przyjaciół za granicą, jednak utrzymywał stałe kontakty z oficerami z innych państw Układu Warszawskiego i znał wielu specjalistów, którzy przekazywali mu najświeższe informacje niezbędne w pracy. Często wizytował jednostki w terenie i spotykał się z ich dowódcami, którzy darzyli go dużym szacunkiem.

Kiedy o tym opowiadał, zaciągał się papierosem, którego trzymał z europejska - między kciukiem a palcem serdecznym.

Henry i Lang obiecali mu miniaturowy aparat do fotografowania tajnych dokumentów. Część rozmowy dotyczyła tymczasowych sposobów komunikowania się na terytorium Polski. Kukliński musiał opisać ze szczegółami swój rozkład dnia, począwszy od tego, gdzie parkuje samochód (często na ulicy), a na opisie trasy do i z pracy skończywszy. Miał - jeśli było to tylko możliwe - korzystać z prywatnego samochodu, a nie z autobusu czy z auta służbowego, i zawsze trzymać się tych samych tras. Henry wyjaśnił mu, że dzięki temu Amerykanie będą mogli śledzić jego ruchy i przekazywać mu sygnały. Jeśli zboczy z ustalonej trasy, będą się o niego niepokoić.

„Podstawą jest prostota" – stwierdził Henry. Amerykanie nawiążą z nim kontakt w Warszawie, podrzucając mu list przez okno samochodu. Będzie zawierał jakiś niewinny tekst oraz ukrytą wiadomość do odczytania jedynie po wyprasowaniu listu żelazkiem (w CIA metoda ta nosi nazwę „SW" - *secret writing*). Będzie tam godzina i miejsce ich pierwszego spotkania w Warszawie. Henry przekazał Kuklińskiemu pseudonim „Jack Strong", którym miał podpisywać listy do Amerykanów.

Agenci zapewnili go także, że – w najgorszym przypadku – gdy uzna, że grozi mu aresztowanie i będzie musiał uciekać z Polski, amerykańskie władze udzielą pomocy jemu i jego rodzinie. Mieli na to wyasygnować stosowne fundusze[10]. Kukliński, świadom ryzyka, jakie podejmuje, był zaskoczony tą deklaracją. Zakładał, że ma do czynienia z oficerami amerykańskiej armii i dał im jasno do zrozumienia, że działa z pobudek ideologicznych, a nie finansowych. Chciał zostać w Polsce i walczyć przeciwko ZSRR i liczył jedynie na wsparcie w tej walce ze strony Amerykanów.

Gdy drugie spotkanie zbliżało się do końca, Kukliński jasno wyłożył karty na stół. Oświadczył, że nie chce rozmawiać na tematy, na których się nie zna. „Nie chcę roztrząsać moich poglądów politycznych". W końcu był wojskowym. „Jednak – jak każdy Polak – wiem, że żyjemy w przymusie i że narzucono nam komunistyczne jarzmo".

Spędziwszy dwadzieścia pięć lat w wojsku, stwierdził: „Obserwując życie i to, co się dzieje na świecie, począwszy od wojny w Korei, po sytuację w Indochinach, wydarzenia w Czechosłowacji i dramat mojego własnego kraju, przekonałem się, że to, niestety, komuniści są agresorami".

Jego zdaniem w przypadku wojny polskie siły zbrojne nigdy „nie dałyby się zaprząc do radzieckiej machiny wojennej". Przez stulecia Polska pielęgnowała tradycje wolnościowe i polska armia „będzie zawsze tam, gdzie toczy się walka o wolność".

Mimo że Polska znalazła się w bloku komunistycznym i należy do radzieckiego systemu obronnego – kontynuował – „miejsce naszych sił zbrojnych, miejsce naszej armii jest po stronie wolności. Tam też jest wasza armia, armia Stanów Zjednoczonych".

Pięć po dziewiątej wieczorem trzej mężczyźni znów uściskali się na pożegnanie. Zjawił się agent z gaźnikiem dla Kuklińskiego. Uzgodnili, że spotkają się ponownie w Ostendzie.

W tamten weekend w Warszawie agent CIA Ed Schooley* wsiadł do swojego zdezelowanego brytyjskiego singera i ruszył na zwiad obserwa-

* Pseudonim.

cyjno-rozpoznawczy, określany w Agencji skrótem SDR. Komórka CIA w Warszawie odebrała pilną wiadomość z Centrali o wysokim oficerze Wojska Polskiego, rokującym duże nadzieje, który z własnej woli przekazał informacje agentom CIA gdzieś w Europie. Schooleyowi podano nazwisko i adres Kuklińskiego. Miał odwiedzić dom, w którym mieszkał, a następnie znaleźć miejsce, gdzie mogłoby dojść do pierwszego spotkania. Centrali chodziło o miejsce, z którego przedtem nie korzystano. „Ma być nowe, świeże, gdzieś w okolicy" – poinstruowano Schooleya.

Nie było nic niezwykłego w tym, że Schooley jeździł w weekendy na przejażdżki. Uczynił z tych wycieczek rodzaj nawyku. Przykładowo, w piątki regularnie wypożyczał filmy na taśmie 16-milimetrowej z biura attaché wojskowego, co dawało mu wymówkę do odwożenia ich do ambasady w niedziele. Tamtego dnia krążył po Warszawie, by przekonać się, czy nie śledzi go SB. Agenci CIA byli przeszkoleni do realizowania zadań, również gdy byli obserwowani, jednak najpierw zawsze musieli sprawdzić, w jakich warunkach przychodzi im działać. Jadąc, Schooley często zerkał we wsteczne lusterko, aż w końcu stwierdził, że nie ma „ogona". Ruszył w kierunku domu Kuklińskiego, do dzielnicy, do której Amerykanin w aucie na dyplomatycznych numerach w normalnych okolicznościach by się nie zapuścił, i zaparkował wóz kilka przecznic dalej. Zaczął obchodzić teren, jednak gdy dotarł do ulicy, przy której mieszkał Kukliński, jakaś kobieta krzyknęła do niego z okna, dopytując się, czego tu szuka.

Schooley już wcześniej doszedł do przekonania, że ulubioną rozrywką warszawskich staruszek było wyglądanie przez okno i obserwowanie przechodniów. Tego dnia był ubrany swobodnie, miał na sobie jasną marynarkę. Odpowiedział kobiecie, że szuka pewnego adresu. Podał nazwę pobliskiej ulicy i numer domu. Wskazała mu drogę. Podziękował jej i odszedł, ale później skręcił za róg budynku i wrócił tam tak, by nikt go nie zauważył. W końcu odnalazł dom Kuklińskiego, cofnięty nieco od ulicy. Obejrzał skrzynki na listy i natrafił na nazwisko Kuklińskiego. Sprawdził, czy da się otworzyć jego skrzynkę, nie używając klucza; byłaby to dobra skrytka na wiadomości dla Kuklińskiego, jednak była zamknięta. Zastanawiał się, czy nie pojechać na górę, jednak uznał, że powinien przede wszystkim znaleźć dogodne miejsce na pierwsze spotkanie.

Przechadzając się po okolicy, natrafił na cmentarz Powstańców Warszawy. Wszedł tam i zaczął rozglądać się za odpowiednim miejscem: dwa zakręty w prawo i dogodna droga ucieczki. Znalazł miejsce, które wydawało się odpowiednie. Były tam krzaki i ścieżka przecinająca cmentarną aleję. Niestety, był też jeden minus: aleja wiła się pętlą do wejścia na cmentarz. Naruszało to kardynalną zasadę dotyczącą miejsc przeprowadzania operacji. Ze względów bezpieczeństwa przy wjeździe i wyjeździe agent musiał korzystać z dwóch różnych wjazdów. Jeśli był śledzony, mógł przejechać, nie zatrzymując się, ściągając na siebie uwagę śledzących go aut, podczas gdy informator mógł oddalić się pieszo przez nikogo niezauważony.

Jednak było już późno, a Schooley musiał znaleźć odpowiednie miejsce. Jeśli śledzący będą daleko, zataczająca pętlę aleja będzie do zaakceptowania. Policzył, ile kroków musi przejść do miejsca, w którym się spotkają. Później opisze to w raporcie. Następnie przygotował wiadomość dla Centrali[11]. Zostanie przekazana Henry'emu i Langowi, którzy omówią jej treść z Kuklińskim.

Dwa kolejne spotkania, w Ostendzie i Brukseli, poszły gładko. Kiedy przedstawiono Kuklińskiemu propozycję pierwszego spotkania na cmentarzu Powstańców Warszawy, był zachwycony. To historyczne miejsce, otaczane czcią cmentarzysko ofiar Powstania Warszawskiego z roku 1944. Bywał tam wielokrotnie i znał zalesiony fragment cmentarza, gdzie nikt nie będzie go widział. Dostał dalsze instrukcje dotyczące sposobów komunikowania się z Amerykanami w Warszawie, w tym pozostawiania wiadomości w skrytkach, z których niektóre znajdowały się na otwartym terenie. Kukliński przekonał się, że często „najciemniej jest pod latarnią". Otrzymał kilka pamiątkowych breloczków i pocztówek, które będą dowodem dla członków załogi i jego syna, że robił zakupy.

W Belgii agenci zadali mu trzynaście pytań nadesłanych przez Centralę. Pierwsze brzmiało: „Opisz szczegółowo plany wojenne sił zbrojnych Polski, ZSRR i innych państw Układu Warszawskiego w przypadku sytuacji kryzysowej, plany uderzeń priorytetowych, a także koncepcję wojny o ograniczonym zasięgu".

Kukliński odpowiedział po mistrzowsku, mówiąc przez dwadzieścia minut bez przerwy i korzystając dla orientacji z mapy Europy przy rozrysowywaniu kierunków uderzeń. W końcu przerwał i stwierdził, że musiałby „co najmniej przez tydzień pisać na maszynie" odpowiedź na to i na pozostałe pytania.

Do ostatniego spotkania doszło w Kilonii w RFN 25 sierpnia, w przeddzień wyjazdu Kuklińskiego do Polski. Podczas rozmowy stwierdził rzeczowo, że jest uznawany za – jak ich nazywał Jaruzelski – „złotego chłopaka" polskiej armii. Oficerom tym często zmieniano przydziały, by zdobywali jak najwszechstronniejsze doświadczenia przed objęciem najwyższych stanowisk w polskich siłach zbrojnych.

Pod koniec trzygodzinnego spotkania Lang i Henry wręczyli Kuklińskiemu kolejne prezenty, które bez trudu mógł nabyć w kilońskich sklepach dla turystów, między innymi spory koral do domowego akwarium, szampon dla Hanki i kieszonkowe szachy z metalową szachownicą.

Kukliński był wzruszony. „Wybaczcie mi, jeśli ta ostatnia wypowiedź zabrzmi trochę chaotycznie, ale nerwy też odgrywają tu swoją rolę. Chciałbym wyrazić głęboką radość, że myśli, które mną zawładnęły nie mniej niż dwadzieścia lat temu, teraz, podczas pobytu na Zachodzie, wreszcie się zmaterializowały. Bardzo się z tego cieszę".

Przywołując swoją gotowość do prowadzenia tajnej walki przeciwko Związkowi Radzieckiemu, dodał:

> Nie uważam, żeby to była jakaś ryzykowna gra, ryzykowna zabawa, ponieważ wiem, że miejsce mojej ojczyzny jest w wolnym świecie.
>
> Chciałbym, przede wszystkim, w imieniu własnym przekazać amerykańskim dowódcom wojskowym zapewnienie, że tak jak ja myśli prawie 30 milionów Polaków. Całym sercem tęsknimy, by wraz z wami znaleźć się w wolnym świecie. Sytuacja mojego kraju nie jest łatwa. Znaleźliśmy się pomiędzy braćmi, których sobie nie wybraliśmy, lecz których narzucił nam los, czyli Związek Radziecki, którego wojska otaczają nas od frontu i od tyłu. Sytuacja jest ciężka. Jednak myślę, że w chwilach próby polskie siły zbrojne staną ramię w ramię z armią amerykańską[12].

Był przekonany, że polscy żołnierze odżegnają się od swej roli w przypadku radzieckiej inwazji na Zachód, pozostawiając furtkę dla sił NATO. „Nasze wojska można doliczyć do sił wolnego świata" – zadeklarował.

Kukliński wrócił na jacht, a Lang i Henry spędzili noc w hotelu. Nazajutrz poszli do portu i przysiedli na nadmorskiej skale. Patrzyli z oddali na jacht Kuklińskiego, dopóki nie zniknął za horyzontem. „Chyba nie padło żadne słowo" – wspomina Lang. „Po prostu życzyliśmy mu jak najlepiej"[13].

Rozdział II

Ziemia niczyja

Kukliński zawsze kochał morze, które było dla niego miejscem łączącym ludzi, narody i idee. Pochylony nad sterem „Legii" czuł się wreszcie wolny. Jako młody oficer pełniący służbę na polskim wybrzeżu Bałtyku często stawał na plaży i wpatrywał się w horyzont. Nawet przy najczystszym niebie nie mógł dojrzeć wolnego świata – wybrzeży Skandynawii położonych zaledwie o sto mil na północ – jednak je wyczuwał. Teraz, wracając po pierwszych spotkaniach z Amerykanami, był pewien, że ta podróż będzie jego pomostem na Zachód i choć Amerykanie nie poparli jego pomysłu zorganizowania spisku, był to zawsze jakiś pierwszy krok. Pewnej nocy wiatr delikatnie dął w żagle „Legii", gdy nagle członkowie załogi zaczęli wołać Kuklińskiego. Jakiś frachtowiec płynął prosto na nich. Kukliński chwycił ster, włączył silnik i, zgodnie z prawem morskim, szybko skierował jacht w prawo. Frachtowiec powinien był również odbić w prawo, by obydwie jednostki mogły się bezpiecznie minąć, jednak wykonał manewr w lewą stronę i statki omal się nie zderzyły. Będąc zaledwie kilka metrów od frachtowca, Kukliński gwałtownie skręcił ster i wyprowadził „Legię" z opresji.

Mimo że przyłączył się do radosnych okrzyków załogi, która odetchnęła z ulgą, sam uznał ten incydent za omen. Miał świadomość, że jego życie nieodwracalnie się zmieniło i że odtąd będzie znacznie bardziej niebezpieczne. Był jednak pewien, że podjął słuszną decyzję. Emocjonalnie przekroczył tę granicę wiele lat temu.

W wieku czterdziestu dwóch lat Kukliński miał już odznaczenia i mógł liczyć na awanse w przyszłości. Twardy i mocno zbudowany, startował w biegach w szkole, a później w wojsku. Był błyskotliwy, poważny, skromny i niezmordowanie pracowity. Dzięki intelektowi i opanowaniu zyskał zaufanie przełożonych, a dzięki uprzejmości - lojalność podwładnych. Awansując i wchodząc do zamkniętego kręgu dowództwa polskiego wojska, „przeniknął do świata tajemnic i stopniowo odkrywał najstraszliwsze plany wobec rodzaju ludzkiego" - jak później wyznał[1].

Odkąd pamiętał, Polską rządziły obce mocarstwa. O innych czasach miał jedynie mgliste wspomnienie. Mieszkał wtedy z rodzicami w dwupokojowym mieszkaniu na trzecim piętrze czteropiętrowej kamienicy przy ulicy Tłomackie 13 w śródmieściu Warszawy, tuż obok Wielkiej Synagogi z roku 1878, wspaniałego centrum społeczności żydowskiej. Nieopodal znajdował się Teatr Wielki i magistrat. Jego ojciec, Stanisław, imał się różnych zajęć. Pracował w fabryce produkującej czołgi i narzędzia, i jako kelner w jednej z najlepszych warszawskich restauracji „U Lija". Kukliński zapamiętał go jako łagodnego mężczyznę, który w weekendy uwielbiał pływać łódką po Wiśle i przekazał synowi miłość do morza. Jego matka, Anna, była osobą pewną siebie i stanowczą. Zanim wyszła za mąż, także pracowała „U Lija". Roman Barszcz, najbliższy przyjaciel Kuklińskiego z dzieciństwa, wspomina ją jako „piękną, bardzo inteligentną i tolerancyjną" kobietę i twierdzi, że u Kuklińskich nigdy nie brakowało chleba, marmolady i śledzi. Rodzice przekazali małemu Ryszardowi szacunek dla tradycji oraz poczucie dumy i obowiązku. „Oddychali atmosferą patriotyzmu" - wspomina Barszcz[2].

Latem rodzice zabierali go do wsi Niedabyl położonej siedemdziesiąt kilometrów na południe od Warszawy, gdzie jego wuj miał gospodarstwo. Kukliński i jego kuzyni jeździli konno i bawili się z kolegami w lesie. Kukliński i Barszcz słynęli ze swoich psikusów. Chłopi zwozili siano z pól, przysypiając niekiedy na wozach. Kukliński i Barszcz raz zakradli się od tyłu i zepchnęli wóz ze śpiącym gospodarzem do stawu. Wściekły chłop gramolił się z wody, wrzeszcząc za uciekającymi malcami. Innym razem zdemontowali wóz i zmontowali go ponownie na dachu stodoły, gdzie stał przez kilka dni.

W tamtych czasach chłopcom w Polsce marzyła się kariera wojskowego, księdza albo inżyniera. Kukliński nigdy nie miał wątpliwości, że chce zostać oficerem. 1 września 1939 r., gdy szedł Elektoralną do szkoły, zaskoczyło go wycie syreny alarmowej. W górze sunęły niemieckie bombowce dokonujące niespodziewanych nalotów na miasto, które dały początek II wojnie światowej i inwazji nazistów na Polskę.

9-letni Kukliński wraz z przyjaciółmi pobiegł pędem do szkoły. Na korytarzach roiło się od jego krzyczących kolegów. Dyrektor szkoły, postawny mężczyzna, przed którym wszyscy drżeli, uciszył ich gestem ręki. Był rezerwistą. Powiedział im, że idzie walczyć z Niemcami. Uspokoił tym Kuklińskiego. „Skoro on idzie na wojnę, to wygramy" - pomyślał.

Rodzice Kuklińskiego, katolicy, próbowali chronić syna, ale gdy na miasto zaczęły spadać bomby, było to niemożliwe. Pocisk artyleryjski spadł na podwórko ich kamienicy, zabijając kilka koni uwiązanych tam przez polskich żołnierzy. Kukliński nigdy nie zapomniał brutalności nazistów. Pewnego dnia widział, jak Niemcy rozciągają wzdłuż ulicy drut kolczasty i zmuszają starych Żydów do usypywania łopatami ziemi wzdłuż tego tymczasowego ogrodzenia. Słyszał też, że naziści będą przypalać zapalniczkami brody Żydom, którzy, wbrew rozkazom, w porę ich nie zgolą. Jego koleżanka z klasy mieszkająca w tym samym domu rozpłakała się pewnego razu, bo ktoś skrzywdził jej matkę. Kukliński podsłuchał później rozmowę rodziców, z której wynikało, że matka dziewczynki została zgwałcona przez niemieckich żołnierzy.

Jego ojciec, który zatrudnił się jako dozorca w kamienicy na terenie dzielnicy żydowskiej, mógł swobodnie przechodzić na stronę aryjską, chociaż niekiedy pozostawał za murami getta i Kukliński z matką zostawali na noc w mieszkaniu sami. Kukliński zanosił wtedy ojcu kolację w menażce do bramy getta. Dowiedział się później od niego, że ten oddawał jedzenie głodującym. Niemcy postawili wysokie ogrodzenie z drutu kolczastego wokół Wielkiej Synagogi, zamieniając ją w obóz przejściowy. Kukliński wspominał, że kiedy przechodził tamtędy z kolegami, ludzie zza drutów prosili, żeby kupić im jedzenie lub papierosy albo wysłać listy.

Podczas okupacji rodzice postanowili przenieść Kuklińskiego do innej szkoły. W szkołach publicznych Niemcy zabronili nauki wielu przedmiotów, w tym polskiego. W niewielkiej szkole zakonnej położonej na tyłach kościoła na Starym Mieście nauczyciele mieli więcej swobody i rodzice liczyli, że poziom nauczania będzie lepszy. Szkoła była przepełniona, jednak przyjęła Kuklińskiego, ponieważ jego ojciec zgodził się zrobić mu ławkę, którą umieszczono w rogu sali.

Pewnego zimnego marcowego ranka Kukliński i kilku jego kolegów urwali się z lekcji, wzięli dwa kajaki i zaczęli pływać po Wiśle. Przedzierali się przez spieniony nurt, wokół pływała kra, gdy nagle wielki kawał lodu rzucił kajakiem Kuklińskiego o kamienną podporę mostu. Prąd spychał kajak na most, wprawiając tym w przerażenie jego i kolegę, z którym płynął. Chłopiec przestał wiosłować i zaczął się modlić. Kukliński chwycił jego wiosło i uderzył go w głowę, grożąc, że go zabije, jeśli natychmiast nie zacznie wiosłować. W końcu udało im się dopłynąć do brzegu.

W szkole Kukliński czuł się osamotniony i większość nudnych lekcji prowadzonych przez księży spędzał na lekturze książek. Raz tak się zaczytał w *Chacie wuja Toma*, że ksiądz chwycił go za ucho i udzielił nagany. Kukliński został wyrzucony ze szkoły. Jak później wspominał, poczuł się tak, jakby Bóg powiedział do niego: „Uważaj, Ryszard, uważaj z tą Ameryką".

Podczas okupacji Kukliński nie mógł nie być świadkiem tego, co działo się za murami getta. Z okna mieszkania na trzecim piętrze widział wysoki, ceglany mur zabezpieczony drutem kolczastym i potłuczonym szkłem dzielący ulice Leszno i Przejazd, stanowiący granicę getta. Patrzył z przerażeniem na to, jak na ulicy mordowano jego sąsiadów. Raz był świadkiem masowej egzekucji dziesiątków Polaków na Lesznie pod murem getta. Członkowie niemieckich oddziałów szturmowych kazali dwóm Polakom oszczędzonym w rzezi załadować ciała na ciężarówkę i posypać piaskiem plamy krwi na chodniku. Kukliński wyszedł później na ulicę z małym modlitewnikiem i przyłożył go do chodnika w miejscu, w którym doszło do masakry.

Ojciec zabierał go ze sobą do znajomych z dziecięcym akordeonem. Na takie spotkania przychodziły też inne dzieci z instumentami – z harmonijkami, bębenkami, a nawet ze skrzypcami. Grały jak najgłośniej, a ich muzyka zagłuszała przyciszone rozmowy rodziców. W ten sposób Kukliński miał po raz pierwszy styczność z polskim ruchem oporu.

Gdy w roku 1943 naziści przystąpili do likwidacji getta, Kukliński patrzył, jak żołnierze palą kamienice i wypędzają krzyczących mieszkańców na ulice. Raz widział z okna zrozpaczoną kobietę uwięzioną w mieszkaniu na drugim piętrze przy Lesznie pod piątką. Pokój wypełniały coraz większe płomienie i dym. Podbiegała kilkakrotnie do okna, żeby zaczerpnąć tchu. W końcu wspięła się na parapet i stała tak bez ruchu i w milczeniu, aż płomienie zaczęły wypełzać przez okno. Wtedy skoczyła. Kukliński modlił się, patrząc na jej skok ku śmierci na chodniku. Wiosną 1943 r. esesmani wysadzili w powietrze Wielką Synagogę. Kukliński chodził później po jej ruinach.

Mijały miesiące, a on wciąż patrzył, jak kolejni Żydzi i Polacy są wypędzani z domów, ustawiani w szeregu i rozstrzeliwani lub wysyłani do obozów koncentracyjnych. Rodzice coraz częściej wywozili go na wieś, obawiając się, że pacyfikacja getta obejmie także inne dzielnice Warszawy. Pewnego dnia Kukliński był z kolegami w wesołym miasteczku w pobliżu placu Krasińskich, graniczącym z gettem od strony Starego Miasta. Wirując na karuzeli, usłyszał odgłos strzelaniny. To mieszkańcy jednego z budynków zaczęli ostrzeliwać idących ulicą niemieckich żołnierzy. Kukliński i jego koledzy podeszli nieco bliżej i z niewielkiego wzniesienia obserwowali ludzi biegających i strzelających za murem getta. W tym chaosie Kukliński dostrzegł, jak kilku Niemców łapie kobietę i mężczyznę w bramie dużej kamienicy. Para próbowała rozpaczliwie wykonać wrzaskliwe rozkazy żołnierzy. Kukliński patrzył przerażony, jak kobieta i mężczyzna stają przodem do siebie, obejmują się w niezdarnym uścisku i zaczynają się o siebie ocierać, symulując stosunek na oczach rechoczących i pokrzykujących Niemców. Później jeden z nich uniósł pistolet i zastrzelił ich oboje.

Kiedy Kukliński miał trzynaście lat, wraz z grupą starszych kolegów udał się do remizy strażackiej i zgłosił chęć przystąpienia do Armii Krajowej, największej polskiej organizacji podziemnej pozostającej pod rozkazami polskiego rządu w Londynie. Kolegów Kuklińskiego przyjęto, za to jemu powiedziano, że jest za młody, i kazano wracać do domu. Jedna z organizacji, „Miecz i Pług", ostatecznie zgodziła się, żeby rozwieszał odezwy.

13 maja 1943 roku Kukliński wracał akurat do domu, gdy spostrzegł, że jego kamienicę otoczyli Niemcy. Bojąc się tam wejść, spędził noc na kartoflisku znajdującym się nieopodal, przed historycznym budynkiem Arsenału przy Długiej. Nazajutrz poszedł do mieszkania i zastał tam pobojowisko. Matka siedziała sama i płakała. Powiedziała, że gestapo wdarło się do mieszkania, wlekąc za sobą zakrwawionego kapusia. Była to oczywista prowokacja. Jeden z gestapowców wepchnął garść kul pod poduszkę, na której sypiał ojciec Kuklińskiego, i spytał go: „Co to jest?". Stanisław, który nie miał broni, nie potrafił odpowiedzieć. Niemiec przewrócił do góry nogami ciężki dębowy stół w jadalni, wyłamał jedną nogę i zaczął go nią okładać. Annę przepędzono do sąsiedniego mieszkania. Słyszała krzyki męża, jakim towarzyszył dźwięk akordeonu Kuklińskiego, na którym grał jeden z gestapowców, by zagłuszyć wrzaski katowanego mężczyzny.

Kiedy gestapowcy wyszli, Anna wróciła do mieszkania. Ściany były zachlapane krwią, a jej mąż zniknął. Postanowiła szukać schronienia u przyjaciół pod Niedabylem. Chciała, żeby jej syn też tam pojechał, ale ten postanowił się ukrywać. Najpierw pomieszkiwał u przyjaciół, a później znalazł schronienie w lasach pod Radzyminem, gdzie nastoletni chłopcy i młodzi mężczyźni organizowali się w niewielkie grupy partyzanckie, tworzące ruch oporu. Kukliński przyłączył się do oddziału składającego się z kilku chłopców, z których najstarszy, Żyd, miał około osiemnastu lat. Dowiedzieli się, że Niemcy ogłosili nabór dla robotników z Polski, którzy mieli pracować na terytoriach okupowanych. Kukliński i jego koledzy obmyślili plan, który teraz, z perspektywy czasu, wydaje się naiwny: postanowili zgłosić się do pracy we Francji, gdzie zamierzali ukraść kuter, by przedostać się do Wielkiej Brytanii. Słyszeli, że polscy lotnicy walczą u boku Brytyjczyków, i chcieli się do nich przyłączyć. W geście solidarności wytatuowali sobie na lewej ręce statek i napis „Atlantyk".

Udali się do biura werbunkowego i oświadczyli, że chcą wyjechać do Francji. Wsadzono ich do pociągu. Wylądowali w południowo-zachodniej Polsce. Niedaleko znajdowało się kilka obozów, w których Niemcy przetrzymywali jeńców różnych narodowości, w tym Rosjan, Włochów, Amerykanów i Brytyjczyków. Kukliński spędził półtora roku jako przymusowy robotnik niemieckich fabryk zbrojeniowych, produkujących śmigła i części do samolotów.

Zimą 1945 r. Kukliński wraz z setkami innych więźniów, głównie kobiet, został ewakuowany z obozu. Brnąc w lodowatym deszczu i śniegu, w poszarpanych więziennych łachmanach, Kukliński i jego dwaj starsi koledzy, z których jeden był Żydem poznanym jeszcze w Warszawie, uciekli z kolumny i ukryli się w polu. Przez kilka miesięcy wędrowali po wioskach, szukając ubrania i jedzenia i sypiając w barakach robotników zmuszanych do pracy na wielkich niemieckich farmach. Przemieszczali się wyłącznie po zmroku. Pewnego razu natrafili na wiejskiej drodze na esesmana w okopie z karabinem maszynowym.

„Ręce do góry!" – wrzasnął i spytał, kim są.

„Polskimi robotnikami" – odpowiedzieli, wyjaśniając, że szukają wioski Neudorf, gdzie chcą zdobyć jedzenie. Sklął ich, jednak wskazał im drogę.

Szli jeszcze kilka kilometrów przez ośnieżone pola, trzęsąc się z zimna w postrzępionych ubraniach. W końcu znaleźli jakiś dom z cegły. W oknach było ciemno. Zbliżyli się do niego ostrożnie, wiedząc, że wycofujący się Niemcy często szukali w takich domach schronienia i czegoś do jedzenia. Wybili szybę w piwnicy i wczołgali się do środka. Znaleźli jedzenie i szybko się posilili. Później po cichu weszli po schodach do kuchni. Nagle usłyszeli głos mówiący coś po niemiecku i ujrzeli w korytarzu mężczyznę w mundurze. Chwycił strzelbę myśliwską i coś do nich krzyknął. Próbowali się bronić. Podczas szamotaniny jeden ze starszych chłopców zepchnął mężczyznę ze schodów do piwnicy, a drugi pobił go na śmierć kolbą strzelby. Wybiegli z domu i uciekli do sąsiedniej wioski. Pewien Polak dał im tam schronienie w piwnicy. Spędzili u niego kilka miesięcy. Pewnego dnia, wiosną, ujrzeli czołgi wjeżdżające do wsi z żołnierzami w futrzanych czapach i sowieckich mundurach w kolorze khaki. Kukliński nigdy przedtem nie widział Rosjan. Chłopcy patrzyli, jak Niemcy próbują stawiać im opór, ale było ich znacznie mniej i w ciągu kilku godzin strzelanina ustała. Kukliński i jego przyjaciele wybiegli, by powitać Rosjan, i stali się świadkami barbarzyństwa sowieckich żołnierzy, którzy beznamiętnie dobijali setki rannych Niemców leżących na polu.

Kukliński dołączył do kolumny uchodźców wracających na wschód wozami ciągnionymi przez konie. Po pewnym czasie odłączył się od pozostałych i wsiadł do pociągu jadącego do Warszawy. Miasto zostało zrównane z ziemią. Jego kamienica zamieniła się w rumowisko. Po rodzicach nie było ani śladu. Wyprawa do Niedabyla, gdzie jego wuj miał gospodarstwo, zajęła mu dwa dni. Ciotkę zastał na podwórku. Kiedy go ujrzała, wykrzyknęła: „Ryszard! Ryszard! Ryszard!", a później imię jego matki: „Anna! Anna! Anna!".

Przybiegła natychmiast i uściskała syna pierwszy raz od dwóch lat. Przez łzy powiedziała mu, że ojciec nie wrócił. Pokazała mu trzy kartki, które od niego dostała. Początkowo więziono go na warszawskim Pawiaku, a później wysłano do obozu koncentracyjnego Oranienburg-Sachsenhausen pod Berlinem.

Po kapitulacji Niemiec 7 maja 1945 r. Kukliński pojechał sowieckim pociągiem z transportem wojskowym do Berlina, a stamtąd na teren obozów, które były niemal puste. Spotkał tam byłego więźnia, który doprowadził go do bloku 4A, w którym przetrzymywano jego ojca. Leżeli tam jeszcze chorzy więźniowie. Kukliński chodził od pryczy do pryczy i rozmawiał z nimi, lecz żaden nie znał jego ojca. Powiedzieli mu, że Niemcy powiesili przed końcem wojny dziesiątki chorych więźniów, a tysiące innych zmarły podczas morderczej ewakuacji na północ.

Kukliński szedł kilka dni wiejską drogą prowadzącą w tamtym kierunku. Widział porozrzucane ciała zmarłych więźniów. Sypiał w stodołach lub w domach przyjaźnie nastawionych chłopów, jednak nie natrafił na ślad ojca i w końcu zawrócił.

Nie czuł się szczególnie skrzywdzony. Jego ojciec był jednym z sześciu milionów Polaków – wliczając w tę liczbę niemal całą ludność pochodzenia żydowskiego – wymordowanych przez nazistów. Doszedł do wniosku, że jego kraj musi okrzepnąć, by móc walczyć przeciwko obcej agresji. Polacy nie mogli dopuścić, by wrogie mocarstwa znów naruszały granice ich ojczyzny.

W pierwszych latach po wojnie Kukliński mieszkał we Wrocławiu. Pracował jako nocny stróż w fabryce mydła, a w dzień chodził do szkoły. Uwielbiał rysować i chciał zostać architektem. 25 września 1947 r., w wieku siedemnastu lat, postanowił wstąpić do wojska. Jednak wkrótce przekonał się, że Polska ma nowego tyrana – Związek Radziecki. W czasie trzyletnich studiów w szkole oficerskiej we Wrocławiu jego bezpośredni dowódca oraz komendant szkoły, którzy służyli w przedwojennej polskiej armii, zostali zastąpieni przez Rosjan nawet nieznających polskiego. Zastępca komendanta szkoły do spraw politycznych, polski Żyd, ustąpił miejsca Rosjaninowi, który szybko wprowadził nowe porządki. W roku 1949 Moskwa narzuciła Polakom nowego ministra obrony, urodzonego w Polsce Konstantego Rokossowskiego, marszałka Związku Radzieckiego i oficera Armii Czerwonej. Członkowie Armii Krajowej stawali przed sądem w sfingowanych procesach, m.in. o szpiegostwo.

Wstępując do wojska, Kukliński nie wierzył, że stanie się ono instrumentem komunizmu. W polskiej armii służyli nie tylko oficerowie z frontu wschodniego działający pod dowództwem Armii Czerwonej, której pomagali wyzwolić kraj spod niemieckiej okupacji, ale też oficerowie walczący na Zachodzie, którzy wrócili do Polski. W efekcie doszło do konfliktu między oficerami indoktrynowanymi przez Sowietów, którzy stopniowo akceptowali komunizm, a tymi, którzy marzyli o wolnej Polsce i uważali, że polska armia powinna służyć interesom narodowym, a nie partyjnym.

Kukliński miał nadzieję, że mimo sowieckiej dominacji i czystek młodzi kandydaci na oficerów, tacy jak on, kiedyś zastąpią radzieckich dowódców. Uczył się z zapałem i w niedługim czasie stał się jednym z prymusów. Był mistrzem w strzelaniu i biegach, regularnie wygrywając zawody na dystansach trzech i pół i dziesięciu kilometrów. Brał również udział w 15-kilometrowych marszobiegach w pełnym rynsztunku.

Jednak szybko przekonał się, że Wojsko Polskie ulega sowietyzacji: wykładowcy, ćwiczenia, to, jak żołnierz ma stać, wykonać zwrot, zasady użycia broni, a nawet wygląd mundurów i czapek. Okrągła sowiecka czapka z czerwoną obwódką zastąpiła rogatywki używane wcześniej w polskiej armii. Zmuszano ich do bezwzględnej lojalności wobec Rosjan. Podczas zajęć nie wspominano o polskich bohaterach narodowych, tylko o postaciach z historii Związku Radzieckiego. Na poligonach szkolono oddziały do manewrów jedynie w kierunku zachodnim – imitując ofensywę przeciwko Europie Zachodniej. Żołnierzom zakazano przeprowadzania ataków na wschód. „To była parodia, absurd" – uważał Kukliński. „Wydawało nam się, że to już nie jest Polska". Kiedyś żołnierze śpiewali pieśni patriotyczne i modlili się przed snem. Teraz czuli jedynie strach, gdy komuniści przeprowadzali czystki w szeregach armii.

Kukliński wstąpił pod przymusem do partii. Wieczorami, gdy uczył się w łóżku, jego współlokator, Konstanty Staniszewski, żarliwy katolik, drugi student na roku, modlił się po cichu pod kołdrą. Kukliński wiedział, że modlitwy są zakazane, jednak nie doniósł na kolegę, czym zyskał jego lojalność. Pozostali przyjaciółmi.

W roku 1950, kilka miesięcy po ukończeniu szkoły, Kukliński awansował na sierżanta. „Wszyscy go lubili" – wspomina Stanisław Radaj, kolega z uczelni i przyjaciel, który charakteryzuje Kuklińskiego jako człowieka miłego i wielkodusznego. Mniej więcej w tym czasie Kukliński pierwszy raz poczuł, co to jest dyscyplina partyjna. Opowiedział koledze kawał o sowieckich wysiłkach narzucenia Polsce kolektywizacji. Został za to wyrzucony z partii, a później także ze szkoły oficerskiej. Podczas ćwiczeń strzeleckich wywołano jego nazwisko. Kilku sierżantów wymierzyło w niego karabiny i wyprowadziło ze strzelnicy. Widząc to, jeden z jego najbliższych przyjaciół odwrócił się od niego. Kukliński był załamany.

Kazano mu spakować rzeczy i wręczono przydział do 11. pułku zmechanizowanego w Biedrusku pod Poznaniem, gdzie miał spędzić dwa lata jako zwykły szeregowy.

„Jestem sierżantem" – zaprotestował.

„Już nie" – usłyszał od innego sierżanta, który oświadczył mu, że został zdegradowany.

Przygotowując się do wyjazdu, był bardzo wzruszony, gdy inny kolega – sierżant pochodzący z rodziny pewnego komunistycznego prominenta – podszedł do niego i wyraził swój sprzeciw wobec tego, co się stało. Zebrał nawet wśród kolegów trochę pieniędzy. „Wiemy, że masz kłopoty" – powiedział. „To od nas".

W Biedrusku Kukliński złożył odwołanie i kazano mu się stawić przed specjalną komisją partyjną we Wrocławiu. Miał przywieźć listy od osób, które znały go od dzieciństwa, potwierdzające, że nie był członkiem żadnej organizacji antykomunistycznej. Gdy czekał przed salą posiedzeń komisji, nagle drzwi się otworzyły i wyszedł z niej szlochający, siwowłosy pułkownik. Kiedy przyszła kolej na Kuklińskiego, kazano mu usiąść przy wielkim stole przed kilkunastoma członkami komisji. Przyznał, że próbował wstąpić do organizacji podziemnej, by walczyć z Niemcami, ale został odrzucony. Rozlepiał jedynie odezwy. Był wtedy nastolatkiem i nie należał do żadnej organizacji zwalczającej komunistów. Komisja udzieliła mu nagany i stwierdziła – jak później wspominał – że jest „głupi, lecz nie jest wrogiem ludu". Kazano mu wrócić do szkoły na egzaminy. Zdał je najlepiej na roku, jednak awansowano go tylko na stopień chorążego, a nie oficera.

Jesienią 1951 r., po rocznej służbie w 9. pułku zmechanizowanym w Pile, Kukliński rozpoczął studia wojskowe w przekształconej przez komunistów Akademii Sztabu Generalnego w podwarszawskim Rembertowie.

W lipcu 1952 r. 22-letni Kukliński ożenił się ze swoją długoletnią sympatią, 19-letnią Hanką. Mniej więcej miesiąc później, po ukończeniu akademii w Rembertowie, awansował na stopień porucznika i wrócił do 9. pułku zmechanizowanego w Pile, gdzie został dowódcą kompanii. Spotkał tam Konstantego Staniszewskiego, kolegę, z którym dzielił pokój w szkole, modlącego się przed snem pod kołdrą. Staniszewski, który został oficerem kontrwywiadu, słyszał o kłopotach Kuklińskiego z partią. „Twoje akta są pełne kłamstw" – powiedział. Zaprowadził go do swojego gabinetu w popruskich koszarach i oświadczył, że opisał tę niesprawiedliwość swoim przełożonym i że za niego poręczył. Dostał od nich zgodę na zniszczenie akt. Kukliński patrzył, jak rozpala węglowy piecyk, bierze dokumenty do ręki i je pali.

W roku 1953 Kukliński awansował na stopień kapitana i został szefem sztabu 15. batalionu przeciwdesantowego liczącego trzystu żołnierzy, sto koni i osiemnaście dział. Stacjonujący w Kołobrzegu batalion miał w zamierzeniach Moskwy wzmocnić polskie linie obronne na wybrzeżu. Decyzję tę podjęto po tym, jak siły pod dowództwem generała Douglasa MacArthura dokonały jesienią 1950 r. śmiałego desantu morskiego pod Indżon, który odmienił przebieg wojny w Korei. Moskwa, zdając sobie sprawę, że potężne uderzenia ofensywne mogą zostać osłabione przez niepowodzenia na tyłach, utworzyła dziewięć batalionów wzdłuż 500-kilometrowego polskiego wybrzeża Bałtyku.

Kukliński był w Kołobrzegu, a Hanka pozostała w Pile, pracując jako księgowa. We wrześniu 1953 r. urodził im się pierwszy syn, Waldemar. Hanka przeniosła się z dzieckiem do Kołobrzegu. Kuklińscy zamieszkali w bloku, który przed wojną służył Niemcom za koszary. Hanka dostała posadę księgowej w państwowym przedsiębiorstwie połowowym. W roku 1954 Kukliński został dowódcą 18. batalionu przeciwdesantowego, jednego z trzech wchodzących w skład brygady kołobrzeskiej. W marcu 1955 r. Kuklińskim urodził się drugi syn, Bogdan.

Ryszard miał bzika na punkcie swoich dzieci, a w wolnych chwilach uwielbiał żeglować. Wraz z grupą przyjaciół – architektem, sędzią, lekarzem, kilkoma artystami i kapitanem portu w Kołobrzegu – utworzył klub jachtowy im. Josepha Conrada, swojego ulubionego pisarza. Kapitan portu został jego prezesem, a Kukliński zastępcą. Klub wybudował przystań dla jachtów na terenie fortu z czasów napoleońskich, położonego u ujścia Parsęty do morza w porcie w Kołobrzegu.

Mimo żartobliwych docinków przyjaciół Kukliński rozpoczął rekonstrukcję 9-metrowego niemieckiego jachtu zatopionego podczas wojny. We własnej piwnicy odnowił zardzewiałą, stalową stępkę. Deski szalunkowe przybił do dębowego kadłuba miedzianymi gwoździami przetopionymi ze skrawków drutu telefonicznego.

We wrześniu 1956 r. rozpoczął kurs na dowódcę pułku w Wesołej pod Warszawą, zaledwie kilka miesięcy po brutalnej pacyfikacji wystąpień poznańskich robotników przez wojsko, w wyniku której zginęło ok. 75 osób, a 800 zostało rannych. W październiku przetasowania we władzach doprowadziły do mianowania na stanowisko pierwszego sekretarza KC usuniętego wcześniej podczas partyjnej czystki Władysława Gomułki. Napięcie w stosunkach Polski ze Związkiem Sowieckim rosło, rosyjskie wojska ruszyły nawet na Warszawę. Gomułka, próbując odpowiedzieć na żądania Polaków domagających się poszerzenia zakresu wolności, nakazał marszałkowi Rokossowskiemu i innym Rosjanom piastującym wysokie stanowiska wojskowe opuszczenie kraju.

Przez pierwsze miesiące pobytu w Wesołej Kukliński był podekscytowany perspektywą zmian i ich wpływu na Wojsko Polskie. „Być może armia nie jest najlepszą instytucją w demokracji, ale byliśmy częścią społeczeństwa i chcieliśmy służyć narodowi, a nie partii" – stwierdził. Poprosił miejscowego kioskarza, żeby zatrzymywał dla niego reformatorski tygodnik „Po prostu" oraz inne czasopisma. Wielu jego kolegów oficerów irytowała nierówność w stosunkach Polski ze Związkiem Radzieckim, obecność rosyjskich generałów w Wojsku Polskim i brak wolności słowa. Kukliński brał udział w spotkaniach, na których uchwalano odezwy nawołujące do zmian.

Stłumienie przez Moskwę powstania na Węgrzech w listopadzie 1956 r. zmieniło całą sytuację. Słysząc apele o oddawanie krwi dla Węgrów, Kukliński wystąpił o zgodę na wyjazd w tym celu do Warszawy, jednak zakazano mu opuszczania koszar. Gomułka szybko zdławił ruch, który, w oczach Kuklińskiego, był kiełkującą w Polsce rewolucją. Mimo że Rosjanie zniknęli w większości z polskiej armii, Gomułka doprowadził do zamknięcia tygodnika „Po prostu" i narzucił Polsce twardogłowy socjalizm. Kukliński doszedł do wniosku, że prawdziwa liberalizacja w Polsce jest skazana na porażkę.

We wrześniu 1957 r. został dowódcą batalionu w 5. pułku zmechanizowanym z siedzibą dywizji w Szczecinie. Kilka tygodni później dowiedział się, że dywizją będzie kierował nowy dowódca, Wojciech Jaruzelski.

Pewnego wieczoru, gdy Kukliński siedział z kilkoma innymi oficerami przy ognisku, nagle pojawił się Jaruzelski. Siedem lat starszy od Kuklińskiego, był jednym z najmłodszych generałów w polskiej armii. Pewien starszy oficer chciał ustąpić mu miejsca, ale Jaruzelski machnął tylko ręką i powiedział: „Proszę siedzieć, generale". Ten gest ujął Kuklińskiego, bo – jak sądził – świadczył o jego charakterze.

Jednak na temat Jaruzelskiego miał mieszane odczucia. Wiedział, że generał optował za tym, by rosyjscy dowódcy pozostali w Polsce i dowodzili polskim wojskiem, i że był wyjątkowo proradziecki. Dziwiło go to, zważywszy na ciężkie przejścia Jaruzelskiego w czasie wojny. On, jego siostra i matka zostali zesłani do obozu pracy na Syberii, a ojciec zmarł na zesłaniu. Doznał tam trwałego urazu kręgosłupa i oczu, co zmuszało go do zachowania sztywnej sylwetki i noszenia ciemnych okularów.

Jaruzelski zarządził w Szczecinie generalny remont zniszczonych i brudnych koszar. Kazał odmalować ściany na biało i uporządkować alejki i chodniki. Wyraźnie przywiązywał dużą wagę do estetyki i szczegółów. Kukliński zastanawiał się, czy ten błysk był tylko na pokaz.

Dobrze radził sobie w Szczecinie, jednak gnębiły go ciągłe ograniczenia swobód demokratycznych w Polsce. Przez jakiś czas zastanawiał się nad odejściem z armii i znalezieniem pracy w cywilu lub nad podjęciem studiów na architekturze. Ostatecznie jednak pozostał na swoim stanowisku. Po czterech miesiącach przeniesiono go z powrotem do Kołobrzegu, gdzie nadal mieszkała jego rodzina. Pozostał tam do końca lat pięćdziesiątych. Nawet po przenosinach wciąż zastanawiał się, czy podjął właściwą decyzję. Przyczyną jego wątpliwości były, między innymi, zapowiadające zmiany wydarzenia w Polsce, z których jednak nigdy nic nie wynikało.

W roku 1959 Kukliński zakończył remont niemieckiego jachtu, który razem z Hanką ochrzcił imieniem „Legenda". Zwodowali go w przystani klubu jachtowego im. Josepha Conrada.

Namiętnie czytał książki. Odnalazł inspirację w dziełach Josepha Conrada, syna polskiego powstańca, który również nienawidził Rosjan. (Ojciec Conrada był przez nich więziony, a później, wraz z jego matką, zesłany do Wołogdy). Conrad przez dwadzieścia lat był marynarzem i kochał morze. Kukliński identyfikował się z jego wizją statków i marynarzy jako symboli moralnych. Urzekła go powieść Conrada z roku 1917, *Smuga cienia*, której bohater, młody kapitan, osiąga dojrzałość emocjonalną i poczucie własnej tożsamości. Duże wrażenie zrobiło na nim egzystencjalne przesłanie pisarza i jego opis momentu w życiu, gdy „człowiek dostrzega przed sobą smugę cienia, która ostrzega go, że i z młodością trzeba się kiedyś pożegnać".

Conrad pisał:

„Tylko młodzi przeżywają takie chwile. Nie mówię o bardzo młodych. Nie. Bardzo młodzi właściwie nie przeżywają żadnych chwil. Przywilejem wczesnej młodości jest wyprzedzanie własnych dni w całej pięknej ciągłości nadziei, która nie zna przerw ani samowiedzy.

Zamyka się za sobą furtkę chłopięctwa – i wkracza do zaczarowanego ogrodu. Nawet jego cienie lśnią obietnicami. Każdy zakręt ścieżki ma swoje powaby. I to nie dlatego, aby kraina była nieodkryta. Wie się dostatecznie dobrze, że cała ludzkość przepłynęła tędy. To urok powszechnego doświadczenia, od którego oczekuje się niezwykłych lub osobistych doznań – czegoś własnego"[3].

Kukliński wciąż czytał tę książkę od nowa i zadawał sobie pytanie: Jak dotrzeć do zaczarowanego ogrodu, żyjąc w państwie policyjnym?

W roku 1960 dostał się do Akademii Sztabu Generalnego, gdzie poznał generała Bolesława Chochę, specjalistę od kwestii obronnych. Chocha, podobnie jak Kukliński, uważał, że w przyszłości wojny będą wyglądały inaczej. Nie będzie w nich jasno zarysowanych linii frontu, a wojsko będzie doznawać poważnych strat z uwagi na skuteczność pocisków dalekiego zasięgu. Wydawało mu się, że przy takim scenariuszu Polska będzie szczególnie narażona na atak. Poglądy Chochy i jego szczerość zrobiły na Kuklińskim duże wrażenie.

Kukliński ukończył Akademię w roku 1963. Wyróżniony za świetne wyniki, zwłaszcza w pisaniu i czytaniu map, otrzymał stanowisko w Sztabie Generalnym, głównym organie dowódczo-kontrolnym polskich sił zbrojnych. Był już wtedy majorem. Dostał własny gabinet w siedzibie Sztabu Generalnego w Warszawie i przydział do pracy przy dużych manewrach wojskowych obejmujących działania strategiczne. Tak rozpoczęła się jego kariera w Wojsku Polskim.

Zimą otrzymał do wykonania pierwsze poważne zadanie – opracowanie planu ćwiczeń polegających na dostarczeniu polskim siłom zbrojnym rosyjskich głowic nuklearnych w warunkach wojny. Zadanie to powierzono pewnemu pułkownikowi, dowódcy brygady rakietowej, jednak nie spełnił on oczekiwań i misję przejął Kukliński.

Ćwiczenia miały się odbyć pod wspólnym dowództwem sowieckiego i polskiego ministra obrony i miała je obserwować wybrana grupa polskich generałów. Działo się to u szczytu „zimnej wojny", tuż po kryzysie kubańskim i zabójstwie Kennedy'ego. Kukliński wybrał się na ukryty głęboko w lesie poligon, żeby dotknąć głowicy jądrowej, której oficjalnie w Polsce nie było.

Mimo gęstej śnieżycy ćwiczenia przebiegły bez zakłóceń. Uznano, że Kukliński jest człowiekiem z wyobraźnią, który potrafi dobrze sobie radzić. W ciągu dziewięciu lat stał się głównym autorem manewrów wojskowych przeprowadzanych na terytorium Polski w ramach Układu Warszawskiego. Blisko współpracował z Jaruzelskim, który awansował na stanowisko szefa sztabu. Znający biegle rosyjski Kukliński regularnie odwiedzał swoich partnerów z Moskwy, Europy Wschodniej i zachodnich rejonów Związku Sowieckiego. Został ekspertem od przegrupowań wojsk, gotowości bojowej, obrony przeciwlotniczej, łączności oraz wojny chemicznej i elektronicznej. Jak wyznał, jego zadaniem było przygotowanie wojsk do wojny z Zachodem.

W miarę jak zwiększał się zakres jego obowiązków, zyskiwał szacunek liczącego od 80 do 100 oficerów Zarządu Operacyjnego SG WP, który współpracował z innymi Zarządami, np. wywiadu, uzbrojenia czy mobilizacji. Uzyskując coraz swobodniejszy dostęp do tajemnic wojskowych Sowietów i państw Układu Warszawskiego, Kukliński zaczął dostrzegać niedostatki wojskowego sojuszu swojego kraju ze Związkiem Radzieckim.

Strategia Sowietów i Układu Warszawskiego była wyłącznie ofensywna. Wszystkie manewry wojskowe rozpoczynały się od założenia, że są one odpowiedzią na atak państw NATO. Jednak Kukliński, który je przygotowywał, wiedział, że plany zakładały pierwsze, masowe uderzenie ze strony Rosjan i wojsk Układu Warszawskiego. W pierwszym rzucie, skierowanym na zachód i północ do RFN, Holandii, Belgii i Danii, miało uczestniczyć ponad 600 000 polskich żołnierzy. Po kilku dniach miał nastąpić atak drugiego rzutu strategicznego. Te ogromne siły obejmujące pięćdziesiąt dywizji, dwa miliony żołnierzy i ponad milion pojazdów opancerzonych i rakiet, stacjonowały na zachodzie Związku Sowieckiego – na Ukrainie, na Białorusi i w republikach bałtyckich. Moskwa uważała, że – pod wieloma względami – jest to klucz do zwycięstwa w Europie.

W Sztabie Generalnym Kukliński pracował w pokoju niedaleko gabinetu Jaruzelskiego i wykonywał dla niego zadania, jednak nie miał z nim na co dzień kontaktu. Bliżej współpracował z generałem Chochą, który awansował na stanowisko zastępcy szefa sztabu do spraw operacyjnych. Chocha, dysponujący tubalnym głosem i zdecydowanym charakterem, był surowym i wymagającym szefem, powszechnie lubianym i szanowanym. Pochodził z Grodna, z rodziny polskich inteligentów. W roku 1940, gdy był na studiach, Sowieci wysiedlili go wraz z rodzicami do Kazachstanu i zmusili do pracy w kombinacie obróbki drewna. W roku 1943 dostał powołanie do pierwszej dywizji zmechanizowanej utworzonej przez Sowietów polskiej Pierwszej Armii. Odtąd wspinał się po szczeblach kariery, aż został zastępcą Jaruzelskiego w Sztabie Generalnym.

W roku 1967 Kukliński i Chocha wybrali się pociągiem do Berlina na spotkanie z dowództwem sowieckich i wschodnioniemieckich wojsk w NRD. Po kilku kieliszkach Chocha się otworzył i zaczął się skarżyć Kuklińskiemu na zagrożenia wynikające dla Polski z sowieckiej strategii wojennej. „Dlaczego jest to strategia ofensywna?" – pytał. „Dlaczego polskie wojsko ma atakować państwa NATO? Czy nie powinno ograniczyć się do obrony terytorium Polski?".

Stwierdził, że poruszał tę kwestię w rozmowach z Jaruzelskim i innymi generałami, ale nic z tego nie wynikło. Kukliński doszedł wtedy do wniosku, że zyskał ważnego sojusznika w Sztabie Generalnym.

Latem 1967 r. rozważano kandydaturę Kuklińskiego na stanowisko attaché wojskowego polskiej ambasady w Waszyngtonie, jednak ostatecznie wysłano go w październiku na około pół roku do Wietnamu jako członka misji polskiej przy Międzynarodowej Komisji Kontroli i Nadzoru mającej sprawować kontrolę nad realizacją postanowień konferencji genewskiej. Doświadczenie to wzmocniło jego poglądy na temat supermocarstw. Podziwiał amerykańskich żołnierzy w Wietnamie, a kiedy dorastał, wiedział, że Amerykanie przeprowadzają naloty na Niemcy i przyczyniają się do zniszczenia hitlerowskiej machiny wojennej. Martwił się, że antywojenne nastroje w Stanach Zjednoczonych mogą doprowadzić do rewizji amerykańskiej polityki walki z ZSRR albo – co gorsza – do wycofania wojsk stacjonujących w Europie.

W Sajgonie Kukliński przebywał w bezpośredniej bliskości Amerykanów. Pewnego wieczoru, podczas ofensywy w styczniu 1968 r. (największego zaskakującego uderzenia partyzantki komunistycznej w miastach na terytorium całego Wietnamu Południowego), gdy obserwował z dachu hotelu walki wraz z kilkoma polskimi oficerami z Międzynarodowej Komisji Kontroli i Nadzoru, nagle pojawił się tam Amerykanin, o którym wiedzieli, że ma polskie korzenie. Był ubrany po cywilnemu. Przywitał się z Kuklińskim po polsku. Kukliński, który był w mundurze, podejrzewał, że jest on agentem CIA. Oficerów z polskiej misji ostrzegano przed kontaktami z Amerykanami, jednak Kukliński nawiązał niezobowiązującą rozmowę. Chciał się koniecznie spotkać z nim ponownie, dlatego poprosił, żeby kupił mu coś w sklepie dla Amerykanów. Ten odpowiedział, że zrobi to z przyjemnością, i powiedział Kuklińskiemu, że może go w każdej chwili odwiedzić w hotelu. Kukliński nie mógł skorzystać z zaproszenia. Żałował, że stracił dobrą okazję do nawiązania kontaktu.

W roku 1968 kariera Kuklińskiego uległa przyspieszeniu, gdy Jaruzelski został mianowany ministrem obrony, a Chocha – szefem Sztabu Generalnego.

W sierpniu 1968 r., kilka miesięcy po powrocie z Wietnamu, podejrzenia Kuklińskiego co do zamiarów Rosjan znacznie się wzmocniły, kiedy otrzymał rozkaz wyjazdu do Legnicy, by opracować plany udziału wojsk polskich w manewrach o kryptonimie „Dunaj”, którymi dowodzić miał marszałek Iwan Jakubowski, dowódca sił Układu Warszawskiego. Kukliński stwierdził na miejscu, że są tam przedstawiciele wszystkich państw Układu Warszawskiego oprócz Czechosłowacji i Rumunii. Zauważył też, że wojska czechosłowackie zostały oznaczone kolorem niebieskim, zwykle zarezerwowanym dla sił nieprzyjaciela. Początkowo był tym zaskoczony, ale później zrozumiał, że są to plany rychłej interwencji mającej na celu zdławienie Praskiej Wiosny.

W punkcie dowodzenia nikt nie mówił o „zbrojnej interwencji” – określenie to było zastrzeżone dla sił zachodniego imperializmu. Tutaj było to wyłącznie „szkolenie”. Kukliński był zaskoczony i zbulwersowany udziałem polskich wojsk w tych planach. Słuchał doniesień zagranicznych rozgłośni radiowych i nie widział w nich nic, co by wskazywało, że Zachód wie, jak bliska jest taka interwencja. Napisał nawet krótki, anonimowy list do Radia Wolna Europa i polecił kierowcy, by zawiózł go na drogę pod Legnicę, licząc, że napotka tam samochód jakiegoś zachodniego dyplomaty. Znalazłby jakąś wymówkę na użytek kierowcy i przekazałby list, ale nie miał szczęścia. Wymyślił więc chorobę w rodzinie i udało mu się wrócić do Warszawy, gdzie liczył, że bardziej mu się poszczęści. Niestety, musiał na okrągło przebywać w pracy w specjalnym centrum dowodzenia przy Sztabie Generalnym jako członek wąskiej grupy oficerów monitorujących działania polskich wojsk w Czechosłowacji. Nie miał możliwości skontaktowania się z jakimś zachodnim dyplomatą.

Nocą, 20 sierpnia 1968 r., sowieccy komandosi wylądowali na lotnisku w Pradze, a polskie wojska wraz z oddziałami innych państw Układu Warszawskiego przekroczyły granicę. W centrum dowodzenia Kukliński pełnił rolę oficera łącznikowego między generałem Florianem Siwickim, dowódcą polskich sił w Czechosłowacji, a Jaruzelskim i pierwszym sekretarzem partii, Gomułką. Przebywając w tym newralgicznym punkcie, dowiedział się, że Jaruzelski polecił Siwickiemu, jednemu ze swoich najbliższych przyjaciół: „Florian, tylko delikatnie. Nie rób nikomu krzywdy".

Później Siwicki poprosił Kuklińskiego przez radio, by przekazał Jaruzelskiemu, że oddziały polskie dotarły we wskazane rejony w północnych Czechach i że on sam pojechał do Pragi, by oznajmić czechosłowackiemu prezydentowi, Ludvikowi Svobodzie: „Nasze wojska są do pańskiej dyspozycji".

Kukliński ostatecznie nie żałował, że brał udział w tej operacji, gdyż umożliwiło mu to przeglądanie wstępnych raportów Siwickiego i innych dowódców, które następnie streszczał dla Jaruzelskiego i Gomułki. Jak później napisał: „Miałem wyjątkową możliwość pełnego wglądu w nasz wkład w tę haniebną operację". Niemożność przekazania ostrzeżenia Zachodowi doprowadziła go do wysnucia wniosku, że „należy ustanowić jakiś rodzaj łączności z Zachodem – trzeba ją ustanowić", zwłaszcza na wypadek zagrożenia bezpieczeństwa Polski.

Jaruzelski zwołał sympozjum w Warszawie, by ocenić rolę Polski w tych „manewrach". Przybyli na nie najwyżsi dowódcy wojskowi i przedstawiciele dowództwa Układu Warszawskiego z Moskwy. Kukliński tak opisywał później tę „galę":

> Uczestnicy sympozjum prześcigali się w komplementowaniu działań polskich oddziałów. To prawda, że nie otaczały czeskich garnizonów tak szybko, jak „najlepsze na świecie" oddziały radzieckie, ale nadrobiły to później, wyjątkowo skutecznie przekonując czeskich dowódców, by poparli zmiany na najwyższych stanowiskach w partii i w rządzie.
>
> Za wybitne osiągnięcie uznano fakt, że – mimo wrogości ludności cywilnej, która tworzyła żywe barykady przeciw czołgom i pojazdom opancerzonym – zdołaliśmy uniknąć większych ofiar w ludziach i strat materialnych; pod polskim czołgiem zginęło tylko jedno dziecko i to wyłącznie przez przypadek.

> W sumie sympozjum potwierdziło, że operacja „Dunaj" była wielkim militarnym i politycznym sukcesem wspólnoty państw socjalistycznych, do którego w znaczniej mierze przyczyniło się Ludowe Wojsko Polskie.

Przy okazji Kukliński wyznał, że w prywatnych rozmowach ludzie wyrażali inne opinie.

> Udział polskich sił zbrojnych w interwencji w Czechosłowacji był oceniany niemal powszechnie jako niewybaczalny błąd ówczesnych władz politycznych i wojskowych PRL, za który przyjdzie nam drogo zapłacić, gdy Polska dojrzeje i upomni się o swe niezbywalne prawo do życia w godności, dokonując demokratycznych przemian nie do zaakceptowania z punktu widzenia ZSRR. Moje własne odczucia były bardzo bliskie tym opiniom i prawdopodobnie wpłynęły na moje zapatrywania w późniejszych latach[4].

Kuklińskiego zbulwersowało entuzjastyczne przyjęcie interwencji przez jego przełożonych. Mimo że nie istniały żadne oficjalne porozumienia, które nakładałyby na Polskę obowiązek uczestniczenia w takiej operacji, Jaruzelski stwierdził, że jest dumny, mogąc wysłać polskie wojska na terytorium sojusznika. On także używał eufemizmów. Naturalnie nie chciał robić tego brutalnie, po radziecku – jak pisał Kukliński – ale w białych rękawiczkach.

Na początku następnego roku Moskwa postanowiła urządzić wielkie manewry „Wiosna 69", by pokazać, jak zamierza prowadzić wojnę w Europie Środkowej, określanej mianem „zachodniego teatru działań wojennych".

Manewrami mieli kierować Polacy pod nadzorem dowództwa wojsk Układu Warszawskiego w Moskwie. Chocha polecił Kuklińskiemu opracowanie wariantów ofensywy dla Rosjan i wszystkich armii państw Układu Warszawskiego. W tym czasie Kukliński wiedział jeszcze niewiele na temat zadań i struktury radzieckich oddziałów w Niemczech Wschodnich, więc wraz z dwoma oficerami łączności pojechał na konsultacje do Wünsdorfu, gdzie stacjonowały wojska sowieckie.

Rosyjski dowódca przyjął Kuklińskiego ciepło. Dwaj oficerowie łączności poszli na spotkanie ze swoimi partnerami rosyjskimi, a Kukliński uzyskał dostęp do wyższych sowieckich oficerów operacyjnych i do najpilniej strzeżonych dokumentów dotyczących planów wojennych w Europie.

Zagłębiał się w te materiały i konsultował się z radzieckimi oficerami. „Przedstawili mi podstawowe koncepcje dotyczące prowadzenia takiej wojny" – wspominał. Zrobił staranne notatki i narysował własną mapę.

Po powrocie do Warszawy jeszcze przez trzy tygodnie dopracowywał plany, odtwarzając scenariusz działań wojennych Rosjan na terenie Europy Środkowej. Kiedy skończył, Zarząd Wywiadowczy Sztabu Generalnego, dysponujący nowoczesnym sprzętem drukarskim, wydał kilka wysokiej jakości map do wykorzystania w czasie prezentacji dla oficjeli sowieckich. Jedną polecono zniszczyć, ponieważ kolory nie były idealne. Kukliński umieścił ją w swoim sejfie. Miał prawo to zrobić, ponieważ plany dotyczące wojny leżały w jego gestii.

Kukliński oraz generał dowodzący polskimi oddziałami łączności pojechali pociągiem do Moskwy na oficjalną prezentację u dowódcy wojsk Układu Warszawskiego, marszałka Jakubowskiego. Powitał ich szef sztabu, generał S.M. Sztiemienko, legendarny szef wydziału operacyjnego radzieckiego Sztabu Generalnego za czasów Stalina.

Kukliński znał dokonania wielkich strategów wojennych od Clausewitza po Moltkego, ale nigdy nie zapomniał spotkania ze Sztiemienką, bohaterem, człowiekiem, który planował radzieckie uderzenia na wojska Hitlera. Gdy ściskał mu dłoń, zauważył, że jeden z jego palców jest wykrzywiony, a może nawet złamany. Być może była to pamiątka z czasów wojny.

Kukliński zaprezentował mu mapę, dokumenty i opisał scenariusz działań podczas manewrów „Wiosna 69". Kopię mapy zostawił w radzieckim Sztabie Generalnym, w którym dokonał drugiej prezentacji. Po jakimś czasie wrócił do niego oryginalny egzemplarz mapy, zaaprobowany i podpisany przez marszałka Jakubowskiego. Później, w jego obecności, generał Śliwiński, polski przedstawiciel przy dowództwie Układu Warszawskiego, zadzwonił do generała Chochy w Warszawie i przekazał mu, że plan ćwiczeń „Wiosna 69" został zatwierdzony. „Pułkownik wraca do Warszawy po kolejny awans" – stwierdził.

Po jakimś czasie setki oficerów z państw Układu Warszawskiego spotkały się w pewnym mieście w zachodniej Polsce, by przeprowadzić ćwiczenia. Obejmowały one także wykorzystywanie zaszyfrowanych meldunków radiowych. Dowodzący ćwiczeniami Chocha wezwał do siebie Kuklińskiego.

Dał mu do zrozumienia, że z Moskwy napłynęła skarga. Chocha był zadowolony z pracy Kuklińskiego, jednak Sowietów zirytowało to, że plany Kuklińskiego zawierały zbyt wiele elementów zbieżnych z sowieckimi planami działań wojennych. „Dostaliśmy telegram z radzieckiego Sztabu Generalnego. Zażądaj zwrotu wszystkich dokumentów od uczestników ćwiczeń. Zniszcz je" – polecił Kuklińskiemu.

Później rzucił po rosyjsku: „Maładiec!" (co można przetłumaczyć jako „zuch chłopak!"). Wydawał się dumny z tego, że Rosjanie się wkurzyli, i stwierdził sarkastycznie, że może wreszcie zrozumieją, że Polacy nie są tacy głupi, za jakich ich biorą.

Latem 1970 r. Kukliński opracowywał w Sztabie Generalnym plan ćwiczeń zatwierdzonych przez Jaruzelskiego, zakładający zaskakujące uderzenie nuklearne wojsk NATO na oddziały Układu Warszawskiego stacjonujące w koszarach. Spędził nad tym pół roku. Późnym wieczorem, kiedy z kilkoma innymi oficerami wprowadzał do map ostatnie poprawki, zadzwonił czerwony telefon stojący na jego biurku. Dzwonił Chocha.

„Jeszcze pracujecie?" – spytał.

Kukliński potwierdził.

„Ile wam to jeszcze zajmie?".

„Godzinę, może dłużej" – odparł Kukliński.

„Dobra, popracujemy razem" – rzucił Chocha i zaprosił go do siebie z dokumentami.

Kukliński bał się, że Chocha, znany z tego, że wydzwaniał do ludzi po nocy, kiedy sobie popił, zażąda wprowadzenia jakichś drastycznych zmian, jednak poszedł do jego gabinetu.

„Proszę pokazać tę mapę" – poprosił Chocha. Wyglądało na to, że nie pił.

Gdy Kukliński wykonał polecenie, Chocha nastawił głośniej radio, by nikt nie mógł ich podsłuchać.

„Pułkowniku, dlaczego zawsze martwimy się o front zewnętrzny?" – zagadnął.

„Bo takie jest założenie manewrów" – odpowiedział Kukliński.

„O front zewnętrzny powinni się martwić Rosjanie" – nalegał Chocha. Dlaczego polskie wojska nie bronią Polski?

„Generale, już o tym rozmawialiśmy" – odparł Kukliński, nawiązując do ich rozmowy w pociągu do Berlina sprzed trzech lat.

Chocha nie dał się zniechęcić. Wciąż zadawał dociekliwe pytania dotyczące polskiej doktryny wojennej. „Gdzie NATO będzie zmuszone użyć pocisków nuklearnych?".

Kukliński odpowiedział, że podczas wojny między supermocarstwami NATO skieruje uderzenie nuklearne na drugi rzut strategiczny. Jednak do ataku takiego nie dojdzie, gdy siły te będą przebywać na terytorium ZSRR ani gdy dotrą do Niemiec. Zostaną zaatakowane pomiędzy tymi rejonami.

„Czyli gdzie?" – dopytywał się Chocha.

„Na ziemi niczyjej – w Polsce".

Kukliński widział, że jego szef się martwi, więc brnął dalej. „To nie jest kwestia ćwiczeń, tylko doktryny. Musimy zmienić naszą politykę, całą naszą doktrynę".

Według Kuklińskiego dla każdego polskiego patrioty najtrudniejsze pytanie brzmiało: „Komu służę?". On i jego koledzy zostali wciągnięci w agresywne plany wojenne Związku Radzieckiego nieuwzględniające interesów Polski. Przykładali w ten sposób rękę do zagłady ojczyzny w czasie ewentualnych działań wojennych.

Chocha oświadczył, że drąży ten temat w rozmowach z innymi dowódcami. „Bez przerwy im to powtarzam, ale mnie nie słuchają" - wyznał. Z radia wciąż płynęły głośne dźwięki muzyki.

„Generale - odrzekł Kukliński - jeżeli nie możemy porozumieć się w tej sprawie z sojusznikami z Układu Warszawskiego, to może byłoby w naszym interesie osiągnąć porozumienie z nieprzyjacielem".

„Pułkowniku! - zamachał rękami Chocha - dochodzimy do abstrakcji. Rozmawiamy o rzeczach niemożliwych, nierealnych". Potem nastąpiła pauza. „Myślę, że wystarczy już tej pracy".

Kukliński spytał, czy ma wprowadzić jakieś zmiany do planów ćwiczeń.

„Nie - odparł Chocha - chodźmy do domu".

Kukliński poczuł, że dał mu coś do zrozumienia. Nie odprawił go, nie odrzucił jego sugestii. Nawet nie zaoponował.

Do kolejnego wydarzenia, które skłoniło Kuklińskiego do przekroczenia bariery, doszło w grudniu 1970 r., kiedy polskie wojska otrzymały rozkaz strzelania do stoczniowców z Gdańska, Gdyni i Szczecina, protestujących przeciwko podwyżkom cen żywności przed świętami Bożego Narodzenia. Zginęło czterdziestu czterech „wichrzycieli ładu państwa ludowego", wśród nich siedmiu uczniów szkoły zawodowej. Ponad tysiąc rannych trafiło do szpitali.

Kukliński znał dowódcę jednego z pułków, którego żołnierze otrzymali rozkaz strzelania do robotników w Gdyni. „Strzelaliśmy i płakaliśmy" - wyznał Kuklińskiemu. „Nie miałem wyjścia. Dostałem rozkaz". Powiedział, że kazał żołnierzom strzelać w ziemię, jednak kule odbijały się rykoszetem i godziły w demonstrantów.

Rozkaz strzelania wyszedł od polskich władz. Kukliński uważał, że oficerowie nie mają prawa go wykonać. Był zaszokowany swobodą, z jaką taki rozkaz wydano, i tym, że nikt nie odmówił jego wykonania. Jego myśli nabrały konkretnego kształtu. Obmyślił plan nawiązania kontaktu z Zachodem. Zaczął czytać książki na temat amerykańskiej doktryny wojennej. Dużo pracował, miewał chwile niepewności i zwątpienia. Jednak kiedy przeanalizował wszystkie opcje, utwierdził się w przekonaniu, że racja leży po jego stronie, i doszedł do wniosku, że jeśli dobrze wszystko przemyśli, to jego plan ma szanse powodzenia. Jakiś rodzaj współpracy jest możliwy.

Chciał koniecznie powiadomić amerykańskich wojskowych, że w przypadku wojny, jego zdaniem, także inni oficerowie polskiej armii będą chcieli zdemontować system dowodzenia sił Układu Warszawskiego i dokonywać aktów sabotażu wobec wojsk drugiego rzutu strategicznego przemieszczającego się przez terytorium Polski.

Jako zapalony żeglarz otrzymał zgodę od niczego niepodejrzewającego generała Chochy na przeprowadzenie rozpoznania w Europie Zachodniej na pokładzie „Legii" z udziałem 8–9 oficerów. Ich zadaniem było „zakończenie studium zachodniego teatru działań wojennych". Kukliński zabrał ze sobą syna, Bogdana. Kapitańską kajutę odstąpił jednemu z oficerów, gdyż wolał dzielić koję z synem i pozostałymi członkami załogi.

Chocha zezwolił Kuklińskiemu na zabranie zapasów jedzenia i pieniędzy. Jacht miał dwadzieścia siedem metrów długości i mocny kadłub wykonany z mahoniu i teki. Sztab Generalny miał pokryć wszystkie wydatki związane z rejsem, ponieważ oficerowie wykonywali konkretne zadanie. Kukliński, który nie znał angielskiego, spędził kilka tygodni, ucząc się słówek ze słownika. Obmyślił wtedy tekst listu, który wyśle z jachtu.

2 sierpnia 1972 r. Kukliński, Bogdan i reszta załogi weszła w Gdańsku na pokład „Legii". Mieli przepłynąć Morze Bałtyckie, Kanał Kiloński, dopłynąć Łabą do Hamburga, a stamtąd na Morze Północne do Cuxhaven i do Wilhelmshaven, ostatniego przystanku w Niemczech. Później mieli popłynąć do czterech portów holenderskich: Den Helder, Amsterdamu, Hagi i Rotterdamu. Ostatnim celem podróży przed powrotem do Polski była belgijska Ostenda. Kukliński, jednocześnie dowódca misji rozpoznawczej i kapitan jednostki, dał załodze możliwie dużo swobody, by zdobyć jej zaufanie. „Wiecie, kto tu jest kapitanem?" – spytał ich. „Pan!" – odpowiedzieli. „Zgadza się!" – przyznał Kukliński. „Odtąd niech każdy robi, co chce".

Członkom załogi weszło w nawyk, że schodzą z pokładu i zwiedzają porty, sklepy i muzea.

11 sierpnia „Legia" dotarła do Wilhelmshaven. Kukliński chciał wysłać swój list właśnie z tego portu, dawnej głównej bazy niemieckiej marynarki wojennej, ze względu na jego bogatą historię. 6 maja 1945 r. polska 1. Dywizja Pancerna, która brała udział w desancie w Normandii, przyczyniając się do wyzwolenia Francji i Holandii, przyjęła tam kapitulację większości niemieckiej floty. Niemcy oficjalnie skapitulowały dzień później w obecności brytyjskiego admirała i towarzyszącego mu polskiego oficera. Kukliński uwielbiał tę historię i uznawał polskich żołnierzy

z Wilhelmshaven za bohaterów. Stwierdził jednak, że skoro Polskę zdominowali Rosjanie, to miasto to stało się symbolem sprawy niedoprowadzonej do końca.

Odczekał, aż załoga zejdzie na ląd. Bogdan akurat był czymś zajęty na pokładzie. Kuliński zamknął drzwi kabiny. Siedząc przy niewielkim stoliku, przygotował dwie pelurowe kartki papieru, używane w Europie do pisania listów lotniczych. Zaczął starannie pisać, pochylając litery w lewo, czego zwykle nie robił. Postanowił skierować swój list do amerykańskiego attaché wojskowego, prosząc o spotkanie z oficerem równym mu stopniem.

Włożył list do koperty, którą zaadresował do attaché wojskowego, po czym zakleił ją w drugiej kopercie. Kupił je podczas wcześniejszego postoju w Niemczech. Długopis wyrzucił do wody i zszedł na ląd. Po krótkim spacerze zatrzymał taksówkę i pojechał na pocztę, gdzie zaadresował i nadał list. Później wrócił na jacht. Usiadł na pokładzie i czekał na powrót załogi. Nad głową przelatywały mu mewy, zakłócając tok myśli głośnym wrzaskiem. To był jego własny, polski, ruch oporu.

Rozdział III

Podwójne życie

Gdy Lang wrócił do Bonn, odwiedził go przełożony. „Spisaliście się na medal” – stwierdził. „Szkoda, że nikt się o tym nie dowie”.

Dostał telegram z Centrali z gratulacjami dla Langa i Henry’ego. Langley uznało, że Kukliński jest potencjalnie ważnym źródłem informacji wywiadowczych i „z uwagi na swoje bieżące i przyszłe zadania ma niespotykane możliwości wczesnego przekazywania wiadomości o zagrożeniach pozyskanych wewnątrz Układu Warszawskiego, znacznie większe od tych, którymi dysponowaliśmy dotychczas”.

Lang dostał polecenie zniszczenia akt dotyczących P.V., co oznaczało, że Centrala uznała, iż operację warto kontynuować i że zajmie się tym komórka CIA w Warszawie[1]. Tymczasem w Langley podjęto dodatkowe kroki mające na celu ograniczenie dostępu do informacji w tej sprawie. Miała nimi dysponować tylko wąska grupa agentów kierowana przez szefa sekcji sowieckiej, Davida Blee. Kukliński musiał odtąd posługiwać się pseudonimem. Znając jego miłość do morza, Blee nadał mu pseudonim „Mewa”.

31 sierpnia 1972 r., mniej więcej w tydzień po powrocie Kuklińskiego do kraju, Blee wysłał depeszę do Warszawy, zawierającą sugestie dotyczące sposobów kontaktowania się agentów z Mewą. Napisał również, że motywy postępowania Kuklińskiego mają najwyraźniej charakter „ideologiczny, patriotyczny i antysowiecki”. Wspomniał o jego doświadczeniach z Wietnamu i przekonaniu, że Zachód „nie jest tak zepsuty, jak malują to polskie władze”.

„Interwencja w Czechosłowacji ostatecznie pozbawiła go złudzeń na temat Sowietów i przekonała, że tak naprawdę nie obchodzi ich los ojczyzny Mewy” – pisał. Jako Polak i patriota Mewa wierzył, że może wspomóc

„wysiłki, które z czasem doprowadzą do wyzwolenia Polski spod dominacji Sowietów".

Blee potwierdził, że Mewa uzyskał deklarację, iż „zrobimy wszystko, co w naszej mocy, by zapewnić [mu] ewakuację i bezpieczne schronienie na Zachodzie, w przypadku gdy uzna, że wymagają tego względy bezpieczeństwa lub że jego życie jest zagrożone. Wspomniał także o deklaracjach Mewy dotyczących swobodnego dostępu do tajnych dokumentów, w tym planów wojennych, ćwiczeń i ściśle tajnych sowieckich publikacji wojskowych. CIA uznała za priorytet pozyskanie wszelkich dyrektyw Układu Warszawskiego, artykułów z sowieckich publikacji wojskowych, dokumentów zawierających plany strategiczne na wypadek wojny oraz „wszelkich planów dotyczących przygotowań Sowietów i państw Układu Warszawskiego do podjęcia wrogich działań wojskowych lub inicjatyw politycznych wymagających wsparcia armii". O wiarygodności Mewy Blee napisał: „W naszych kontaktach z Mewą wszystko wskazuje na to, że [jest] z nami szczery i działa w dobrej wierze"[2].

Warszawska komórka CIA skontaktowała się z Kuklińskim dopiero po kilku miesiącach. Tworzyły ją w tym czasie zaledwie trzy osoby: jej nowy szef, Carl E. Gebhardt, jego zastępca i asystent, który przeglądał pocztę dyplomatyczną, prowadził akta i wykonywał inne tego typu czynności.

Gebhardt, drobny 39-letni mężczyzna o blond włosach i charakterystycznych błękitnych oczach, urzędował w obszernym gabinecie nieopodal biura ambasadora w wyłożonym białym marmurem budynku ambasady w Alejach Ujazdowskich. Było tam także tajne pomieszczenie z ciemnią, zlewem, półkami, lodówką do przechowywania filmów i szafkami kryjącymi rekwizyty maskujące używane przy przekazywaniu materiałów szpiegowskich. Oficjalnie Gebhardt był pracownikiem Departamentu Stanu, zatrudnionym na stanowisku drugiego sekretarza wydziału politycznego ambasady. Jako dyplomata musiał wykazywać się w tej roli, uczestnicząc w spotkaniach u radcy politycznego ambasady i wykonując inne czynności oficjalne.

Warszawska komórka CIA podjęła kilka prób nawiązania kontaktu z Kuklińskim. Przygotowała list napisany niewidzialnym atramentem, potwierdzający czas i miejsce pierwszego spotkania na Cmentarzu Powstańców Warszawy. Koperta została przemalowana sprayem na czarno, by nie rzucała się w oczy, w przypadku gdyby Kukliński zaparkował samochód pod latarnią. Pewnego wieczoru Gebhardt wyszedł na spacer ze swoją jasnobeżową charcicą afgańską o imieniu Ladybug. Uważał, że agent CIA nie powinien przebywać bez psa w „rejonach zakazanych" – w krajach, w których ma bardzo ograniczone możliwości poruszania się i pozostaje pod stałą, nieprzychylną obserwacją – takich jak Związek Sowiecki czy państwa Bloku Wschodniego. Pies, którego trzeba codziennie wyprowadzać, był dobrą przykrywką do wykonywania działań operacyjnych. Gebhardt podszedł do opla Kuklińskiego, zaparkowanego przy bocznej ulicy nieopodal budynku Sztabu Generalnego, i wsunął kopertę przez szparę w oknie od strony kierowcy, popychając ją, by mieć pewność, że opadnie na fotel. Jednak Kukliński nie zjawił się na cmentarzu w umówionym terminie. Agenci przygotowali kolejny list, proponując nowy termin, tuż przed Gwiazdką, i ponownie podrzucili go do samochodu[3].

Kukliński niecierpliwie czekał na nawiązanie kontaktu. Wrócił do Polski 24 sierpnia i starał się wykonywać swoje codzienne czynności, wypatrując sygnału od Amerykanów. Mijały kolejne tygodnie, a on stawał się coraz bardziej zamyślony, nerwowy i markotny. Hanka czuła, że jest jakiś nieobecny. Nie żądała wyjaśnień, jednak trudno mu było ukryć przed nią prawdę. Byli sobie wyjątkowo bliscy. Zawsze mógł liczyć na jej towarzystwo, dobrą radę i poczucie humoru. Poznali się w 1946 r., gdy Kukliński miał 16 lat. Pracował wówczas w magistracie we Wrocławiu. Jego szefem był ojciec Hanki, pełniący funkcję dowódcy ochrony budynku. Pewnego dnia Kukliński usłyszał przytłumione dźwięki pianina dochodzące z magistratu. Zajrzał do jednej z sal i zobaczył tam drobną, 13-letnią blondynkę ćwiczącą grę na instrumencie. Przedstawił się i spytał, czy nauczy go grać.

Uśmiechnęła się nieśmiało i zaczęła pokazywać mu kolejne gamy. Gdy zaczął grać, wybuchnęła śmiechem i sprawnie odegrała całą melodię.

Zaczęli się spotykać trzy lata później, kiedy miała szesnaście lat, a Kukliński uczył się w szkole podoficerskiej. Pobrali się 16 lipca 1952 r. Przez lata, gdy Kukliński robił karierę w wojsku, Hanka pracowała jako księgowa w fabryce i wychowywała synów. Nie plotkowała z sąsiadkami i miała tylko kilka bliskich przyjaciółek. Kukliński wiedział, że nie interesuje się polityką, ale doceniał jej niezależność i optymistyczne podejście do życia. Kiedy otrzymał naganę w szkole za dowcip o komunizmie i bał się o swoją dalszą karierę, Hanka próbowała go pocieszyć. „Trafi ci się coś innego" – powiedziała.

Jesienią 1972 r., gdy Kukliński wciąż chodził przygnębiony, zaczęła się martwić i pytać, co go trapi. W końcu wyznał jej, że zaprzyjaźnił się w Wietnamie z kilkoma amerykańskimi żołnierzami i że podczas letniego rejsu do Niemiec niespodziewanie się na nich natknął. Z sympatią podchodził do ich wysiłków w Wietnamie, ucieszył się, że przeżyli wojnę, i postanowił podtrzymywać tę znajomość. Jednak kontaktowanie się z Amerykanami było ogromnie ryzykowne, dlatego musiał to zachować w tajemnicy.

Oczywiście jego tłumaczenie nie było do końca prawdziwe. Wcale nie nawiązał kontaktu z Amerykanami w Sajgonie, mimo że próbował. Jednak dla dobra Hanki postanowił nie mówić jej nic więcej. Nie powiedział też nic synom.

Nie dostał wiadomości od Amerykanów, ale zaczął fotografować tajne dokumenty, które zamierzał im przekazać w pierwszej przesyłce. Robił to rosyjskim aparatem Zorka, który dostał od dowódcy wojsk Układu Warszawskiego w nagrodę za przygotowanie planów ćwiczeń. Bawiło go to: wykorzysta prezent w walce przeciwko Sowietom.

Urządził w łazience ciemnię. Powiedział rodzinie i znajomym, że znowu, po latach, wrócił do swojego dawnego hobby, fotografowania. Kupił powiększalnik, kuwety, chemikalia i inne potrzebne akcesoria. Piętro wyżej mieszkał polski podpułkownik z rosyjską żoną, dlatego Kukliński postanowił dodatkowo się zabezpieczyć. Podejrzewał, że KGB wykorzystuje takie małżeństwa do szpiegowania Polaków. Obawiał się, że mogą usłyszeć kliknięcia aparatu, którym fotografował dokumenty w sypialni. W ramach przedsięwzięcia, które nazwał „operacją remontu mieszkania", zainstalował na betonowym suficie drewnianą boazerię, która tłumiła dźwięki.

Robił zdjęcia w domu, w mieście i podczas rejsów. Fotografował krajobrazy w czasie długich weekendowych spacerów z rodziną i energiczną suczką, węgierskim owczarkiem puli, Zulą. Jej czarne futro było tak długie, że czasami trudno było powiedzieć, gdzie ma łeb, a gdzie zad.

Kukliński wynosił tajne dokumenty ze Sztabu Generalnego w aktówce. Obowiązywały tu surowe zasady: dokumenty pobierane z sejfów w celu dostarczenia do innej instytucji należało przewozić w zaklejonych kopertach i dostarczać do rąk własnych osoby uprawnionej. Akta z nadrukiem „Tajne – specjalnego przeznaczenia" można było pobierać jedynie za zgodą dowódcy i przewozić pod zbrojną eskortą. Jeszcze większe ograniczenia dotyczyły dokumentów „serii K". Jednak nie wszystkich zasad przestrzegano i Kukliński znajdował przekonujące wymówki, by je pobierać, odwiedzać inne instytucje lub odbywać krótkie wypady do domu w ciągu dnia.

Zula czasami sprawiała kłopoty. Zawsze rzucała się do drzwi, kiedy Kukliński wracał do domu, głośno szczekając i drapiąc podłogę. Próbował ją tego oduczyć, by sąsiedzi nie zauważali jego powrotów. Pewnego dnia, gdy jeden z jego synów wrócił do domu ze spaceru z Zulą, Kukliński opadł na czworaki, zaczął szczekać i pytać: „Ładnie to tak witać pana?".

Innego dnia, gdy Zula była na spacerze, nagle zadzwonił dzwonek. Kukliński znów opadł na czworaki i zaczął ujadać. Otworzył drzwi i ujrzał w nich montera. „Przyszedłem naprawić lodówkę" – wyjaśnił wyraźnie zaskoczony. Kukliński pośpieszył z szybkim wyjaśnieniem: „Nie szczekałem na pana, tylko na swojego psa". Nazajutrz jedna z sekretarek zażartowała: „Ryszard, podobno próbowałeś ugryźć mojego brata".

W październiku Kukliński dostał awans na stopień pułkownika i obietnicę stanowiska szefa sztabu w dywizji zmechanizowanej pod Warszawą. Taki dwuletni przydział był cennym doświadczeniem przed objęciem wyższej funkcji po powrocie do Sztabu Generalnego. Jednak Kukliński odmówił. Stanowisko w Sztabie Generalnym dawało mu wyjątkowy dostęp do tajemnic Układu Warszawskiego i nie chciał stamtąd odchodzić. Amerykanie nie odezwali się, więc nie mógł zasięgnąć u nich rady. Podziękował przełożonym, prosząc jednocześnie o wstrzymanie nowego przydziału.

Z nieznanych powodów nie znalazł pierwszego listu podrzuconego do samochodu. Gdy znalazł drugi, po powrocie do mieszkania próbował zastosować się do instrukcji Henry'ego. Przeprasował pustą kartkę żelazkiem i czekał, aż pojawi się na niej tekst. Nie pojawił się. Docisnął żelazko mocniej, jednak znów bez rezultatu. Nagle do pokoju weszła Hanka. Kukliński powiedział jej, że musi coś przeprasować, ale że kiepsko mu idzie. Poradziła mu, żeby zwiększył temperaturę. Tak zrobił i na kartce natychmiast pojawiła się wiadomość o terminie i miejscu spotkania[4].

17 grudnia, późnym wieczorem, w zasnutej mgłą Warszawie szef komórki CIA, Carl Gebhardt, i jego żona, Nancy, rozpoczęli działania obserwacyjno-rozpoznawcze, by przekonać się, czy nie są śledzeni przez SB. Jak wszystkie żony agentów CIA stacjonujących w „rejonach zakazanych", Nancy, która sama nie była agentką, została przeszkolona do asystowania w tajnych misjach męża. Przekonawszy się, że nikt ich nie śledzi, pojechali na Cmentarz Powstańców Warszawy i skierowali się w miejsce, gdzie czekał na nich Kukliński. Zbliżając się do niego, stwierdzili z przerażeniem, że jest w mundurze[5]. Machał do nich energicznie ręką.

Gebhardt zastanawiał się, czy nacisnąć hamulec, czy pojechać dalej. Zatrzymał samochód tak, by Mewa stał od strony drzwi pasażera. Przekazali mu przesyłkę. On wręczył im pojemnik wyglądający jak pudełko cygar.

Gebhardt pochylił się, by spojrzeć mu w oczy. Napisał później: „Mewa sprawiał świetne wrażenie, wyglądał na człowieka prawego i szczerego, którego chętnie poznalibyśmy w innych okolicznościach. To bardzo subiektywna ocena, ale właśnie takie cechy charakteru malowały się na jego twarzy i sądzimy, że właśnie taki jest"[6].

Przesyłka Mewy zawierała list i osiemnaście klisz. Było ich tak dużo, że Gebhardt z trudem znalazł wystarczającą liczbę powleczonych ołowiem pudełek chroniących filmy przed promieniami aparatów rentgenowskich na lotnisku, gdy wywoził je pocztą dyplomatyczną do Stanów. W Langley ustalono, że przedstawiają trzysta stron tajnych dokumentów, w tym plany wojenne Sowietów i Układu Warszawskiego. Kukliński podpisał się pod listem jako „Jack Strong" – pseudonimem nadanym mu przez Amerykanów.

CIA również przesłała mu list:

> W imieniu naszych przedstawicieli, z którymi spotkał się Pan latem, i na wyraźną prośbę ważnych osobistości z naszego rządu i dowództwa armii pragniemy wyrazić Panu podziękowanie za nawiązanie kontaktu i radość z naszej współpracy we wzajemnie korzystnym przedsięwzięciu służącym sprawie wolności. Szlachetne cele i zasady tej współpracy okażą się mocniejsze niż jarzmo, które krępuje polski naród, rząd i wojsko.
>
> Rozumiemy Pańskie obawy oraz sytuację osobistą i jesteśmy przekonani, że Pański wkład w walkę o prawdę i sprawiedliwość przyniesie korzyści obojgu narodom, a także, w szerszym wymiarze, idei pokoju na świecie. Pragniemy również potwierdzić zobowiązania, jakie Panu złożyliśmy, i naszą obietnicę co do pomocy w każdej formie, w jakiej będziemy ją mogli Panu zapewnić...
>
> Liczymy na długą i owocną współpracę i przesyłamy Panu najlepsze życzenia na przyszłość[7].

Pod listem widniał podpis: „Orzeł".

Agencja dostarczyła Kuklińskiemu materiały niezbędne w jego działalności, takie jak rozpuszczalny w wodzie papier do przekazywania wiadomości i dwa aparaty fotograficzne[8]. Pierwszy z nich, firmy Olympus, przypominał aparat, który można było kupić w zwykłym sklepie, ale był wyposażony w specjalne pojemniki na klisze, co umożliwiało wykonanie dwa razy większej liczby zdjęć niż w przypadku modelu powszechnie dostępnego. Drugi aparat, marki Tubka, był przykładem postępu, jakiego dokonała CIA w dziedzinie miniaturyzacji sprzętu. Można go było konfigurować na kilkanaście sposobów i był na tyle mały, że mieścił się w końcówce długopisu lub w breloczku na klucze. Jeden z agentów, znając miłość Kuklińskiego do morza, zasugerował, by umieścić go w sekstansie. Ostatecznie, z uwagi na to, że Kukliński był nałogowym palaczem, ukryto go w zapalniczce. Kukliński otrzymał także szczegółowe instrukcje na temat sposobów nawiązywania kontaktu z Amerykanami za pomocą sygnałów wypisywanych kredą, skrytek oraz przekazywania wiadomości przez okno samochodu.

Tymczasem w sekcji sowieckiej rosło podekscytowanie związane z tą operacją. 8 stycznia 1973 r. wysoki rangą analityk działu raportów i priorytetów wywiadowczych, który przekazywał materiały Mewy innym pracownikom wywiadu, stwierdził w raporcie na temat pierwszych dostarczonych dokumentów: „Nasz informator dokonał niezwykle trafnego wyboru materiałów. Jego wyczucie priorytetów... pozwala mieć nadzieję, że będzie jednym z dwóch czy trzech najlepszych informatorów, jakich mieliśmy w Europie Wschodniej”[9].

15 stycznia sekcja sowiecka przesłała pismo do wicedyrektora CIA do spraw planowania* na temat stanu zaawansowania operacji, w którym stwierdzono, że – jak dotychczas – Mewa przekazał „wiele niezwykle cennych i ściśle tajnych materiałów leżących w bezpośrednim kręgu zainteresowań i priorytetów służb wywiadowczych”[10].

Inny raport sporządzony na potrzeby kierownictwa CIA określił Mewę mianem „najlepiej umiejscowionego informatora, dostępnego [dla władz amerykańskich] w Bloku Wschodnim, pod względem pozyskiwania priorytetowych informacji wywiadowczych. Mewa przekazał nam raporty na temat sowieckiego systemu obrony powietrznej, o którym jedyne informacje pochodziły z naszych analiz materiałów technicznych. Dzięki niemu [władze Stanów Zjednoczonych] dysponują znakomitym wglądem w plany, operacje i możliwości Układu Warszawskiego, a także najlepszym źródłem wczesnego powiadamiania o jego ewentualnych wrogich działaniach”[11].

Wysoki rangą oficer sekcji sowieckiej przesłał telegram Langowi, Henry’emu i innym agentom uczestniczącym w początkowej fazie operacji, chwaląc ich za wykonanie zadania: „Mimo że trudno na razie ocenić pełną przydatność dostarczonych przez niego do tej pory informacji wywiadowczych, jest dla mnie oczywiste, że jeśli utrzymacie Mewę przy życiu, by mógł kontynuować swoją misję, to będzie to dokonanie o historycznym znaczeniu”[12].

Tymczasem Blee obawiał się, że nagły napływ materiałów dotyczących Układu Warszawskiego zasugeruje co bardziej przenikliwym analitykom wywiadu, że CIA ma tam nowego, wysoko postawionego informatora[13]. Skonsultował się w tej sprawie z Katharine Colvin Hart[14], szefową działu raportów i priorytetów wywiadowczych, którego pracownicy mieli wprawę w maskowaniu źródeł informacji przekazywanych później wywiadowi.

* Później stanowisko to zyskało nazwę: dyrektor pionu operacyjnego CIA.

Z pomocą Hart Blee wywołał wrażenie, że informacje Kuklińskiego pochodzą z dwóch starych źródeł, które w ostatnim czasie bardzo się uaktywniły. Pozyskiwanie tajnych polskich dokumentów Układu Warszawskiego zaczęto przypisywać działającemu od dawna w polskim wojsku agentowi o kryptonimie QT-LUX, który nie miał dostępu do ważnych materiałów operacyjnych, ale był przekonującym źródłem informacji. Materiały rosyjskie zaczęto przypisywać informatorowi ze Związku Sowieckiego z długim stażem[15].

Blee tak opisał zamaskowanie tożsamości Kuklińskiego: „Rozciąłem go na dwie połowy. Obydwie istniały już wcześniej. Nikt nie wątpił, że chodzi o dwóch informatorów, o których istnieniu było wiadomo już od jakiegoś czasu"[16].

Istniały także ścisłe ograniczenia dotyczące dostępu do informacji Mewy. Z każdego negatywu wykonywano tylko jedną odbitkę. Była przesyłana do tłumaczenia do działu raportów i priorytetów. Raporty rozprowadzano w tzw. seriach z niebieską obwódką (każda strona raportu miała w prawym dolnym rogu niebieską obwódkę). Oznaczało to, że chodzi o materiały ściśle tajne, podlegające pełnej kontroli. Nie mogły być wysyłane za granicę, pokazywane cudzoziemcom ani pracownikom kontraktowym. Były przechowywane w osobnych boksach-sejfach znajdujących się w większych skarbcach, w których przechowywano najpilniej strzeżone techniczne informacje wywiadowcze. Do materiałów Mewy miała dostęp jedynie ograniczona liczba osób. By je przejrzeć, uprawniony musiał się wpisać do rejestru. Mógł to robić wyłącznie wewnątrz boksu. Wszelkie notatki musiały pozostać w sejfie. Raporty zatwierdzał dział raportów i priorytetów. W nielicznych przypadkach dokumenty można było zanosić do wglądu wysokim przedstawicielom administracji rządowej z tzw. listy BIGOT, jednak po przejrzeniu musiały wrócić do sejfu.

Nawet polscy i rosyjscy tłumacze z działu raportów i priorytetów, którzy tłumaczyli w sejfach tysiące stron dokumentów dostarczanych przez Kuklińskiego, sądzili, że przekładają materiały pochodzące z różnych źródeł.

Tylko jeden tłumacz z sekcji sowieckiej, Stanisław Longin Patkowski[17], nazywany Stanem, wiedział o Kuklińskim. Był urodzonym w Polsce pracownikiem CIA, któremu powierzono tłumaczenie prywatnych listów kierowanych przez Kuklińskiego do Agencji i jej odpowiedzi.

Był drobnym mężczyzną po pięćdziesiątce, miał krzaczaste brwi, włosy zaczesane do tyłu i niemal zawsze papierosa w ustach. Często siedział pochylony przy biurku, z okularami do czytania niebezpiecznie osuniętymi na czubek nosa, z głową sterczącą nad plikiem depesz, które czytał powoli, wymazując z nich słowa lub je dopisując. Długo rozmyślał nad sposobem przetłumaczenia konkretnego zadania wywiadowczego, zanim trafi ono do informatora. Niekiedy strofował agentów za ich sposób komunikowania się z informatorami. „Nie możesz tak do niego napisać" – mówił. „Musisz to wyrazić w ten sposób". Sprawa Mewy całkowicie go pochłonęła. Próbował go poznać jak każdy tłumacz – poprzez jego słowa.

Przez całą zimę 1972–1973 Kukliński żył niebezpiecznym, podwójnym życiem. Był wyczulony na wszelkie, choćby i najdrobniejsze znaki, że ktoś go podejrzewa. Pewnego dnia dowiedział się, że minister spraw wewnętrznych, nadzorujący pracę SB i kontrwywiadu, stwierdził, że Amerykanie pozyskują dużo materiałów wywiadowczych z Polski. Kukliński zastanawiał się, czy miał na myśli jego działalność.

Tymczasem w Sztabie Generalnym fotografował wszystko, co weszło mu w ręce. Pewnego dnia uzyskał dostęp do trzynastu starych egzemplarzy ściśle tajnej publikacji „Wojennaja Mysl". Zaczął je fotografować w swoim gabinecie, ale było ich zbyt dużo, więc kilka egzemplarzy zabrał do domu. Fotografował je do późnej nocy, jednak i tak nie skończył. Znany z tego, że wcześnie pojawiał się w pracy, pojechał tam przed świtem i dokończył zadanie.

W domu bardzo starannie ukrywał wszelkie ślady swojej tajnej działalności, jednak raz popełnił poważny błąd. Amerykanie przekazali mu plan ucieczki dla niego i jego rodziny, przekazując mu jednocześnie klucz do bramy ambasady, szczegółowy plan sytuacyjny oraz instrukcje. W przypadku gdyby groziło mu aresztowanie, miał wejść na teren ambasady od strony ulicy Pięknej przez dom dla pracowników placówki. Miał stamtąd wyjść tylnym wyjściem i przejść alejką obok kortu tenisowego prowadzącą do bocznego wejścia do ambasady. Miał się przedstawić jako „Jack Strong". Żołnierze piechoty morskiej strzegący wejścia byli o tym uprzedzeni.

Kukliński zachował na mikrofilmie jedną kopię planu, którego nie zdążył jeszcze zapamiętać, i drugą – na rozpuszczalnym w wodzie papierze. Przykleił ją za szafką w kuchni i co wieczór przeglądał.

Któregoś wieczoru, po powrocie do domu, znalazł plan na kuchennym blacie. Jego 19-letni syn Waldek wyjaśnił, że wypadł zza szafki. Uznał, że to jakiś dokument ojca, i wydawało się, że się nim nie zainteresował. Kuklińskiego zirytowało własne niechlujstwo. Poprosił Waldka, żeby nikomu nie mówił o tym dokumencie. Waldek nigdy nie wrócił do tego tematu.

Zdenerwowany Kukliński przekazał Amerykanom w styczniu specjalną prośbę. Był przekonany, że jeśli zostanie aresztowany, będzie torturowany i rozstrzelany. Wiedział, że w takich sytuacjach pękają nawet najsilniejsi. Było oczywiste, że polskie władze wykorzystałyby jego przypadek w antyzachodniej propagandzie, niszcząc jego rodzinę i nazwisko. Chciał mieć pewność, że nie dostaną go żywego, i poprosił o „tabletkę, która pozwoli rozwiązać problem w krytycznym momencie".

„A teraz, po tym czarnym scenariuszu, trochę optymizmu"[18] – pisał dalej. Nic nie wskazywało na to, że ktoś podejrzewa go o współpracę z Zachodem.

Kukliński otrzymał od Amerykanów uspokajający list na temat komentarzy polskiego ministra spraw wewnętrznych, że wywiad Stanów Zjednoczonych skupia swe wysiłki na Polsce. Po zbadaniu sprawy Amerykanie doszli do wniosku, że uwagi te nie mają związku z tą operacją, były natury ogólnej, i że są typowe dla treści „przekazywanych przez KGB jej partnerom z państw Układu Warszawskiego. Jesteśmy przekonani, że uwagi ministra nie odnoszą się do naszej współpracy" – stwierdzono w liście.

W marcu 1973 r. Kukliński wysłał Amerykanom odpowiedź, dziękując im za list powitalny „Orła". Ta wiadomość, jak i następne, zawierała niemal sześćdziesiąt linijek wyraźnego, drukowanego pisma na stronę.

Wiosną Kukliński doniósł Amerykanom, że pomysł rejsu zwiadowczego z lata poprzedniego roku tak się spodobał, że Sztab Generalny postanowił go powtórzyć i że dwa jachty – „Legia" i „Opal" – popłyną do niemieckich portów pod koniec czerwca[19].

Tymczasem Blee rozważał prośbę Mewy o przesłanie samobójczej tabletki. Kwestia ta wypływała już przy wcześniejszych operacjach. Blee przeciwstawiał się takim pomysłom głównie ze względów praktycznych. W chwilach niepewności lub strachu nawet najbardziej doświadczony agent mógł wpaść w panikę i niepotrzebnie połknąć pastylkę. Istniało także niebezpieczeństwo, że tabletki zostaną odkryte i wykorzystane przeciwko CIA, gdy KGB oskarży Agencję o próbę uśmiercenia obywateli innego kraju. W jednym z wcześniejszych przypadków Blee polecił agentom przygotowanie lipnej tabletki.

Jak wyjaśnił: „Zawsze, gdy agent prosi o środki samobójcze, Centrala jest w rozterce. Jedni mówią: «Jeśli chce je mieć, to powinien je dostać». Inni odpowiadają: «Na dłuższą metę to nie jest dobre rozwiązanie». Wtedy wtrącam od siebie: «Dać mu je, ale upewnić się, że nie działają»".

I dodał z charakterystyczną dla siebie szczerością: „Będzie dla nas pracował w przekonaniu, że wystarczy to rozgryźć, żeby umrzeć. Tymczasem ja będę dostawał swoje materiały".

Jego zastępca do spraw operacyjnych, Bill Donnelly, podzielał niechęć Blee do dostarczenia Kuklińskiemu „środków uśmiercających", jednak podejrzewał, że jego sprzeciw nie był tak pozbawiony emocji, jak próbował to sugerować jego szef. Sądził, że Blee, będący diakonem swojego kościoła na jednym z podmiejskich przedmieść w Maryland, ma obiekcje natury religijnej. Decyzja w tej sprawie nie zapadła od razu.

Tymczasem Blee stwierdził, że skoro Kukliński mieszka w Polsce, to CIA potrzebuje agenta mówiącego biegle po polsku, który będzie się z nim spotykał podczas corocznych podróży po Europie. Rozważano kilka kandydatur, jednak ostatecznie wybór padł na Davida W. Fordena, agenta CIA z Mexico City. Pojechał do niego Donnelly, który dobrze go znał[20].

„Jak tam twój polski?" – spytał go po przyjeździe.

„Trochę zaśniedział" – odpowiedział Forden.

„To poszukaj sobie nauczyciela" – poradził mu Donnelly.

Forden miał przylecieć w czerwcu do Waszyngtonu, by przejrzeć akta i udać się do Europy w celu poznania Kuklińskiego. Miał nikomu o tym nie mówić, nawet kolegom z Mexico City, sugerując jedynie, że został wezwany do Langley na szkolenie i konsultacje przed kolejną misją.

Forden znalazł nauczyciela na uniwersytecie w Mexico City i zaczął odświeżać swoją znajomość polskiego. Lekcje odbywały się częściej w jego domu niż w ambasadzie, by nie wzbudzały ciekawości jego kolegów.

Forden został szpiegiem trochę z przypadku. 43-letni, trzy miesiące młodszy od Kuklińskiego, zawsze marzył o karierze urzędnika państwowego, licząc, że w przyszłości znajdzie posadę w administracji stanowej lub federalnej. Często dziwił się, że trafił do CIA.

Urodzony w Buffalo w stanie Nowy Jork, wstąpił do Agencji po tym, jak pierwsze pokolenie absolwentów często najlepszych amerykańskich uczelni przeszło z OSS do pracy w nowo utworzonej po II wojnie światowej CIA. Jego matka, Amy, wychowała się na farmie, a ojciec, William „Ted" Forden, pracował jako urzędnik w fabryce kotłów. Gdy stracił pracę w czasie Wielkiego Kryzysu, był zatrudniany w ramach programu robót publicznych przy kopaniu rowów, obsłudze mostów zwodzonych i w schronisku dla bezdomnych. Forden i jego starsza siostra, Mary, nigdy nie zapomnieli, jak ich rodzice walczyli o byt. W dzieciństwie nieraz leżeli wieczorami w łóżkach w mieszkaniu przy Virgil Avenue, słysząc, jak rodzice zastanawiają się, z czego zapłacić 15-dolarowy czynsz. W roku 1939 Fordenowie przenieśli się do oddalonego o siedemnaście mil na południe miasteczka East Aurora. We wrześniu, gdy w Europie wybuchła wojna, David zaczynał naukę w czwartej klasie miejscowej szkoły podstawowej.

Jego ojciec wrócił do pracy w odlewni. Po dwudziestu latach przeszedł na emeryturę, minimalnie za wcześnie, by objęły go nowe stawki emerytalne, które firma wprowadziła tuż potem. Wściekły na to, jak go potraktowano, Forden zdał sobie sprawę, że jego rodzina nie przetrwałaby ciężkich czasów bez pomocy władz federalnych.

Był pracowitym chłopcem. Zbierał drewniane ścinki w pobliskiej fabryce zabawek i ciągnął je później na wózku, sprzedając po domach na podpałkę. Później uzyskał najwyższy stopień w skautingu, zdobywając dwadzieścia jeden sprawności, wybrano go na przewodniczącego klasy w liceum, a w końcu zdobył stypendium Wesleyan University. Studiował na wydziale administracji, był członkiem uczelnianego chóru i przewodniczącym korporacji studenckiej. Pewnego dnia, podczas wspólnego koncertu z chórem żeńskiego Vassar College, poznał Sally Carson, z którą zaczął się umawiać. Po studiach Forden, zagorzały demokrata, otrzymał stypendium naukowo-badawcze w Maxwell School of Citizenship and Public Affairs przy Syracuse University, gdzie uzyskał dyplom z administracji.

W Maxwell wynajmował z dwoma kolegami mieszkanie w mieście. Jednym z nich był Peter Falk. Wybuchowy Falk, absolwent New School for Social Research na Manhattanie, i cichy Forden, nazywany Chipem, nakręcali się wzajemnie, głosząc konieczność politycznych zmian. Trzy lata starszy od Fordena Falk po czterech miesiącach rzucił studia. Nie przyjęto go do piechoty morskiej, ponieważ nie widział na jedno oko. W końcu zaciągnął się do marynarki handlowej. Później wyjechał ze swoją dziewczyną i psem do Jugosławii na zaproszenie wystosowane przez Titę do lewicującej młodzieży, by budować tam tory kolejowe. Zdaniem Falka Forden był bystry, skryty i kompetentny. „Chip miał w sobie coś wyjątkowego" – wspominał. „Był wsłuchany w siebie. Wiedział, kim jest". Dyskutowali o polityce, zwłaszcza o procesie Juliusa i Ethel Rosenbergów, i słuchali płyt Billie Holiday. Falk, który występował w teatrze studenckim, namówił nawet Fordena na udział w castingu do pewnej sztuki, jednak Forden roli nie dostał.

W kwietniu 1953 r. Forden, Falk i kilku innych studentów z Maxwell wybrali się na poszukiwania pracy do Waszyngtonu. Takie wyprawy były na tej uczelni tradycją. Studenci spotykali się z prominentnymi absolwentami z Departamentu Stanu, Pentagonu i innych instytucji. Był to początek kadencji Eisenhowera, pierwszego republikańskiego prezydenta od dwudziestu lat, i studenci szybko przekonali się, że pracy nie ma. Pewnego dnia Forden dowiedział się, że CIA werbuje pracowników. Razem z Falkiem postanowili pójść na rozmowę kwalifikacyjną. „Pomyślałem, czemu nie zostać szpiegiem?" – wspomina Falk.

Rozmowa Fordena w Agencji, mieszczącej się wtedy przy E Street 2430 w północno-zachodniej części miasta, poszła gładko. Został zaproszony na następny dzień na kolejną. Falk nie. Pracownik CIA, który z nim rozmawiał, zauważył w swoich notatkach uwagę na temat New School: „Ta uczelnia jest uważana za lewicującą". Forden, czekający na wynik procedury sprawdzającej kandydata do pracy w CIA, zatrudnił się wraz z Falkiem w biurze gubernatora Abrahama Ribicoffa w Hartford w Connecticut. We wrześniu otrzymał ofertę pracy w Agencji. Falk pozostał w Hartford, wstąpił do trupy teatralnej w New Haven, aż w końcu został popularnym aktorem, znanym przede wszystkim z roli detektywa Columbo.

Forden często zastanawiał się, co predestynowało go do tak ryzykownej kariery, i czuł się nieswojo, kiedy przyjął ofertę CIA. Jego drugi współlokator z Maxwell, Alan Goldfarb, piszący wiersze potężnie zbudowany gracz uczelnianej drużyny futbolowej, był zaskoczony jego decyzją. „Wydawało mi się, że agenci to śmiałkowie i awanturnicy, a nigdy nie miałem go za kogoś takiego. Jak widać, myliłem się".

Jak wszyscy nowo zwerbowani, którzy nie odbyli służby wojskowej, Forden rozpoczął od szkolenia na podoficera. Przeszedł 10-tygodniowy kurs, po czym skierowano go do wojska. Po szesnastu tygodniach przysposobienia wojskowego w Fort Knox w Kentucky został przyjęty do szkoły piechoty w Fort Benning w Georgii. Zdjęcie ze szkolnego albumu ukazuje go w białym podkoszulku, z przepisowym jeżem i w okularach w ciemnej oprawce. Podpis głosi, że jest 22-letnim, równym facetem o pseudonimie „Profesor" i że słynie z „towarzyskiego usposobienia".

„Dave budził się w samą porę, by uratować swymi spontanicznymi oracjami wiele narad dowódczych" – głosi dalej napis. Żartobliwie charakteryzuje go jako „autora nowej, głośnej książki *Obiektywny raport z wyborów prezydenckich 1952*, napisanej z pozycji demokraty". Forden „wyprostował «wypaczone» poglądy wielu kandydatów na oficerów o republikańskich zapatrywaniach stosowną liczbą pompek", głosi dalej podpis. W konkluzji czytamy: „Facet w zasadzie nie pije".

Forden ukończył szkołę w październiku 1954 r. i wkrótce uzyskał stopień podporucznika. Wiosną 1955 r., po sześciu miesiącach w jednostce powietrznodesantowej w Fort Campbell w Kentucky, został wezwany do Waszyngtonu, gdzie polecono mu zachować incognito. Został stamtąd wysłany do Camp Peary, ośrodka szkoleniowego CIA nazywanego „farmą" pod Williamsburgiem w Wirginii. Tutaj, ucząc się w trzy-, czteroosobowych grupach, młodzi kandydaci na agentów poznawali zasady działalności szpiegowskiej, między innymi werbowania informatorów, prowadzenia obserwacji i wykrywania działań rozpoznawczych nieprzyjaciela, oraz uczyli się technik szpiegowskich. Latem Forden ożenił się z Sally Carson, która ukończyła Vassar College i została dziennikarką dziennika „Reporter Dispatch" w White Plains w stanie Nowy Jork.

Początkowo Fordena przydzielono do sekcji czeskiej, gdzie – jako stażysta – wspierał działania agentów na całym świecie wymierzone przeciwko szpiegom z Czechosłowacji. We wrześniu 1956 r. został wysłany do Frankfurtu jako młodszy oficer operacyjny. Sally uczyła się tam niemieckiego i pracowała jako tłumaczka. To tam urodziła się ich pierwsza córka, Sara. W styczniu 1961 r. Forden trafił do sekcji niemieckiej w Langley.

Zgłosił się na ochotnika na wyjazd do Ameryki Łacińskiej, gdy dowiedział się, że Departament Stanu dysponuje tam wakatami dla agentów. Jego kandydatura została zatwierdzona, ale oświadczono mu, że będzie musiał działać „nieoficjalnie", co było znacznie bardziej ryzykowne, niż gdyby posiadał status dyplomaty. CIA nakłoniła firmy amerykańskie, by zatrudniały jej agentów do pracy za granicą, jednak musieli oni najpierw „zrezygnować" z pracy w CIA, a w przypadku aresztowania nie chronił ich immunitet dyplomatyczny.

Forden „złożył rezygnację" i wyjechał do pracy w jednoosobowym przedstawicielstwie pewnej nowojorskiej firmy konsultingowej, która ponownie otworzyła biuro w Buenos Aires po tym, jak CIA zgodziła się je utrzymywać. Spędził w Argentynie dwa lata, wspierając działania Agencji. Sally urodziła tam drugie dziecko, syna, któremu nadali imię Daniel. Jednak praca okazała się mniej interesująca, niż oczekiwał, i w roku 1964 Forden przystał na propozycję zastąpienia Billa Donnelly'ego na stanowisku szefa warszawskiej komórki CIA.

Wrócił do Waszyngtonu, gdzie został „ponownie" zatrudniony przez Agencję. Dziesięć miesięcy poświęcił na intensywną naukę polskiego[21] w Foreign Service Institute w piwnicy budynku mieszkalnego w Rosslyn w Wirginii. Poznał tam Rona Estesa, agenta uczącego się czeskiego przed objęciem stanowiska szefa placówki w Pradze.

Wiosną 1965 r. obaj rozpoczęli trzytygodniowe szkolenie w Centrali CIA, przygotowujące ich do prowadzenia działalności w rejonach zakazanych. Były to dobre czasy dla CIA, której pomysłowi oficerowie opracowali nowe metody bezpiecznego komunikowania się z agentami.

Wcześniej ulubioną formą komunikowania się w rejonach zakazanych było wykorzystywanie „skrytek", zwykle niewielkich, np. pęknięć w murze, szpar za skrzynką na listy bądź zagłębień w ziemi, gdzie zostawiano wiadomości. Spece od „kijków i cegieł" umiejętnie drążyli kamienie, a nawet lepili je z żywicy epoksydowej, by później można było docisnąć nimi przesyłkę lub ją ukryć. Podczas szkolenia Forden i Estes dowiedzieli się, że metody te były bardzo ryzykowne. Wiadomość mógł znaleźć ktoś niepowołany, mogła też pozostać nieodebrana przez wiele dni. Skrytki służyły wyłącznie do komunikacji w jedną stronę – wiadomość można było tylko odebrać albo podrzucić – i wymagały stosowania wielu skomplikowanych sygnałów mogących narazić informatora na niebezpieczeństwo.

Agent CIA, który miał „wypełnić" albo „załadować" skrytkę, musiał, na przykład, wyrysować znak kredą, unieść roletę w oknie lub przesunąć doniczkę na parapecie, by zasygnalizować pozostawienie przesyłki informatorowi. Gdy ten już ją odebrał, musiał to potwierdzić sygnałem o „rozładowaniu" skrytki. Czynności te tworzyły nić powiązań między agentem a informatorem. Jeśli ktoś zauważył te działania, agent mógł zostać spalony.

Drugą metodą komunikowania się była tajna poczta. Agenci CIA wysyłali informatorom zwykłe listy na ich prawdziwe nazwisko. Zawierały one niewinne treści i dodatkowe wiadomości pisane niewidzialnym atramentem. Jednak po CIA krążyły przerażające historie o agentach, którzy byli obserwowani w chwili pisania listu. W jednym przypadku agent działający pod przykrywką pracownika Departamentu Stanu w jednej ze stolic państw Bloku Wschodniego wrzucił list do skrzynki pocztowej informatora w domu naprzeciwko ambasady sowieckiej. Przesyłka została przechwycona, a informator aresztowany i stracony.

Innym razem agent działający w rejonie zakazanym wyszedł z budynku ambasady amerykańskiej i udał się na godzinny spacer, by mieć pewność, że nikt go nie śledzi. Następnie wrócił w okolice ambasady. Po drodze, mijając pobliski park, wrzucił list do skrzynki. Adresat tego listu również został aresztowany i zgładzony. Gdy CIA przeanalizowała trasę spaceru agenta, okazało się, że niemal do ostatniej chwili nikt go nie śledził. Gdyby wrzucił list do innej skrzynki, nie byłoby żadnego problemu. Tymczasem park przy ambasadzie był miejscem zbornym szpicli i doszło do wpadki.

Ucząc się na tych tragicznych w skutkach błędach, agenci szkoleni do podjęcia działań w rejonach zakazanych zaczęli zmieniać metody. Największą innowacją było opracowanie metody „chwilowego kontaktu"[22], którą przypisuje się Havilandowi Smithowi, szefowi komórki CIA w Pradze w latach 1958–1960. Mniej więcej 30-letniego Smitha bez przerwy śledzili agenci czeskiej bezpieki – MV. Smith, który grał w drużynie hokejowej Dartmouth College w czasach, gdy jeszcze nie używano masek, miał zdolność koncentracji typową dla bramkarza i zaczął rozpracowywać kwestię obserwacji w sposób naukowy. Zauważył, że śledzący go agenci MV robią to w sposób przypadkowy. Gdy jeździł po mieście swoim chevroletem rocznik '58 na rzucających się w oczy dyplomatycznych tablicach rejestracyjnych i wydawało mu się, że nikt go nie śledzi, nagle pojawiali się czescy agenci. Doszedł do wniosku, że stosowali taktykę przypadku, by nie mógł przewidzieć ich posunięć. W pierwszym odruchu próbował ich zgubić w Pradze, której wijące się serpentynami ulice, w przeciwieństwie do warszawskich, przetrwały wojnę nienaruszone. Jednak wkrótce przekonał się, że jak tylko zgubił agentów, nagle znów się zjawiali „jak grom z jasnego nieba". Mimo że kłóciło się to z intuicją, Smith doszedł do wniosku, że – zamiast próbować uciec – agent powinien wypracować sztywny harmonogram czynności, tj. jazdy samochodem, spacerów, zakupów, by stać się możliwie jak najbardziej przewidywalnym. Chodziło o wprawienie śledzących go agentów w fałszywe poczucie bezpieczeństwa. „Unikamy – tłumaczył kolegom – przypadkowości, ponieważ nasze przypadkowe działania sprawiają, że są bez przerwy czujni".

Smith chciał przekonać czeskich agentów, że kiedy wyjeżdża z ambasady o 22.30, by odwieźć czeską nianię do domu, pojedzie tam i wróci tą samą trasą. Po kilku miesiącach jego „opiekunowie" zaczęli pojawiać się rzadziej. W końcu przekonał się, że wracając, może spóźnić się pięć minut, i że jeśli spóźnienie będzie większe, przy następnym wyjeździe z ambasady tajniacy znów będą go śledzić. Odtąd zaczął umieszczać w swoim rozkładzie zajęć inne stałe czynności, np. comiesięczne wizyty u fryzjera w czwartek o 10.00.

Zauważył również, że w Pradze często śledzi go jednocześnie czterech agentów – dwóch szło za nim, a dwóch po drugiej stronie ulicy. Zaczął wychodzić z ambasady podczas przerwy na lunch po zakupy. Przekonał się, że kiedy skręcał w prawo, tworzyła się luka. Agenci idący za nim tracili go z oczu na kilka sekund, a ci z drugiej strony ulicy – na jeszcze dłużej. Rozpropagował swój pomysł w CIA: Nie gubić szpicli, pogodzić się z ich stałą obecnością. Często powtarzał jedną ze swoich żelaznych zasad: „Kiedy wydaje ci się, że cię nie obserwują, to pewnie grozi ci większe niebezpieczeństwo niż zwykle".

W roku 1960 Agencja wysłała go do Niemiec. Zauważył, że w Berlinie Wschodnim nie umiał wypatrzeć śledzących go agentów tak jak w Pradze. Próbował wypracować stały rozkład zajęć. Mimo to nie potrafił określić, czy ktoś go śledzi. Tamtejsi agenci byli dyskretniejsi lub zwyczajnie go nie śledzili. Jednak nadal zachowywał się tak, jakby był wciąż obserwowany, i wykonywał tajne czynności jedynie „w lukach". Znalazł skrzynki na listy w pobliżu skrzyżowań, do których można było podejść, skręcając w prawo. Kiedy musiał dyskretnie wysłać wiadomość, szedł na spacer, ciągnąc za sobą potencjalnych tajniaków, i wrzucał list do skrzynki w ciągu kilku sekund, kiedy tracili go z oczu. „Niemal wszystkie operacje w Berlinie wykonywałem w lukach czasowych" – wyznał później. Prowadził szkolenia dla agentów kierowanych w rejony zakazane, wpajając im teorię działania w lukach czasowych i wykorzystując Berlin jako poligon.

Na początku 1965 r. Forden i Estes byli pierwszymi uczestnikami szkolenia do pracy w warunkach rejonu zakazanego, zorganizowanego przez Agencję z pomocą Smitha pod Waszyngtonem. Zasady były proste: bądź naturalny, nie skradaj się, chodź wszędzie, interesuj się wszystkim. Rób zakupy, zwiedzaj, podziwiaj zamki, zabieraj rodzinę na pikniki na wieś. Ale bądź przewidywalny. Zanim się spostrzeżesz, będziesz miał kilkanaście tras, po których będziesz mógł się poruszać o każdej porze, nie wzbudzając podejrzeń tajniaków. Pomysły na szkolenie pochodziły od doświadczonych agentów, którzy swego czasu służyli w różnych państwach Europy Wschodniej.

Smith miał jeszcze jedną inspirację. Jeden ze słuchaczy jego kursu był agentem czeskiego wywiadu, który zaoferował Amerykanom współpracę, i przed powrotem do Pragi przechodził szkolenie w Nowym Jorku. Pewnego dnia, w godzinach szczytu, trafili razem na dworzec Grand Central na Manhattanie. Smith uczył go korzystania z sygnałów i skrytek, ale było jasne, że agent niechętnie zostawiał przesyłki na dłuższy czas bez dozoru. „Wszystko, co dla ciebie zostawię, obciąży mnie, a wszystko, co zostawisz dla mnie, będzie zawierało treści, które też mnie obciążą" – tłumaczył.

Smith odpowiedział mu: „Martwi cię, że przesyłka leży tam, gdzie nikt jej nie pilnuje?". Agent potwierdził. Improwizując, Smith przeprowadził go do przejścia podziemnego nieopodal dworca, które prowadziło do hotelu Biltmore. Pieszy mógł pójść prosto do hotelu lub skręcić w prawo i zejść schodami do metra. „Zróbmy próbę" – zaproponował Smith. Ustawił agenta w zatłoczonym przejściu do schodów prowadzących do metra, gdzie nie był widziany z ulicy. „Podejdę i dam ci gazetę" – powiedział Smith. „Kiedy ją dostaniesz, odwrócisz się i zejdziesz w dół po schodach, a ja pójdę prosto do hotelu".

Później wykonał ćwiczenie: skręcił dwukrotnie w prawo – najpierw za róg, a później do wejścia do metra. Wyobrażał sobie, jak gubi czeskich tajniaków, którzy śledzą go, idąc po drugiej stronie ulicy, i tych, którzy szli za nim, gdy skręcił do hotelu. Miał tylko kilka sekund na przekazanie gazety agentowi, zanim wyimaginowani tajniacy go dogonią. Agent wziął od niego gazetę i zszedł po schodach, a Smith skierował się do hotelu. Wielokrotnie powtarzali tę scenkę, zatrudniając do roli tajniaków innych agentów CIA. Za każdym razem Czech i Smith nawiązywali „chwilowy kontakt". Obserwujący ich agenci CIA nie widzieli, że do niego doszło. Gdy udający tajniaków agenci po kilku sekundach doganiali Smitha, wydawało im się, że tylko idzie do hotelu. Po zakończonym ćwiczeniu czeski agent powiedział do Smitha: „To fantastyczne. Będę to robił w Pradze".

Podstawową kwestią była droga ucieczki, w tym przypadku – schody prowadzące do metra. Praga, ze swoimi skrzyżowaniami i podwórkami z bramami, oferowała niezliczone możliwości skrętów w prawo i dróg ewakuacji.

Smith przedstawił przełożonym koncepcję chwilowego kontaktu, którą zaakceptowali. Wraz z Bronsonem Tweedym, ówczesnym szefem sekcji Europy Wschodniej, poszli do Richarda Helmsa, wicedyrektora CIA do spraw planowania. Poprosili go o zgodę na stosowanie metody chwilowego kontaktu dla czeskiego agenta, który wyjeżdżał do Pragi, ale Helms odmówił. Wciąż miał w pamięci sprawę aresztowania i egzekucji Olega Pieńkowskiego i uważał bezpośrednie kontakty agentów i ich informatorów w państwach bloku wschodniego za brawurę. „Popatrzył na mnie – wspominał Smith – i powiedział: «Mam jeszcze siniaki na dupie po sprawie Pieńkowskiego i nie wyrażę zgody na takie działania»".

Smith nie ustawał w wysiłkach, by zaakceptowano jego metodę. Wiosną 1965 r. zaprosił Helmsa na specjalną prezentację. Wcześniej dopracował swoją technikę, zasięgając nawet porad u prestidigitatora odnośnie do technik odwracania uwagi jedną czynnością od innej. Celem było wykorzystanie zasady prostokątów, by agent nigdy nie spotkał się twarzą w twarz ze śledzącymi go tajniakami. Smith wciągnął w te rozważania także Estesa i Fordena.

Helms wysłał na prezentację, która odbyła się w recepcji hotelu Mayflower w Waszyngtonie, swojego zastępcę, Thomasa H. Karamessinesa. Podobnie jak wejście do metra w Nowym Jorku, było to idealne miejsce do przećwiczenia techniki chwilowego kontaktu. Agent mógł pójść wzdłuż ulicy, skręcić w prawo, wejść do hotelu od frontu i dalej, do recepcji, gdzie wisiało kilka automatów telefonicznych.

Karamessines i Tweedy obserwowali działanie agenta, siedząc na ławce w recepcji, około trzech metrów od telefonów. Ron Estes, który dostał rozkaz wyjazdu do Pragi, grał rolę agenta w rejonie zakazanym. Smith odgrywał informatora. Stał przy telefonie, udając, że wybiera numer. Estes wszedł do hotelu z płaszczem przewieszonym przez prawe ramię, skrywającym przesyłkę, którą trzymał w ręku. Zanim zbliżył się do Smitha, w kilka sekund przerzucił płaszcz do lewej ręki, lekko nim potrząsając, tak by zakrył część ramienia. Zrobił to, by przykuć uwagę do swojej lewej ręki, podczas gdy prawą przekazał przesyłkę Smithowi. Po jej odebraniu Smith zniknął w holu.

Karamessines spytał Tweedy'ego z niecierpliwością: „Kiedy oni to wreszcie zrobią?".

„Tom, już zrobili" – odrzekł Tweedy.

Jeszcze tego samego dnia pomysł Smitha został zaakceptowany do wykorzystania w Pradze, jednak nie w Warszawie. Stolica Polski uległa zniszczeniom podczas wojny i została odbudowana na planie tworzącym siatkę prostopadłych ulic z szerokimi skrzyżowaniami. W związku z tym brakowało tam niespodziewanych zakrętów i zakamarków, których potrzebują agenci i informatorzy do wykonywania skrętów i odnajdywania dróg ewakuacji przy chwilowym kontakcie. Forden musiał polegać na tradycyjnych technikach, takich jak wykorzystywanie skrytek, przekazywanie przesyłek przez okno samochodu i tajne przesyłki listowne.

W czerwcu 1965 r. David Forden poleciał do Wiednia na spotkanie z Billem Donnellym, którego miał zastąpić na stanowisku szefa komórki CIA w Warszawie[23]. Chciał go o wszystko dokładnie wypytać, ponieważ znał Polskę na wylot i – podobnie jak Hav Smith w Pradze – eksperymentował tam z metodami mylenia śledzących go tajnych służb.

Opisał mu szczegółowo koncepcję chwilowego kontaktu opracowaną na potrzeby Pragi. „Spróbuj tego tutaj, a zaraz cię złapią i uznają za *persona non grata*" – ostrzegł go Donnelly.

Rozmawiali przez kilka dni, spacerując po parkach. „Grzebałem mu w myślach od świtu do zmroku" – wspomina Forden. „Pytałem o Polaków i metody obserwacji. Zadałem mu milion pytań, a on udzielił miliona odpowiedzi".

Forden wiedział, że w Polsce nie ma marginesu błędu. Cały czas musiał myśleć jak szpieg, w przeciwnym razie jego informatorzy straciliby życie, a ich śmierć obciążyłaby konto agentów CIA.

Donnelly podzielał ten pogląd, gdyż uważał, że największe niebezpieczeństwo grozi agentom nie ze strony sowieckich wtyczek – jak twierdził Angleton – lecz wiąże się z prostymi błędami w sztuce szpiegowskiej oraz nieumiejętnością utajniania informacji wywiadowczych. Po przestudiowaniu akt Donnelly wysnuł wniosek – do którego nie wszyscy w CIA by się przychylili – że sekcja sowiecka nie była przygotowana do prowadzenia swoich szpiegów w Moskwie takich jak Pieńkowski.

Donnelly był cichym mężczyzną z Ohio, potrafiącym prowadzić dyskusje na temat zawiłości polskiej polityki z równą swobodą jak rozmowy o miniaturyzacji aparatów fotograficznych. Był weteranem wojny w Korei. Wstąpił do CIA w roku 1954. Piął się po szczeblach kariery na placówkach w państwach Bloku Wschodniego. Jej kulminacją był pobyt w Warszawie w latach 1959–1965, gdzie przez trzy lata był szefem tamtejszej komórki wywiadowczej. W tamtych czasach miał prawdopodobnie najdłuższy staż na placówkach w Europie Wschodniej spośród wszystkich agentów CIA.

Podczas 6-letniego pobytu w Polsce Donnelly – podobnie jak Smith w Pradze – był tak często śledzony przez tamtejsze tajne służby, że z perwersyjną przyjemnością zaczął nimi manipulować. Podczas długich przejażdżek po prowincji przekonał się, że może umknąć SB na tyle daleko, że gdy pokonywał zakręt z prędkością 80–100 kilometrów na godzinę lub znikał za jakimś wzniesieniem, powstawała 10-, 20-sekundowa luka i w tym czasie dało się wyrzucić przez okno do przydrożnego rowu puszkę albo butelkę po napoju. Można było w nich umieszczać bipery i listy, które informator dysponujący niewielkim odbiornikiem radiowym mógł bez trudu odnaleźć.

W rozmowach z Fordenem Donnelly próbował mu przekazać swoją miłość do Polski. Od czasu swojego przyjazdu w oficjalnym charakterze attaché do spraw rolnych starał się zrozumieć ten kraj, jego mieszkańców i historię. Wyczuł, że w porównaniu z innymi państwami komunistycznymi Polska miała poważny atut, który CIA powinna stale wykorzystywać: nienawiść jej obywateli do Związku Sowieckiego.

Było dla niego oczywiste, że Polacy darzą miłością dwie wielkie instytucje: Kościół i wojsko. Jeżdżąc pod Warszawę, widział córki komunistycznych dygnitarzy biorące ślub w kościele. W czerwcu i lipcu organizowano liczne wesela wzdłuż dróg przy wiejskich kościołach.

Religia miała wpływ na życie nawet najbardziej wyrafinowanych i wykształconych Polaków. Kiedyś Donnelly i jego żona, Margery, zostali zaproszeni przez jednego z nich do kościoła położonego na skraju przedwojennego getta. Gdy tam przyjechali, stwierdzili, że na dziedzińcu przed kościołem roi się od ludzi, z których niemal wszyscy klęczeli. „Widzisz to?" – szepnął znajomy Donnelly'ego, zapewniając go, że wokół kościelnej iglicy widać aureolę. Donnelly uznał to za wyraz masowej histerii, jednak – przez grzeczność – on i Margery też padli na kolana.

Innym razem, kiedy jechał z kolegą białym fordem do Poznania, po kilku godzinach zauważyli jadące za nimi dwa mercedesy. Wiedzieli od razu, że to SB. Gwałtownie skręcili w boczną drogę i zaparkowali samochód za stodołą. Po kilku chwilach dwa mercedesy zatrzymały się z piskiem opon. Agenci widzieli, jak oficerowie SB wyskakują z samochodów i wrzeszczą do dwóch wieśniaków: „Którędy pojechał ten biały ford?!".

Jeden z nich odpowiedział: „Jaki biały ford?".

Tajniacy wepchnęli go do rowu, wskoczyli do mercedesów i pognali dalej. Gdy chłop wstał i zaczął otrzepywać ubranie, agenci CIA wyjechali zza stodoły, pozdrowili mężczyzn i pojechali w przeciwnym kierunku.

W sierpniu 1965 r. Forden przyjechał do Warszawy. Wprowadził się wraz z Sally i dwójką dzieci do niewielkiego segmentu przy ulicy Zawrat. Objął w ambasadzie stanowisko drugiego sekretarza sekcji politycznej, a Sally zajmowała się dziećmi i uczyła się polskiego. Wieczorami często brali udział w przyjęciach dla dyplomatów i w innych imprezach.

Zgodnie z oczekiwaniami poruszającego się po Warszawie Fordena często śledzili funkcjonariusze SB. Porównał swoje notatki z doświadczeniami Rona Estesa, który w Pradze skutecznie wykorzystywał technikę chwilowego kontaktu. (Według swoich szacunków Estes „zaliczył" trzydzieści dwa chwilowe kontakty w ciągu siedemnastu miesięcy).

Forden zastanawiał się nad możliwościami zastosowania tej metody w Warszawie, gdzie agenci kontaktowali się z informatorami za pomocą skrytek i utajnionych wiadomości listownych. Jeżdżąc samochodem, na rowerze lub spacerując po mieście, Forden znalazł tylko jeden rejon z układem ulic przypominającym Pragę. Było to Stare Miasto, niewielka, zatłoczona i pełna turystów dzielnica, często patrolowana przez SB i milicję. Była ostatnim miejscem, gdzie chciałby przeprowadzić jakąś ryzykowną operację. W innych rejonach Warszawy brakowało ciasnych zakrętów koniecznych do nawiązania chwilowego kontaktu i dróg ucieczki dla informatorów. Forden uznał, że dobry jest tylko jeden sposób: przekazywanie wiadomości przez okno samochodu.

Jeżdżąc po Warszawie zauważył, iż funkcjonariusze SB śledzą go z na tyle dużej odległości, że gdy skręcał w prawo, skręcali za nim dopiero po jakimś czasie. W ciągu tych kilku sekund zdążyłby przekazać wiadomość informatorowi przez okno. Dla bezpieczeństwa mógł obserwować ich ruchy w lusterku wstecznym. Jeśli śledzący go samochód znajdował się zbyt blisko, mógł się nie zatrzymać, odwołując tym samym kontakt. Informator mógł tymczasem zniknąć w jakimś podwórku albo w bocznej uliczce. Forden nazwał tę metodę „kontaktem w ruchu". Znalazł w Warszawie dwa miejsca, które się do tego nadawały. Jego ulubione, któremu nadał kryptonim „Morze", znajdowało się na skarpie poniżej budynku Sejmu, schodzącej w stronę Wisły. Można się było stamtąd łatwo ewakuować, a cały rejon był w nocy praktycznie pusty. Forden przekazał opis obydwu miejsc do Centrali na początku 1967 r. Jego plan kontaktu w ruchu został odrzucony jako „zbyt ryzykowny, niebezpieczny, niewykonalny". Forden umieścił w aktach szczegółowe notatki na temat miejsc kontaktu w nadziei, że kiedyś zostaną wykorzystane[24].

W tym samym roku zakończył misję w Warszawie i trafił do sekcji polskiej w Langley. Rok później został szefem wydziału Polski, Czechosłowacji i Węgier. W roku 1968 urodziło mu się trzecie dziecko, córka Caty.

W sierpniu 1970 r. Fordena wysłano do Mexico City, by prowadził tam działania skierowane przeciwko Związkowi Sowieckiemu i państwom Europy Wschodniej. Szef tamtejszej komórki CIA, John Horton, stwierdził, że jest człowiekiem poważnym i dobrze zorganizowanym. Na ścianach swojego gabinetu stworzył własną „galerię łobuzów", wieszając zdjęcia paszportowe oficerów sowieckiego wywiadu działających w Meksyku. 3 maja 1973 r. Forden dostał wiadomość od Donnelly'ego, że musi przeprowadzić operację w Europie.

W czerwcu poleciał do Waszyngtonu po instrukcje w sprawie Mewy. Ucieszył się, że komórka CIA w Warszawie odkurzyła jego pomysł na kontakt w ruchu, który został w końcu zaakceptowany, i doręczyła tą metodą pierwszą przesyłkę Kuklińskiemu w rejonie „Morza", miejsca wyszukanego przez Fordena w okolicach Sejmu. Przeglądając akta, doszedł jednak do wniosku, że bardzo oddany sprawie Mewa działa zbyt pośpiesznie i przekazuje za dużo informacji. Zmęczenie mogło doprowadzić do błędów.

Forden musiał wybrać dla siebie pseudonim. Wybrał imię swojego syna, Daniela[25].

22 czerwca 1973 r. pułkownik Henry spacerował po porcie w Kilonii, rozglądając się za Kuklińskim, który miał przypłynąć tam tego ranka jachtem. Henry przyjechał o ósmej rano i przeczesywał teren do południa. Zauważył trzy inne polskie jednostki, ale nie było wśród nich „Legii". O 12.10 poszedł w umówione miejsce znajdujące się kilka przecznic dalej i czekał tam dwadzieścia minut, ale Kukliński nie pojawił się. Wrócił tam dziesięć po drugiej, lecz znów go nie spotkał. W końcu o trzeciej spostrzegł „Legię" zacumowaną przy posterunku policji w porcie, a zaraz potem nawiązał kontakt wzrokowy z Kuklińskim, który krzątał się po pokładzie. Ten zamarł, kiedy zobaczył Henry'ego. Później zebrał się w sobie, zszedł na ląd i ruszył na spacer wzdłuż alejki poniżej nabrzeża, podążając za Henrym przez czterdzieści czy pięćdziesiąt metrów, dopóki nie zniknął z oczu załodze jachtu.

Rozmawiali pół minuty, prawie się nie słysząc w huku helikopatera lądującego przy pobliskim posterunku policji. Kukliński powiedział Henry'emu po rosyjsku, że cieszy się, że rozmowę zagłusza odgłos helikoptera, i że ma nadzieję, że dotrze na ich wieczorne spotkanie.

O 18.15 Henry udał się w miejsce, w którym umówił się z Kuklińskim, jednak go nie spotkał. Nie zjawił się też dwie godziny później ani o 22.15, w trzecim rezerwowym terminie. Pół godziny później Henry zobaczył, jak bawi się na pokładzie z jakimiś ludźmi. Po godzinie stało się jasne, że nie będzie się mógł stamtąd wyrwać, więc Henry wrócił do wynajętego mieszkania.

Kukliński widział Henry'ego, ale stwierdził, że tego wieczora nie zaryzykuje zejścia na ląd. Wcześniej doszło do całej serii dziwnych zdarzeń i nie chciał wzbudzać podejrzeń. Kłopoty zaczęły się, gdy „Legia" – a za nią „Opal" – wypłynęła z Gdańska i żeglowała przez dwa dni do Świnoujścia. Na granicy zabrano paszporty wszystkich członków załogi i długo ich nie oddawano. Minęło sześć godzin. Wreszcie jeden z żeglarzy, Stanisław Radaj, przyjaciel Kuklińskiego pełniący na pokładzie obowiązki oficera kontrwywiadu, został wezwany do kapitanatu portu na telefoniczną rozmowę z Warszawą. Nie wracał przez godzinę. Kukliński dziwił się, dlaczego nie wezwali jego – dowódcy jachtu. Po powrocie Radaj powiedział Kuklińskiemu, że zwłokę spowodowały wątpliwości dotyczące członka załogi, oficera marynarki wojennej podejrzanego o kontakty z cudzoziemcami. Udając zaniepokojenie, Kukliński stwierdził, że muszą mieć go na oku. Uspokoiło to Radaja i wkrótce uzyskali zgodę na wyjście w morze. Jednak Kukliński zdawał sobie sprawę, że skoro jacht znajdował się pod ścisłą obserwacją, to trudno mu będzie wykonywać tajne zadania.

W porcie w Kilonii Kukliński i cała załoga byli zaskoczeni, że jakiś Niemiec woła do niego po nazwisku. Powiedział kolegom, że nie ma pojęcia, dlaczego ktoś je wykrzykuje. Może przeczytał je na liście członków załogi, którą przesłali wcześniej do kapitanatu. Wyjaśnienia te zadowoliły uczestników rejsu, jednak incydent ten wprawił Kuklińskiego w niepokój.

Postanowił urządzić tego wieczoru przyjęcie dla załogi z okazji wpłynięcia do portu w Kilonii. Gdy wszyscy popili, uważnie słuchał, co mówią jego koledzy, żeby zorientować się, czy żywią wobec niego jakieś podejrzenia. Nic takiego jednak nie usłyszał i, wykończony, o trzeciej w nocy padł na łóżko.

W sobotę, 23 czerwca, około ósmej rano Henry wrócił do portu i usiadł na ławce stojącej jakieś dwieście metrów od jachtu. Prawie dwie godziny później zobaczył Kuklińskiego, który zszedł na ląd i spotkał się z nim przy jego samochodzie. Henry wręczył mu czapeczkę i okulary przeciwsłoneczne.

W „dziupli" Kukliński przeprosił, że nie pojawił się na spotkaniu poprzedniego wieczoru, opisał wydarzenia, do jakich doszło na pokładzie jachtu, i wyjaśnił, że sam zainicjował nocną popijawę, „by przekonać się, czy są jakieś podejrzenia". Przyznał, że był bardzo zdenerwowany.

Stwierdził, że spotkania były „dobrze zaplanowane" i że członkowie załogi zwykle znikają na kilka godzin, żeby zrobić zakupy. „Najłatwiej mogę się odłączyć od kolegów w dużych domach towarowych" – powiedział. Po dyskusji o sposobach nawiązywania kontaktu w Polsce Kukliński przeszedł do tematów bardziej konkretnych.

Powiedział, że jesienią poleciał do radzieckiej bazy w Kazachstanie, położonej na północ od Astrachania, by obserwować ćwiczenia z wyrzutniami rakiet. Uderzył go kontrast między nowoczesnym sowieckim uzbrojeniem a warunkami, w jakich przebywali żołnierze stłoczeni w zapuszczonych szopach, w których czterech albo pięciu spało na jednej słomianej pryczy. Kukliński i jego koledzy zostali zakwaterowani w hotelu, w którym nie było papieru toaletowego. Toalety były zniszczone, woda ciekła z nich na podłogę. Zamiast je naprawić, Rosjanie ułożyli na podłodze betonowe płyty, żeby ich goście nie zamoczyli sobie butów.

W drodze powrotnej Kukliński rozmawiał z generałem Józefem Urbanowiczem, zastępcą ministra obrony. „Odłączył się od pozostałych generałów, podszedł do mnie i zaproponował kieliszek koniaku" – opowiadał. W pewnym momencie Kukliński rzucił uwagę o strasznych warunkach zakwaterowania radzieckich żołnierzy, „ludzi budujących komunizm", jak ich nazwał.

Urbanowicz odpowiedział, że on i inni też to zauważyli. „Bolejemy nad tym. Jednak Rosjanie wydają ogromne sumy na zbrojenia" – dodał, tłumacząc, że Moskwa przeznacza trzydzieści procent dochodu narodowego na finansowanie swojego udziału w wyścigu zbrojeń.

„Uświadomiłem sobie, że nie mam o tym pojęcia" – wyznał Kukliński.

Wraz z kolegami odwiedził Wołgograd i muzeum bitwy pod Stalingradem. Zatrzymali się również w Kijowie, gdzie byli podejmowani przez dowództwo Ukraińskiego Okręgu Wojskowego. Podczas całej podróży Rosjanie serdecznie witali Polaków. Kukliński zauważył, że szczególnie ciepło witają Urbanowicza, bo uznawali go za „człowieka radzieckiego".

Zbulwersował go incydent w Kijowie, gdy dowódca obrony przeciwlotniczej tamtejszego okręgu wojskowego wzniósł rasistowski toast. Powiedział: „Zdrowie białych. Niech te czarne sukinsyny nie mieszają się w nasze sprawy", wspominał Kukliński. Urbanowicz wpadł mu w słowo, dorzucając – „...i żółte sukinsyny".

Kukliński odniósł wrażenie, że uwagi te są skierowane do Arabów i Chińczyków. Tuż przed wylotem, na lotnisku w Kijowie, jeden z tamtejszych notabli gorąco uściskał Urbanowicza, rzucając kolejne rasistowskie komentarze.

Zanim się rozstali, Henry uprzedził Kuklińskiego, że za dwa dni, podczas spotkania w Hamburgu, pozna Amerykanina mówiącego biegle po polsku, którego stopień odpowiada dwu-, trzygwiazdkowemu generałowi. Kukliński wydawał się zaskoczony, że wtajemniczono nową osobę, ale ucieszył się, że będzie mógł porozmawiać w języku ojczystym. Spytał Henry'ego, czy odchodzi. Henry zapewnił go, że „zostanie przez kilka dobrych lat".

Rozmawiali o niepokojach Kuklińskiego związanych z jego bezpieczeństwem i prośbie o samobójczą tabletkę. Kukliński stwierdził, że chce pozostać w Polsce, „dopóki będzie mógł prowadzić swoją prywatną walkę" przeciwko Rosjanom. Jednak jeśli go nakryją, wolałby umrzeć śmiercią „cichego bohatera", by nie zdradzić polskim władzom jakichkolwiek szczegółów w zamian za złagodzenie kary.

Henry odpowiedział: „Myślę, że jesteś bardzo odważnym i zaangażowanym człowiekiem. To dla mnie wielki zaszczyt, że jestem twoim przyjacielem".

Kukliński spojrzał na zegarek i poprosił o podwiezienie do dzielnicy handlowej niedaleko portu, gdzie cumowała „Legia", by mógł zrobić zakupy, które usprawiedliwią jego nieobecność[26].

Rozdział IV

Oddawanie ciosów

W spokojny niedzielny poranek, 24 czerwca 1973 r., David Forden „Daniel" - ostrzyżony, schludny, w okularach w drucianych oprawkach i letnim garniturze - stanął dyskretnie w recepcji swojego hotelu w Hamburgu. O 10.30 pod hotel zajechał samochód i wysiadł z niego pułkownik Henry. Nie znali się, ale Daniel wiedział, że Henry jest kluczową postacią tej operacji, i z entuzjazmem uścisnął mu dłoń[1].

Pojechali do popularnego kina Hansa przy Steindamm, gdzie mieli nawiązać kontakt z Kuklińskim. „Legia" od dwóch dni cumowała w Wedel, przystani jachtów na zachód od miasta. Kukliński miał zejść na ląd, przyjść pod budynek kina i nawiązać kontakt wzrokowy z Henrym, który skieruje go na stację metra i wyprowadzi z niej schodami z drugiej strony ulicy na pobliski postój taksówek. Henry obejrzał to miejsce z Danielem, który zgodził się, że to świetna trasa, w dodatku z dwoma dogodnymi punktami obserwacyjnymi dla agentów prowadzących kontrobserwację.

Spod kina pojechali do niewielkiego mieszkania wynajętego przez CIA na dziuplę. Daniel zwykle kojarzył je z zapuszczonymi i ciasnymi pomieszczeniami. Ta też była spartańska, zaledwie z kilkoma krzesłami, jednak obaj uznali, że bezpieczeństwo jest ważniejsze od przestrzeni i wygód. Nie było tam odźwiernego ani wścibskich portierów. Daniel i Henry w kilka minut uprzątnęli pokój i doprowadzili go do porządku, a później osobno stamtąd wyszli.

Nazajutrz w południe, piętnaście minut przed umówionym spotkaniem z Kuklińskim, Daniel i Henry spotkali się w kinie. Bez trudu wtopili się w tłum. Gdy Kukliński się nie pojawił, wrócili tam o 14.15, 16.15 i 18.15, ale znów go nie wypatrzyli. Daniel pojechał do hotelu, a Henry czekał w kawiarni. Tuż przed siódmą wieczór zauważył Kuklińskiego. Tamten też go dostrzegł. Henry zaprowadził Kuklińskiego umówioną trasą do mieszkania, skąd zadzwonił do Daniela i dał mu do zrozumienia, żeby przyjechał.

Gdy się pojawił, wyczuł, że Kukliński spodziewał się kogoś starszego. Próbował go rozluźnić. „To dla mnie wielki zaszczyt, że mogę cię poznać" – powiedział po polsku, kiedy mu się przedstawiał. W przeciwieństwie do Henry'ego i Langa, którzy udawali wojskowych, Daniel powiedział wprost: „Jestem z CIA i bardzo się cieszę, że mogę tu być i że będziemy współpracować"[2].

Wyjaśnił Kuklińskiemu, że amerykańska armia nie ma uprawnień ani możliwości, by przeprowadzać tajne operacje za granicą, i że CIA ma najlepszy warsztat do pilotowania tego typu działań, chociażby w zakresie nawiązywania kontaktu w Polsce, co będzie nieodzowną częścią powodzenia całej akcji. Składając Kuklińskiemu spóźnione życzenia z okazji czterdziestych trzecich urodzin, zauważył, że obaj są niemal w jednym wieku. „Należymy do tego samego pokolenia" – powiedział. Dodał, że mieszkał w Warszawie, dobrze zna miasto i że zrobi wszystko, by Kukliński mógł kontynuować swe wspaniałe dokonania.

Opisał mu trasę, jaką powinien wrócić na pokład „Legii", i przedstawił szczegóły dotyczące spotkania następnego dnia. Poprosił także o listę części do samochodu, których Kukliński mógł poszukiwać podczas rejsu i które stanowiły wymówkę dla jego wypadów. Miał je kupić Henry. Później przystąpili do pracy.

W pewnym momencie Kukliński chwycił mikrofon, który Daniel umieścił na stole, i zaczął mówić bardzo emocjonalnie i z determinacją. Podziękował Danielowi za życzenia urodzinowe, które mocno go wzruszyły. Wyjaśnił, że w Sztabie Generalnym rzadko świętowano urodziny, bo wszyscy byli zajęci. Kilka lat wcześniej zwierzył się koledze, że kończy czterdzieści lat. „Moim zdaniem czterdzieste urodziny to wyjątkowy moment w życiu każdego człowieka" – wspominał ten dzień Kukliński. „Niby wciąż jesteśmy młodzi, ale mamy już cztery dychy!".

„Nie chrzań, już się napiliśmy. Bierz dupę w troki i do roboty!" – zażartował cynicznie kolega.

Kukliński roześmiał się. Stwierdził, że to typowy przykład traktowania ludzi w Sztabie Generalnym. „Ludzi, z których wyciska się ostatnie soki". Jakikolwiek przejaw emocji lub wesołości był szybko „gaszony". „W naszym systemie jednostka w ogóle się nie liczy" – dodał.

Miał nadzieję, że Amerykanie doceniają znaczenie wolności. „Cieszycie się nią codziennie, więc pewnie nigdy jej nie docenicie" – stwierdził. „Komunistyczne hasła są bardzo mylące i potrafią wszystkim zawrócić w głowie". Nazwał tę utopię „systemem feudalnym, tyle że dostosowanym do współczesności".

Bez przerwy palił i popijał sok, który nalał im Daniel. „Jestem pewien, że może się napić alkoholu, jak każdy, ale wyczuwam, że nie widzi dla niego miejsca podczas tych spotkań, chyba że przy pożegnaniach" – napisał później Daniel.

Mniej więcej o 21.30 mężczyźni uściskali się. Po wyjściu Kuklińskiego Daniel uprzątnął pokój i wrócił do hotelu. Taśma z rozmową została przekazana tłumaczowi CIA, Stanowi, który przyleciał z Langley, żeby na bieżąco tłumaczyć nagrywane sesje. Kluczowe informacje przesyłano dalekopisem do Centrali na wypadek, gdyby pojawiły się dodatkowe pytania.

Nazajutrz Daniel wrócił do dziupli. Pół godziny później zjawili się tam pułkownik Henry i Kukliński. Kukliński oznajmił, że może zostać pięć godzin, jednak postanowili, że skończą o 16.30, żeby miał czas wrócić na pokład. Henry ruszył na poszukiwania sklepu z częściami samochodowymi, by kupić filtr powietrza do opla Kuklińskiego.

Kukliński przejrzał listę pytań nadesłanych przez CIA i udzielił na każde z nich wyczerpującej odpowiedzi, niekiedy zwracając się do Daniela, a innym razem mówiąc wprost do mikrofonu. Daniel podziwiał jego zdolność koncentracji i styl wypowiedzi, i zdał sobie sprawę, jak skutecznie musi prowadzić wykłady, odprawy i ćwiczenia. Kukliński powiedział mu, że został ostatnio mianowany zastępcą szefa wydziału szkoleniowo-operacyjnego.

CIA chciała ustalić, czy na terytorium Polski znajduje się sowiecka broń nuklearna. Kukliński przypuszczał, że tak. Na poligonie w Czersku w północnej Polsce, na skraju największej radzieckiej bazy wojskowej w Bornem Sulinowie, odbyła się prezentacja głowic nuklearnych i oddziałów szkolonych do uzbrajania nimi rakiet. Kukliński obiecał, że postara się dowiedzieć więcej na temat tego ogrodzonego obiektu dowodzonego przez radzieckiego generała.

Podkreślił, że nacisk Moskwy na przyjęcie ofensywnej strategii wojskowej nie tylko zagraża bezpieczeństwu Polski, ale także osłabia jej gospodarkę. Supremacja Moskwy irytowała polskich wojskowych. Występowały „ciągłe tarcia" między możliwościami gospodarki a wymaganiami „stawianymi jej przez plany opracowane na wypadek wojny", twierdził Kukliński. Rosjanie mocno naciskali na podnoszenie standardów polskich dywizji, uzbrojenia i zapasów.

„Nasz sprzęt ma dorównywać uzbrojeniu Związku Radzieckiego" – kontynuował. „Celem ma być stworzenie potężnej machiny wojennej i przeprowadzanie kosztownych ćwiczeń na wielką skalę, na które nas nie stać".

Wbrew zapewnieniom, że Moskwa traktuje Polskę jako swojego „najlepszego sojusznika", Polacy otrzymywali przestarzały sprzęt, a wszelkie innowacje były tępione. Gdy Polacy dokonali jakiegoś ulepszenia, Rosjanie zapoznawali się z dokumentacją i wprowadzali identyczny produkt na rynek z nalepką „Made in USSR". Podczas konsultacji w sprawie nowego uzbrojenia przedstawicieli Polski i Związku Radzieckiego w Moskwie Polakom nigdy nie udawało się uzyskać jakichkolwiek informacji od ich rosyjskich partnerów. „Zakrywają dokumenty tak, że wystaje tylko połowa kartki, i czytają nam coś, co z pewnością zostało sfabrykowane" – stwierdził z pogardą Kukliński. „Wiem to bezpośrednio od osób, które uczestniczyły w tych spotkaniach". Swobodna wymiana informacji nie istniała.

Kukliński wspomniał, że wcześniej, w roku 1956 lub 1957, odwiedził radziecką bazę wojskową w Białogardzie. Rosyjscy żołnierze żyli tam za potrójnym ogrodzeniem. „Pewien oficer niemal się na mnie obraził, gdy spytałem, czy wznieśli je jeszcze Niemcy, czy już Rosjanie. Odparł, że Rosjanie. Spytałem, czy po to, by uniemożliwić żołnierzom opuszczanie bazy bez przepustek, czy by powstrzymać nas, ich gospodarzy. To było bardzo dziwne" – komentował Kukliński, od czasu do czasu popijając sok i zaciągając się papierosem.

Mniej więcej po godzinie stwierdził, że chce poruszyć kwestię wojny, pokoju i planów działań, które określił mianem „jednostronnych", wyłącznie ofensywnych.

„Plany te w ogóle nie przewidują działań obronnych" – wyznał. On i myślący podobnie do niego koledzy wielokrotnie postulowali zmianę strategii i taktyki wojennej, jednak bez rezultatu. „Sugerowaliśmy konieczność opracowania taktyki alternatywnej, zakładającej przede wszystkim działania defensywne, a dopiero później ofensywne". Odpowiedziano im, że „nie znają sytuacji i żeby się nie wtrącali".

Stwierdził, że Polacy mają świadomość, iż Moskwa „dzierży klucze do wszystkiego", co dzieje się w polskiej armii. „Moskwa może, według własnej woli, wciągnąć nasze siły zbrojne w konflikt niemający nic wspólnego z naszym interesem narodowym". Polscy wojskowi byli podzieleni. Dowództwo nie dostrzegało pokojowych intencji Zachodu, ale wielu wyższych oficerów miało światlejsze poglądy i liczyło na zrównoważoną redukcję wojsk po obu stronach oraz nawiązanie ściślejszych więzi politycznych i gospodarczych, „na zbliżenie między Wschodem a Zachodem" – jak stwierdził Kukliński.

Wypowiadając się na temat polskiej kultury i gospodarki, powiedział: „Zawsze skłanialiśmy się ku Zachodowi. Oczywiście, mamy własne dokonania i własną kulturę, jednak jest ona znacznie bliższa kulturze europejskiej, zachodnioeuropejskiej".

Później dodał: „Nasze obecne bliskie kontakty ze Wschodem wynikają z krwawych doświadczeń”. Mimo że przeciętny polski oficer oczekiwał osłabienia napięć w kontaktach z Zachodem, władze dały jasno do zrozumienia, że ich celem nie jest wymiana idei i informacji, lecz „wyłącznie atakowanie Zachodu i nieprzyjmowanie stamtąd niczego”.

Kukliński zasępił się, mówiąc o swoich bliskich. Powtórzył wersję, jaką przekazał Hance, o tym, że poznał kilku Amerykanów w Sajgonie i że zamierza się z nimi spotkać w Europie.

„Nie powiedziałem jej nic więcej, mimo że ufam jej całkowicie, tak jak sobie. Nie wie, na co się zdecydowałem”. Nie chciał wtajemniczać jej w istotę swojej działalności, żeby nie mogła, choćby przypadkowo, ujawnić jakichś szczegółów w trakcie ewentualnego przesłuchania lub zwykłej rozmowy z koleżanką.

Daniel spytał go: „Czy twoja żona jest w domu, kiedy robisz zdjęcia?”.

„Nie”, odpowiedział, przypominając, że pracuje w fabryce jako księgowa. „Pracuje, tak jak ja. Gorzej jest z dziećmi, ponieważ one czasami są w domu. Włączam wtedy głośno muzykę, zamykam drzwi i mówię im, że muszę popracować”.

Kukliński opisał swoją ciemnię i powrót do dawnego hobby, fotografowania. Wywoływał różne zdjęcia, „żeby nie wzbudzać podejrzeń. Po prostu znowu zainteresowałem się fotografią”.

Pewnego wieczoru, gdy po powrocie do domu musiał zrobić zdjęcia, wytłumaczył rodzinie, że ma do wykonania pilną pracę, i poprosił Hankę, żeby spała tej nocy w pokoju syna.

„Zdenerwowała się. Nalegała, żebym się przespał” – wspominał Kukliński. „Dziwiła się, że włączam głośno muzykę, ale w końcu dała za wygraną”.

Kukliński stwierdził, że pewnie nie wspomniałby jej w ogóle o kontaktach z Amerykanami, ale uznał, że musi coś jej powiedzieć ze względu na huśtawkę nastrojów, jaka towarzyszyła mu po powrocie z pierwszego rejsu do Europy Zachodniej. „Nie wprowadzam jej w szczegóły, bo nie jest jej to potrzebne”. Jego synowie również pozostawali w nieświadomości.

W trakcie rozmowy do pokoju wpadł Henry, obładowany torbami i pudełkami z dwoma filtrami powietrza do samochodu Kuklińskiego i mapami nawigacyjnymi Morza Północnego i wyspy Helgoland u wybrzeży Danii. Wręczył Kuklińskiemu rachunki i opisał, gdzie kupił każdą z rzeczy. Kukliński poprosił o zapewnienie, że w przypadku jego aresztowania CIA pomoże jego rodzinie. Nie wierzył, że jego bliscy będą mogli wyjechać z Polski, jednak poprosił Daniela i jego kolegów, by nad nimi czuwali. Powtórzył, że w takich okolicznościach chciałby połknąć samobójczą tabletkę, chociaż CIA jeszcze nie spełniła jego prośby o jej dostarczenie.

Daniel spytał, czy porusza tę kwestię, bo czuje większe zagrożenie. Kukliński odparł, że co prawda bał się wcześniej, jednak skuteczny i bezpieczny sposób, w jaki CIA kontaktowała się z nim w Warszawie, dodał mu otuchy. „Oczywiście, bardzo uważam, żeby ten spokój nie sprawił, że zacznę popełniać błędy" – zaznaczył.

Około 16.30 Daniel zakończył spotkanie, oświadczając Kuklińskiemu, że Amerykanie podziwiają jego charakter, profesjonalizm i przekonania.

Kukliński wyraził obawę, że jakość dostarczonych przez niego dokumentów jest mniejsza, niż deklarował, jednak Daniel zapewnił go, że wcale tak nie jest. Umówili się na ostatnie spotkanie 1 lipca w Kilonii. Pięć minut później Kukliński zabrał paczki i udał się do domu towarowego na spotkanie z członkami załogi, by wymienić uwagi na temat dokonanych zakupów.

W niedzielę, 1 lipca, zwykle zatłoczony Rathausplatz w Kilonii był niemal pusty. O 10.15 na placu pojawili się Daniel, Henry i trzeci agent CIA, jednak Kukliński nie przyszedł. Nie zjawił się również w późniejszych, umówionych porach, wyznaczonych w ciągu dnia co dwie godziny. Około dziewiątej wieczorem Daniel i trzeci agent dołączyli do tłumu przechadzającego się wzdłuż nabrzeża, podziwiającego jachty i pokazy sztucznych ogni. Daniel zauważył zacumowaną w porcie„Legię". Gdy się do niej zbliżyli, zobaczyli w oknie Kuklińskiego rozmawiającego z członkiem załogi. Daniel wrócił tam jeszcze o 22.15, jednak Kukliński nie zszedł na ląd.

Nazajutrz, późnym rankiem, Daniel i jego koledzy wrócili na Rathausplatz, ale nie spotkali Kuklińskiego. Zjawili się tam ponownie tuż po południu. Daniel widział w oddali mężczyznę, który przemierzał plac, lecz nie zwróciwszy na niego uwagi, stanął przed wyludnioną restauracją Rathauskeller, by przyjrzeć się karcie dań. Nagle uświadomił sobie, że widział przed chwilą Kuklińskiego. „Ze wstydem przyznaję – napisał później do Centrali – że widziałem Mewę na Rathausplatz około godziny 12.17, lecz go nie rozpoznałem. Wyglądał niepozornie. Szedł dość szybkim krokiem przez plac z mojej lewej strony na prawą. Tym razem miał koszulę w kolorze khaki, a nie białą, i celowo nie podszedł do mnie ani nawet nie spojrzał w miejsce, w którym siedziałem i prowadziłem obserwację. Sytuacja ta nie wystawia najlepszego świadectwa mojej spostrzegawczości, jednak – jak sądzę – podkreśla umiejętność Kuklińskiego «wmieszania się w tłum» i pokazuje, że jest człowiekiem potrafiącym zachować dyskrecję i czujność. Nie zbliżył się do mnie, dopóki nie zniknąłem z placu!".

Daniel poszedł do hotelu. Kukliński ruszył za nim w bezpiecznej odległości. Nawiązali rozmowę, dopiero gdy znaleźli się w windzie i zamknęły się drzwi. Weszli do nieklimatyzowanego pokoju. W letnim skwarze byli zlani potem. Henry znów wyruszył po zakupy dla Kuklińskiego.

CIA miała pytania dotyczące pewnej konkretnej, tajnej sowieckiej bazy wojskowej. Kukliński kiedyś ją odwiedził. Znajdowała się w miejscowości Aszuluk, położonej 200 kilometrów na północ od Astrachania nad Morzem Kaspijskim. Nie była zaznaczona na sowieckich mapach wojskowych. Mieścił się tam poligon rakietowy wojsk obrony powietrznej. Kukliński powiedział, że stacjonowało tam kilka batalionów wyposażonych w różne systemy obrony powietrznej, ukryte na wielkich połaciach wysuszonej ziemi porośniętych skąpą roślinnością. Ćwiczyły tam wojska radzieckie, państw Układu Warszawskiego, a także oddziały z Syrii i innych krajów arabskich. Rakiety odpalano we wtorki i w piątki. Za cele służyły zdalnie sterowane pociski. Kukliński podał ich zasięg oraz prędkość.

Oprócz bazy sił polowych były tam jeszcze trzy hotele, w tym jeden w budowie, stanowisko dowodzenia poligonu, kantyna oficerska, garaże, magazyny kwatermistrzowskie, kotłownia oraz kwatery dla służb pomocniczych – w sumie około czterdziestu budynków, z których połowę stanowiły piętrowe, drewniane baraki. Polna droga, utwardzona cementowymi płytami dla pojazdów do piętnastu ton, prowadziła od stacji kolejowej w Aszuluku na poligon. Inny ciężki sprzęt transportowano równoległą polną drogą biegnącą pięćdziesiąt metrów na południe. Około 6–7 kilometrów od poligonu znajdowało się specjalne lądowisko z pojedynczym pasem startowym. „Na tym lotnisku mogą lądować tylko samoloty radzieckie" – stwierdził Kukliński. Samolot, którym przyleciał z Polski, musiał lądować w Astrachaniu.

Daniel był zaskoczony pamięcią Kuklińskiego do szczegółów. Około 13.25 ktoś zapukał do drzwi. Był to Carl Gebhardt, szef warszawskiej komórki CIA, który poznał Kuklińskiego jesienią na cmentarzu w Warszawie. „Przywitali się z entuzjazmem, wynikającym z poczucia udziału w zakończonej sukcesem, delikatnej i ryzykownej rozgrywce" – napisał później Daniel do Centrali.

Kukliński i Gebhardt niemal przez trzy kwadranse omawiali przyszłe miejsca spotkań, przeglądając plany sytuacyjne i mapy. Wraz z Danielem przedyskutowali sposoby prowadzenia obserwacji przez SB, wykorzystania luk czasowych i rozpoznawania przez Kuklińskiego samochodów, którymi agenci CIA przyjeżdżali na spotkania. Kukliński spytał, czy inni agenci CIA obserwowali ich podczas takich spotkań. Dowiedział się, że nie – nie licząc osoby towarzyszącej lub małżonka przebywającego w samochodzie, agent działał sam.

Pod koniec rozmowy Kukliński poruszył kwestię motywów, które skłoniły go do podjęcia współpracy z Amerykanami. „Uważam, że przyczynienie się w ten skromny sposób do wzmocnienia waszego kraju jest moim obowiązkiem. Wasz kraj jest nie tylko silny, ale stanowi także wzór" – kontynuował Kukliński. „Wszelkie zmiany na lepsze w mojej ojczyźnie wynikają z naśladowania tego wzoru, waszego kraju i całego Zachodu. Poczytuję za swój największy honor i obowiązek służenie wam pomocą, by wasza potęga stała się jeszcze skuteczniejszym czynnikiem odstraszającym, który sprawi, że świat będzie podążał w kierunku, w jakim zmierza obecnie. Uważam, że przysłużę się nie tylko waszemu krajowi, ponieważ działam na rzecz wolności wszystkich ludzi, a jako że wolność ta emanuje głównie z waszego kraju, to postanowiłem się do was przyłączyć i będę kontynuował tę działalność, dopóki starczy mi sił".

Daniel podarował Kuklińskiemu pozłacany niemiecki długopis. Wyraził nadzieję, że będzie o nim myślał, pisząc listy do Amerykanów. Kukliński obiecał, że będzie ich informował o swoich planach na przyszłe lato. Henry otworzył butelkę norweskiego aquavitu „Linie", przechowywanego w dębowych beczkach i dwukrotnie przewożonego statkami przez równik (zmiana temperatur nadaje mu ponoć wyjątkowy smak). Nalał każdemu po kieliszku. Spełnili toast, po czym Kukliński wyszedł.

Po spotkaniu Gebhardt wysłał krótką notatkę do Langley, w której stwierdził, że było ono bardzo owocne:

> Dało nam możliwość nawiązania kontaktu, który nie byłby możliwy podczas naszych krótkich spotkań w Warszawie. Wydaje się, że rozwiało także ewentualne obawy Mewy co do naszych możliwości kontaktowania się z nim w sposób bezpieczny, mający na uwadze głównie jego dobro.
>
> Dało nam także możliwość wyjaśnienia niuansów, których nie można przekazać w listach, zwykle opisujących najważniejsze i najbardziej podstawowe kwestie. Mimo że nie było to konieczne, spotkanie to przypomniało nam raz jeszcze, że naszym informatorem jest człowiek o wielkim sercu, wart wszelkich naszych zabiegów.

Tymczasem Daniel przygotował obszerny raport, stanowiący przegląd dotychczasowych spotkań, przekazując swoje wrażenia na temat pułkownika Kuklińskiego. „Jest odważny, inteligentny i oddany. W mojej opinii nie uważa się za «zdrajcę» ani uczestnika jakiejś «brudnej rozgrywki». «Oddaje ciosy» tym, którzy obracają jego kraj w ruinę, i wyraża głęboką satysfakcję z faktu, że może to robić, współpracując z nami".

Wydaje się, że Kuklińskiemu zależy „nie tylko na tym, by był to pewny i skuteczny atak na wroga, ale także przedsięwzięcie o wymiarze osobistym i ludzkim", pisał Daniel. Mimo wyszkolenia wojskowego i osiągnięć w armii Kukliński „nie jest robotem", dodał. „Z żalem wyznał, że chciałby nas lepiej poznać i nawiązać z nami bliskie, ludzkie kontakty"[3].

Cechowało go stonowane poczucie humoru i uprzejmość wobec Daniela i Henry'ego; martwił się, że musieli czekać na niego na ulicy. Z umiarkowaną dumą opisał, w jaki sposób zdobył dostęp do pewnego tajnego raportu, którego znajomość nie leżała w jego kompetencjach. Podziękował Danielowi za wyrażoną przez niego troskę, iż ktoś mógł go przez to namierzyć, jednak zaznaczył, że dokument trafił do niego sam i że nie występował o jego udostępnienie. Okazywał „głęboki szacunek wobec żony i wiarę w jej niekwestionowaną lojalność. Wiedział, że ludzie rzadko potrafią czytać w cudzych myślach, ale jednocześnie zdawał sobie sprawę, że członkowie załogi mogą rozprawiać na jego temat. Jednak uważał, że znalezienie solidnej wymówki tłumaczącej jego nieobecność jest racjonalniejszym rozwiązaniem niż zadręczanie się ich ewentualnymi podejrzeniami.

„Podczas wszystkich spotkań mówił jasno, z entuzjazmem, niekiedy z kontrolowaną ekscytacją" – napisał Daniel.

Opisał Kuklińskiego jako drobnego mężczyznę mierzącego niecałe 170 centymetrów wzrostu i ważącego około 70 kilogramów, o przeszywającym spojrzeniu i dobrej cerze. Wyglądał na zdrowego i silnego. Był zawsze ogolony, miał czyste paznokcie i proste ubranie. „Nie wyczułem w nim żadnej pozy ani sztuczności. W skrócie: zrobił na mnie wrażenie człowieka inteligentnego i sympatycznego. Myślę, że powinniśmy uczynić wszystko, co w naszej mocy, by uświadomić mu, że właśnie tak go postrzegamy, nie zaś wyłącznie jako skutecznego śmiałka dostarczającego nam bardzo cennych informacji".

Daniel postulował, by w następnych spotkaniach z Kuklińskim uczestniczył pułkownik Henry. „Mówiąc krótko, zaimponował mi. Co ważniejsze, myślę, że jego spokojny, niewzruszony, skromny i silny charakter imponuje też Mewie… Wykluczenie go z tej sprawy byłoby błędem".

Po powrocie do Waszyngtonu Daniel napisał do Kuklińskiego trzystronnicowy list, który przetłumaczono i miano mu dostarczyć podczas kolejnego kontaktu. Napisał w nim, że ich rozmowy głęboko go poruszyły, i wyraził nadzieję, że Kukliński zechce otwarcie przekazywać mu swoje refleksje w prywatnej korespondencji.

> Mam nadzieję, że rozumiesz, jak głębokim i ważnym przeżyciem było dla mnie to, że się spotkaliśmy i że mogłem Cię poznać. Ja też mogę tylko żałować, że okoliczności naszej znajomości uniemożliwiają nam wspólne spędzanie w swobodnej atmosferze godzin i dni na rozmowach o wielu sprawach, o naszych bliskich, nadziejach i przyszłości. Chciałem Ci o tym powiedzieć podczas naszego ostatniego spotkania, jednak zegar działał w pośpiechu.

Podobnie jak my sami, spływając potem. Jesteś osobą odpowiedzialną, logiczną i klarowną i od samego początku wiedziałem, że trudno nam będzie przerwać rozmowę o sprawach, które nas ukształtowały i dla których warto żyć.

Kiedy przebywaliśmy w tym samym mieście, dostałem bezpieczną pocztą list od żony. Napisała mi o wielu rzeczach, które robiła ona i dzieci, mających szczególne znaczenie dla ojca, dla którego teraźniejszość jest wartością samą w sobie, a także drogą wiodącą do przyszłości jego i jego najbliższych. Napisała mi o naszej najmłodszej córce, 5-latce, poczętej w Twoim kraju, a urodzonej w moim. Uważamy, że symbolizuje – czy wręcz uosabia – to, co najlepsze w obydwu krajach. Jest wesołym i bystrym dzieckiem mającym wiele własnych spraw, które – oczywiście – są dla niej bardzo ważne. Zwłaszcza w ostatnich tygodniach ma wiele zajęć, jednak – jak donosi mi żona – przerywa je od czasu do czasu, spogląda w niebo, w którym przed wieloma dniami zniknął mój samolot, i mówi: „Tato, tęsknię. Tato, kocham cię. Mam nadzieję, że niedługo wrócisz do domu!".

Człowiek „nie może być z kamienia", bo przestaje być człowiekiem. Nawet gdy pracujemy na co dzień przy planach, projektach, harmonogramach lub maszynach, musi być w nas mocne i żywe poczucie człowieczeństwa i musimy znaleźć czas, by go zaznać, posmakować i wyrazić. Dzięki Tobie doświadczyłem tego na wiele sposobów w czasie, który spędziliśmy razem, w rozmowach na temat znaczenia urodzin, głębokiego szacunku i lojalności, jakimi darzysz swoją żonę, przyjaciół, którzy wiele dla Ciebie znaczą, jednak którym nie możesz powiedzieć o zapewne najważniejszej decyzji w swoim życiu.

Chciałbym się tym z Tobą dzielić na wszelkie możliwe sposoby. Czas, który spędziliśmy razem, był bardzo krótki, jednak to, co wtedy przeżyłem, każe mi powtórzyć Twoje słowa: Mam nadzieję, że poznamy się lepiej jako ludzie. Właśnie z tą myślą podarowałem Ci na koniec naszego ostatniego spotkania ten złoty długopis. Byłbym bardzo szczęśliwy, gdybyś użył go od czasu do czasu, w ciszy po pracowitym dniu, by napisać mi o sobie, swojej młodości, rodzicach – o wszystkim, czym zechcesz się ze mną podzielić.

Pozostałe części tej przesyłki będą dla Ciebie kolejnym dowodem naszego najwyższego uznania dla Ciebie i wspaniałych działań, które podejmujesz. W tym miejscu chciałbym tylko jeszcze raz wyrazić najgłębszą osobistą satysfakcję z faktu, że Cię poznałem i że mieliśmy okazję podzielić się myślami i wartościami, które nadają sens naszemu życiu. Myśli te – a pośród nich Ty – wciąż chodzą mi po głowie[4].

Daniel dopisał w *postscriptum*: „Proszę, żebyś zniszczył ten list w znany Ci sposób".

20 września 1973 r. Kukliński awansował na stanowisko zastępcy szefa wydziału szkoleniowo-operacyjnego Sztabu Generalnego. Utworzył je z myślą o nim generał Jerzy Skalski, zastępca szefa Sztabu Generalnego, który w coraz większym stopniu konsultował się z Kuklińskim i powierzał mu nowe zadania. Nowe stanowisko dało mu większy dostęp do dowództwa polskich i sowieckich sił zbrojnych.

Podczas spotkania z agentem 6 listopada Kukliński przekazał CIA list z opisem nowej funkcji, dołączając „serdeczne pozdrowienia" dla Daniela i dziękując Agencji za jej wysiłki zmierzające do zapewnienia bezpieczeństwa jemu i jego rodzinie[5]. Obiecał, że wkrótce prześle fotografie i dane dotyczące jego żony i synów, potrzebne CIA do przygotowania fałszywych paszportów oraz innych dokumentów niezbędnych podczas podróży. Gdy podczas spotkania podjechał do niego samochód CIA, wręczył agentowi wraz z przesyłką trzy róże.

Jednak wkrótce znów zaczął niepokoić się o swoje bezpieczeństwo. Pewnego dnia, podczas wizyty na ściśle tajnych manewrach wojskowych w północno-zachodniej Polsce, zapodział dokument zawierający program ćwiczeń. Jego niepokój wzrósł, gdy obecnych na ćwiczeniach poinformowano o zatrzymaniu w okolicy pewnego francuskiego dyplomaty fotografującego manewry. Przez kilka miesięcy oficerowie polskiego kontrwywiadu prowadzili w Sztabie Generalnym intensywne śledztwo, próbując ustalić, skąd ów dyplomata dowiedział się o ćwiczeniach. Sporządzono listę wszystkich oficerów znających termin i miejsce manewrów. Każdego z nich przesłuchano. „Ktoś tu nadaje, ale jego dni są policzone" – stwierdził jeden ze śledczych. Kukliński nie miał pojęcia, w jaki sposób francuski dyplomata dowiedział się o ćwiczeniach ani dlaczego trafił w ten rejon, i zastanawiał się, czy zagubiony dokument nie dostał się w jego ręce. Przez kilka dni prawie nie spał.

Tymczasem generał Skalski podjął kolejną próbę awansowania pułkownika, tym razem na głównego specjalistę pionu operacyjnego. Jaruzelski zatwierdził jego nominację na studia w Akademii im. Woroszyłowa w Moskwie, elitarnej uczelni kształcącej członków sowieckiego Sztabu Generalnego. Dla oficera armii jednego z państw Układu Warszawskiego było to duże wyróżnienie i wstęp do objęcia stanowiska w ścisłym dowództwie wojskowym. Na początku grudnia Kuklińskiemu powierzono przygotowanie wielkich manewrów wojskowych „Lato 74", które miał nadzorować Jaruzelski. Ćwiczenia te, zaplanowane na początek czerwca, miały być testem działania łączności polowej w warunkach wojny. Mieli wziąć w nich udział wyżsi przedstawiciele Naczelnego Dowództwa Sił Zbrojnych Układu Warszawskiego w Moskwie oraz lotnictwo północnej grupy Armii Czerwonej. Przygotowując plany ćwiczeń, Kukliński miał ściśle współpracować z rosyjskimi oficerami z Legnicy, w której stacjonowały sowieckie wojska.

Z innych wydarzeń: Kuklińskiemu zaproponowano przystąpienie do grupy oficerów budujących segmenty mieszkalne przy ulicy Rajców – w zacisznym zakątku położonym na staromiejskiej skarpie z widokiem na Wisłę. Utworzyli w tym celu spółdzielnię, wspieraną pożyczkami z Ministerstwa Obrony. Wszyscy członkowie spółdzielni mogli liczyć na pomoc finansową odpowiadającą wartości zajmowanych przez nich mieszkań oraz na długoterminowe, nieoprocentowane lub nisko oprocentowane pożyczki z kasy państwowej. Mieszkanie Kuklińskiego było ciasne. Poza tym niepokoiło go, że Rosjanin mieszkający piętro wyżej usłyszy kliknięcia aparatu, którym fotografował dokumenty. Potrzebował więcej przestrzeni i prywatności. Łączyło się to z pewnym ryzykiem, ponieważ wśród jego nowych sąsiadów był zastępca szefa kontrwywiadu wojskowego. Jednak budowa i tak miała potrwać kilka lat.

31 grudnia 1973 r. Kukliński zaprosił do domu swojego długoletniego przyjaciela, Romana Barszcza, i jego żonę, Barbarę, by spędzili sylwestra z nim, Hanką i ich starszym synem, Waldkiem. Drugi syn, 18-letni Bogdan, który popłynął z ojcem w pierwszy rejs do Europy Zachodniej latem 1972 r., wyjechał na wieś ze swoją dziewczyną, Grażyną, z którą spotykał się od około roku. Jej ojcem był generał Władysław Hermaszewski, kolega Kuklińskiego z wojska i członek oficerskiej spółdzielni mieszkaniowej z ulicy Rajców. Kiedy goście wyszli, a rodzina poszła spać, Kukliński napisał list do CIA, który przekazał 2 stycznia 1974 r.

> Drodzy Przyjaciele
>
> Dzisiejsze spotkanie (jeśli przebiegnie gładko) rozpocznie kolejny rok naszej owocnej współpracy. Fakt ten bardzo mnie cieszy. Wszystkim osobom, których działania pozwolono mi moimi skromnymi siłami wesprzeć w walce przeciwko wojującemu komunizmowi, jego utopijnej ideologii i agresywnym praktykom, wyrażam głęboki szacunek i wdzięczność.
>
> Z okazji nowego roku 1974 przekazuję najlepsze życzenia szczęścia wszystkim tym, których miałem zaszczyt osobiście poznać lub spotkać podczas krótkich kontaktów. Jednocześnie wyrażam nadzieję, że nadchodzący rok będzie pomyślny dla narodu amerykańskiego i że idee przez niego wyznawane będą miały korzystny wpływ na kształtowanie oblicza świata, w tym na postępowe, zmierzające ku wolności zmiany w mojej ojczyźnie[6].

Kukliński podsumował swoje ostatnie obawy, w tym dotyczące zagubionego dokumentu, zatrzymania francuskiego dyplomaty i śledztwa prowadzonego przez kontrwywiad w Sztabie Generalnym. „Stosunki w pracy są bardzo napięte. Żyję w nieustannych nerwach” – napisał. Dodał, że powierzono mu przygotowanie manewrów „Lato 74” i że będzie ściśle współpracował z radzieckimi oficerami. „Wykorzystam to, by uzyskać informacje na temat liczebności ich wojsk w Polsce” – zaznaczył.

Poprosił CIA o radę, czy powinien podjąć jesienią studia w Akademii im. Woroszyłowa, co otworzyłoby mu drogę do przyszłych awansów, jednak spowodowałoby nieobecność w Sztabie Generalnym.

„Proszę narysować kredą ukośną linię na skrzynce elektrycznej przy Krzywickiego” – napisał. „Będę wypatrywał tego znaku między dwudziestym a trzydziestym stycznia. Jeśli się nie pojawi, podejmę kroki zmierzające do usunięcia mojego nazwiska z listy kandydatów na studia”.

Dodał, że latem planowano kolejny rejs z przystankami w Danii i w RFN. „Według wstępnych planów ma to być rejs z rodzinami” – napisał. Miała mu towarzyszyć Hanka. Na koniec wyjaśnił swoje stanowisko dotyczące prośby o tabletkę z cyjankiem.

„W jednej z pierwszych przesyłek poruszyłem nieprzyjemną i trudną kwestię: w sytuacji, w której nie będę miał odwrotu, po starannym przemyśleniu, zakończę życie”. Gdyby aresztowano go za szpiegostwo, zostałby stracony. „Nie miałbym żadnych szans” – napisał. Jednak nie chciał, by Amerykanie odczytali jego zainteresowanie tą kwestią jako oznakę depresji.

„To nie jest moja obsesja” – napisał. „Kocham życie i bez [wyraźnego powodu] i najwyższej konieczności nigdy bym się z nim nie rozstał. Wierzę też, że Wszechmogący uchroni mnie od takiego ostatecznego rozwiązania”. List podpisał pseudonimem „Jack Strong”.

Zaczął pisać drugi. Od jakiegoś czasu chciał odpisać na list przesłany mu przez Daniela po spotkaniach w Europie. Napisał, że słowa Daniela sprawiły mu wielką radość. „Żałuję, że dopiero teraz mogę podjąć pewne jego wątki” – dodał. Opisał wakacje z Barszczami i poinformował, że Bogdan zamierza ożenić się z Grażyną. Popierał ten pomysł „całym sercem”.

> Dzwony pobliskiego kościoła obwieściły północ i początek nowego roku 1974. W tych cudownych chwilach szczęścia i wzajemnych serdeczności myślałem o Tobie, o Twoim wielkim kraju i o sprawie, której z całych sił chcę się przysłużyć. Myśli biegły szybko. Dokonałem szybkiego podsumowania. Tak, to był rok, w którym w ciemnej, cmentarnej alei zobaczyłem samochód, na który czekałem. Przyjazne „dobry wieczór”. Rok! Nie jest to długi okres,

jednak na tyle długi, by wziąć oddech i zyskać więcej pewności siebie. Oblewając sukces, patrzyłem na niego już z bardziej realistycznej perspektywy.

Mimo ciemnych chmur, których nie brakuje, staram się patrzeć na świat z wysoko uniesioną głową. Cieszy mnie każdy sukces, chociaż niektóre z nich może nie są tak istotne. Wielkie radości są wypadkową małych. Jutro wyjeżdżam odpocząć do sanatorium. Będę miał możliwość przeczytać coś ciekawego, na co nigdy nie mam czasu. Czekam z niecierpliwością na nasze ewentualne spotkanie w lecie. Może los okaże się bardziej łaskawy, oszczędzi nam potu i pozwoli skupić myśli. Przyjmij serdeczny uścisk dłoni[7].

Pisząc do Daniela, Kukliński zmienił podpis. Podpisał się inicjałami P.V.

Tymczasem w Centrali John Horton, dotychczasowy szef komórki CIA w Mexico City, zastąpił Davida Blee, który jako szef sekcji sowieckiej przyczynił się do ustąpienia niemocy dotyczącej rekrutacji szpiegów z sowieckiej strefy wpływów. Daniel również powrócił do Langley i wkrótce objął stanowisko szefa tajnych działań operacyjnych w Związku Sowieckim i państwach Bloku Wschodniego. Mógł teraz bezpośrednio pilotować działalność Mewy.

On i jego współpracownicy z radością powitali nowinę, że Kukliński został wytypowany na studia w Moskwie. Umożliwią mu one odpoczynek, będąc rodzajem „urlopu operacyjnego", jak napisali w depeszy do komórki CIA w Warszawie[8]. Ponieważ miał na jakiś czas wyjechać z Warszawy, potrzebował instrukcji co do pozbycia się kompromitujących materiałów, takich jak aparat fotograficzny i klisze, oraz nawiązywania kontaktu z CIA podczas przyjazdów na wakacje do kraju. Komórka CIA w Warszawie otrzymała polecenie pozostawienia sygnału dla Kuklińskiego wyrażającego zgodę na wyjazd do Moskwy, który miał zostać wyrysowany kredą na skrzynce elektrycznej.

Wyrażane przez Kuklińskiego obawy dotyczące bezpieczeństwa skłoniły Daniela i jego kolegów do przygotowania konkretnych planów ewakuacji. Po długich dyskusjach w końcu rozstrzygnięto kwestię tabletki z cyjankiem. Komórka CIA w Warszawie była przeciwna przekazaniu jej Kuklińskiemu, jednak Daniel był innego zdania i w jednej z depesz wysłanych przez sekcję sowiecką napisano:

Mewa wielokrotnie wykazywał się wyjątkowym zdyscyplinowaniem i silnym, wojskowym charakterem. Jesteśmy całkowicie pewni, że nie rozważa podjęcia działań ostatecznych z uwagi na brak zrozumienia lub wiary w to, że możemy mu pomóc...

Jego uwagi na temat samobójstwa są wyrazem przemyśleń wojskowego o silnym poczuciu honoru, który pragnie zabezpieczyć się przed ewentualnością nagłego aresztowania oraz fizycznego i psychicznego zmuszania go do działań, które zniszczyłyby jego poczucie honoru i szacunku do samego siebie.

CIA ostatecznie przekazała Kuklińskiemu tabletkę w półtoracalowej kapsułce ukrytej w wiecznym piórze.

Pewnego dnia Kukliński pracował w Warszawie z grupą oficerów sowieckich nad planem ćwiczeń, gdy nagle zaskoczony zauważył, że zbliża się do niego mężczyzna o sylwetce, włosach i rysach twarzy pułkownika Henry'ego. Miał nawet takie same okulary. Wstał i niemal go uściskał – na szczęście zdał sobie sprawę, że ów „sobowtór Henry'ego" był radzieckim oficerem. Minął go, przyglądając mu się jeszcze ukradkiem i uświadamiając sobie swoją pomyłkę[9].

Pragnąc dowiedzieć się, co CIA sądzi na temat jego studiów w Moskwie, Kukliński przejeżdżał koło skrzynki elektrycznej na Krzywickiego pod koniec stycznia, szukając na niej kredowego znaku. Nie zobaczył go, więc uznał, że nie powinien wyjeżdżać do Moskwy. (CIA później doszła do wniosku, że znak został zmyty przez deszcz lub starty).

Niedługo potem Kukliński odetchnął z ulgą, ponieważ wyjaśniła się tajemnica zaginionego dokumentu. Pożyczył go pewien pułkownik i zapomniał oddać.

W przesyłce do Agencji z początku marca Kukliński powiadomił CIA, że wycofał swoje nazwisko z listy kandydatów na studia w Akademii im. Woroszyłowa. Zaznaczył, że jego decyzja „była zbieżna" z opinią generała Skalskiego, który wolał, żeby Kukliński pozostał w Warszawie. Wyraził zadowolenie z „niezmienionego charakteru relacji z Agencją", które opisał jako „ciepłe i nacechowane prawdziwie osobistą troską". Wyraził również zadowolenie z „elastycznych" i „bardzo starannie opracowanych instrukcji" dotyczących przekazywania informacji i kontaktów z agentami. Stwierdził, że jego tajna działalność jest „przede wszystkim źródłem wiary w sens życia i celowość własnych działań".

Podczas kontaktu z agentem CIA na początku marca 1974 r. Kukliński otrzymał podziękowanie za poprzednią wiadomość oraz listy. Co do nieporozumienia w kwestii studiów w Akademii im. Woroszyłowa Agencja uznała, że pewnie dobrze się stało: „Studia w akademii byłyby zapewne korzystne dla dalszego rozwoju Twojej kariery, jednak, być może, Twoja kandydatura zostanie rozważona ponownie w przyszłości. Tymczasem, jak wspomniałeś, Twój dostęp do informacji o wielkim znaczeniu dla naszych wspólnych działań będzie z pewnością większy na nowym stanowisku".

Na początku maja, w pewien deszczowy ranek o ósmej, Kukliński przyjechał do pracy i został wezwany do generała Floriana Siwickiego, szefa Sztabu Generalnego. Siwicki oświadczył mu, że wkrótce przekaże wysokim przedstawicielom polskich władz szczegóły projektu „Albatros", jednego z najważniejszych przedsięwzięć Układu Warszawskiego. Zakładał on wybudowanie trzech podziemnych schronów, w których przebywać mieli wyłącznie radzieccy oficerowie dowodzący siłami państw Układu Warszawskiego w czasie wojny. Jeden z takich schronów, który miał pełnić funkcję sowieckiego centrum dowodzenia zachodniego teatru działań wojennych w Europie, powstawał w południowo-zachodniej Polsce. Drugi wznoszono w Bułgarii dla południowo-zachodniego teatru działań wojennych. Trzeci, budowany pod Moskwą, miał służyć jako centrum dowodzenia strategicznego i kontroli przebiegu działań wojennych. Lokalizacja oraz głębokość schronów, a także dane techniczne dotyczące ścian, sufitów i amortyzatorów wstrząsów stanowiły pilnie strzeżone tajemnice. Gdyby Zachód zdołał uderzyć w nie w czasie wojny, mógłby sparaliżować działania operacyjne wojsk Układu Warszawskiego. Projekt ten był do tego stopnia utajniony, że gdy generał Wiktor Kulikow, szef sowieckiego Sztabu Generalnego, przyjechał na inspekcję schronu budowanego w Polsce, a jego samolot wylądował w pobliskiej bazie wojskowej, to przebrał się w cywilne ubranie i dopiero wtedy pojechał na miejsce budowy.

Siwicki stwierdził, że jest niezadowolony z raportu, jaki otrzymał od oficera, który pracował nad projektem budowy schronu w Polsce, i polecił Kuklińskiemu jego przerobienie.

Kukliński wiedział o projekcie, ale nie znał szczegółów technicznych. Zaprosił do siebie oficera, który wcześniej nad nim pracował. Oficer był wyraźnie zdenerwowany, gdy wręczał mu cienką teczkę z dokumentacją. Stwierdził, że w związku z wagą projektu będzie musiał przebywać w gabinecie Kuklińskiego, gdy ten będzie nad nim pracował. Kukliński, przekonany, że CIA zależy na pozyskaniu tych dokumentów, odparł, że potrzebuje trochę prywatności. Ostatecznie oficer zgodził się poczekać na zewnątrz. Kukliński zamknął drzwi, ale nie na klucz, wiedząc, że wzbudziłoby to podejrzenia. Położył dokument na biurku, podparł się o nie łokciami i zaczął robić zdjęcia maleńkim aparatem firmy Tubka. Już prawie skończył, gdy drzwi nagle się otworzyły.

Kukliński spojrzał w ich stronę, napotkał wzrok oficera i zacisnął prawą dłoń w pięść, żeby ukryć aparat. Później włożył rękę do kieszeni i, zamiast aparatu, wziął do ręki zapalniczkę. W tym samym czasie sięgnął lewą ręką do drugiej kieszeni, wyciągnął papierosa i zapalił go w sposób całkowicie naturalny. „Wiesz – rzucił do oficera – to naprawdę trudny temat. Nie wiem, czy zdołam coś z tym zrobić".

Paląc papierosa, zaczął przechadzać się po gabinecie, wyrażając niezadowolenie wobec niemożności sporządzenia stosownego raportu. Później podszedł do biurka i zaczął ponownie przeglądać dokumenty. Przez kwadrans panowała niezręczna cisza. Oficer wciąż stał obok niego. W końcu odwrócił się i wyszedł, mówiąc, że zaczeka w sąsiednim gabinecie[10].

Kukliński nerwowo pocierał twarz, zastanawiając się, co ma teraz zrobić. Nie mógł zignorować faktu, że ktoś przeszkodził mu, kiedy fotografował tajne dokumenty. Jego mokra od potu koszula kleiła się do pleców. Wepchnął aparat za kaloryfer i przeszedł do sąsiedniego gabinetu, w którym siedział oficer. Chciał go wybadać. Gdyby na niego nie spojrzał, mogłoby to oznaczać, że go podejrzewa i zamierza na niego donieść. Jednak oficer spojrzał na niego. Kukliński oznajmił mu, że chce powiedzieć Siwickiemu, że nie jest w stanie napisać raportu w sprawie „Albatrosa", i spytał, czy ten nie zechciałby mu pomóc w jego przygotowaniu. Oficer potrząsnął przecząco głową i wyszedł.

Kukliński wrócił do gabinetu i wyjrzał przez okno. Wciąż padał gęsty deszcz. Widział, jak oficer biegnie przez dziedziniec i wchodzi do wartowni położonej w pobliżu siedziby kontrwywiadu. W tym momencie zaczął rozważać możliwość odebrania sobie życia. Miał przy sobie pistolet i samobójczą tabletkę. Jednak starał się nie wpadać w panikę. Za drzwiami wartowni był też fryzjer. Możliwości były dwie: oficer składał raport na Kuklińskiego albo poszedł się ostrzyc.

Trzęsąc się i obficie pocąc, Kukliński zabrał aparat i wyszedł z gabinetu. Bojąc się, że pomieszczenie zostanie przeszukane, ukrył go za kaloryferem na schodach na najwyższym piętrze budynku Sztabu Generalnego. Później wyszedł na dziedziniec frontowy. Stał tam, pozwalając, by deszcz przemoczył mu mundur i ubranie, i czuł, jak zdenerwowanie ustępuje. Wrócił do gabinetu, wytarł twarz i wytrzepał ociekający wodą mundur. Później zaczął przygotowywać raport dla Siwickiego. Około 14.00 odebrał od niego telefon.

„Gotowe?" – spytał generał.

„Prawie" – odpowiedział Kukliński. Niedługo potem przekazał raport do gabinetu Siwickiego. Po chwili Siwicki przyszedł do niego, żeby mu podziękować.

„Czemu jesteś taki mokry?" – spytał.

Kukliński odparł, że wyszedł na dwór zaczerpnąć świeżego powietrza. „To było ciężkie zadanie, generale" – poskarżył się. Obaj wybuchnęli śmiechem.

W liście do CIA przesłanym wiosną Kukliński opisał cały incydent, wyznając, że nie ma pewności, czy fotografowanie dokumentów w pracy nie jest zbyt ryzykowne. Jednak z uwagi na to, że do niektórych z nich miał krótki dostęp wyłącznie w sztabie, zaproponował inne rozwiązanie: fotografowanie dokumentów w sali konferencyjnej, która zwykle była zamknięta.

Napisał również, że 29 czerwca ma wyruszyć wraz z załogą w kolejny rejs „rozpoznawczy" do Europy Zachodniej.

4 lipca 1974 r. „Legia" dopłynęła do Kopenhagi. Wieczorem Kukliński wraz z Hanką – która była jedną z kilku małżonek oficerów uczestniczących w rejsie – wyszli z portu, kierując się w stronę głównego dworca kolejowego. Jak na tę porę roku wieczór był wyjątkowo chłodny. Kukliński powiedział żonie, że umówił się z kilkoma dobrymi znajomymi. Hanka postanowiła pójść do kina. Jednak dotarli tam podczas przerwy w projekcjach i widzowie nie mogli wejść do środka. Hanka zgodziła się poczekać w pobliskim pubie, a Kukliński ruszył samotnie na dworzec. Daniel i Henry czekali na niego pod zegarem między peronami 5 i 6 a 7 i 8.

Gdy cała trójka dotarła do mieszkania znajdującego się w pobliżu, Kukliński opisał incydent z wiosny tego roku, który niemal zakończył się katastrofą, kiedy to fotografował dokumenty w swoim gabinecie. Wspomniał o przelotnej myśli o popełnieniu samobójstwa. Teraz miał już pewność, że nikt go nie podejrzewa. Opowiedział o uspokajających uwagach Siwickiego i stwierdził, że jego zastępca, generał Skalski, wciąż go chwali. Podczas niedawnych ćwiczeń przełożeni niezwykle pochlebnie wypowiadali się o prezentacji i raporcie przygotowanych przez Kuklińskiego dla pierwszego sekretarza PZPR, Edwarda Gierka, oraz innych „grubych szych" – jak nazwał ich Kukliński – którym został przedstawiony. Nawet szef kontrwywiadu przy Ministerstwie Obrony uścisnął mu dłoń i obsypał komplementami.

Daniel i Henry podnieśli kwestię ewakuacji – tego, w jaki sposób CIA wywiezie Kuklińskiego z Polski, jeśli ten uzna, że grozi mu aresztowanie. Kukliński podkreślił, że nie chce wyjeżdżać z kraju. Daniel powiedział, że niemniej jednak powinien przesłać CIA fotografie i dane każdego z członków rodziny, by można było przygotować dla nich fałszywe dokumenty niezbędne w podróży.

Po półtoragodzinnej rozmowie Henry ruszył przodem, prowadząc Kuklińskiego do czekającej na niego Hanki. Gdy zbliżył się do pubu, zobaczył ją zziębniętą, w spodniach i w kremowym płaszczu do kolan, spacerującą po chodniku. Zauważył, że jest zdenerwowana. Okazało się, że w pubie nie podawano kawy, więc Hanka, która nie piła alkoholu, postanowiła stamtąd wyjść. Kiedy czekała na zewnątrz na męża, zaczepiło ją kilku mężczyzn, biorąc ją za prostytutkę.

Nazajutrz, 5 lipca, Kukliński znów spotkał się z Amerykanami. Przywiózł im prezenty z Warszawy. Oni podarowali mu spinkę dla Hanki. Daniel napisał później do Langley, że rozmowa „z tym niezwykłym człowiekiem miała wyjątkowo osobisty, a jednocześnie profesjonalny charakter". 6 lipca spotkali się znowu na półtorej godziny. Po rozmowie uściskali się. Henry wyciągnął butelkę aquavitu i wzniósł toast[11].

Po spotkaniach w lipcu 1974 r. w Europie CIA przygotowała dla Kuklińskiego przesyłkę. W kategorii „cele ogólne" zaznaczono, że sowieckie plany i możliwości wojskowe „pozostają tematem najważniejszym". Załączono listę „ogólnych sfer zainteresowań", która miała pomóc Kuklińskiemu w podejmowaniu decyzji co do tego, jakie dokumenty ma fotografować. Znalazły się wśród nich:

1. Sowieckie instrukcje, rozkazy, dyrektywy (zawierające komentarze dotyczące ćwiczeń) kierowane do sił zbrojnych Polski i państw Układu Warszawskiego.
2. Informacje i dokumenty na temat nowego sowieckiego uzbrojenia...
3. Plany wojenne Układu Warszawskiego. Zależy nam na ich sowieckich wersjach. W drugiej kolejności – na wszelkich polskich dokumentach dotyczących planów wojennych (tajnych i ściśle tajnych) z Serii „K" lub „Szczególnej Ważności".

List CIA był, jak zwykle, bardzo szczegółowy. Wypytywał o rozmieszczenie, liczbę żołnierzy i dane dotyczące gotowości bojowej sowieckich jednostek lotniczych, marynarki wojennej i rakietowych; o rozmieszczenie, opisy oraz nadzór nad sowieckimi składami głowic nuklearnych w polskich bazach w Bornem-Sulinowie, Białymstoku i Sulęcinie. CIA chciała również uzyskać „dane na temat budżetu wojskowego i konkretnych kosztów uzbrojenia", szczegóły sowieckich działań i doktryny odnośnie do broni chemicznej, w tym informacje na temat badań, testów, zawartości głowic i ich magazynowania, oraz tajne artykuły z sowieckich czasopism wojskowych.

„Będziemy wdzięczni za wszelkie informacje [na temat] stanowiska Sowietów i innych państw Układu Warszawskiego co do wzajemnej zrównoważonej redukcji sił w Europie". Było to nawiązanie do rozmów rozbrojeniowych toczonych w Wiedniu.

Agencję interesowało również sowieckie uzbrojenie, dla którego Pentagon chciał opracować broń neutralizującą. Jedno ze szczegółowych pytań dotyczyło „Strzały"[12], sowieckiego pocisku typu ziemia–powietrze, którego Amerykanie jeszcze nie przechwycili.

Daniel napisał do „P.V." osobny list.

> Wierzę, że dobrze Ci się żeglowało w drodze powrotnej i że u Ciebie i Twojej rodziny wszystko jest w porządku. Twoja żona i syn wkrótce będą obchodzić urodziny. Choć nie znam ich osobiście – tak jak znam Ciebie – będę o nich myślał w te dni, życząc im wszystkiego najlepszego teraz i w nadchodzących latach. Może kiedyś – jeśli Bóg da – nasze rodziny się poznają.

Napisał, że po powrocie do Stanów Zjednoczonych konsultował ze swoimi współpracownikami kwestię poprawy „osobistego bezpieczeństwa" Kuklińskiego.

Przyznał, że ryzyko istnieje. „Z pewnością domyślasz się, że bardzo zaniepokoił nas incydent w Twoim gabinecie" – napisał. Dodał, że Agencja dołączyła do przesyłki kilka nowych rekwizytów do maskowania aparatu fotograficznego. Poprosił o opinię Kuklińskiego na ich temat i „wszelkie sugestie, które pozwolą je ulepszyć", po czym przeszedł do sprawy bezpieczeństwa Kuklińskiego, „która zawsze będzie najważniejsza".

> Rozumiem i zgadzam się z Twoim przekonaniem, że nie należy opuszczać ojczyzny. Jestem pewien, że nigdy nie będzie to konieczne, jeśli nadal będziemy działać ostrożnie, przestrzegając słusznych zasad dotyczących sposobów komunikowania się. Ale jednocześnie zarówno Ty, jak i my zdajemy sobie sprawę, że może dojść do nieprzewidzianych okoliczności, takich jak incydent w Twoim gabinecie.
>
> Obiecaliśmy, że zrobimy wszystko, co w naszej mocy, by pomóc Tobie i Twoim bliskim w przypadku jakiegoś nieszczęścia i chcielibyśmy słowa dotrzymać. Dlatego proszę Cię, byś przesłał nam dane konieczne do przygotowania dla Ciebie i członków Twojej rodziny dokumentów niezbędnych w podróży, które – w razie potrzeby – będą pod ręką. Mam nadzieję, że dołączysz zdjęcia i dane osobowe do przesyłki, którą otrzymamy od Ciebie we wrześniu.

Daniel dodał, że zabrakło mu czasu w Kopenhadze, by przekazać „kompleksową ocenę wykonanych przez Ciebie zadań od początku naszej współpracy".

> Orzeł* prosił, bym Ci przekazał – wraz z najserdeczniejszymi pozdrowieniami – następujące krótkie opinie pochodzące z najwyższych kręgów rządowych:
> 1. Wypowiedzi członków [sowieckiego] Sztabu Generalnego, zwłaszcza Glebowa, są nieocenione. Dają nam najlepszy wgląd w sowiecką doktrynę taktyczną.
> 2. Spośród nadesłanych ostatnio dokumentów największą wartość mają: ocena ćwiczeń południowo-zachodniego [teatru działań wojennych]** oraz podręcznik na temat wojny elektronicznej. Podręcznik ten jest najlepszą pozyskaną przez nas publikacją tego typu. Ocena ćwiczeń była szczególnie przydatna do rozpracowania planowanych sowieckich operacji wojskowych w rejonie Morza Śródziemnego.
> 3. Biuletyny dotyczące NATO oraz struktury wojsk zachodnich były dokładnie tym, czego oczekiwał sekretarz stanu, przygotowując się do negocjacji w Wiedniu.

Daniel dodał, że artykuły z sowieckich publikacji na temat ćwiczeń wojskowych, taktyki, doktryny, wojny elektronicznej i obrony przeciwlotniczej są „szczególnie przydatne".

> Masz uzasadnione podstawy, by być dumnym z tego, co już zrobiłeś i zrobisz w przyszłości... Zarówno my, jak i nasi koledzy [w Warszawie] cieszymy się, że będziemy współpracować z Tobą w przyszłości, tak jak miało to miejsce do tej pory. Zanim spotkamy się znowu, życzę Tobie i Twojej rodzinie wszystkiego najlepszego.
>
> Daniel[13]

Początek września 1974 r. był w Waszyngtonie czasem politycznego zamętu: prezydent Richard M. Nixon zrezygnował ze stanowiska. Prezydent Gerald R. Ford miał go wkrótce ułaskawić. Demonstranci organizo-

---

* Kukliński został poinformowany, że Orzeł to pseudonim dyrektora CIA, Richarda Helmsa.

** Południowo-zachodni teatr działań wojennych obejmował Grecję, Turcję, Bułgarię, Węgry, Rumunię oraz południowo-zachodnią część Związku Sowieckiego.

wali marsze przeciwko wojnie w Wietnamie. Kukliński śledził wiadomości w polskiej prasie i niepokoił się, że antywojenne nastroje w Stanach Zjednoczonych doprowadzą do wycofania amerykańskich wojsk z Europy Zachodniej.

Do 3 września, dnia kolejnego spotkania z agentem, wykonał pięć mikrofilmów, zawierających między innymi treść dwóch obszernych podręczników wydanych przez sowieckie Ministerstwo Obrony, poświęconych działaniom lotnictwa i marynarki wojennej. Dołączył do nich fotografie Hanki i synów oraz informacje na temat dat i miejsc ich urodzin, które miały być wykorzystane przez CIA do przygotowania fałszywych dokumentów. Wysłał także wyniki swoich dorocznych badań, które chcieli przejrzeć lekarze zatrudnieni przez Agencję.

Wyznał, że zastanawia się nad kwestią poruszoną przez Amerykanów na spotkaniu w lecie. Skoro podczas kontaktów w Warszawie CIA nie dysponowała dodatkowymi agentami, to może powinien nosić przy sobie broń? Zrozumiał, że będzie musiał radzić sobie sam, napisał. Jako zawodowy oficer miał prawo mieć przy sobie broń ręczną. Gdyby znalazł się w niebezpieczeństwie, przejmując przesyłkę z przejeżdżającego samochodu, to może powinien użyć broni, by umożliwić sobie ucieczkę lub przedrzeć się do amerykańskiej ambasady?

Owinął list w klisze ze zdjęciami i ruszył na spotkanie z agentem. Miejsce spotkania – północna strona ulicy Ładysława niedaleko skrzyżowania z Krzywickiego – zostało wybrane rozmyślnie, ponieważ można było łatwo stamtąd uciec. W rejonie tym mieszkali wojskowi z rodzinami w jedno- i dwupiętrowych kamienicach stojących wokół podwórek odgrodzonych bramami, na które można było wejść z ulicy.

Kukliński zauważył samochód, który skręcił w Ładysława, przygasił światła i zwolnił. Był to mustang. Kukliński wiedział, że to samochód warszawskiej komórki CIA. Podszedł do krawężnika i szybko wrzucił przesyłkę przez okno od strony pasażera.

Mustang przyspieszył i pojechał dalej wzdłuż ulicy. Jednak zanim Kukliński zdołał cofnąć się od krawężnika, znalazł się w świetle reflektorów innego samochodu, kremowego fiata 125p, który szybko pokonał zakręt i ruszył za mustangiem. Dwaj mężczyźni pochylili się na przednich siedzeniach, jakby próbowali przyjrzeć się Kuklińskiemu. Ten cofnął się, jednak wydawało się, że fiat sunie prosto na niego.

Przerażony, wskoczył w bramę prowadzącą na podwórko i szybko przeszedł alejką na równoległą do Ładysława ulicę Langiewicza. Wyglądało na to, że kierowca fiata przewidział jego ruch. Samochód, z włączonymi długimi światłami, pokonał dwa zakręty i znów jechał w jego kierunku.

Kukliński niemal biegiem dotarł do następnej przecznicy, Sędziowskiej, ale znów zobaczył tam fiata. Skręcił ponownie, przyspieszając kroku, i odniósł wrażenie, że wreszcie udało mu się zgubić samochód. Jednak na skrzyżowaniu Koszykowej z aleją Niepodległości znów ujrzał dwóch mężczyzn w fiacie. Przypuszczał, że nie widzieli jego twarzy, ale był pewien, że to jego śledzili. Pobiegł Koszykową, a później krążył w przejściach i bramach kamienic na Wilczej, Poznańskiej i Hożej, aż dotarł do Marszałkowskiej.

Zszedł do przejścia podziemnego prowadzącego do rozległego Dworca Centralnego w pobliżu Pałacu Kultury, przytłaczającego prezentu Stalina dla Warszawy, i wmieszał się w tłum przy kasie biletowej. Miał wrażenie, że jakiś mężczyzna bacznie mu się przygląda. Nie zwracając na niego uwagi, podszedł do okienka. Podmiejskie pociągi odjeżdżały co kilka minut. Kupił bilet do Rembertowa i poszedł na peron. Patrzył, jak przez stację przejeżdża kilka pociągów. W końcu nadjechał ten do Otwocka. Kukliński obserwował wagony wypełnione pasażerami. Wsiadł do jednego z nich, kiedy drzwi zaczęły się już zamykać. Zauważył dwóch mężczyzn w cywilnych ubraniach wskakujących do następnego wagonu. Na pierwszym przystanku na dworcu Powiśle odczekał, aż wysiądą inni pasażerowie, i gdy pociąg już ruszał, otworzył drzwi i wyskoczył na peron. Tym razem nikt już go nie śledził.

Przeszedł pospiesznie kilka ulic, aż ujrzał przed sobą przystanek autobusowy. Wsiadł do autobusu. Pojeździł trochę po mieście i wysiadł przy Chełmskiej. Znalazł budkę telefoniczną i obudził telefonem Hankę. Wyjaśnił, że utknął na popijawie, która trochę się przeciąga, i że pewnie wróci dopiero nad ranem. Poprosił do telefonu Bogdana. Mówiąc nieco bełkotliwie, stwierdził, że jest zbyt pijany, by prowadzić samochód. Powiedział Bogdanowi, gdzie go zaparkował, i poprosił go, żeby pojechał tam autobusem i odprowadził wóz do garażu. Dorzucił, że sam jakoś dojedzie do domu.

Wsiadł do autobusu przy Chełmskiej i dojechał na plac Unii Lubelskiej. Tam złapał taksówkę i pojechał na Rynek Nowego Miasta, nieopodal miejsca, w którym budowano jego nowy dom.

Dochodziła północ, był zmęczony. Miał przy sobie teczkę z przesyłką CIA. Wciąż analizował w myślach to, co się stało. Czy funkcjonariusze SB widzieli jego twarz? Czy wiedzieli, kogo ścigają, czy – po prostu – zauważyli podejrzanego mężczyznę w dzielnicy zamieszkanej przez wojskowych?

Poszedł na ulicę Rajców, gdzie wznoszono jego nowy dom. Stąpając wśród zwałów ziemi i gruzu, znalazł kawałek papieru pakowego, którym owinął pudełko przekazane mu przez agenta. Zakopał je na działce, obok fundamentów domu. Później przeszedł kilka ulic, aż w końcu złapał taksówkę i wrócił do domu.

Po cichu wszedł do mieszkania, przebrał się i znowu wyszedł. Pojechał do oddalonego o kilka kilometrów mostu na Wiśle. W połowie mostu wyrzucił pustą teczkę przez barierkę. Słyszał, jak plusnęła o wodę. Był to ostatni przedmiot, który łączył go z tym incydentem.

Próbował obiektywnie przeanalizować sytuację. Nawet jeśli był obserwowany, to pewnie tajniacy go nie rozpoznali. Bezpieka miała, co najwyżej, jego niewyraźne zdjęcie i znała trasę, którą pokonał.

Na dworze wciąż było ciemno. Postanowił pojechać na inny duży warszawski dworzec – Główny, gdzie działał całonocny salon fryzjerski. Tamtejszy fryzjer go nie znał. Kukliński nosił nieco dłuższe włosy niż jego koledzy i jeden z przełożonych drwił z niego ostatnio, że wydaje za dużo pieniędzy na budowę domu, a za mało na fryzjera. „Poproszę krótko" – poinstruował fryzjera. Kiedy ten skończył, Kukliński nie był w pełni usatysfakcjonowany i poprosił o ponowne skrócenie fryzury.

Wrócił do domu przed świtem, włożył mundur i wyszedł do pracy. Uważał, że nie może ryzykować, i nie wyrysował znaku kredą dla komórki CIA w Warszawie, będącego prośbą o pilny kontakt. Musiał poczekać do następnego zaplanowanego spotkania w listopadzie[14].

Niczego nieświadoma CIA przeanalizowała dostarczone materiały i przygotowała na listopad kolejną przesyłkę. W liście dziękowano Kuklińskiemu za dokumenty, które przesłał 3 września, oraz za fotografie i dane jego bliskich. Brakowało jedynie zdjęcia Bogdana. Agenci prosili, by przesłał je przy najbliższej okazji. Zwrócili się także o przesłanie próbek odręcznego pisma każdego z członków rodziny. „Próbki te – wyrwane, na przykład, z notatek albo wypracowań szkolnych – umożliwią nam przygotowanie paszportów oraz innych dokumentów, które mogą okazać się niezbędne" – wyjaśnili. Po przejrzeniu wyników badań lekarze CIA orzekli, że Kukliński znajduje się w wyśmienitej formie. „Bardzo się cieszymy i życzymy Ci, byś pozostał w dobrym zdrowiu" – napisano w liście. Kilka akapitów poświęcono kwestii, czy Kukliński powinien nosić broń podczas kontaktów z agentami. CIA była temu przeciwna.

> Mimo że jesteś jedyną osobą zdolną do podjęcia takiej decyzji, jeśli będą tego wymagać okoliczności – a liczymy, że nigdy nie będą wymagały – to jednak zalecamy, byś skorzystał z innej możliwości ucieczki.

> Jeśli użyjesz broni, by umożliwić sobie ucieczkę, i zdołasz umknąć swoim prześladowcom, zabijając kogoś lub raniąc, i przedostaniesz się do nas, władze Twojego kraju będą mogły domagać się, byś stanął przed polskim sądem, powołując się na fakt popełnienia przestępstwa na terytorium Polski.
>
> Mimo że Stany Zjednoczone odrzuciłyby te żądania, rozgłos towarzyszący tej sprawie mógłby skomplikować nasze plany ewakuowania Cię z Polski. Gdybyś zdołał umknąć prześladowcom przy użyciu wszelkich środków z pominięciem zabicia lub ranienia któregoś z Twoich prześladowców, byłoby nam znacznie łatwiej umożliwić Ci potajemną ucieczkę na Zachód[15].

Kukliński wyczekiwał nerwowo listopadowego spotkania z agentem, obawiając się, że w każdej chwili może zostać aresztowany. W wieczór spotkania opisał w szczegółowym liście incydent ze śledzącym go fiatem. „Moja sytuacja jest niejasna i niepewna" – stwierdził. „Mimo że wymiana korespondencji została przeprowadzona szybko i bezbłędnie, jest całkiem prawdopodobne, że byliśmy obserwowani".

Napisał, że nie mógł zgubić tajniaków, opisując, w jaki sposób „odcinali mu drogę i oświetlali długimi światłami".

Bardzo często wracał myślami do tego incydentu. „Niemal przez całą noc analizowałem sytuację" – napisał. Doszedł do wniosku, że w ciemnościach tajniacy mogli jedynie sporządzić jego „ogólny rysopis", dostrzegając sposób poruszania się i ubranie, natomiast nie byli w stanie go rozpoznać. Wychodząc z tego założenia, napisał: „Postanowiłem nie zmieniać swoich nawyków w życiu prywatnym i zawodowym, jednocześnie wzmagając ostrożność".

Po incydencie nie zauważył żadnych szczególnych zmian w pracy, które mogłyby sugerować, że jego przełożeni, w tym szef sztabu, Siwicki, czegokolwiek się domyślają. Istniała jednak możliwość, że wszczęto śledztwo, o którym nie wiedział, co by wyjaśniało, dlaczego pozwolono mu pracować dalej. Jeśli tak było, spekulował, kontrwywiad mógł po cichu śledzić jego działania, by wytropić kontakty i ustalić, z kim współpracuje. Takie śledztwo, pisał, byłoby „zaplanowane na dłuższy okres" i „starannie zakamuflowane". Prosił o radę CIA, jak ma się zachować.

„Być może moje odczucia – niepozbawione napięć i emocji – wpływają na zbyt subiektywną ocenę sytuacji i prowadzą mnie do niewłaściwych wniosków". Opisał wszystkie zapamiętane szczegóły, łącznie z dokładną trasą ucieczki przed tajniakami. Stwierdził, że chce podać maksymalnie dużo szczegółów, „by przedstawić możliwie najpełniejszy obraz… i ułatwić CIA podjęcie najwłaściwszej decyzji".

Dopisał także zobowiązanie: „Całkowicie świadom niebezpieczeństwa, jestem gotów kontynuować działalność, traktując ją jako swój święty obowiązek wobec narodu i ojczyzny. Bez sprzeciwu przyjmę każdą decyzję, jaka zostanie mi przekazana".

Uznał, że nie może czekać na odpowiedź do następnego spotkania zaplanowanego za kilka miesięcy. Zwrócił się z prośbą o natychmiastowe pozostawienie znaku wyrysowanego kredą w stałym, umówionym miejscu, będącego liczbą odpowiadającą konkretnej opcji:

1. Kontynuować działalność z wykorzystaniem uzgodnionego systemu komunikowania.
2. Kontynuować działalność, [jednocześnie] usuwając z mieszkania sprzęt i materiały. Czekać na sygnał lub wiadomość według uzgodnionego systemu komunikowania. Zrezygnować z zaplanowanych (stałych) spotkań i wymian przesyłek.
3. Natychmiast przerwać działalność. Ukryć sprzęt poza mieszkaniem. Czekać na sygnał lub wiadomość według uzgodnionego systemu komunikowania.
4. Przerwać działalność. Zniszczyć sprzęt. Czekać na sygnał lub wiadomość według uzgodnionego systemu komunikowania.
5. Przerwać działalność. Nawiązać kontakt podczas pobytu za granicą (rejsu) według uzgodnionego systemu. Pozbyć się sprzętu wedle własnego uznania.
6. Przerwać działalność. Zniszczyć wszystkie ślady. Czekać na wyjaśnienie sytuacji. W przypadku aresztowania i przesłuchiwania wyprzeć się wszelkich kontaktów. Wznowić działalność i kontakty w sprzyjających okolicznościach.
7. Wyjechać z kraju, [zgodnie z] instrukcjami dotyczącymi wsparcia ze strony CIA.
8. Czekać na szczegółowe instrukcje, które zostaną przekazane zgodnie z obowiązującym systemem komunikowania.

Po zakończeniu listu Kukliński napisał do Daniela. Zastanawiał się, czy będzie to ich ostatni kontakt.

Trudno wyrazić mi słowami, jak bardzo jestem Ci wdzięczny za Twoją przyjaźń... Już dawno zamierzałem podzielić się z Tobą przemyśleniami i sprawami natury bardziej osobistej. Niestety, nawet dzisiaj, przygotowując te wszystkie materiały na kolanie, mogę napisać jedynie kilka zdań.

Chcę, żebyś wiedział, że często jesteś moim wyimaginowanym rozmówcą. Nie wiem, jak potoczą się moje losy i czy kiedykolwiek będę mógł przekazać Ci choćby drobną część opowieści o swoim niełatwym życiu, a także o motywach swoich działań.

Napisał, że w jego oczach Ameryka była zawsze ojczyzną ludzi różnych narodowości, w tym Polaków, którzy „wiązali swój byt i rozwój z troską o byt całej ludzkiej rodziny".

Powołał się na wojnę wietnamską jako czynnik kształtujący jego wybory życiowe. „W moim odczuciu – pisał – hasło «za wolność naszą i waszą» wypełnili autentycznymi i altruistycznymi treściami Wasi ojcowie i bracia, obywatele Stanów Zjednoczonych. Być może wojna wietnamska była dla Was, Amerykanów, koszmarem i trudno Wam uwierzyć, że właśnie doświadczenia tej wojny zadecydowały o wyborze mojej obecnej drogi życiowej". Pisał, że w Wietnamie amerykańscy żołnierze zrobili na nim duże wrażenie. Wiedział, że wielu Amerykanów odnosi się do tej wojny cynicznie i ze złością, i wyraził obawę, że reakcje te mogą skłonić Stany Zjednoczone do wycofania wojsk z Europy.

Wspomniał rolę polskich oddziałów w inwazji na Czechosłowację w roku 1968 i stłumieniu Praskiej Wiosny. Odczuwał gorycz w związku ze „swym niemal bezpośrednim udziałem w tym haniebnym akcie agresji koalicji socjalistycznej wobec Czechosłowacji i jej – w końcu – legalnych władz".

Cieszył się, że ostatecznie zdołał „zerwać z utopijną ideologią i praktyką nienawiści, by przyłączyć się do sił prawdziwego postępu i wolności".

„Mam nadzieję, że nie będzie to mój ostatni list, który trafi w Twoje ręce. Wierzę też, że moje skromne osiągnięcia zostaną zwielokrotnione i przyniosą większy pożytek w przyszłości.

W tym przekonaniu ściskam Twoją dłoń, Danielu".

Po otrzymaniu listu, w którym Kukliński opisał swoje perturbacje, warszawska komórka CIA wysłała do Centrali wiadomość, że chociaż incydent ten jest istotnie bardzo niepokojący, to jednak wydaje się, że śledzący go tajniacy prawdopodobnie nie widzieli samej wymiany przesyłek ani nie rozpoznali Kuklińskiego. Pracownicy placówki sugerowali, żeby Kukliński zniszczył sprzęt fotograficzny i notatniki oraz zaprzestał działalności, dopóki nie nabierze pewności, że jest bezpieczny.

Centrala odpowiedziała, że bez względu na to, co się stało, najważniejsza jest tu ocena wydarzeń dokonana przez niego samego. Zalecając placówce w Warszawie jeszcze większą ostrożność, wszczęto pewne działania mające na celu ochronę Kuklińskiego, między innymi skonkretyzowanie planu nagłej ewakuacji. Polecono agentom w Warszawie czuwanie nad Kuklińskim w miejscach, w których często bywał – na przykład w jachtklubie i na placu budowy jego domu przy ulicy Rajców[16].

Kukliński otrzymał sygnał, że jego działalność zostaje chwilowo zawieszona. Przez kilka kolejnych miesięcy agenci CIA z Warszawy obserwowali go. Dwukrotnie donieśli, że widzieli mężczyznę odpowiadającego jego rysopisowi przy ulicy Rajców, ale mieli wątpliwości, czy to na pewno był on. Langley przesłało im nowy rysopis Kuklińskiego: niski, niemal przypominający elfa; barki mocne, ale nie szerokie; włosy w kolorze piasku; precyzyjne ruchy; zasadniczy, ale nie sztywny; lubi brązowe ubrania; usta zwykle zaciśnięte; błękitne, przenikliwe oczy.

Do lutego 1975 r. nadchodziły uspokajające raporty, że widziano Kuklińskiego wykonującego normalne, codzienne czynności. Centrala zaleciła placówce w Warszawie próbę nawiązania kontaktu. Sporządzono list zawierający instrukcje dla Kuklińskiego, by wznowił kontakty, rysując sygnał kredą na znaku drogowym[17].

25 lutego 1975 r. Daniel również przesłał list, który miał być doręczony Kuklińskiemu po nawiązaniu kontaktu.

> Wiedz, że myślę o Tobie codziennie, odkąd otrzymałem w listopadzie Twoją wiadomość. Często rozmawiam z Orłem o Tobie i o tym, w jaki sposób możemy Cię wspierać i chronić w tych trudnych chwilach. Doszliśmy do wniosku, że najlepszym wyjściem przez te cztery miesiące będzie niemieszanie się w jakikolwiek sposób do Twojego życia i pracy. To była trudna decyzja, ale zapewne rozsądna...
>
> Jeśli uważasz, że powinniśmy wydłużyć ten okres oczekiwania, zrozumiemy to i dostosujemy się do Twoich życzeń...[18]

Agenci z placówki w Warszawie nadal obserwowali Kuklińskiego, jednak do połowy maja zgłosili zaledwie raz, że widzieli jego samochód. Daniel zastanawiał się, co się z nim dzieje.

Rozdział V

Mało brakowało

Kuklińskiego wysłano do Moskwy. Po niespokojnej jesieni, kiedy obawiał się, że w każdej chwili może zostać zatrzymany przez kontrwywiad, nagle dowiedział się, że zostanie skierowany do odbycia krótkiego, intensywnego szkolenia w zakresie strategii operacyjnych dla wyższych oficerów państw Układu Warszawskiego w Akademii im. Woroszyłowa, elitarnej uczelni wojskowej przy sowieckim Sztabie Generalnym. W roku 1973 został skierowany na dwuletnie studia w tej samej uczelni, jednak zrezygnował z wyjazdu. Teraz uznał, że ponowne odrzucenie takiego wyróżnienia może spowodować zbyt wiele niepotrzebnych pytań. Licząc, że zdąży powiadomić CIA, chciał narysować sygnał kredą na skrzyżowaniu, na którym zwykle je zostawiał, jednak odkrył, że znak drogowy, który wykorzystywał do tego celu, zniknął, najwidoczniej usunięty przez pracowników ekipy remontowej.

Poleciał do Moskwy z grupą polskich generałów 24 lutego i przez dwa miesiące dostawał konspekty z kursu dla wysokich rangą radzieckich oficerów. Zawierał tam znajomości z wiceministrami obrony państw Układu Warszawskiego, szefami Sztabów Generalnych oraz dowódcami sił zbrojnych państw Układu Warszawskiego i Armii Czerwonej. Nawiązał także przyjaźnie z kilkoma wyższymi polskimi oficerami, w tym z generałem Czesławem Kiszczakiem, który wspomina, jak Kukliński stąpał w skarpetkach po wielkich mapach wojskowych. Uderzyła go niezwykła uwaga, jaką poświęcał szczegółom. Stwierdził, że ma talent do przedstawiania operacji wojskowych na mapie. Rysował je pięknie i starannie.

Uczulony przez CIA, Kukliński nie zabrał do Moskwy aparatu fotograficznego, jednak znalazł inny sposób zbierania informacji wywiadowczych. W akademii otrzymał skórzaną teczkę do przechowywania tajnych notatek. Wewnątrz wszyto dwieście ponumerowanych kartek. Teczka była zamykana i opieczętowywana. Miał ją zwrócić przy wyjeździe z Moskwy, jednak poinformowano go, że może mu zostać przesłana do wglądu do Warszawy. Kukliński był wzorowym studentem i robił obszerne notatki.

Pewnego dnia uczestniczył w wykładzie prowadzonym przez radzieckiego generała, który stwierdził, że Układ Warszawski nie musiałby użyć pierwszy broni jądrowej w Europie ze względu na przewagę swoich sił konwencjonalnych. „To iluzja, że Zachód dysponuje nad nami przewagą – nawet sił powietrznych" – oświadczył. „Mamy przewagę na lądzie, w powietrzu i na morzu". Oznajmił, że w ciągu dziesięciu–dwunastu dni wojska Układu Warszawskiego mogą osiągnąć cele strategiczne i wyeliminować z walki najważniejsze państwa NATO w Europie bez użycia pocisków nuklearnych na europejskim teatrze działań wojennych. „Mamy przewagę sił konwencjonalnych" – stwierdził. „Nie użyjemy broni jądrowej jako pierwsi. Jeśli pierwszy użyje jej Zachód – bez względu na rodzaj – czy to min, czy pojedynczej głowicy, nasza odpowiedź będzie tylko jedna – globalna". Kukliński słuchał tego wywodu w oszołomieniu. Generał nie pozostawił miejsca na eskalację konfliktu z Zachodem.

29 kwietnia 1975 r. wrócił do Polski z kilkunastoma polskimi generałami i innymi oficerami uczestniczącymi w szkoleniu. Generał Jaruzelski zaprosił całą grupę do swojego gabinetu i poprosił oficerów o przedstawienie doświadczeń z Moskwy. Podczas dyskusji Kukliński wyraził szczery pogląd, że Moskwa wyolbrzymia zagrożenie ze strony NATO i jego zamiary wszczęcia wojny przeciwko Układowi Warszawskiemu. Generał Kiszczak przerwał mu, twierdząc, że się z nim nie zgadza. Niemniej jednak Jaruzelski pochwalił Kuklińskiego i jeszcze jednego oficera, określając ich mianem „nasza młodzież".

Kuklińskiemu powierzano coraz ważniejsze zadania. Pomagał przygotowywać wystąpienia dla Jaruzelskiego pułkownikowi Janowi Żarkowi, szefowi Oddziału do spraw Planowania Strategiczno-Obronnego, mającemu problemy z sercem. Otrzymał także zgodę na zorganizowanie czwartego rejsu rozpoznawczego do Europy Zachodniej.

Jednak pozostawał ostrożny. Ministerstwo Obrony zostało wciągnięte w głośny skandal po tym, jak pułkownikowi Jerzemu Pawłowskiemu, byłemu mistrzowi olimpijskiemu w szabli, postawiono zarzut szpiegostwa na rzecz Zachodu. W Sztabie Generalnym organizowano wykłady na temat bezpieczeństwa, ostrzegając, że wywiady zachodnie, zwłaszcza brytyjski, izraelski i holenderski, wspierane przez USA, prowadzą coraz aktywniejszą działalność na terytorium Polski. Kukliński dostrzegł sygnały, że w Ministerstwie Obrony przeprowadzano śledztwo.

Nie kontaktował się z CIA już od ponad pół roku. Chciał wznowić kontakty. W połowie maja zauważył znak wskazujący, że Agencja pragnie przekazać mu wiadomość. Kukliński potwierdził znakiem wyrysowanym kredą, że go odebrał, i udał się w umówione miejsce. Znalazł tam kawałek złożonej gazety i pudełko po papierosach, ale po oględzinach obydwu przedmiotów w domu stwierdził, że są to zwykłe śmiecie.

10 czerwca, po zauważeniu kolejnego sygnału, wybrał się tam ponownie, dłuższą i bardziej zagmatwaną trasą, żeby zgubić ewentualnych tajniaków. Zabezpieczył się dodatkowo, zmieniając po drodze ubranie. Zdenerwowany i podniecony przybył w umówione miejsce i dopiero wtedy zorientował się, że zostawił kredę w kieszeni w drugich spodniach.

W końcu następnego dnia udało mu się potwierdzić planowane spotkanie. „Czekam w napięciu i z niecierpliwością na dzisiejszy kontakt” – napisał 12 czerwca. W liście wspomniał o dwumiesięcznym pobycie w Moskwie i o usuniętym znaku drogowym, który uniemożliwił mu powiadomienie CIA o wyjeździe. Przyznał, że nie zastosował się do poleceń Agencji, by zawiesić działalność wywiadowczą po incydencie z jesieni. Załączył osiemnaście klisz ze zdjęciami. Jedna z fotografii przedstawiała dyplom ukończenia szkolenia w Akademii im. Woroszyłowa.

Stwierdził, że jego sytuacja jest „dwuznaczna i niepewna”, choć przyznał, że być może nie potrafi jej obiektywnie ocenić. Wyjazd do Moskwy w towarzystwie „wysoko postawionych osobistości w hierarchii polskiego wojska” zdecydowanie sugerował, że wciąż był dobrze oceniany. Wspomniał o pochwale wypowiedzianej przez Jaruzelskiego i „pełnym zaufaniu, jakim darzy go dowództwo Sztabu Generalnego”.

Poinformował Agencję o trzytygodniowym rejsie do Europy Zachodniej, zaplanowanym na 1 lipca. „Liczę na spotkania z Danielem lub Henrym we wszystkich portach”. Wyraził potrzebę uzgodnienia nowego miejsca do pozostawiania znaków kredowych z uwagi na to, że wykorzystywany dotąd znak drogowy został usunięty. Do tego czasu miał zostawiać sygnały na odwrocie tabliczki z nazwą ulicy Kostrzewskiego przy skrzyżowaniu z Sobieskiego. Jadąc Sobieskiego w kierunku północnym, można było odczytać sygnał z samochodu.

Zwykle fotografował swoje listy do CIA i w przesyłkach dołączał kliszę do wersji pisemnej. Jednak tym razem list zniszczył, wysyłając wiadomość jedynie na mikrofilmie oznaczonym czerwonym tuszem. Włożył go do skórzanego woreczka wraz ze zdjęciami swojego syna, Bogdana, o które zwróciła się do niego CIA.

Agenci byli zaskoczeni, gdy dowiedzieli się, że nie posłuchał ich rady, by zawiesić działalność, chociaż Daniel dostrzegł w tym pewien plus: „Dowiedzieliśmy się przynajmniej, że jest na miejscu i że może nam to zakomunikować”[1].

Do pierwszego spotkania latem 1975 r. doszło 6 lipca w Kilonii. Gdy pułkownik Henry pierwszy raz ujrzał Kuklińskiego w przeddzień przyjazdu Daniela, ten wydawał się rozkojarzony i nerwowy, a jego uśmiech był wymuszony. Uścisk dłoni, uściski, nawet pocałunki w policzki były pozbawione zwykłego entuzjazmu.

Kukliński opowiedział mu o trudnym minionym roku. Nawet gdy wyruszali w rejs, polskie władze zatrzymały „Legię” na osiem godzin. Jeden z członków załogi powiedział mu, że kontrwywiad prowadzi śledztwo w sprawie oficera znajdującego się na pokładzie. Kukliński przyjął tę wiadomość pozornie obojętnie, ale zastanawiał się, czy podczas rejsu nie odczuje wzmożonej inwigilacji tajnych służb.

Gdy Henry spytał go, dlaczego nie posłuchał zaleceń Agencji dotyczących zawieszenia tajnej działalności po tym, jak jesienią śledzili go tajniacy, Kukliński uśmiechnął się. Stwierdził, że materiały, do których miał dostęp, były „zbyt atrakcyjne, by je zignorować”. Miał nadzieję, że CIA doceniła te „najwyższej jakości” informacje wywiadowcze.

„Oczywiście, musiałem przyznać, że tak rzeczywiście było” – napisał później Henry. Potem Kukliński „znów zrobił się poważny i solennie przyrzekł, że będzie słuchał naszych zaleceń w przyszłości”.

Potwierdził, że pragnie pozostać w Polsce i – „jeśli nerwy pozwolą” – kontynuować swoją tajną działalność jeszcze przez dziesięć lat. Poprosił jednak o konkretne informacje na temat ewentualnej ewakuacji, zastanawiając się, jak długo można wytrzymać taką sytuację psychicznie. Henry stwierdził, że nie jest w stanie odpowiedzieć na to pytanie, ale przyznał, że stres musi być ogromny. Powołał się na *casus* Olega Pieńkowskiego, pułkownika sowieckiego GRU, który zbierał informacje szpiegowskie przez niecałe dwa lata na początku lat sześćdziesiątych, zanim został aresztowany i stracony. Henry sądził, że po 5–6 latach działania w takich warunkach napięcie psychiczne staje się zbyt duże. Oczywiście Kukliński mógł zawsze zawiesić swoje działania lub nieco je spowolnić.

Kukliński spytał Henry'ego, czy – podobnie jak Daniel – też pracuje dla CIA. Henry odpowiedział wymijająco: „Taka operacja nie byłaby możliwa bez udziału i wytycznych CIA”.

Daniel dołączył do nich nazajutrz po południu oraz 11 i 12 lipca podczas spotkań w Amsterdamie. W czasie rozmów Kukliński wrócił do sprawy Pawłowskiego, która stała się w Sztabie Generalnym bardzo głośna. Nie znał go osobiście. Plotka głosiła, że współpracował z wywiadem RFN.

Daniel stwierdził, że to nieprawda, ponieważ Pawłowski do roku 1973 spotykał się przez kilka lat na Zachodzie z agentami CIA. Być może pozostawał także w kontakcie z Niemcami, jednak z przesłuchań polskie władze dowiedziały się tylko o jego współpracy z Amerykanami.

Odpowiadając na pytania dotyczące ewakuacji, Daniel przedstawił Kuklińskiemu plany, które umożliwią jemu i – w razie potrzeby – jego rodzinie ucieczkę z Polski i rozpoczęcie nowego życia na Zachodzie. Wszyscy przeszliby szkolenie językowe i zawodowe, a sam Kukliński zapewne otrzymałby stanowisko konsultanta w Pentagonie. Jednak Daniel zaznaczył, że nie ma konkretnych dowodów na to, iż ktoś go podejrzewa, powołując się na „oczywisty fakt, że wciąż robi karierę, wykonuje ważne zadania i spotyka się z ciągłymi objawami zaufania ze strony przełożonych".

Gdy jechali z hotelu po trzecim spotkaniu, Kukliński zaproponował z nieśmiałym uśmiechem, by spotkali się wieczorem jeszcze raz. Daniel i Henry odmówili, sugerując, żeby zabrał członków załogi „Legii" do kina.

Podczas ostatniego spotkania, trwającego dwie i pół godziny, Kukliński wydawał się bardziej rozluźniony. Obiecał, że pozostanie czujny i ostrożny, by móc umówić się na kolejne spotkania w roku 1976. „Pożegnaniom towarzyszyły mocne uściski i życzenia wszystkiego najlepszego" oraz zwyczajowe toasty wznoszone aquavitem, zanotował Henry[2].

Po zakończonych rozmowach Henry odniósł wrażenie, że niepokój Kuklińskiego dotyczący bezpieczeństwa nie zmienił jego postawy wobec współpracy z Amerykanami. „Nie ma wątpliwości, że jest politycznym fanatykiem, którego silne antyrządowe i anty[sowieckie] poglądy stanowią podstawę jego motywacji, i że jest gotów pozostać w kraju i walczyć «do ostatniej kropli krwi»" – poinformował Centralę Henry.

„Mimo to widać pewne zmęczenie psychiczne, objawiające się pełzającym lękiem, który czasami wydaje się pozbawiać go dotychczasowej, dostrzegalnej na pierwszy rzut oka logiki. Zaczyna wtedy myśleć o «wycofaniu się»".

Henry stwierdził, że Kukliński może pozostać w kraju „jeszcze przez jakiś czas, jeśli CIA uspokoi go, przekazując zestaw jasnych gwarancji, i będzie podkreślać ludzki wymiar ich współpracy w listach do Kuklińskiego mających bardziej osobisty charakter". Wraz z Danielem zachęcali go do nieustannej autoanalizy „i do natychmiastowego informowania Agencji w przypadku, gdy ciężar współpracy z Amerykanami stanie się nie do zniesienia".

W innej depeszy Daniel i Henry napisali, że – ich zdaniem – Kukliński może jeszcze pozostać w kraju, chociaż „wspomina o zdenerwowaniu związanym z czymś, co rozgrywa się w tle, i je okazuje".

Agencja sporządziła 23-stronicową, pisaną gęstym drukiem instrukcję dla Kuklińskiego, dotyczącą zasad bezpieczeństwa i sposobów komunikacji, która miała mu zostać przekazana podczas najbliższego kontaktu zaplanowanego na jesień. CIA zaproponowała także dodatkowe środki ostrożności w związku ze sprawą Pawłowskiego.

> Mamy z różnych źródeł dowody na to, że sprawa Pawłowskiego wywołała szerokie reperkusje w Polsce i że w wojsku wszczęto intensywne śledztwo. Wiemy, że nie znałeś Pawłowskiego osobiście, ale jako wojskowy możesz zostać poddany wnikliwszej inwigilacji. Dlatego pragniemy Ci przypomnieć, żebyś zachował szczególną dyskrecję w życiu prywatnym.
>
> Nasi informatorzy donoszą, że w armii zapanowała duża nerwowość i że każdy, kto żyje [ponad] stan lub ma kontakty z Zachodem, staje się podejrzany. Nawet drobiazgi – choćby nietypowe zakupy – mogą zwrócić uwagę władz...
>
> Wiemy, że Twoja praca jest bardzo wyczerpująca i wymagająca. Wraz z działaniami, które wykonujesz dla nas, musi wywoływać duży stres, zarówno fizyczny, jak i psychiczny. Mamy nadzieję, że nie powoduje to u Ciebie depresji, zmęczenia czy nerwowości, które mogłyby przykuć czyjąś uwagę. Twoja odwaga i oddanie naszej wspólnej sprawie wywołują głęboki szacunek u wszystkich osób, które z Tobą współpracują, lecz nie chcielibyśmy, byś podejmował zbędne ryzyko[3].

Daniel napisał do Kuklińskiego osobny list:

> Wiesz, że będę czekał z niecierpliwością na wiadomość, czy otrzymałeś ten list. Z konieczności jest bardzo krótki, jednak nawet taki osobisty kontakt ma dla mnie duże znaczenie. Wiem, że dla Ciebie też, ponieważ obaj uczestniczymy w tej trudnej misji.
>
> Rozmawiałem długo [z Henrym] po Twoim wyjeździe i często wracam myślami do naszych ostatnich spotkań. Prawdą jest, że rozpoczęliśmy je od trudnego i niepokojącego tematu, ale to zrozumiałe, wziąwszy pod uwagę wydarzenia ubiegłego roku. Wydawało mi się, że rozmawiamy szczerze, analizując fakty, odczucia i opcje...
>
> Pod koniec ostatniego spotkania miałem silne przekonanie, że – razem – doszliśmy do uczciwych i pozytywnych wniosków....

Fakt, że masz coraz swobodniejszy dostęp do dokumentów, że przełożeni wciąż Cię chwalą, że jeździsz na szkolenia i za granicę, nie pasuje do wizerunku osoby, która znajduje się w kręgu podejrzeń. Krótko mówiąc, był to trudny rok, ale już się skończył. Zachowałeś dość czujności, spokoju i odwagi, by to wszystko wytrzymać, podczas gdy człowiek mniejszego formatu mógłby się w tych okolicznościach załamać. Wszyscy serdecznie Ci tego gratulujemy. Jednak można z tych doświadczeń wyciągnąć kilka bardzo konkretnych wniosków...

Daniel powiadomił Kuklińskiego, że w ostatniej przesyłce CIA jest sporo rzeczy „do poczytania i rozważenia", i wyraził nadzieję, że Kukliński nie obrazi się za wskazówki na temat bezpieczeństwa, z których część może wydawać mu się oczywista.

Chciałbym, żebyś przyjął te „upomnienia" w duchu, w jakim zostały Ci przesłane. Bezpieczeństwo i dobro Twoje i Twoich bliskich pozostaje tu sprawą najważniejszą ze wszystkich. Oczywiście, będziemy analizować zawartość każdej z przesyłek, którą od Ciebie dostaniemy, korzystając z materiałów, które tak trafnie selekcjonujesz i kopiujesz. Będą miały, tak jak te, przesłane dotychczas, wielką wartość dla naszych władz. Jednak otwierając każdą z nich, zawsze liczymy, przede wszystkim, na osobisty list, który upewni nas, że u Ciebie... wszystko jest w porządku![4]

„Czołem" – zakończył swój list Daniel. Udana wymiana przesyłek odbyła się 12 października.

Przez następne pół roku Kukliński odczuł spadek napięcia. Sytuacja w pracy wydawała się stabilna, a jego bliscy też mieli się dobrze.

22-letni Waldek nie miał prawa jazdy i nie dbał o ubranie ani inne dobra materialne. Był samotnikiem, rzadko wychodził z domu i niekiedy wydawał się kompletnie oderwany od rzeczywistości. Nigdy nie prosił rodziców o pieniądze, a kiedy proponowali, że kupią mu ubranie, odmawiał, twierdząc, że jest zbyt drogie, i przypominał im, że budują nowy dom. Za to kochał książki – miał ich ponad tysiąc. Często godzinami dyskutował z ojcem o dylematach moralnych, które napotkał podczas lektury. Kukliński powiedział mu: „Wiem, co ci gra w sercu i w głowie, i jestem z ciebie dumny". Waldek studiował prawo na Uniwersytecie Warszawskim.

20-letni Bogdan nie miał w sobie intelektualnej dociekliwości brata, za to dzielił z ojcem pasję do przygód. Uwielbiał jazdę samochodem i na motocyklu, miał talent do ich naprawiania i lubił żeglować z ojcem. Od dawna marzył, żeby zostać lekarzem, jednak wcześniej miał słabe stopnie. Ostatnio były coraz lepsze. Zakończył rok szkolny z najwyższą oceną z biologii i wziął nawet udział w ogólnopolskiej olimpiadzie biologicznej. Przygotowywał się do matury i liczył, że dostanie się na medycynę. Jego dziewczyna, Grażyna, córka generała Hermaszewskiego, studiowała ekonomię w Gdańsku, jednak zamierzała przenieść się do Warszawy, jeśli Bogdan zda na studia medyczne. Spędzali cały wolny czas razem, zwykle u niej w domu. Żaden z synów nie wykazywał zainteresowania pracą ojca w Sztabie Generalnym.

Tymczasem w pracy Kukliński czasami napomykał, że ma problemy małżeńskie. Przed spotkaniem z agentem kupował róże lub inne kwiaty, tłumacząc Hance, że musi mieć przykrywkę dla swoich okazjonalnych spotkań z amerykańskimi przyjaciółmi z Wietnamu. W Sztabie Generalnym rozeszła się nawet plotka, że Kukliński spotyka się z kochankami w parkach. W instytucji zdominowanej przez mężczyzn wywołało to jedynie lekkie zdziwienie. Kukliński nie zrobił nic, żeby rozwiać te pogłoski. Gdyby ktoś zobaczył go idącego na wieczorne spotkanie z agentem, plotka ta stanowiłaby dla niego idealną wymówkę.

21 grudnia 1975 r., w podsumowującym rok liście do Daniela, Kukliński zadeklarował, że wziął sobie do serca jego uwagi i odsunął na bok incydent z ubiegłego roku, kiedy to śledzili go ubecy.

> Drogi Danielu
>
> Twoje prywatne listy, jak i pozostała część korespondencji, są dla mnie szczególnym zadośćuczynieniem za napięcia i stresy, które jednakowoż brałem pod uwagę, podejmując całkowicie przemyślaną i dojrzałą decyzję o naszej współpracy. Mimo że nigdy, nawet przez chwilę, nie pomyślałem, że wolałbym, by moja życiowa droga wyglądała inaczej (gdy próbowałem zgubić tajniaków, przyszło mi jedynie do głowy – czemu zdarzyło się to tak szybko?).
>
> Jednak poczucie, że bardzo chcę żyć pełnią życia i działać, być potrzebnym i pożytecznym, jest mi prawdopodobnie niezbędne. Dziękuję Ci za to, bo czytając Twoje listy, właśnie tak o sobie myślę. Jestem także wdzięczny wszystkim tym, którzy w anonimowy sposób kierują moje wysiłki we właściwą stronę, dokładają starań, by zachować trwałość naszych kontaktów i ryzykują – nie mniej niż ja – regularnie się ze mną spotykając...

Danielu, choć w ostatnim czasie los nie szczędził mi wstrząsów i napięć, to jednak zdrowie mi dopisuje, a poczucie bezpieczeństwa jest silniejsze niż kiedykolwiek przedtem. Sądzę, że nie jest to tylko kwestia rutyny i naturalnego przystosowania. Czynnikiem sprzyjającym jest, przede wszystkim, mordercze tempo pracy, stały dostęp do informacji będących przedmiotem szczegółowych i restrykcyjnych zasad tajności oraz dalsze oznaki rosnącego zaufania ze strony dowództwa Sztabu Generalnego polskich sił zbrojnych[5].

Spokój w życiu rodzinnym był dla niego najwyraźniej źródłem wielkiej satysfakcji. Opisał Waldka jako osobę silną moralnie, wspominając o jego wielkim zainteresowaniu filozofią, literaturą i prawem. Odnotował lepsze oceny Bogdana i ponownie rozbudzoną chęć do podjęcia studiów medycznych.

Lekarze zdiagnozowali ból w kończynach Hanki jako objaw artretyzmu. Jednak, mimo słabego zdrowia, ciężko pracowała i zajmowała się domem. „Jest moim prawdziwym przyjacielem. Nie wyobrażam sobie, że ktoś mógłby jej dorównać" – napisał Kukliński.

W odpowiedzi na zapytania dotyczące jego decyzji o przystąpieniu do spółdzielni mieszkaniowej przy ulicy Rajców Kukliński stwierdził, że początkowo był temu niechętny, bojąc się, że udział w przedsięwzięciu skupi niepotrzebnie uwagę na jego osobie. Poza tym zastanawiał się, czy go na to stać. W końcu się zdecydował, naciskany przez kolegów, w tym przez generała Hermaszewskiego, który uważał, że z czasem stanie na nogi. Kukliński podkreślił, że stara się żyć skromnie, by nie zwracać na siebie uwagi. Rodzina nie kupowała nowych mebli, dywanów ani zasłon, miała 7-letnią lodówkę i 14-letni telewizor.

Sztab Generalny zaplanował piąty rejs – do Skandynawii – na lato 1976 r. Z powodu afery Pawłowskiego kontrwywiad bardzo starannie prześwietlał wszystkich wojskowych podróżujących za granicę i Kukliński zastanawiał się, czy nie wycofać się z wyprawy pod pretekstem konieczności nadzorowania budowy domu. „Jednak to też może wzbudzić podejrzenia" – stwierdził, uznając, że nie powinien zmieniać planów. Tamtego wieczoru spotkał się z agentem podczas potężnej ulewy. Przesyłka CIA zawierała wiadomość od Daniela, który dziękował mu za nadesłane zdjęcia.

Zgodnie z Twoimi przewidywaniami po powrocie do kraju jesteś bardzo zajęty. Zawartość Twojej ostatniej przesyłki świadczy o ogromie wysiłku, jaki włożyłeś w długie godziny mozolnej pracy. Jesteśmy Ci za to ogromnie wdzięczni. Jednak – jak Ci już napisałem – otwierając każdą z paczek, przede wszystkim szukamy osobistego listu od Ciebie, by mieć pewność, że wszystko jest w porządku.

Daniel i jego współpracownicy zwracali baczną uwagę na ton listów Kuklińskiego, częściowo dlatego, że pojawił się nowy powód do obaw. CIA znalazła się pod ostrzałem mediów. Senator Frank Church wszczął serię przesłuchań w Kongresie mających na celu wyjaśnienie licznych zarzutów o nadużycia popełnione przez Agencję, w tym spiski prowadzące do zamachów na przywódców obcych państw i potajemne przeglądanie listów wysyłanych przez obywateli amerykańskich. Daniel i inni agenci obawiali się, że informatorzy, tacy jak Kukliński, będą śledzić doniesienia o wynikach dochodzenia, bojąc się, że zostaną zdekonspirowani.

Szef sekcji sowieckiej przesłał kopię listu Kuklińskiego wicedyrektorowi wydziału operacyjnego z adnotacją, że „podobnie jak w poprzednich, nie ma w nim ani słowa o śledztwach w sprawie CIA".

> Możemy uznać jego milczenie w tej kwestii za oznakę zaufania do Agencji lub kolejny dowód szczerego postanowienia, że w każdych okolicznościach zamierza kroczyć drogą, którą wybrał. Mimo kilku nieprzyjemnych doświadczeń, a nawet propozycji zawieszenia kontaktów w zeszłym roku, nie zaprzestał gromadzenia i kopiowania dokumentów przez cały trzyipółletni okres naszej współpracy.

Wicedyrektor odpisał, że list został przekazany dyrektorowi CIA, Williamowi Colby'emu.

Jak się później okazało, Kukliński wiedział o dochodzeniu w sprawie CIA, ale bardziej przejął się kłopotami agentów niż grożącym mu niebezpieczeństwem. 15 lutego 1976 r. napisał do Amerykanów:

> Z wielkim niepokojem śledzę codzienne doniesienia Polskiej Agencji Prasowej o wrzawie wokół CIA. Nie do mnie należy ocena tych wydarzeń, nie mam też obaw, że wpłynie to na moje bezpieczeństwo (które i tak pozostaje niepewne).
>
> Jednak dziwi mnie fakt, że podejmuje się takie działania w sytuacji, w której siły krzewiące przemoc posuwają się [na świecie] coraz dalej. Mimo to wierzę w naród amerykański, w jego wielką moc tworzenia oraz instynkt, które nie dopuszczą, by potęga i skuteczność Ameryki i jej władz zostały nadwątlone.

Panowie, przesyłam Wam wszystkim wyrazy najwyższego szacunku i uznania oraz najlepsze życzenia i pozdrowienia dla Daniela.

Jack Strong[6]
Warszawa

Pewnego dnia w kwietniu Kukliński potajemnie fotografował w swoim gabinecie mapę jesiennych manewrów wojsk Układu Warszawskiego, gdy został wezwany przez oficera kontrwywiadu, który chciał z nim porozmawiać. Ukrył aparat fotograficzny i włożył mapę do biurka. Oficer wypytywał go przez półtorej godziny o rejs rozpoznawczy zaplanowany na czerwiec, informacje, które pozyskiwali, jego termin, zasady doboru załogi, koszty, ilość czasu spędzaną przez członków załogi na pokładzie i o ewentualne kontakty z cudzoziemcami.

Kukliński udzielił rzeczowych odpowiedzi na wszystkie pytania. Później oficer zapytał go o jachtklub „Atol", którego Kukliński został ostatnio prezesem, dociekając, kto do niego należy i w jakich okolicznościach do niego trafił. Kukliński zastanawiał się, czy przesłuchanie ma związek ze śledztwem w sprawie Pawłowskiego. Po kilku tygodniach został wezwany na kolejną dwugodzinną rozmowę. Jednak nic z niej nie wynikło i Kukliński uznał całą sprawę za rutynowe zbieranie informacji.

5 czerwca 1976 r. przypłynął do Kopenhagi jako dowódca kolejnego rejsu, tym razem po Europie Północnej. Gdy spotkał się w hotelu z Danielem i Henrym, sprawiał wrażenie znacznie bardziej zrelaksowanego i pewnego siebie niż podczas poprzednich spotkań. Już trzy lata piastował stanowisko głównego specjalisty do spraw operacyjnych, nadzorując w Sztabie Generalnym wszelkie plany w tym zakresie. Miał częste kontakty z oficerami z Moskwy i innych państw Bloku Wschodniego i właśnie zaczął opracowywać pięcioletni plan dla sił zbrojnych, sięgający roku 1980.

Przyznał, że miewał trudne chwile. Wiosną Pawłowski został uznany za winnego i skazany na karę 25 lat pozbawienia wolności. „Czujność w armii, w instytucji, w której pracuję, została znacznie zaostrzona" – stwierdził. Opowiedział o wizytach oficera kontrwywiadu. „Przyznaję, że byłem zdenerwowany, ponieważ poszedłem do niego tuż po tym, jak fotografowałem mapę". Odkrył nawet, że ktoś podpiął się pod jego telefon w domu, jednak okazało się, że to tylko sprytny sąsiad, który sam nie miał telefonu. Incydent ten uzmysłowił Kuklińskiemu, jak mało ma prywatności. „Nie prowadzę żadnych rozmów, które wskazywałyby, że wiodę «podwójne życie»" – dodał.

W ciągu następnych dni spotkali się jeszcze dwukrotnie, omawiając najróżniejsze tematy, jak choćby sowiecki potencjał wojskowy czy romanse jednego z jego kolegów ze Sztabu Generalnego. Kukliński oznajmił, że podłączenia hydrauliczne, grzewcze i elektryczne w jego nowym domu są już gotowe, ściany zostaną otynkowane w ciągu miesiąca i że wkrótce zostanie ułożona dachówka. Prace szły powoli, jednak była szansa, że Kuklińscy wprowadzą się tam przed Gwiazdką[7].

Daniel napisał do Centrali po ostatniej rozmowie: „Ustaliliśmy, że [Mewa], mimo że świadom presji, pod jaką działa, osiągnął godną podziwu równowagę pomiędzy czujnością, wytrwałością i naturalnością, które pozwolą mu kontynuować naszą współpracę w nadchodzącym roku".

Latem Kukliński musiał odwołać urlop z rodziną, gdy zlecono mu przygotowanie dyrektyw Ministerstwa Obrony dla sił zbrojnych na lata 1976–1980. Zadanie to zaowocowało intensywnymi kontaktami z szefami Ministerstwa Obrony, w tym z Jaruzelskim i Siwickim, którzy traktowali go wyjątkowo przyjaźnie. 22 sierpnia Kukliński dostarczył agentowi przesyłkę, w której napisał, że czuje wreszcie „spokój, który był dla niego wcześniej nie do pomyślenia". Dwa dni później warszawska komórka CIA przesłała do Centrali wiadomość, że Kukliński wydaje się „uśmiechnięty i zrelaksowany, niemal nonszalancki. Może nawet nieco zbyt zrelaksowany" – napisano w komunikacie.

Daniel podziękował Kuklińskiemu za ich prywatne rozmowy. „Są szczególnie cenne dla nawiązania osobistych kontaktów, bez których nasze relacje nie byłyby tak satysfakcjonujące". W *postscriptum* pochwalił występy polskich sportowców na ostatniej Olimpiadzie w Montrealu, „zwłaszcza ich zwycięstwo nad ekipą ZSRR w finale siatkówki"[8].

Jesienią Kuklińskiemu przyznano kilka odznaczeń. Przełożeni nadali mu tytuł „Wzorowego pracownika Sztabu Generalnego Wojska Polskiego". Generał Siwicki wręczył mu medal Amor Patriae Supreme Lex z pisemną dedykacją i listem gratulacyjnym. 12 października, w Dniu Wojska Polskiego, Jaruzelski przyznał mu Krzyż Kawalerski Orderu Odrodzenia Polski. W uroczystości wzięło udział około trzydziestu kolegów. Jaruzelski i Kukliński rozmawiali przez kilka minut o nowych pomysłach tego ostatniego związanych z planami polskich sił zbrojnych. Siwicki wygłosił pochwałę dla dyrektyw Ministerstwa Obrony przygotowanych przez Kuklińskiego. „Taki publiczny wyraz zainteresowania i docenienia mojej osoby… pewnie nie byłby możliwy, gdyby istniał choć cień podejrzeń" – napisał Kukliński 31 października w liście do CIA. Zaznaczył, że wie, iż może przypłacić życiem nawet najdrobniejszą nieostrożność, i że całkowite bezpieczeństwo na terytorium Polski jest dla niego nieosiągalne. Dalej napisał:

> Uznanie, z jakim się ostatnio spotkałem, w żadnym wypadku nie osłabia mojej chęci dalszej współpracy. Żywię jedynie nadzieję,

że dzięki mojej silnej pozycji w Sztabie Generalnym oraz dobrej atmosferze, jaka mnie otacza, będę mógł w przyszłości dostarczać jeszcze więcej informacji na temat potencjału oraz prawdziwych zamiarów sił zbrojnych państw Układu Warszawskiego, a zwłaszcza sił zbrojnych ZSRR[9].

3 listopada 1976 r. fragmenty ostatniego listu Mewy zostały przesłane przez dyrektora pionu operacyjnego do ówczesnego szefa CIA, George'a Busha. „My też zamierzamy wręczyć mu medal przy najbliższym spotkaniu!" – napisał w raporcie szef sekcji sowieckiej[10].

W liście do Kuklińskiego wysłanym w grudniu Daniel napisał, że CIA nie może „uhonorować jego zasług w stopniu, w jakim uhonorowano go w Polsce. Zapewniam Cię jednak, że nasze najwyższe władze doceniają Twoją ogromną pracę (i anonimowość)".

Latem i jesienią 1976 r. rosło w Polsce społeczne niezadowolenie. Pod koniec lipca, po tym jak rząd ogłosił zamiar wprowadzenia podwyżek cen żywności średnio o 60%, w całym kraju wybuchły zamieszki, strajki i inne protesty, w wyniku których zatrzymano 634 osoby (wiele ciężko pobito), a szkody materialne liczono w milionach dolarów. Podwyżki odwołano, jednak dziesiątki robotników aresztowano i wielu z nich skazano na kary więzienia. W sierpniu kardynał Stefan Wyszyński, darzony powszechnym szacunkiem polski prymas, skrytykował decyzję władz o represjach wobec demonstrantów i ich więzieniu, uznając, że kary są zbyt surowe.

9 grudnia Kukliński postanowił wynieść z biura wyjątkowo dużą liczbę tajnych dokumentów, które zamierzał sfotografować w domu. Miał na to bardzo mało czasu. Ukrył materiały w dużej teczce, którą trzymał w swoim gabinecie. Teczki te stanowiły w zasadzie standardowe wyposażenie oficerów Sztabu Generalnego, gdyż jednym z przywilejów, jakimi się cieszyli, był dostęp do specjalnego sklepu sprzedającego kiełbasę i mięso, które gdzie indziej były trudno dostępne. Kukliński zawsze uważał, że stanowi on symbol podwójnych standardów obowiązujących w Polsce, jednak teczka była wygodną przykrywką dla wykonywanych przez niego tajnych zadań. Robił tam regularnie zakupy, po czym ukrywał dokumenty wśród produktów spożywczych.

Tego dnia, trzymając teczkę pod pachą, ledwo zwrócił uwagę na wartowników, śpiesząc się do samochodu, w którym czekał kierowca. Zaprzątnięty własnymi myślami, idąc szybkim krokiem, wpadł na wielką, betonową kolumnę.

Zatoczył się, na twarzy pojawiła się krew. Osunął się na kolana, czując, że zaraz straci przytomność, jednak siłą woli powstrzymał omdlenie. Natychmiast podbiegli do niego będący w pobliżu oficerowie i wartownicy. Ktoś sięgnął po teczkę. Oszołomiony, zataczający się i powstrzymujący łzy Kukliński wyrwał mu ją i wybełkotał: „Zostawcie mnie!".

Wstał i wrócił do budynku Sztabu Generalnego. Opędzając się od pełnych współczucia wartowników pośpieszył do swojego gabinetu. Zostawił tam teczkę i poszedł do toalety. Obmył dłonie zimną wodą i spryskał nią sobie twarz, próbując zatamować krwotok z nosa, warg i czoła. Wciąż oszołomiony, wrócił do gabinetu. Stracił cenny czas. Starając się odzyskać spokój, ponownie wyszedł z budynku, tym razem bez żadnych przygód. W domu przemył i przypudrował twarz, ale skrzywił się, gdy zobaczył się w lustrze. Wyglądał okropnie, upudrowany, jakby szedł na bal przebierańców.

Trzy dni później wciąż czuł efekty swojej kolizji z kolumną. Agent CIA, który spotkał go 12 grudnia podczas wymiany przesyłek, odnotował w raporcie, że choć Kukliński był uśmiechnięty i wydawał się zdrowy, „to jednak jego twarz była tęższa niż zwykle". Agenci stwierdzili, że kiedy przeczytali opis tego, co się stało, „poczuli słabość w kolanach".

Kukliński napisał, że mimo tego incydentu cieszy się, iż wymiana informacji dokonuje się bez przeszkód. Przeprosił, że nie odpowiedział na dyskretne pozdrowienia przesłane przez Amerykanów. „Napięcie w takich chwilach jest tak silne, że ciepłe słowa, jakie chciałem Wam przekazać, pozostają gdzieś w tle" – napisał.

Żałował, że nie może przekazywać większej liczby dokumentów, jednak zaczął mieć obsesję na punkcie uniknięcia wpadek. Mimo to, jak napisał, mając na myśli incydent z kolumną, „zbytnia koncentracja na detalach niemal doprowadziła do katastrofy".

W odpowiedzi CIA przesłała Kuklińskiemu wyrazy współczucia: „Wciąż podziwiamy wielką przytomność umysłu, jaką się wykazałeś, chroniąc podczas wypadku teczkę z dokumentami. Nie przejmuj się tym, że nie podziękowałeś za pozdrowienia. Rozumiemy, że kiedy człowiek mdleje, w krótkim czasie musi zapanować nad wieloma szczegółami. Wiemy, że w duchu podziękowałeś nam za życzenia i doceniamy to"[11].

W styczniu 1977 r. urząd prezydenta objął Jimmy Carter i wyznaczył na stanowisko szefa CIA admirała Stansfielda J. Turnera. Daniel też awansował: po trzech latach na stanowisku szefa działań operacyjnych w Związku Sowieckim i państwach Bloku Wschodniego został mianowany szefem wydziału światowych działań operacyjnych w sekcji sowieckiej. Napisał do Kuklińskiego:

Ryszard Kukliński w roku 1947 – pierwsze zdjęcie w mundurze. Miał wtedy 17 lat, właśnie wstąpił do wojska i rozpoczął naukę w szkole podoficerskiej

22-letni Kukliński z 19-letnią żoną, Hanką, podczas ceremonii ślubnej 16 lipca 1952 roku w ratuszu we Wrocławiu

„Legia" – jacht, na którego pokładzie Kukliński wraz z załogą odbywał rejsy w Europie Zachodniej na początku lat 70.

Kukliński z 17-letnim synem, Bogdanem, podczas rejsu latem 1972 roku, gdy nawiązał pierwszy kontakt z Amerykanami

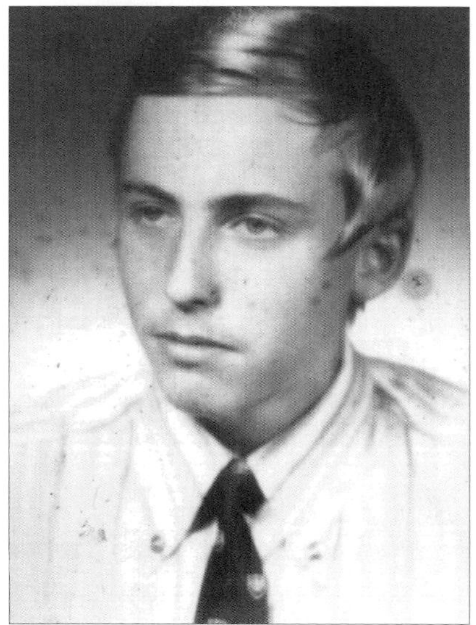

Starszy syn Kuklińskiego, nieco ponad 20-letni Waldek, student wydziału prawa Uniwersytetu Warszawskiego, około 1976 roku

Pułkownik Kukliński na fotografii z ostatniej książeczki wojskowej. W lipcu 1981 roku, gdy wykonano to zdjęcie, Kukliński współpracował z CIA od dziewięciu lat

LEGITYMACJA ŻOŁNIERZA ZAWODOWEGO

Seria AF 0007266

podpis posiadacza legitymacji

Legitymacja ważna do 31 grudnia 19 81 r.

KUKLIŃSKI
nazwisko

Ryszard, Jerzy
imię (imiona)

Stanisław
imię ojca

13 czerwiec 1930 r
data urodzenia

Warszawa — miejsce urodzenia
Warszawa — województwo

pełni zawodową służbę wojskową

Legitymację wydano dnia 31.07 19 81 r.

Jednostka Wojskowa 3134
jedn. wojsk. wydająca legitymację

m.p.

podpis dowódcy

Ostatnia książeczka wojskowa Kuklińskiego, wydana w lipcu 1981 roku, kilka miesięcy przed wprowadzeniem stanu wojennego

David Forden, długoletni oficer operacyjny CIA, który nawiązał bliskie kontakty z Kuklińskim. Zdjęcie wykonano około roku 1984, gdy Forden był szefem sekcji sowieckiej i Europy Wschodniej

Forden (z lewej) ze współlokatorami, Peterem Falkiem (w środku) i Alanem Goldfarbem (z prawej) wiosną 1953 roku, gdy byli studentami Maxwell School przy Syracuse University. Kilka miesięcy później Forden złożył podanie o pracę w CIA

Warszawa, grudzień 1979 roku. Kukliński podaje do podpisu sowieckiemu ministrowi obrony Dimitrjowi Ustinowowi tzw. statut na czas wojny. Porozumienie to formalnie przekazywało Sowietom dowództwo nad polskimi siłami zbrojnymi na wypadek wojny

Kukliński (na pierwszym planie) i minister obrony, gen. Wojciech Jaruzelski (z lewej) na posiedzeniu komitetu ministrów obrony w Budapeszcie w roku 1977

Kukliński pomiędzy dowódcą wojsk Układu Warszawskiego, marszałkiem Wiktorem Kulikowem (z lewej) i szefem sztabu, gen. Anatolijem Gribkowem (z prawej), podczas posiedzenia komitetu ministrów obrony w Bukareszcie w grudniu 1980 roku. Niedługo potem Kukliński przekazał CIA wiadomość o przygotowaniach wojsk sowieckich i państw Układu Warszawskiego do interwencji w Polsce

Kukliński odbiera błogosławieństwo papieża Jana Pawła II podczas wizyty w Watykanie w roku 1997

Kukliński na uroczystości nadania mu tytułu honorowego obywatela Gdańska, 3 maja 1998 roku

Drogi P.V.

Zażarta walka i retoryka kampanii prezydenckiej już dawno odeszły w przeszłość. Trzy tygodnie temu prezydent Carter wygłosił pierwsze oficjalne przemówienie do Amerykanów i reszty świata. Słuchając go, podobnie jak dzień później czytając i zastanawiając się nad tekstem jego wystąpienia inauguracyjnego, często myślałem o Tobie. W naszych rozmowach i w wielu Twoich listach poruszałeś te same tematy – praw człowieka, wolności i równych szans – które stanowiły podstawę jego przemówienia.

Było to proste, szczere i poruszające wystąpienie. Wiedziałem, że polskie radio ma je wyemitować nazajutrz (w piątek, 21 stycznia), a przynajmniej jego fragmenty. Jednak zastanawiałem się, czy będziesz mógł je usłyszeć. Jeśli tak, to mam nadzieję, że zrozumiesz, dlaczego tak żywo i pod wieloma względami kojarzyło mi się z Tobą i z celami, które nas łączą.

Prezydent stwierdził, że „amerykańskie marzenie trwa... Udało nam się w dużym stopniu zapewnić jednostce wolność; teraz walczymy o zwiększenie równości szans. Nasze przywiązanie do praw człowieka musi być absolutne, nasze prawo sprawiedliwe, piękno naszej przyrody zachowane; silnym nie wolno prześladować słabych i musimy dbać o zachowanie ludzkiej godności... światem zawładnął nowy duch... narody upominają się o swoje miejsce na ziemi – nie tylko o fizyczną obecność, ale także o podstawowe prawa człowieka... jesteśmy wolni, ale nigdy nie możemy pozostawać obojętni na los wolności w innych zakątkach świata. Poczucie moralności narzuca nam zdecydowaną sympatię wobec społeczeństw, które wraz z nami wyznają trwałe poszanowanie dla praw jednostki ludzkiej. Nie chcemy nikogo straszyć, ale jest dla nas jasne, że w świecie, w którym jedni mogą bezkarnie dominować, brakuje miejsca dla uczciwości, i że jest on zagrożeniem dla dobra całej ludzkości".

Na spotkaniu z agentem 13 lutego 1977 r. Kukliński zjawił się uśmiechnięty i bez kapelusza. W przesyłce wysoko ocenił swoje bezpieczeństwo, wskazując na brak oznak jakiegokolwiek zagrożenia. „Niemniej jednak, zgodnie z powiedzeniem o «ciszy przed burzą», staram się działać bardzo ostrożnie".

Już od dłuższego czasu liczba zadań, jakie otrzymuję, przerasta moje możliwości. Bez przerwy muszę pracować w nadgodzinach, w weekendy i podczas urlopów. Ciągłe przesiadywanie w biurze – mimo że nie wiąże się ono z naszą współpracą – może w końcu wzbudzić czyjeś zainteresowanie. Wspomniałem o swoim przepracowaniu generałowi Skalskiemu, ale widocznie on nie jest w stanie zrozumieć, że każdy człowiek ma swój próg wytrzymałości.

Przekazał także smutną wiadomość: pułkownik Żarek, szef Oddziału do spraw Planowania Strategiczno-Obronnego, zmarł na zawał serca. „Chcę sobie zrobić EKG" – wyznał Kukliński. Mimo że miał zaledwie czterdzieści sześć lat, uznał to za uzasadnione z uwagi na przepracowanie i stres.

W osobnym liście do Daniela doniósł o zgodzie Sztabu Generalnego na kolejny rejs obejmujący wizytę w jednym z portów Wielkiej Brytanii. Miał w nim uczestniczyć oficer kontrwywiadu. „Trzeba jeszcze dopracować mnóstwo szczegółów, ale mimo wszystko mam nadzieję, że wyprawa dojdzie do skutku" – napisał.

Później dodał:

Byłeś i jesteś dla mnie symbolem kraju, z którym się sprzymierzyłem i z którym – w szerszej perspektywie narodowej i społecznej – łączę swoje aspiracje i nadzieje. W rozpoczynającym się właśnie piątym roku naszej współpracy wydają się one jeszcze bardziej racjonalne i możliwe do zrealizowania.

Nie wiem, ile jeszcze fizycznie jestem w stanie znieść, ale jedno jest pewne: chcę utrzymać tę więź do końca, a przynajmniej dopóki będzie ona skutecznie służyć sprawie wolności Polski, Polaków i innych narodów.

Twój
P.V.[12]

Rozdział VI

Na cienkim lodzie

Daniela ucieszyła wiadomość, że Kukliński dostał zgodę na kolejny rejs do portów Europy Zachodniej, obejmujący wizytę w Wielkiej Brytanii. Jednak w odpowiedzi na list przesłany w kwietniu powiadomił go, że się tam nie spotkają. Zgodnie z długoletnią umową, w przypadku gdy agenci CIA spotykali się z informatorem w Wielkiej Brytanii, musieli uprzedzić o tym miejscowy wywiad i na takie spotkanie zaprosić jego przedstawicieli.

„Dzielimy się z nimi wieloma informacjami, ale Ty i Twoje dokonania do nich nie należą” - napisał Daniel. Zaproponował, żeby spotkali się w Kopenhadze, Amsterdamie lub w jakimś mniejszym porcie. Wraz z Henrym miał czekać przed ratuszem w każdym z miast odwiedzanych przez Kuklińskiego - z wyjątkiem miast brytyjskich - codziennie o 12.15. Jeśli Kukliński nie przyjdzie, mieli tam wracać co dwie godziny do 22.15.

Daniel spytał Kuklińskiego o jego najbliższych. „Z Twojego listu jasno wynika, że Twoi synowie idą w ślady ojca - są pracowici, odnoszą sukcesy i mają silny charakter, który pozwala im stawać na nogi po doznanych rozczarowaniach...”[1].

Tymczasem Daniel i jego współpracownicy z sekcji sowieckiej nalegali, by wręczyć Kuklińskiemu medal za zasługi dla wywiadu, najwyższe odznaczenie Agencji, zwykle przyznawane wyłącznie pracownikom CIA. 18 kwietnia 1977 r. szef sekcji sowieckiej wystosował pismo w tej sprawie do dyrektora pionu operacyjnego, uzasadniając, że: „Przez ostatnie pięć lat Mewa jest najwyżej postawionym i najskuteczniejszym źródłem informacji CIA w całym Bloku Sowieckim”. Od roku 1972 przekazał Agencji około 20000 stron tajnych i ściśle tajnych materiałów wywiadowczych, będących podstawą do opracowania 1200 komunikatów dla służb wywiadowczych.

> Ma wciąż duży dostęp do dokumentów, a perspektywy dalszej kariery pozostają znakomite... Mewa nieustannie potwierdza swoje oddanie dla sprawy pokoju i często powtarza, że liczy, iż w przyszłości będzie jeszcze bardziej użyteczny dla rządu Stanów Zjednoczonych. Nigdy nie wyraził chęci przeniesienia się na Zachód i wierzy, że może najlepiej się nam przysłużyć, pozostając w ojczyźnie i dostarczając dokumenty z najwyższego szczebla.

Przypominając jego „widoczne oddanie i wyjątkowe zasługi", szef sekcji zaleca przyznanie mu odznaczenia podczas najbliższego spotkania. „Po wręczeniu medalu prześlemy go na przechowanie do Centrali"[2].

W kwietniu 1977 r. Kukliński zastąpił pułkownika Żarka na stanowisku szefa Oddziału do spraw Planowania Strategiczno-Obronnego. Nadal miał blisko współpracować z Siwickim i jego zastępcą, Skalskim, a także wykonywać wiele nowych obowiązków. Jego oddział miał stałe, szczególne kontakty z dowództwem Układu Warszawskiego w Moskwie, na którego czele stał generał Wiktor Kulikow. Kulikow dostał nominację na dowódcę wojsk Układu Warszawskiego kilka miesięcy wcześniej i awansował na stopień marszałka. Praktycznie wszystkie materiały przesyłane przez Kulikowa i jego współpracowników do polskiego Ministerstwa Obrony trafiały do gabinetu Kuklińskiego.

Kukliński był także członkiem polskiej delegacji w trzech najważniejszych gremiach Układu Warszawskiego, przygotowując teksty wystąpień i pełniąc funkcję sekretarza. Były to: Komisja Polityczno-Konsultacyjna, w której skład wchodzili pierwsi sekretarze partii siedmiu państw Układu Warszawskiego, Komitet Ministrów Obrony państw Układu Warszawskiego oraz Rada Wojskowa, tworzona przez wiceministrów. Kukliński nadzorował także rozwój polskich sił zbrojnych, w tym długoterminowe plany zbrojeniowe.

Niedługo po objęciu nowego stanowiska Kukliński dowiedział się o wielkich, nieplanowanych wcześniej manewrach dowództwa strategicznego o kryptonimie „Zachód 77", przygotowywanych w ścisłej tajemnicy przez radzieckiego ministra obrony Dimitrija F. Ustinowa i tamtejszy Sztab Generalny. W ćwiczeniach, które miały odbyć się w maju, uczestniczyły jednostki polskie, czeskie, wschodnioniemieckie i radzieckie. Ich założeniem było wykazanie potrzeby powołania scentralizowanego dowództwa sił Układu Warszawskiego na czas wojny. Co prawda Moskwa przejęła kontrolę nad armiami państw Układu Warszawskiego po II wojnie światowej, jednak nigdy nie zostało to usankcjonowane od strony formalnoprawnej. Był to kolejny zamach na suwerenność Polski.

Później pojawiła się jeszcze gorsza wiadomość. Siwicki oznajmił Kuklińskiemu, że letnie rejsy zostały odwołane. Kontrwywiad uznał, że były zbyt ryzykowne, i postanowił ograniczyć zakres przyszłych wypraw do wybrzeży Polski, NRD, Finlandii, Szwecji i Związku Sowieckiego.

Kukliński był załamany, jednak w liście do CIA z 17 kwietnia próbował zachować dobry nastrój. „Wydarzenia ostatnich dwóch miesięcy można porównać do tegorocznej wiosny. Mimo szokujących nawrotów zimy wiosna w końcu nadeszła, przydając światu urody życia".

Dodał, że nowa funkcja umożliwi mu szerszy dostęp to tajnych materiałów, i opisał plany manewrów „Zachód 77", przygotowywanych w wielkiej tajemnicy „na niespotykaną dotychczas skalę"[3].

Daniel i jego współpracownicy uznali odwołanie rejsów za poważne utrudnienie i zastanawiali się, jak będzie przebiegać współpraca bez możliwości osobistych kontaktów. Z listy krajów osiągalnych dla Kuklińskiego jedyną opcją była Szwecja. Spotkania w Finlandii były zbyt ryzykowne. „Szanse na spotkanie z Mewą za granicą wydają się w tym roku niewielkie" – napisała warszawska komórka CIA do Langley 10 maja 1977 r. Agenci stwierdzili, że z uwagi na „rosnącą presję psychologiczną" zachodzi potrzeba „podjęcia rutynowych działań wzmacniających morale Mewy"[4].

Zaproponowali organizowanie „podziemnych", tajnych spotkań w Polsce, jednak Centrala odrzuciła ten pomysł, uznając go za zbyt ryzykowny i raczej niemający wpływu na „znaczącą poprawę kondycji psychicznej Mewy". W liście przygotowanym dla Kuklińskiego w czerwcu CIA wyraziła rozczarowanie z powodu odwołania rejsów, jednak stwierdziła, że cieszy ją zwiększony zakres jego obowiązków, dający mu szerszy dostęp do sowieckich planów, projektów i programów badawczych.

Pewnego majowego ranka pułkownik Józef Putek, oficer Wojskowych Służb Wewnętrznych, czyli kontrwywiadu wojskowego, wtargnął do gabinetu Kuklińskiego. „Towarzyszu pułkowniku – zażądał stanowczo – powiedzcie mi, proszę, skąd zachodni dyplomaci wiedzą o ćwiczeniach «Zachód 77»?".

Kukliński stwierdził, że nie ma pojęcia. Putek nie powiedział, że kontrwywiad wie o przecieku ani że do niego doszło. Pułkownik zastanawiał się, czy nie jest poddawany próbie. 13 czerwca opisał wizytę Putka w liście do CIA. „Na szczęście zachowałem zimną krew i zareagowałem spokojnie"[5] – napisał. Nie był tym szczególnie zaniepokojony, ponieważ sądził, że Putek wypytuje go o to tylko dlatego, że Kukliński przygotowuje plany udziału armii polskiej we wstępnej fazie ćwiczeń.

Kilka tygodni później, z pomocą służb kwatermistrzowskich, Kukliński przeprowadził się z rodziną do nowego domu przy ulicy Rajców 11. Wszyscy jego sąsiedzi byli oficerami. Jednym z nich był generał Hermaszewski, z którego córką związał się Bogdan.

Segment Kuklińskiego miał sześć metrów szerokości. Przypominał małą fortecę, wybudowaną z kamienia i pokrytą sztukaterią, z podłogami z twardego drewna i stalowymi wspornikami w ścianach. Kukliński był dumny z projektu i wykończenia domu, w którym wiele rzeczy wykonał sam. W piwnicy znajdował się garaż na dwa samochody, z którego przechodziło się do pokoju z kamiennym kominkiem. Także w piwnicy, obok garażu, Kukliński urządził ciemnię. Schody prowadziły na parter, gdzie znajdowała się kuchnia, salon i jadalnia oraz wejście do domu. Z okien frontowych rozciągał się widok na panoramę wschodniej części miasta, obejmującą Wisłostradę i Wisłę.

Na piętrze była główna sypialnia z łazienką, bawialnia z telewizorem i gabinet Kuklińskiego. Waldek zajmował drugie piętro, gdzie Kukliński zamocował półki na księgozbiór syna. Bogdan zajął poddasze. Było tam okno dachowe przepuszczające mnóstwo światła. Jego pokój w krótkim czasie zapełnił się ubraniami, książkami, wędkami i zdjęciami samochodów i motocykli.

Kuklińscy nie mieli pamiątek rodzinnych – wszystkie pochłonęła wojna. Jednak przyozdobili dom symbolami polskości, takimi jak żyrandol z orłem i szablą z czasów wojny polsko-bolszewickiej 1920 r. Zawiesili też w całym domu obrazy o tematyce marynistycznej. Przeprowadzka „sprawia mi radość" – wyznał Kukliński w liście do CIA z 24 lipca[6].

Latem i jesienią spotykał się z agentami CIA. 14 października 1977 r. napisał, że jego kondycja psychiczna jest tak dobra jak przez ostatnich pięć lat. Czuł się bezpieczny, a nowe stanowisko dało mu poczucie, że będzie mógł wzmóc „swe skromne wysiłki na rzecz wspólnej, wielkiej sprawy ludzkiej wolności".

Wspomniał też o wystąpieniu inauguracyjnym prezydenta Cartera. „Jego polityczny dynamizm, zaangażowanie i bezprecedensowa ofensywa w kwestii praw człowieka nakładają szczególne obowiązki na tych, w których imieniu prowadzi tę walkę" – napisał. Zakończył pozdrowieniami dla wszystkich przyjaciół w Stanach Zjednoczonych – „tym odległym, a jednocześnie tak wyjątkowo bliskim mi, wielkim kraju"[7].

*

Na początku grudnia 1977 r. Kukliński pojechał do Budapesztu na dziesiąte posiedzenie Komitetu Ministrów Obrony państw Układu Warszawskiego. Szczególnie interesujące były wystąpienia przedstawicieli Związku Sowieckiego na temat możliwości i perspektyw rozwoju do roku 1985 systemów obrony powietrznej państw Układu Warszawskiego oraz nowego, wysoce zaawansowanego systemu dowodzenia i kontroli sił zbrojnych Układu Warszawskiego. Podczas przerwy w obradach, gdy na ścianie wisiała jeszcze szczegółowa mapa systemów obrony powietrznej, Kukliński został w sali, gdy inni uczestnicy już z niej wyszli. Zaczął kopiować ją w swoim notatniku. Nagle poczuł czyjąś rękę na ramieniu. „Pułkowniku, co robicie?" – spytał szorstko rosyjski oficer.

Kukliński zamarł. „Widzicie co – rysuję" – odparł.

„Nie wolno" – wypalił Rosjanin.

Kukliński upierał się, że ma pozwolenie Jaruzelskiego na skopiowanie mapy.

„Wyjdźcie stąd!" – uciął Rosjanin.

Opowieść o Jaruzelskim – który uczestniczył w spotkaniu – była blefem, jednak Kukliński rzeczywiście musiał szczegółowo zapoznać się z mapą, by móc później odpowiadać na pytania przełożonych[8].

Ostatecznie zdołał sporządzić raport na temat konferencji w Budapeszcie – dla przełożonych i dla CIA.

Pod koniec roku Agencja uprzedziła Kuklińskiego, że odwołuje jego grudniowe spotkanie z agentem, ponieważ w tym czasie prezydent Carter miał złożyć wizytę w Polsce. CIA nie chciała ryzykować kryzysu dyplomatycznego, gdyby kontakt wyszedł na jaw podczas pobytu Cartera w Warszawie. Samolot prezydenta wylądował 29 grudnia. Powitał go pierwszy sekretarz PZPR, Edward Gierek, i setki polskich dygnitarzy. Prezydent Carter stwierdził, że więzi polsko-amerykańskie są „długoletnie i mocne".

W sobotę 7 stycznia 1978 r., około 21.30, Kukliński obserwował skrzyżowanie, na którym nazajutrz miało dojść do kontaktu z agentem, gdy nagle zauważył fiata 125p zaparkowanego po jego południowo-zachodniej stronie. Pasażerowie fiata mogli bez przeszkód obserwować miejsce, w którym miało dojść do spotkania. Powrócił tam nazajutrz po południu i znów zobaczył fiata i dwóch mężczyzn stojących na rogu. „Odjechałem stamtąd po około godzinie w nie najlepszym nastroju", napisał później. Zostawił znak odwołujący spotkanie i kierujący agenta w miejsce rezerwowe.

Kiedy pojechał tam w następną niedzielę, 15 stycznia, zauważył na rogu trzy milicyjne radiowozy. Być może był to przypadek, pomyślał, wolał jednak nie ryzykować. Postanowił przyjechać za tydzień.

Tymczasem mało brakowało, by w życiu prywatnym spotkała go prawdziwa tragedia. Na początku stycznia Bogdan podwiózł ojca do Sztabu Generalnego, a sam pojechał do komisu po części do samochodu. Na Wisłostradzie wybiegł mu przed samochód jakiś młody mężczyzna. Bogdan gwałtownie zahamował, jednak go potrącił. Mężczyzna został poważnie ranny.

W czwartek, 19 stycznia, Kukliński napisał list do CIA, w którym zgodził się, że odwołanie spotkania z agentem podczas wizyty Cartera w Polsce jest dobrym pomysłem. Wizyta prezydenta była „wyjątkowo pożądanym wydarzeniem i nawet najmniejszy cień nie mógł stanąć na drodze do jego spełnienia. Jestem nim głęboko przejęty, tak jak miliony innych Polaków – także ważne osobistości z kręgów wojskowych".

Napisał, że ma wiele do zakomunikowania i że skorzystał z „niezwykle sprzyjających okoliczności, jakie stwarza praca wykonywana wieczorami i nocą", by fotografować dokumenty. „Wychodząc ze sztabu nocą, często w towarzystwie przełożonych, zabierałem ze sobą więcej ważnych materiałów i fotografowałem je w domu, nie wzbudzając tym zainteresowania żony i synów".

Wśród czterdziestu tajnych dokumentów, które sfotografował od czasu ostatniego kontaktu z agentem, znajdowały się protokoły i decyzje z posiedzeń ministrów obrony, Komitetu Polityczno-Doradczego oraz Rady Wojskowej państw Układu Warszawskiego z lat 1969–1977. Były tam teksty wystąpień z ostatniego spotkania Komitetu Ministrów Obrony w Budapeszcie na temat systemów obrony powietrznej oraz dowodzenia i nadzoru. Była też propozycja dowódcy sił Układu Warszawskiego, Kulikowa, dotycząca podporządkowania w warunkach wojny armii państw członkowskich Układu Warszawskiego wyłącznemu dowództwu sowieckiemu. Propozycja ta, znana pod nazwą statutu zjednoczonych sił zbrojnych Układu Warszawskiego na czas wojny, bardzo zirytowała Kuklińskiego.

> To niepodważalne dowody na ograniczanie suwerenności państw członków Układu Warszawskiego. To dowód indolencji i marionetkowości działań władz Polskiej Rzeczypospolitej Ludowej, sprzecznych z interesem kraju.
>
> Mam nadzieję, że gdy moja misja dobiegnie końca, sprawy te dotrą do społeczeństwa. Być może materiały te mogłyby stanowić rodzaj elementu przetargowego[9].

20 stycznia 1978 r., dwa dni przed planowanym kontaktem z agentem, marszałek Kulikow złożył niespodziewaną wizytę w polskim Sztabie Generalnym w towarzystwie szefa sztabu, generała Anatolija Gribkowa. Kuli-

kow chciał przedyskutować swój plan podporządkowania w warunkach wojny sił zbrojnych państw Układu Warszawskiego wyłącznemu radzieckiemu dowództwu. Każdy z przywódców tych państw miałby złożyć podpis pod stosownym dokumentem, mającym formę traktatu. Kulikow był, zdaniem Kuklińskiego, napuszony, buńczuczny i bezceremonialny. Pułkownik podejrzewał, że przepchnie swój plan, nie dopuszczając do dyskusji.

W liście do Kuklińskiego, dostarczonym mu przez agenta 22 stycznia, CIA napisała:

> Jak pamiętasz, nasze pierwsze potajemne spotkanie miało miejsce mniej więcej pięć lat temu w rejonie cmentarza Powstańców Warszawy, będącego hołdem dla bohaterów narodu polskiego, którzy oddali życie za ukochaną ojczyznę podczas Powstania Warszawskiego. Nie mogli oni wiedzieć, a nawet marzyć, że ich walka o ideały, za które polegli, będzie kontynuowana przez następne pokolenia Polaków...
>
> Rozpoczynając szósty rok naszej walki o wspólną sprawę, z szacunkiem chylimy przed Tobą czoło, pozdrawiamy Cię i przekazujemy najgłębsze wyrazy wdzięczności i podziwu. Dzięki Tobie Polska żyje i będzie żyć nadal[10].

Daniel napisał, wyrażając rozczarowanie z powodu odwołania rejsu Kuklińskiego:

> Nawet jeśli – z takiego czy innego powodu – mielibyśmy się nie spotkać, byłbym szczęśliwy, mając świadomość, że możesz swobodnie się przemieszczać, zwiedzać i cieszyć się życiem – choćby przez kilka tygodni, łapiąc oddech po ciężkiej pracy.
>
> Nie tracę nadziei, że decyzja ta zostanie cofnięta i że znowu spotkamy się gdzieś po drodze – ty, Henryk – nasz kolega z Warszawy, i ja. Czas umyka, jednak przyjaźń pokonuje wszelkie przeszkody związane z jego upływem i odległością. Jak pamiętasz, podczas ostatniego spotkania Henryk wspominał o przejściu na emeryturę. Zrobił to tego lata (dowiedziawszy się, że nie będzie mógł się z Tobą spotkać). Przeniósł się do Kalifornii, kupił dom i już miał się do niego wprowadzić, gdy lekarze powiedzieli mu, że musi się poddać dosyć skomplikowanej operacji.
>
> Nie widziałem go od tamtego czasu, ale zadzwonił kilka dni temu, by uspokoić mnie, że znów humor mu dopisuje i że wraca do zdrowia. Zapewnił mnie także, że – bez względu na emeryturę – jest gotów przyjechać, gdy dam mu znać, że znów wybieramy się na spotkanie z Tobą[11].

Daniel zaznaczył, że pisze ten list przed przyjazdem prezydenta Cartera do Warszawy, dodając: „Będziemy z nim duchem".

Tymczasem w Centrali pracownicy sekcji sowieckiej przekazali dyrektorowi CIA, Turnerowi, pismo, w którym powiadomili go o ostatnich zdobyczach Kuklińskiego – sześciuset stronach tajnych dokumentów.

3 lutego 1978 r., podczas strategicznej gry wojennej w Warszawie, generał Teodor Kufel, szef kontrwywiadu wojskowego, poinformował jej uczestników o działalności obcych szpiegów w Polsce. Stwierdził, że jego podwładni zorganizowali zamaskowane punkty obserwacyjne w Warszawie – w rejonach, w których istnieje największe prawdopodobieństwo działania szpiegów, a także na trasach przejazdów dyplomatów z i do pracy. Punkty obserwacyjne „zdały egzamin", jak wyraził się Kufel. Dodał, że znaleziono „film szpiegowski", który jest poddawany analizie.

Na początku lutego Kukliński chorował przez kilka tygodni na zapalenie płuc. Hanka, która wciąż narzekała na zdrowie, postanowiła wziąć roczny urlop bezpłatny. Kukliński wrócił do pracy w marcu. Przez następny miesiąc otrzymywał ważne radzieckie dokumenty dotyczące uzbrojenia wojsk Układu Warszawskiego w latach osiemdziesiątych, w tym materiały na temat nowego czołgu T-72. Rosjanie byli we wstępnej fazie wprowadzania go do swojej armii. Czołg ten miał pancerz wytrzymały na uderzenia natowskich pocisków przeciwpancernych. Podczas wojny Sowieci mogli przerzucić 4000 takich czołgów do Europy. W celu wynalezienia skutecznych środków zaradczych Pentagonowi bardzo zależało na pozyskaniu dokładnych danych dotyczących pancerza, jakości systemu rażenia ogniem oraz skuteczności pocisków będących na wyposażeniu czołgu.

Kukliński uczestniczył także w tygodniowych ćwiczeniach z radzieckim Sztabem Generalnym, połączonych z prezentacją systemu dowodzenia i kontroli sił zbrojnych Układu Warszawskiego w warunkach wojny. Potajemnie sfotografował dokumenty dotyczące nowego czterofazowego systemu gotowości bojowej, opracowanego w celu harmonijnego przestawienia wojsk państw Układu Warszawskiego z funkcjonowania w czasach pokoju na działania wojenne pod dowództwem sowieckim. Dokumenty te krok po kroku opisywały sposób, w jaki Sowieci i członkowie Układu Warszawskiego będą przygotowywać się do wojny.

„Proponuję, by dokładnie przeanalizować obydwa dokumenty" – pisał do CIA, odnosząc się do radzieckich materiałów dotyczących gotowości bojowej. Zaznaczył, że mikrofilm numer 7 „zawiera aktualne dane systemu wprowadzonego ostatnio w radzieckich siłach zbrojnych. Pod koniec bieżącego roku zostanie on wdrożony z pewnymi modyfikacjami w siłach zbrojnych państw Układu Warszawskiego".

Opisał także sesję pytań i odpowiedzi, która miała miejsce podczas ćwiczeń: Kto będzie dowodził działaniami wojennymi w Europie? Jaka będzie struktura i hierarchia w dowództwie operacyjnym w europejskim teatrze działań wojennych? W jakich warunkach i kiedy wojska państw Układu Warszawskiego zostaną podporządkowane radzieckiemu dowództwu?

Kukliński sporządził listę oficerów biorących udział w ćwiczeniach. „Wprowadzono tam najbardziej restrykcyjne procedury tajności" – dodał. Stwierdził, że w ostatnim okresie przeżywa duże napięcia i niepokoje, a nawet stany depresji. Uświadomił sobie, że są one „nieodłącznym elementem tego rodzaju działalności" i że spróbuje sobie z tym poradzić.

Odpowiedział również na kilka wcześniejszych pytań CIA. Jedno z nich dotyczyło aktualnych informacji na temat wojsk sowieckich stacjonujących w Polsce. Stwierdził, że poza podstawowymi danymi dotyczącymi ich rozmieszczenia i statusu polscy wojskowi nie dysponują informacjami na temat ich gotowości bojowej, składu personalnego czy zmian w uzbrojeniu. „Rosjanie nie przestrzegają porozumień dotyczących statusu ich wojsk w Polsce" – napisał. „Nie informują nikogo o sile i wyposażeniu swoich jednostek".

Kryzys gospodarczy stawał się coraz dotkliwszy. „Jedynie wąska elita władzy zna prawdziwą sytuację" – napisał i dodał, że rząd postanowił wprowadzać podwyżki stopniowo i po cichu, by uniknąć niepokojów społecznych. Stwierdził, że w Sztabie Generalnym panuje ogólna apatia w odniesieniu do problemów politycznych i gospodarczych kraju. Tymczasem Kukliński cieszył się swoim nowym domem. Fakt, że ryzykowne kontakty z CIA sprawiały, iż czuł się czasami, jakby stąpał „po cienkim lodzie", specjalnie mu nie przeszkadzał. „Doceniam ciepło naszych kontaktów"[12].

W osobnym liście do Daniela Kukliński stwierdził, że chociaż nie pisuje do niego tak często, jak by chciał, to znacznie częściej zwraca się do niego w myślach. Jest częstym gościem w jego domu i otwarcie rozmawiają wtedy o jego zmiennych nastrojach.

Kukliński skomentował wiadomość o przejściu Henry'ego na emeryturę następująco: „Jak wiesz, był pierwszym Amerykaninem, którego wyciągniętą dłoń mogłem serdecznie uściskać".

> Henry i Ty, Danielu, jesteście jedynymi przedstawicielami waszego wielkiego, wolnego narodu, z którymi – jak mam prawo mniemać – mam osobisty i sentymentalny kontakt. Wasze wyważo-

ne uwagi i rady są dla mnie inspiracją i wsparciem na mojej trudnej drodze życiowej...

Dopóki nie przejdę na emeryturę, kraje zachodnie będą dla mnie zamknięte. Mam nadzieję, że stanie się to w latach osiemdziesiątych i że pożegluję wtedy samotnie jachtem do Stanów Zjednoczonych. Liczę, że nasza przyjaźń przetrwa do tego czasu i że będziemy mogli poświęcić sobie nawzajem więcej czasu i uwagi...

Twój
P.V.

W niedzielę 16 kwietnia 1978 r. Kukliński przekazał agentowi listy, dziewiętnaście mikrofilmów i odebrał, między innymi, uaktualniony plan ewakuacji. Przez kolejne dwa miesiące wciąż składał mu wizyty pułkownik Putek, wyjątkowo dociekliwy oficer kontrwywiadu. 3 kwietnia, w imieniny Kuklińskiego, Putek przyszedł z bukietem kwiatów, uściskał go i obsypał komplementami. Kukliński był zaskoczony tą oczywistą przymilnością, ale nie chciał być niegrzeczny, więc podjął tę grę. Dwukrotnie zarekomendował Putka do premii, za co ten wylewnie mu dziękował.

Pewnego dnia, w maju, Kukliński stwierdził, że nie może znaleźć jednej z klisz przekazanych mu przez CIA. Początkowo myślał, że gdzieś ją zapodział. Przeszukał szafy, szuflady i inne skrytki, jednak na próżno. Nie mógł sobie przypomnieć, czy wykorzystał ją już do fotografowania dokumentów. Przypomniał sobie za to uwagę generała Kufla o znalezionym „filmie szpiegowskim".

Miał jeszcze inny powód do zmartwień. Generał Siwicki polecił mu napisanie przemówienia, które miał wygłosić w Sofii na naradzie szefów Sztabów Generalnych. Spotkanie miało dotyczyć kwestii wymiany uzbrojenia w latach 1981–1985 oraz propozycji marszałka Kulikowa w sprawie podporządkowania dowództwu radzieckiemu na wypadek wojny sił zbrojnych państw Układu Warszawskiego. Siwicki kazał Kuklińskiemu pominąć w tekście wystąpienia wszelkie konkretne dane dotyczące Wojska Polskiego. Dodał, że Moskwa skarży się, iż informacje z ostatnich spotkań przeciekają na Zachód. Dał do zrozumienia, że trzeba za to winić Rumunów, jednak Kukliński zastanawiał się, czy przecieki te nie doprowadzą śledczych do niego[13].

W czerwcu Daniel napisał w liście do Kuklińskiego, że kurs, który obrał w roku 1972, jest jeszcze trudniejszy i bardziej samotny, odkąd nie mogą się spotykać.

W tym tygodniu mija dziesiąta rocznica zabójstwa Roberta Kennedy'ego, młodszego brata prezydenta Johna Kennedy'ego. Tuż przed śmiercią napisał, że „każda generacja ma swój główny problem sprowadzający się do zakończenia jakiejś wojny, wyrugowania uprzedzeń rasowych lub poprawy warunków życia ludzi pracy". Dzisiejsze młode pokolenie postanowiło walczyć przede wszystkim o godność jednostki. Żąda, by władza rozmawiała z obywatelami prosto i uczciwie. Możemy zyskać jego zaangażowanie, jedynie wykazując, że osiągnięcie celu jest możliwe dzięki osobistym wysiłkom pojedynczych ludzi.

Dobrze wiem, że nie jesteś osamotniony z obranym przez siebie „głównym problemem". Inni tacy jak Ty w Polsce, w pozostałych krajach Europy Wschodniej i w Związku Sowieckim mają ten sam problem. Oni także godzą się na ryzyko i kontrolują swoje zachowania, wiedząc, że spełniają obowiązek, którego Robert Kennedy i jego brat byli tak głęboko świadomi. Jedyna różnica polega na tym, że oni, tak jak Ty, muszą działać w pojedynkę. Twoje wysiłki nie są znane ani doceniane przez społeczeństwo. Wiedzą o nich bardzo nieliczni członkowie naszych władz. Jednak efekty Twoich działań miały i mają nadal głęboki wpływ na naszą zdolność pojmowania i przeciwdziałania intencjom i planom Związku Sowieckiego...

Ze smutkiem napomykasz o samotnym rejsie przez Atlantyk do Stanów Zjednoczonych. Życzę sobie i wszystkim tym, którzy z Tobą współpracują, właśnie tego. Powitalibyśmy Cię tu z szeroko otwartymi ramionami i braterskim uściskiem. Nasza przyjaźń przetrwa nie tylko do tego momentu, ale znacznie dłużej. Nie muszę Cię o tym zapewniać[14].

18 czerwca, przed kolejnym kontaktem z agentem, Kukliński przygotował dwa listy do CIA. „Wyczekuję dzisiejszego spotkania z niecierpliwością" – napisał w jednym z nich. Opisał w nim wizyty Putka i uwagi Siwickiego na temat przecieków informacji na Zachód. Stwierdził, że sugestia generała, że należy za nie winić Rumunów, nie wykluczała go „z kręgu podejrzanych". Poprosił o „analizę swojej sytuacji, szczere wyjaśnienia i ewentualne instrukcje". Opisał wystąpienie generała Kufla w sprawie zasadzek na szpiegów w Warszawie i znalezienia „filmu szpiegowskiego". „Początkowo nie przywiązywałem do tego dużej wagi, ponieważ byłem przekonany, że sprawa ta mnie nie dotyczy" – napisał. Ale później zorientował się, że zginęła mu jedna klisza. „Faktem jest, że jeden... mikrofilm gdzieś się zapodział i nie mogę go znaleźć".

Nadal utrzymywał bliskie kontakty z przełożonymi i kolegami z pracy. Gdy Jaruzelski spytał o niego generała Skalskiego, ten go pochwalił. „W sumie wszystko dobrze się układa, ale jednocześnie odczuwam duże napięcie i niepokój. Czuję się trochę jak w pułapce" – napisał. Chciał wiedzieć, co ma robić.

> Rezerwuję sobie prawo podjęcia ostatecznej decyzji. Chciałbym wyrazić głębokie pragnienie kontynuowania współpracy. Zdaję sobie sprawę, że dopiero teraz może ona w pełni przysłużyć się mojej ojczyźnie i sprawie wolności w ogóle.
>
> Z ciężkim sercem uświadamiam sobie, że kiedyś będę musiał porzucić tę podjętą z własnej woli misję. Jednak chciałbym zakończyć sprawę dotyczącą statutu na czas wojny dla zjednoczonych sił zbrojnych, wymierzonej przeciwko świętej kwestii niepodległości tysiącletniej Polski. Chciałbym przekazać możliwie najpełniejsze informacje na temat perspektyw rozwojowych sił zbrojnych Układu Warszawskiego w ciągu najbliższych pięciu lat, nowych systemów gotowości bojowej, a także wszystkie dane (wciąż jeszcze niedostępne) z instrukcji dla armii ZSRR.
>
> W świetle zadań, które sobie wyznaczyłem, nasza [współpraca] powinna trwać co najmniej do początku lat osiemdziesiątych. Nadal nie chcę wyjeżdżać z kraju. Jednak, wcześniej czy później, ze względu na specyficzne cechy mojego charakteru, a także okoliczności, równałoby się to zapewne samounicestwieniu.

Powiadomił CIA, że wkrótce wyruszy w rejs zorganizowany przez Sztab Generalny wzdłuż wybrzeży Bałtyku, a później wyjedzie z Hanką na wakacje do Warny nad Morzem Czarnym. „Proszę o rychłą odpowiedź" – napisał[15].

W drugim liście zaznaczył, że na dwudziestu jeden mikrofilmach znajdują się „dosyć ważne materiały" z ostatnich spotkań w Sofii, w tym obszerne plany wymiany uzbrojenia wojsk Układu Warszawskiego w latach 1981–1985 oraz dokumenty związane z propozycją Kulikowa dotyczącą statutu na czas wojny[16].

Tamtego wieczoru, czekając na kontakt z agentem, Kukliński zobaczył jego samochód, a w niewielkiej odległości za nim inny wóz, którego światła niemal go oślepiły. Cofnął się od krawężnika. Obydwa samochody minęły go, nie zwalniając. Poczekał jeszcze piętnaście minut, ale samochód CIA już się nie pojawił. Wracając, zauważył, że idzie za nim jakiś mężczyzna. Musiał minąć kilka przecznic, zanim go zgubił.

Podczas spotkania 25 czerwca Kukliński w końcu przekazał mikrofilmy wraz z opisem ostatniego incydentu.

Po przeczytaniu listów agenci z komórki CIA w Warszawie powiadomili Centralę, że Kukliński jest „bardzo zdenerwowany i czeka na odpowiedź". Daniel wyraził niepokój w związku z toczącym się śledztwem w sprawie znalezionej kliszy i spytał Kuklińskiego, czy należy natychmiast go ewakuować. Jednak sekcja sowiecka doszła do wniosku, że nie może być podejrzanym, skoro ma stały dostęp do ważnych, tajnych dokumentów.

Daniel i jego koledzy uznali, że Kukliński powinien na jakiś czas zawiesić działalność. 28 czerwca Centrala przesłała do Warszawy zalecenie, by Kukliński zniszczył „sprzęt szpiegowski" – aparaty, specjalny papier i instrukcje dotyczące łączności – i „zaprzestał wszelkich działań na rzecz CIA do początku przyszłego roku". W liście do Kuklińskiego Agencja napisała:

> Chcemy Ci przekazać, iż szczerze wierzymy, że nie znajdujesz się obecnie pod jakiegoś szczególnego rodzaju obserwacją czy też że ktoś Cię podejrzewa. Jesteśmy przekonani, że nie zachowałbyś dostępu do ważnych dokumentów i nie byłbyś dopuszczony do spotkań, gdyby istniał choć cień podejrzenia wobec Twojej osoby, ani nie cieszyłbyś się zaufaniem przełożonych.
>
> Jednakże powinniśmy zachować teraz wielką ostrożność, by nie dopuścić do jakichkolwiek podejrzeń. W niedawnej przeszłości WSW przeprowadziła kilka zakończonych powodzeniem śledztw i dokonała aresztowań osób współpracujących z Zachodem. Niewątpliwie wzmogło to jej apetyty i zachęciło do jeszcze większej czujności. Zapewne przygląda się wszystkim mającym dostęp do informacji z narad ministrów obrony. Chcemy mieć pewność, że kiedy rozpoczną się nowe śledztwa, Twoja osoba pozostanie poza podejrzeniem[17].

Kukliński otrzymał nowe instrukcje nawiązywania pilnego kontaktu z warszawską komórką CIA. Miał przekazywać „wizualne sygnały rozpoznawcze" o 16.00, w niedzielę, co dwa miesiące, by upewnić CIA, że wszystko jest w porządku. Miał udawać, że telefonuje z budki położonej naprzeciwko pewnego sklepu rybnego. W tym czasie miał tamtędy przejeżdżać agent CIA. Procedury pilnej ewakuacji pozostawały „zawsze aktualne", napisano w liście.

Agenci zaznaczyli, że ostatnie przesłane materiały były bezcenne. „Zdjęcia z ostatniej przesyłki są znakomite; to, być może, najlepsze i najbardziej istotne materiały, jakie kiedykolwiek otrzymaliśmy". Podkreślając, że oczekuje z niecierpliwością wznowienia kontaktów w styczniu 1979 r., CIA zachęcała Kuklińskiego do zasłużonego odpoczynku. „Po zniszczeniu sprzętu prosimy, żebyś na jakiś czas kompletnie o nas zapomniał" – pisano w komunikacie.

CIA przekazała list przez agenta 2 lipca. Podczas tego spotkania Kukliński przesłał nowe mikrofilmy oraz odpowiedź na ostatni list Daniela.

> Twój list – jak zawsze serdeczny i pełen troskliwości – otrzymałem, nie będę tego ukrywał, w dosyć trudnych dla mnie chwilach, o czym, bez wątpienia, już wiesz z mojej poprzedniej przesyłki.
>
> Był dla mnie nie tylko zachętą (z której, z oczywistych powodów, nie mogę się cieszyć w swoim środowisku), ale jednocześnie na nowo wzmocnił moją nieco zachwianą determinację. Dziękuję za ciepłe myśli, wyrazy nadziei i słowa otuchy, które mi przekazałeś.
>
> Naród polski, umęczony przez nie tak odległą wojnę, płaci wysoką cenę za wątpliwe poczucie stabilizacji osiągnięte poprzez podporządkowanie się komunistycznej indoktrynacji i uzależnienie od ZSRR. Analizując materiały, które przesyłam Wam w miarę swoich skromnych możliwości, z pewnością miałeś wiele okazji, by zrozumieć, czym jest tysiącletnia niepodległość Polski i jak daleko i głęboko sięgają ręce Moskwy. Wyraźnym tego dowodem jest statut na czas wojny, przygotowywany obecnie dla połączonych sił zbrojnych, w którym ZSRR żąda pełnej politycznej, administracyjnej i militarnej władzy nad wszystkimi państwami Układu Warszawskiego. Cicha (z wyjątkiem Rumunii) zgoda na te socjalistyczno-imperialistyczne plany musi być – dla tych, którzy je rozumieją – nie tylko szokiem, ale także sygnałem alarmowym do działania.
>
> Zdaję sobie sprawę, że tajny charakter negocjacji nie pozwala na poinformowanie o tym światowej opinii publicznej. Jednakże istnieje nieodzowna konieczność przygotowania gruntu pod odmowę dla tych prowokacyjnych żądań. Jestem dumny z faktu, że znajduję się po drugiej stronie tej niezauważalnej dla przeciętnego obywatela barykady i że mogę przekazywać informacje kompetentnym władzom mocarstwa, Stanów Zjednoczonych, które nigdy nie pozostają obojętne na tragedię ciemiężonych narodów.
>
> Ekipa rządząca Polską nie reprezentuje interesów narodowych i, wcześniej czy później, będzie musiała ustąpić, ale będzie to zależeć przede wszystkim od narodowej świadomości samych Polaków. Wierzę, że mam jeszcze dość sił, by działać w tym głównym, choć głęboko ukrytym, nurcie wydarzeń.

Danielu! W ostatnim liście podzieliłem się z Tobą uwagami i troską o bezpieczeństwo naszych kontaktów, jednak podświadomie spodziewam się tylko jednej odpowiedzi – że wszystko jest w porządku i że nie ma czerwonego światła dla naszej dalszej współpracy. Tego życzę sobie przede wszystkim...

Twój
P.V.[18]

Tym razem, w odpowiedzi na prośbę o tymczasowe zawieszenie działalności, Kukliński posłusznie starał się zatrzeć wszelkie ślady. Zniszczył list od CIA, mikrofilm zawierający instrukcje dotyczące kontaktów i miejsc spotkań oraz notatnik z kartkami rozpuszczalnymi w wodzie. Aparat fotograficzny Olympus, nienaświetlone klisze i zalakowaną kopertę włożył do pudełka. List zawierał jego ostatnią wolę i testament. Opisał w nim pokrótce swoją tajną działalność i motywy, jakie go do niej skłoniły. Owinął pudełko folią i papierem i okleił paczkę taśmą. Następnie przystawił wojskową pieczęć i wypisał na niej swoje nazwisko.

Pojechał do swojego długoletniego przyjaciela, Leona Barszcza, który mieszkał w Białobrzegach, miasteczku położonym nieco ponad sto kilometrów na południe od Warszawy. Leon, którego młodszy brat, Roman, był przyjacielem Kuklińskiego z czasów dzieciństwa, był od niego osiem lat starszy. Działał w polskim ruchu oporu. Udało mu się przeżyć, nawet po aresztowaniu przez gestapo, a później przez SB. Po II wojnie światowej najpierw uprawiał 55-akrowe gospodarstwo w Niedabylu, a następnie mniejsze, w Białobrzegach.

Kukliński wiedział, że Leon nienawidzi komunistycznych władz, i poprosił go, żeby przechował opieczętowaną paczkę. Nie wspomniał mu, co jest w środku. Powiedział tylko, że nie są to pieniądze ani przedmioty osobiste. Zaznaczył jednak, że jej zawartość znaczy bardzo wiele dla niego i dla Polski, i że musi pozostać tajna. Poprosił Leona, żeby chronił ją za wszelką cenę. Leon oświadczył, że jest dumny, mogąc mu pomóc.

Kukliński powiedział mu, że gdyby usłyszał, że przytrafiło mu się jakieś nieszczęście, powinien dostarczyć pudełko do ambasady amerykańskiej w Warszawie. Barszcz umieścił je w skrytce pod betonowym tarasem, gdzie ukrywał także kilka sztuk broni[19].

Tymczasem w Centrali Daniel poruszył kwestię niepokoju Kuklińskiego o swoje bezpieczeństwo z szefem sekcji sowieckiej, George'em Kalarisem. Oficerowi kontrwywiadu CIA polecono ustalić, czy były wycieki materiałów przekazanych przez Mewę, i ocenić „istotę oraz wagę zagrożenia".

Było to ogromne zadanie, zważywszy na liczbę materiałów wywiadowczych przekazanych przez Kuklińskiego oraz dokumentów, które wykorzystał dział raportów i priorytetów wywiadowczych sekcji sowieckiej. Sally Boggs*, doświadczony analityk CIA, której powierzono to zadanie, przejrzała dokumenty i odbyła rozmowy z agentami. 14 lipca 1978 r. Boggs sporządziła 17-stronicowy, pisany gęstym drukiem raport opatrzony nagłówkiem „Wyłącznie do wglądu". Napisała w nim, że Mewa „jest ze wszech miar najcenniejszym agentem działającym przeciwko Sowietom/Europie Wschodniej i zapewne najbardziej produktywnym, pojedynczym informatorem w tym rejonie, z jakim Agencja kiedykolwiek współpracowała". Przez sześć lat Mewa przekazał ponad 25 000 stron tajnych sowieckich i polskich dokumentów dotyczących sił zbrojnych, planów i uzbrojenia Układu Warszawskiego, wykorzystanych w około 1300 dokumentach Agencji. Istniała jeszcze „spora liczba materiałów czekających na analizę".

> Wiele z tych informacji ma najwyższą wartość wywiadowczą i jest na tyle szkodliwa dla Układu Warszawskiego, że eliminuje wszelkie podejrzenia o ich celowe przekazywanie dla zmylenia CIA. Dokonania Mewy wskazują, że działa on ponad wszelką wątpliwość w dobrej wierze, a w materiałach operacyjnych oraz w doniesieniach z innych źródeł nie ma nic, co by temu przeczyło.
>
> Źródłem niepokoju w tej sprawie jest ostatni raport Mewy sugerujący, że Polacy i Sowieci wiedzą o wycieku na Zachód ważnych informacji dotyczących sił zbrojnych Układu Warszawskiego i że polski kontrwywiad podejmuje intensywne działania celem zidentyfikowania źródła takich przecieków. Mimo że nic nie wskazuje na to, iż Mewa jest, przynajmniej na razie, obiektem konkretnych podejrzeń, fakt, że jest jedną z osób mających dostęp do materiałów stanowiących przedmiot przecieku, stawia go w kręgu podejrzanych, przeciwko którym toczy się lub może zostać wszczęte śledztwo.

Raport stwierdzał, że podstawowym elementem oceny jest to, czy strona przeciwna zwróciła uwagę na informacje Mewy, opierając się na donosach „klientów" wywiadów czy też poprzez ich nieroztropne wykorzystanie. Uzyskanie odpowiedzi na to pytanie wymagałoby przeprowadzenia intensywnego dochodzenia w kilku amerykańskich instytucjach

---

* Pseudonim.

rządowych w celu ustalenia faktycznego – a nie domniemanego – wykorzystania przez nie raportów Mewy oraz sposobu użycia dostarczonych przez niego materiałów w negocjacjach z Sowietami, choćby takich jak wiedeńskie rozmowy rozbrojeniowe.

Po przeprowadzeniu dogłębnej analizy Boggs przeszła do przedstawienia wniosków. Najlepszą wiadomością było to, że Mewa wciąż przekazuje cenne informacje wywiadowcze. Boggs napisała, że „po 25 czerwca 1978 r., kiedy to otrzymaliśmy od niego ostatnią dużą przesyłkę, wydaje się, że jego dostęp do dokumentów i doskonała opinia, jaką cieszy się w polskim Sztabie Generalnym, pozostają niezachwiane…".

Boggs stwierdziła, że „wstępna analiza dwudziestu jeden mikrofilmów przekazanych 25 czerwca wskazuje, że są to jedne z najcenniejszych materiałów kiedykolwiek przesłanych przez Mewę. Wydaje się mało prawdopodobne, by umożliwiono mu tak szeroki dostęp do dokumentów, gdyby znajdował się w tym czasie w kręgu podejrzeń".

Boggs wspomniała jednak o kilku niepokojących incydentach, począwszy od wieczoru w roku 1974, gdy obserwujący go tajniacy ruszyli w pościg za Kuklińskim, do ostatniego zdarzenia z udziałem samochodu CIA i śledzącego go, nieoznakowanego pojazdu. Chociaż było mało prawdopodobne, że agenci SB byli świadkami wymiany przesyłek i że rozpoznali w mężczyźnie z ulicy Kuklińskiego, incydenty te wskazywały, że ktoś go śledził i że został namierzony.

> Mimo że Mewa prawdopodobnie zgubił śledzących go agentów, jego zabiegi musiały ich przekonać, że ma coś na sumieniu, a sporządzony rysopis z pewnością trafił do akt bezpieki.
>
> Oprócz wspomnianych wyżej dwóch incydentów podczas spotkań Kuklińskiego z agentami pojawiły się także problemy z przypadkowymi [przechodniami], z których kilku mogło nabrać podejrzeń i złożyć donos np. na niezidentyfikowanego mężczyznę nawiązującego pośpieszny kontakt z kierowcą samochodu na dyplomatycznych numerach, który na chwilę się zatrzymał, i przekazać jego rysopis. Wydaje mi się zatem prawdopodobne, że [polski kontrwywiad] dysponuje aktami z rysopisem Mewy – osoby, która mogła nawiązać potajemny kontakt z [obcym wywiadem].
>
> Na szczęście Mewa jest raczej niepozornym mężczyzną o nie rzucającej się w oczy powierzchowności, bez żadnej szczególnej czy wyróżniającej go cechy charakterystycznej. Poza tym ubrany po cywilnemu raczej nie przywodzi na myśl wysokiego rangą oficera. Sam rysopis nie doprowadził i zapewne nie doprowadzi do jego rozpoznania. Jednak gdyby padły na niego podejrzenia z jakiegoś in-

nego powodu, ewentualne porównanie jego cech fizycznych z rysopisem mogłoby być dla niego groźne.

Nie możemy ustalić, na jakiej podstawie Polacy i/lub Sowieci uważają, iż doszło do dużego wycieku ważnych informacji dotyczących Układu Warszawskiego, jednak raczej nie ma wątpliwości, że są oni tym poważnie zaniepokojeni i że kontrwywiad wzmógł działania w celu wykrycia źródła przecieku. Przynajmniej w czterech przypadkach faktyczny lub domniemany przeciek dotyczył materiałów, które przechodziły na jakimś etapie przez gabinet Mewy. Jednak były one dosyć szeroko rozpowszechniane wewnątrz Sztabu [Generalnego] i domniemane przecieki niekoniecznie musiały zostać przypisane Mewie...

Uważam za rzecz podstawową dołożenie wszelkich starań, by dokładnie ustalić, co dzieje się z raportami Mewy po ich udostępnieniu wewnątrz CIA, oraz zrobienie wszystkiego, co w naszej mocy, by nie przenikały one do osób, które nie mają uzasadnionej i pilnej potrzeby ich przejrzenia. Powinniśmy również – w miarę możliwości – ustalić, jak informacje uzyskane od Mewy wykorzystuje się w negocjacjach z rządami państw Układu Warszawskiego i czy to przypadkiem nie w ten sposób niechcący zaalarmowano wrogi kontrwywiad.

Zdaję sobie sprawę, że jest to trudne zadanie, być może nawet niewykonalne, ale uważam, że z uwagi na narodowy interes Stanów Zjednoczonych musimy zrobić wszystko, co w ludzkiej mocy, by chronić tego naprawdę wyjątkowego i oddanego agenta. Dopóki dokładnie nie zbadamy tego, co się działo i co się dzieje z informacjami przekazywanymi przez Mewę po ich udostępnieniu wewnątrz CIA, dopóty nie będziemy dysponowali pełnym obrazem jego ogólnej sytuacji w zakresie bezpieczeństwa[20].

Po zapoznaniu się z raportem Boggs Kalaris powiadomił o sytuacji Mewy dyrektora CIA, Turnera. Potwierdził, że Agencja może w krótkim terminie przeprowadzić jego ewakuację, mimo że Mewa „zawsze podkreśla, że chce pozostać w Polsce, chyba że pojawią się wyraźne oznaki, iż grozi mu aresztowanie". W niedzielę 6 sierpnia 1978 r. jeden z agentów widział Kuklińskiego w budce telefonicznej koło sklepu rybnego i przesłał do Langley wiadomość, że „wydaje się zdrowy i zrelaksowany".

Dwa dni później CIA poinformowała FBI, że tajne dokumenty dostarczone przez Mewę mogły zostać „potraktowane z nieuwagą, umyślnie lub przypadkowo"[21].

*

W ciągu pięciu lat, jakie minęły od pierwszego spotkania Daniela z Kuklińskim w Europie Zachodniej, David Forden awansował z szeregowego agenta na stanowisko szefa działu operacyjnego sekcji sowieckiej. Dla agenta operacyjnego pięcioletni pobyt w Centrali był stosunkowo długim okresem. W sierpniu 1978 r. 47-letni Daniel otrzymał propozycję wyjazdu do Wiednia na stanowisko szefa tamtejszej placówki CIA. W tym ruchliwym i pięknym mieście agenci CIA mieli dużo pracy. Było ich tam ponad trzydziestu. Jednak przenosiny odcinały go od współpracy z Mewą i rodziły problemy związane z rodziną. Żona Daniela, Sally, była z nim poprzednio na czterech placówkach: w RFN, Argentynie, Polsce i Meksyku. Nie cieszyła jej perspektywa kolejnego wyjazdu. Fordenowie mieli ładny dom w Potomacu w stanie Maryland, a ich dzieci – 10-letnia Caty, 12-letni Daniel i 18-letnia Sara – przywiązały się już do swoich szkół i środowiska. Poza tym Sally marzyła o powrocie do pracy dziennikarza. Daniel ostatecznie postanowił wyjechać do Wiednia sam.

W sierpniu 1978 r. Kukliński i Hanka spędzili udane, krótkie wakacje w Bułgarii, jednak pułkownik wracał do kraju nieco zaniepokojony. Przez kilka nocy przed jego domem parkowały godzinami samochody, w których siedzieli jacyś ludzie. Pewnego dnia, w pracy, przyszedł do jego gabinetu oficer kontrwywiadu wojskowego i stwierdził, że WSW prowadzi zakrojone na szeroką skalę śledztwo w sprawie przecieków informacji wywiadowczych na Zachód. Zażądał od Kuklińskiego listy oficerów zajmujących się planami dotyczącymi uzbrojenia, rozwoju sił zbrojnych, systemami dowodzenia i gotowości bojowej. Kukliński odetchnął później z ulgą, gdy usłyszał, że wszczęcie śledztwa zlecił szef sztabu, Siwicki. Jako że często powierzał mu tajne zadania, doszedł do wniosku, że raczej nie jest dla niego podejrzanym.

Po powrocie z wakacji w Bułgarii Kuklińskiemu zlecono przygotowanie materiałów na toczące się w Wiedniu rozmowy rozbrojeniowe. Zgodnie z instrukcją Rosjan miał ukryć liczebność sił lądowych Układu Warszawskiego.

We wrześniu wyjątkowo się ucieszył, kiedy odnalazł zagubioną kliszę w kieszeni flanelowej koszuli, której przez jakiś czas nie nosił.

Odzyskawszy pewność siebie, odebrał zapieczętowane pudełko od Leona Barszcza i znów zaczął fotografować dokumenty.

Pod koniec 1978 r. CIA rozpoczęła przygotowania do wznowienia kontaktów z Kuklińskim. W niedzielę 1 października o 16.00 pułkownik pojawił się, zgodnie z instrukcją, w budce telefonicznej koło sklepu rybnego, by zasygnalizować, że wszystko jest w porządku. W raporcie podsumowującym przebieg operacji sporządzonym w tym samym miesiącu stwierdzono, że Mewa przekazuje materiały wywiadowcze „w zdumiewającym tempie" i że za dwa miesiące należy wznowić kontakty. Raport potwierdzał wcześniejsze oceny, że Kukliński jest „najlepszym informatorem dostępnym dla rządu USA w państwach Bloku Sowieckiego w zakresie pozyskiwania najcenniejszych informacji wywiadowczych".

Pod koniec grudnia bądź na początku stycznia 1979 r. Kukliński zasygnalizował, że jeszcze tego samego wieczoru chce się spotkać z agentem. Przekazał mu dwadzieścia mikrofilmów zawierających około pięciuset stron dokumentów. „Nie będę ukrywał, że przeżyłem kilka trudnych dni" – napisał w pięciostronicowym liście, dodając, iż ma nadzieję, że kryzys minął. Opisał ulgę, jaka towarzyszyła odnalezieniu zagubionej kliszy. „Rozważałem możliwość powiadomienia Was o tym ważnym odkryciu, jednak trzeźwa ocena wciąż skomplikowanej sytuacji powstrzymała mnie przed podjęciem tego kroku. Jakikolwiek kontakt mógł być ryzykowny dla obydwu stron".

Napisał, że w sierpniu zaczął ponownie gromadzić materiały. Były tam dokumenty dowództwa Układu Warszawskiego w Moskwie na temat nowych rodzajów broni, jego notatki dotyczące projektu „Albatros" i wstępna dyrektywa Kulikowa o nowym systemie gotowości bojowej. „Dokument ten opatrzony został klauzulą najwyższej tajności" – pisał.

Poinformował także o fałszywych danych udostępnianych podczas rozmów rozbrojeniowych w Wiedniu. „Polacy zajęli się (na polecenie Moskwy) ukryciem faktycznej liczebności wojsk lądowych" – napisał. „Pracując nad tą sprawą, zyskałem swobodny dostęp do dokumentów, które zapewne raz na zawsze rozwieją Wasze wątpliwości dotyczące intencji Rosjan oraz, działających pod ich naciskiem, tych spośród pozostałych państw członków Układu Warszawskiego, które oszukują Zachód w sprawie liczebności wojsk będących przedmiotem negocjacji"[22].

W Langley materiały Kuklińskiego, dostarczone pierwszy raz po półrocznej przerwie, wywołały ulgę. Tymczasem przesłano mu list z uwagami dotyczącymi kilku dokumentów przekazanych przez niego latem.

„Rosyjski dokument dostarczony w ostatniej przesyłce, dotyczący planów sił zbrojnych Układu Warszawskiego na lata 1981–1985, jest wyjątkową zdobyczą. Tymczasem rosyjski dokument podający dane taktyczne i techniczne sowieckiego wyposażenia, które ma zostać wprowadzone do wojsk Układu Warszawskiego w latach 1979–1985, jest zapewne najważniejszym dokumentem, który przesłałeś nam w ciągu całego okresu naszej długiej i owocnej współpracy, ponieważ będzie miał wpływ nie tylko na wszystkie struktury armii amerykańskiej, ale także na strukturę sił NATO w strefie najbardziej wysuniętej".

CIA przypomniała Kuklińskiemu, że nawet po wznowieniu działalności jego bezpieczeństwo powinno pozostać priorytetem. „Jeśli pojawi się najdrobniejsza wątpliwość co do tego, czy zdołasz bezpiecznie wykonać jakieś działanie, podejmując decyzję, przede wszystkim uwzględniaj kwestię bezpieczeństwa, nawet jeśli równałoby się to niemożności sfotografowania ważnego dokumentu lub konieczności odwołania zaplanowanego spotkania z agentem".

CIA przestrzegła go przed metodą śledczą, stosowaną niekiedy dla wykrycia przecieków. Dokument testowy, często autentyczny, ale w dyskretny sposób oznakowany, zostaje przekazany podejrzanemu, po czym sowiecki agent na Zachodzie próbuje ustalić, czy materiał ten trafił do CIA. „Metodę tę stosuje, na przykład, KGB".

„W związku z tym prosimy, byś pozostał szczególnie wyczulony na sytuację, gdy trafiają do Ciebie dokumenty, do których Ty i Twoi najbliżsi współpracownicy zwykle nie macie dostępu, lub które, z takich czy innych względów, wydają się podejrzane czy niecodzienne. W takiej sytuacji zachowaj szczególną ostrożność przy podejmowaniu decyzji, czy dokumenty takie można bezpiecznie skopiować. Prosimy Cię także o poinformowanie nas o takim dokumencie lub dokumentach".

CIA poradziła Kuklińskiemu, by nie przejmował się zbytnio obserwacją prowadzoną na ulicy Rajców, wykazując jednocześnie ostrożność. „Pamiętaj, że wszyscy Twoi sąsiedzi są wojskowymi i że obiektem obserwacji może być każdy z nich albo nikt w szczególności".

Do Warszawy przesłano także list od Daniela. Wyznał w nim, że ma powracające poczucie przygnębienia, ponieważ nie może zrobić nic więcej, by złagodzić niepokój Kuklińskiego co do jego bezpieczeństwa. Napisał, że „przez pół roku CIA prowadziła intensywną analizę tego, czego Sowieci mogli się dowiedzieć i w jaki sposób".

> Przeanalizowaliśmy także stan ich wiedzy i spekulacje, które przekazał nam rumuński generał Pacepa*. Składając to wszystko razem, nie znaleźliśmy nic, co – w ich oczach – wskazywałoby na Ciebie. Poza tym Sowieci muszą załatwić kilka innych spraw, zanim zaczną rozwiązywać problem tajnych informacji „wyciekających" na Zachód.

* Generał Ion Pacepa, były zastąpca szefa wywiadu z czasów Nicolae Ceaușescu, zbiegł na Zachód w roku 1978.

Mimo wszystko sądzę, że nasza wspólna decyzja o zawieszeniu kontaktów była rozsądna. Potrzebowałeś trochę normalności, żeby całkowicie wyeliminować zagrożenie związane z przyciąganiem uwagi do swojej osoby. My potrzebowaliśmy czasu na przeprowadzenie analiz. Jednak bardzo cieszyliśmy się, że widywaliśmy Cię w tym okresie w umówionym miejscu. Zawsze zjawiałeś się punktualnie...

P.V. – rzadko jesteś nieobecny w moich myślach. W tym skomplikowanym i zmieniającym się świecie nie znam nikogo, kto wykazałby się większą odwagą i poświęceniem, realizując z powodzeniem nasze wspólne cele. W samotności swoich działań wiedz, że nasza przyjaźń, szacunek i wspólny cel złączyły nas na zawsze.

Z poważaniem
Daniel[23]

Po przeczytaniu listów warszawska komórka CIA dokonała jedynie drobnej korekty i przekazała korespondencję Kuklińskiemu na początku 1979 r. Wkrótce miała nastąpić istotna zmiana w redagowaniu listów od Daniela. Po jego wyjeździe do Wiednia jego dalsza, osobista korespondencja z Kuklińskim byłaby bardzo utrudniona. Jednak z uwagi na to, że jego listy stanowiły ważną część całej operacji, CIA uznała, że przerwanie kontaktu byłoby zbyt ryzykowne, i nie chciała wspominać Kuklińskiemu, że Daniel nie jest już w Langley, bojąc się, że go to zmartwi lub zdekoncentruje. Sekcja sowiecka wyznaczyła grupę pracowników, w tym Stanleya Patkowskiego, tłumacza, który tak sprawnie radził sobie z korespondencją między Danielem a Kuklińskim, do pisania listów w imieniu Daniela. Osoby te skonsultowały się z nim, przeanalizowały jego wcześniejsze listy i dogłębnie zapoznały się ze stylem jego wypowiedzi.

Daniel ze spokojem przyjął ten pomysł. Darzył Kuklińskiego autentyczną przyjaźnią, jednak jego bezpieczeństwo i morale również leżały mu na sercu. Zgodził się, że listy należy koniecznie wysyłać, jednak zaznaczył, że ich forma musi być zbieżna, a treść aktualna. Informowanie go o zawartości korespondencji byłoby kłopotliwe i mogłoby doprowadzić do nieporozumień. Był pewien, że podczas jego kilkuletniej nieobecności w Langley jego koledzy, naśladując jego styl, potrafią utrzymać dialog z Kuklińskim[24].

Rozdział VII

Zapowiedź zmian

Pewnego wieczoru w lutym 1979 r. Ruth Brerewood*, szefowa sekcji polskiej w Langley, jadła w Warszawie kolację w towarzystwie kolegi z CIA i jego żony w modnej restauracji „Złota Kaczka". Brerewood nigdy nie służyła w Polsce, ale zgodziła się wypełnić dwumiesięczny wakat w komórce CIA w Warszawie do czasu, gdy zjawi się tam pracownik pełnoetatowy. W pewnym sensie wypadało, żeby tam pojechała, ponieważ w sprawie Mewy zajmowała się już niemal wszystkim.

Brerewood, była bibliotekarka z liceum w Ogdensburgu w Stanie Nowy Jork, wstąpiła do CIA w roku 1963. Jako pracownik sekcji polskiej odgrywała dyskretną, ale ważną rolę we wspieraniu Mewy. Na przykład po wyjeździe Fordena do Wiednia pomagała przygotowywać „listy Daniela". Czytała ostateczną wersję każdego z nich, by mieć pewność, że sekretarki dokładnie przepisały to, co napisał tłumacz, Stanley Patkowski. Kiedy do Langley przysłano zdjęcia zrobione przez Kuklińskiego, osobiście odnosiła do laboratorium specjalne, ołowiane pojemniki. Wkrótce mikrofilmów było tak dużo, że laboranci nauczyli ją robić odbitki. Po wywołaniu zdjęć opisywała każdy z negatywów, kojarząc je z odpowiadającymi im wydrukami. Chociaż nie znała polskiego ani rosyjskiego, zwykle po obejrzeniu serii zdjęć, potrafiła określić, w którym miejscu dokument się zaczyna i kończy.

Ze względu na to, że znała daty kontaktów Kuklińskiego z agentami, przeżywała je na odległość. W każdą niedzielę, wiedząc, że pracownicy warszawskiej komórki CIA spotkają się z nim wieczorem czasu polskiego, już po popołudniu była spięta, czekała, rozmyślała i spoglądała co rusz na

---

* Pseudonim.

zegarek. Nie była spokojna, dopóki nie dotarła do pracy nazajutrz rano i nie sprawdziła przekazów, upewniając się, że Mewa jest bezpieczny.

Tamtego wieczoru, siedząc ze znajomymi w restauracji, nie zdawała sobie sprawy, jak mało brakuje, by się z nim zetknęła. Kiedy wraz z przyjaciółmi przeglądała kartę, jej kolega z CIA nagle powiedział: „Wiesz, chyba nie mam dziś ochoty na kaczkę". Rzucił okiem na pobliski stolik, przy którym siedziała grupa mężczyzn w mundurach polskiej armii. Amerykanie wstali i wyszli. Później agent wyjaśnił jej, że jednym z oficerów przy stoliku był Mewa[1].

Na początku marca do zespołu warszawskiej komórki CIA dołączyła Sue Burggraf, pierwsza kobieta pełnoetatowy pracownik CIA w Polsce. Początkowo odrzuciła tę propozycję. Jako panna po trzydziestce sądziła, że Warszawa będzie ponurym i samotnym miejscem, i nie podobało jej się, że stanie się obiektem nieustannej inwigilacji – w mieszkaniu, w samochodzie i podczas rozmów telefonicznych.

Uwielbiała podróże. Zwiedziła wszystkie stany, z wyjątkiem Alaski i Hawajów, i spędziła lato, pracując jako pokojówka w hotelu w maleńkim miasteczku w niemieckim Szwarcwaldzie. Marzyła o przygodach. W roku 1967, będąc na ostatnim roku studiów na uniwersytecie w Ohio, dowiedziała się, że na uczelni pojawił się werbownik CIA, i poszła do niego na rozmowę. Powiedział jej, że „będzie wykonywała zadania szpiegowskie". Wspomina, że „zabrzmiało to bardzo sexy". Nie uprzedził jej, że zatrudnią ją w charakterze sekretarki. Burggraf, której ojciec był listonoszem, a matka kościelną organistką, była pierwszą osobą w rodzinie, która skończyła studia, i czuła się nie na miejscu na szkoleniu jako jedyna absolwentka college'u wśród dwudziestu kilku przyszłych sekretarek. Do czasu, kiedy je skończyła, mniej więcej połowa jej koleżanek zaszła w ciążę i zrezygnowała z kursu. Burggraf wytrwała i wyjechała na placówkę CIA jako sekretarka. Później wróciła do Langley i zaczęła piąć się po szczeblach kariery.

Jednak nawet już jako pracownik CIA napotykała opór. Kiedy po raz pierwszy zaproponowano jej pracę w Warszawie, miała objąć funkcję „agenta wspierającego", przyporządkowaną podoficerom. Nie miałaby kontaktu z informatorami i mogłaby jedynie odwiedzać miejsca operacyjne w poszukiwaniu znaków wyrysowanych kredą oraz innych sygnałów w drodze z i do pracy. Wściekła, odmówiła. Jeden z szefów przypomniał jej, że podpisała zobowiązanie do wyjazdu w każde miejsce, w które skieruje ją Agencja. Inny przełożony, Peter Earnest, zachęcał, żeby jeszcze przemyślała swoją decyzję. Wykonał kilka telefonów i zapewnił ją, że kiedy dotrze do Polski, będzie pełnić normalne obowiązki oficera. Dostała pół roku na przygotowania. Nie znała polskiego, więc poświęciła cały wolny czas nauce języka, przerywając ją tylko w piątkowe popołudnia, w które jeździła do Centrali, by zapoznać się z dokumentami sekcji polskiej.

Po przyjeździe do Warszawy kupiła za dwa i pół tysiąca dolarów białego polskiego fiata, uznając, że nocą informatorzy łatwiej go wypatrzą. Jednak, jak każdy nowicjusz, dowiedziała się, że musi odczekać pół roku, zanim dokona pierwszej wymiany przesyłek na mieście. Musiała najpierw poznać Warszawę i wypracować rutynowe trasy przejazdu, by wyczuć, kiedy jest śledzona. Tak jak przypuszczała, życie w Warszawie było dla niej wyzwaniem. Przez wiele miesięcy w jej mieszkaniu wciąż dzwonił telefon, a kiedy podnosiła słuchawkę, słyszała różne kobiece głosy mówiące po polsku. Nie znała jeszcze polskiego na tyle, by wdać się w rozmowę, jednak wiedziała, jak powiedzieć „pomyłka". Kiedy się rozłączała, telefon dzwonił ponownie.

23 marca, po kilku nieudanych próbach wymiany przesyłek z Kuklińskim, agent CIA przejechał samochodem obok budki przy sklepie rybnym, gdzie umówili się na przekazanie sygnału, jednak Kukliński się nie pojawił. Miesiąc później pracownicy warszawskiej komórki CIA pozostawili znak wyrysowany kredą, sygnalizujący prośbę o nieplanowaną wymianę przesyłek, ale Kukliński znów nie dotarł w umówione miejsce. „Rozczarowani, ale jeszcze nie zaniepokojeni" agenci wysłali wiadomość do Langley. CIA postanowiła czekać na sygnał od Kuklińskiego.

30 kwietnia, o 8.30, jeden z agentów zauważył znak wyrysowany kredą, wskazujący, że Kukliński przekaże wiadomość tego samego dnia o dziesiątej wieczorem. Poprosił o spotkanie 6 maja[2].

Kukliński nie pojawił się na spotkaniu z agentem 4 marca, ponieważ nie miał nic ważnego do przekazania. Zamierzał pokazać się w budce telefonicznej 23 marca, ale dzień wcześniej dowiedział się, że jedna z jego najbliższych przyjaciółek, Barbara Jakubowska, zmarła na raka jajników. Ona i jej rodzice bardzo przyjaźnili się z nim i z Hanką. Ojciec Barbary, Czesław, uwielbiał Kuklińskiego. Jego wolny chód i spokój przypominał pułkownikowi jego własnego ojca. Barbara, która miała niecałe trzydzieści lat, pracowała w firmie elektronicznej i studiowała ekonomię. Była bardzo zżyta z synem Kuklińskiego, Bogdanem, kochała ich suczkę, Zulę, i lubiła żeglować z Kuklińskimi. Kiedy zachorowała na początku lat siedemdziesiątych, jej rodzice poprosili Kuklińskiego, by polecił im najlepszych lekarzy. Jego matka zmarła w roku 1963 na tę samą chorobę. Kukliński zawiózł Barbarę do szpitala i bardzo interesował się stanem jej zdrowia. Kiedy choroba chwilowo ustąpiła, jej rodzice, którzy byli bardzo religijni, uznali, że Kukliński dokonał cudu.

Barbara wracała do zdrowia, jednak pewnego dnia jej rodzice zadzwonili do Kuklińskiego z wiadomością, że doznała wylewu i przestała mówić. W połowie marca, po drugim wylewie, zmarła. Jej śmierć, którą Kukliński bardzo przeżył, nastąpiła w czasie trudnym dla całej rodziny. Artretyzm i bóle pleców Hanki, które zdiagnozowano jako zwyrodnienie kręgosłupa, zmusiły ją do porzucenia posady księgowej. Bogdan stanął przed sądem w sprawie o potrącenie pieszego. Został ukarany grzywną i dostał wyrok roku więzienia w zawieszeniu.

3 maja marszałek Kulikow przeprowadził ściśle tajne szkolenie z udziałem niewielkich grup oficerów z państw Układu Warszawskiego, będące symulacją przestawienia sił zbrojnych Układu Warszawskiego z czasów pokoju na warunki czasów wojny. Kukliński był oburzony, że jego przełożeni nie oponują przeciwko propozycji Kulikowa podporządkowania w czasie wojny polskiego Sztabu Generalnego dowództwu radzieckiemu, i dawał temu otwarcie wyraz. Słyszał plotki, że propozycja ta również głęboko uraziła premiera Piotra Jaroszewicza, który jednak najwyraźniej nie chciał o tym mówić publicznie.

Nocą, 5 maja, po zakończeniu szkolenia Kukliński opisał CIA materiały, które sfotografował mimo zaostrzonych rygorów w zakresie bezpieczeństwa. „Mieliśmy zakaz wprowadzania maszynistek i kreślarek. Wszystkie dokumenty musieli sporządzać ręcznie generałowie i inni oficerowie" – napisał. W przesyłce dostarczonej nazajutrz przekazał ponad siedemdziesiąt dokumentów, które skopiował na ponad ośmiuset zdjęciach.

Dwunastostronnicowy raport z 12 stycznia 1979 r. dotyczył sowieckich ćwiczeń z bronią chemiczną. Raport polskiego wywiadu zawierał informacje na temat zaawansowanego amerykańskiego systemu łączności satelitarnej Marisat. Były tam także nowe dyrektywy przesłane przez sztab Kulikowa, dotyczące planów gotowości bojowej sił zbrojnych Układu Warszawskiego.

Kukliński stwierdził, że czuje się na tyle bezpieczny, by krytykować statut na czas wojny Kulikowa, i podejrzewał, że niektórzy spośród jego kolegów podzielają jego opinię.

> Wciąż należę do kręgu osób darzonych najwyższym zaufaniem mimo mojego sprzeciwu wobec wszelkich decyzji zagrażających suwerenności kraju, któremu służę. Moja gorycz wyrażana słowami dezaprobaty wobec postaw służalczych i proradzieckich jest przyjmowana bez komentarzy. Możliwe, że większość z nas myśli podobnie, a różni nas jedynie taktyka działania.

Nieświadomy tego, że Daniel nie pracuje już w Centrali, Kukliński napisał do niego osobny list, wyrażający wściekłość wobec agresywnej i aroganckiej postawy Kulikowa w kwestii statutu na czas wojny. Szkolenie, które trwało do dwudziestu godzin dziennie, pokazało wyraźnie, że pierwszy raz od tysiąca lat polscy przywódcy godzą się na praktyki, które pozbawią naród jego suwerennych praw, oddając go „w ręce obcego mocarstwa sięgającego swymi pazernymi łapskami do wszystkich zakątków świata, by niepodzielnie nad nim panować". Kukliński ubolewał, że żaden przywódca państwa członka Układu Warszawskiego, oprócz Rumunii, nie sprzeciwił się „tej haniebnej decyzji".

> Danielu, celem działań, które podjąłem z własnej woli siedem lat temu, zawsze był i jest nadal aktywny sprzeciw wobec rozwoju wydarzeń opisanych powyżej. Piszę Ci o tych sprawach, bo mam nadzieję, że ich znajomość pomoże najwyższym władzom Stanów Zjednoczonych podjąć stosowne działania blokujące. Nie czuję się kompetentny do sugerowania konkretnych metod działania w tej sprawie.

Kukliński opisał swój smutek po śmierci Barbary Jakubowskiej. „Była bardzo skromną i niepozorną, a jednocześnie niezwykle szczodrą kobietą, gotową oddać wszystko, nie prosząc o nic w zamian". Wyznał, że odwiedza jej grób na cmentarzu Wolskim, znajdującym się zaledwie pięćdziesiąt metrów od cmentarza, na którym pierwszy raz spotkał się z Amerykanami. „Przejeżdżając tamtędy, odczuwam swoją jedyną zachętę – myśl, że nasza droga, która miała swój początek właśnie w tym miejscu, jeszcze nie dobiegła kresu", napisał.

> Danielu, na koniec chciałbym Ci serdecznie podziękować za Twój ostatni list i za wszystko, co dla mnie ostatnio zrobiłeś. Jestem Ci wdzięczny za Twoją przyjaźń, którą bezustannie podtrzymujesz, za troskę i za to, że robisz wszystko, bym czuł się bezpiecznie. Nie tracę nadziei, że dane nam będzie nie tylko uścisnąć przyjacielską dłoń, ale także nawiązać bliższe kontakty w Twojej albo w mojej ojczyźnie. Wszystko wskazuje na to, że napięcia, które pojawiły się w ubiegłym roku, zostały całkowicie zażegnane i istnieje szansa, że będziemy kontynuować naszą bezpieczną i owocną współpracę.
>
> Twój
>
> P.V.[3]

CIA uznała dziewiętnaście mikrofilmów przekazanych przez Kuklińskiego 6 maja za bardzo ważne. Jeden z raportów stwierdzał, że 14-stronicowy list Jaruzelskiego do Kulikowa w sprawie propozycji podporządkowania w warunkach wojny polskich sił zbrojnych dowództwu sowieckiemu pozostanie ściśle tajny. Oprócz CIA trafi tylko do szefa Agencji Obrony i Wywiadu, generała Eugene'a F. Tighe'a juniora, do dyrektora Agencji Bezpieczeństwa Narodowego, wiceadmirała Bobby'ego Raya Inmana, i do zastępcy szefa sztabu armii amerykańskiej do spraw wywiadu, generała Edmunda R. Thompsona[4].

Przez następne dwa miesiące Kulikow i jego współpracownicy wciąż wywierali presję na polski Sztab Generalny w sprawie propozycji statutu na czas wojny. „Czuję się jak w oku cyklonu" – napisał Kukliński w liście do CIA przekazanym 8 lipca[5]. Dołączył do niego czternaście mikrofilmów zawierających, między innymi, 27-stronicowy rosyjski projekt statutu na czas wojny przedstawiony Jaruzelskiemu. Jedynie Jaruzelski, Siwicki i jeszcze jeden oficer znali jego treść, pisał Kukliński. „Proszę Was, żebyście bardzo ostrożnie wykorzystywali informacje na ten temat".

Dostarczył także CIA szczegółową analizę radzieckiego uzbrojenia, w tym czołgu T-72, „którą pozyskał w trakcie prezentacji czołgu zorganizowanej dla ścisłych gremiów polskiego Sztabu Generalnego". Sfotografował tabelę porównującą możliwości bojowe radzieckich myśliwców, w tym Su-24, Su-17 M2 oraz MiG-27. Większość z nich nie została jeszcze wprowadzona do polskiej armii. „Przekopiowałem tę tabelę z notatnika jednego z rosyjskich generałów uczestniczących w dwustronnych rozmowach w polskim Sztabie Generalnym (oczywiście bez jego wiedzy)".

Poinformował CIA, że pułkownik Putek, oficer kontrwywiadu, który składał mu częste wizyty, został wysłany do Egiptu. „Przysłał mi nawet kartkę z Kairu" – zanotował złośliwie.

Podczas kontaktu z agentem otrzymał współczujący list od „Daniela" w odpowiedzi na wiadomość o śmierci Barbary. CIA powiadomiła go także, że Stan, oficer, który tłumaczył jego korespondencję z Danielem, przechodzi na emeryturę, zatem pewnie zauważy różnicę w stylu i słownictwie następnych listów.

„Z uwagi na najwyższy szacunek i podziw dla Ciebie kilkakrotnie przekładał decyzję o przejściu na emeryturę, by z bliska śledzić nasze działania i aktywnie w nich uczestniczyć. Teraz przesyła Ci, za moim pośrednictwem, wyrazy najgłębszego szacunku i życzy wszelkiej pomyślności we wszystkich aspektach życia. Zastąpi go jego długoletni, zaufany współpracownik, który czuje się zaszczycony, że może zostać członkiem naszego niewielkiego, ekskluzywnego zespołu"[6].

*

W sierpniu 1979 r. przyjechał do Polski Ted Gilbertson*, sympatyczny 37-latek o chłopięcej twarzy z niewielkim wąsikiem z Wirginii Zachodniej, dołączając do Burggraf jako pracownik placówki CIA w Warszawie. Gilbertson, agent z ośmioletnim stażem, miał dwoje dzieci i był akurat w trakcie skomplikowanego rozwodu, ale cieszył się ze swojej nowej misji. Miał niezwykły życiorys jak na agenta. Po ukończeniu studiów na Uniwersytecie stanu Pensylwania pracował jako reporter WPSX, lokalnej rozgłośni radiowej o charakterze edukacyjnym, w której zainicjował program wiadomości dla dzieci. Później służył w wojsku, gdzie złożył podanie do CIA. Czekając na odpowiedź Agencji, zajął się akwizycją handlową na rzecz pewnego koncernu farmaceutycznego. Sprawiał wrażenie, jakby nigdy nie wysiadał z samochodu, bez przerwy dzwoniąc do biura i do szpitali. Było to dobre przygotowanie do służby w warszawskiej komórce CIA, gdzie godzinami prowadził na mieście rozpoznanie agentów tajnych służb.

Przed przyjazdem do Warszawy poznał George'a Kalarisa, poważnego i błyskotliwego szefa sekcji sowieckiej. Kalaris powiedział Gilbertsonowi, że Mewa jest najważniejszym informatorem działającym przeciwko Moskwie, jakim kiedykolwiek dysponowało szefostwo działu operacyjnego CIA. „Możesz nawet nic nie robić, tylko nie schrzań nam tej sprawy" – oświadczył mu Kalaris.

Trzeci nowy agent, 33-letni Michael Dwyer**, przyjechał do Warszawy na początku września na swoją pierwszą placówkę w strefie zakazanej. Pochodzący z Buffalo w Stanie Nowy Jork Dwyer był ekspertem od spraw Azji. Służył kiedyś w marynarce wojennej w Wietnamie i biegle mówił po wietnamsku.

Kilka lat wcześniej odbył rozmowę z Danielem w sprawie kolejnej misji. Nie bał się wyzwań i dał jasno do zrozumienia, że marzy o placówce w Moskwie. Przymykając powieki, Daniel w milczeniu pociągał z wolna papierosa. Dwyer patrzył, jak spopielona końcówka jego camela staje się coraz dłuższa, w miarę jak ulatuje z niego dym. W końcu Daniel przemówił.

„Warszawa to świetne miejsce" – rzekł. „Tam naprawdę się coś dzieje". Wyciągnął rękę. „Podczas jednego spotkania możesz zgarnąć więcej informacji wywiadowczych niż większość agentów w czasie całej swojej kariery".

Dwyer wylądował w Warszawie 2 września 1979 r., trzy miesiące po historycznej wizycie papieża, Jana Pawła II, który odprawił mszę na placu

---

* Pseudonim.

** Pseudonim.

Zwycięstwa z udziałem 250 000 Polaków. Oznajmił wtedy przy ogłuszającym aplauzie tłumu, że „nie może być Europy sprawiedliwej bez Polski niepodległej na jej mapie!".

Jeżdżąc po Warszawie, Dwyer wyczuwał zapowiedzi nadchodzących zmian. Ściany budynków były pełne haseł zapowiadających opór. Na niektórych widniał znak „Polski Walczącej", symbolu Armii Krajowej. Unaocznił on Dwyerowi, jak bardzo Polacy pozostali dumni i niezależni. Niektóre napisy komuniści pośpiesznie zamalowywali, jednak farbę zawsze zmywał deszcz i znów się pojawiały. 17 września, w czterdziestą rocznicę sowieckiej inwazji na Polskę, Dwyer przejeżdżał wraz z kolegą obok budynku radzieckiej misji handlowej. Ktoś przeskoczył 10-metrowy mur od frontu i wymalował wielki napis: „Nie zapomnimy!".

11 listopada, w dniu święta narodowego upamiętniającego odzyskanie przez Polskę niepodległości w roku 1918 po niemal stu dwudziestu pięciu latach rozbiorów, Dwyer wybrał się na mszę koncelebrowaną przez polskiego prymasa, kardynała Stefana Wyszyńskiego, który wygłosił homilię do tysięcy Polaków zgromadzonych w katedrze św. Jana na Starym Mieście. Po mszy wmieszał się w tłum, który wyszedł na ulice z transparentami „Wolności i Chleba" oraz powołującymi się na słowa papieża, że nie może być Europy sprawiedliwej bez wolnej Polski. Patrzył, jak w tłum wbiegają agenci SB, wyrywając ludziom transparenty, w miejsce których natychmiast pojawiają się nowe. Był głęboko poruszony tym, co zobaczył – odwagą Polaków w tym dniu narodowego protestu.

Przyłączył się do tłumu maszerującego w chłodny wieczór wąskimi uliczkami Starego Miasta do placu Zamkowego i dalej, Krakowskim Przedmieściem na plac Zwycięstwa pod Grób Nieznanego Żołnierza, narodowy symbol sprzed czasów komunistycznego reżimu. Tamtego dnia Dwyer nauczył się słów polskiego hymnu, który tłum intonował wtedy bez końca[7].

Na początku września Jaruzelski zalecił, by Sztab Generalny wydał opinię na temat radzieckiego projektu statutu na czas wojny, zanim przedstawi go pierwszemu sekretarzowi PZPR Gierkowi i premierowi Jaroszewiczowi. Gdy Siwicki spotkał się w tej sprawie z najwyższymi rangą oficerami, na jego prośbę o wyrażenie opinii początkowo nikt się nie odezwał. W końcu przemówił Kukliński, który zdecydowanie oświadczył, że projekt należy odrzucić. „W tej formie powinniśmy go odrzucić. Oddajemy wszystko Rosjanom" – stwierdził.

Poproszony przez Siwickiego o przygotowanie odpowiedzi, sporządził bardzo krytyczny dokument, lecz dostał rozkaz, żeby go złagodzić. Poprawiał go kilkakrotnie, ale za każdym razem kazano mu usuwać krytyczne uwagi o projekcie i zakończyć go stwierdzeniem, że inicjatywa ta leży w interesie Polski i że należy ją przyjąć. Ostatecznie przygotował wersję zawierającą jedynie drobne korekty i wniosek spełniający życzenia przełożonych.

Gdy 10 września Jaruzelski spotkał się ze swymi zastępcami, by omówić propozycję Kulikowa, nie było głosów sprzeciwu. Jaruzelski stwierdził, że to trudna kwestia, „wymagająca głębokich analiz i studiów". Siwicki sam nie skrytykował projektu, wręczając Jaruzelskiemu dokument przygotowany przez Kuklińskiego.

21 września marszałek Kulikow przyjechał do Polski na spotkanie z Gierkiem i Jaruzelskim. Ci zaproponowali mu mętny i słaby kompromis. Kulikow odrzucił ich postulaty i zapowiedział, że wróci do Polski na dalsze rozmowy. Tamtego dnia Kukliński zaczął pisać gniewny list o nieprzejednaniu Kulikowa i tchórzostwie przywódców państw Bloku Wschodniego, w tym Polski. Wiedział, że w Sztabie Generalnym byli oficerowie, którzy postrzegali propozycję Kulikowa „jako brutalny zamach na suwerenność państw Układu Warszawskiego". Jednak było oczywiste, że krytyka niczego tu nie zmieni. „Przez cały tydzień – pisał Kukliński – wycofywaliśmy się z konkretnych zapisów i postulatów, tak że w końcu do Kulikowa trafiła bardzo okrojona wersja dokumentu".

> Jestem pewien, że szefowie MON-u są gotowi – na żądanie Moskwy – zrezygnować z reszty swoich sugestii i poprzeć wstępną wersję statutu... Kulikow rozmawiał już o tej sprawie w Czechosłowacji i – według jego słów – otrzymał tam pełne poparcie. Z Polski jedzie do Niemieckiej Republiki Demokratycznej w tym samym celu.

Kukliński stwierdził, że zakres jego obowiązków został poszerzony. Pozostając szefem Oddziału ds. Planowania Strategiczno-Obronnego w Sztabie Generalnym, objął także stanowisko zastępcy szefa Zarządu Operacyjnego Sztabu Generalnego. „Biorąc pod uwagę wszystkie okoliczności, oceniam tę sytuację jako bardzo korzystną" – napisał.

W osobnym liście do Daniela wspomniał jeszcze raz o odejściu Barbary i wyraził swoje refleksje o „delikatnej istocie przyjaźni, brutalnie przerwanej przez śmierć".

> Nie ma rozstań z prawdziwym, oddanym przyjacielem. Nie można się z nim rozstać nawet wtedy, jeśli już nie ma go pośród nas. Nie wiem, czy kiedykolwiek zdołam się podnieść po tej stracie...
>
> Drogi Danielu, zgadzam się z Tobą, że nie możemy odwrócić tego, co nieodwracalne. Z osobistych przeżyć i doświadczeń wiem

także, że czas leczy nawet najgłębsze rany, jeśli pozwolą na to człowiekowi siły i wiara. Mimo nieustannej depresji widzę przed sobą wiele niezrealizowanych celów, zarówno tych wielkich odnoszących się do polskich aspiracji wolnościowych, jak i tych mniejszych dotyczących mnie i moich bliskich.

Dalej napisał, iż cieszy się zaufaniem przełożonych, czego dowodem było włączenie go do wąskiego kręgu osób pracujących nad statutem na czas wojny oraz możliwość jawnego krytykowania propozycji Kulikowa w Sztabie Generalnym.

Mimo że mam świadomość, że moje starania o odrzucenie tego haniebnego dokumentu ostatecznie nie zakończą się sukcesem, to moja praca daje mi wiele satysfakcji, ponieważ po raz pierwszy od ponad trzydziestu lat mogę powiedzieć, co myślę na ten temat i jak to oceniam. Nie wszystkie moje oceny, wnioski i sugestie są akceptowane. Jednak mam nadzieję, że sformułowania dotyczące przekazania w ręce Moskwy niezbywalnego prawa narodu polskiego do podejmowania decyzji dotyczących wykorzystania własnych sił zbrojnych zostaną zmienione, a wymowa innych postanowień tego dokumentu, będących próbą zniszczenia resztek polskiej suwerenności, zostanie znacznie złagodzona.

Oczywiście udaremnienie zamachu na własną suwerenność i odmowa całkowitego podporządkowania się Moskwie jest przede wszystkim sprawą samego narodu i jego władz.

Kukliński dołączył podziękowania dla odchodzącego na emeryturę tłumacza, Stanleya Patkowskiego, przesyłając mu jednocześnie „wyraz pamięci" – pióro, którym podpisywano dokumenty końcowe podczas spotkania ministrów obrony w Budapeszcie. „Danielu, uściśnij ode mnie jego spracowaną dłoń" – napisał.

Pióro, listy i dwadzieścia siedem mikrofilmów przekazał podczas kontaktu z agentem 24 września[8].

Przez kilka następnych tygodni Kukliński miał koordynować ostateczne negocjacje w sprawie statutu na czas wojny prowadzone z Kulikowem i jego sztabem, którzy odwiedzali stolice wszystkich państw Układu Warszawskiego, naciskając na podpisanie porozumienia.

W połowie października Kulikow w towarzystwie szefa sztabu, Gribkowa, i innych oficerów ponownie przyjechali do Polski na dwudniowe, tajne rozmowy w Omulewie na Mazurach. Już na początku Kulikow dał jasno do zrozumienia, że uzna wszelki sprzeciw wobec swojej propozycji za niedopuszczalny. Stwierdził, że Bułgaria, NRD i Czechosłowacja poparły projekt „bez zastrzeżeń". Węgrów nieco trudniej było przekonać. Kulikow wyznał, że w trakcie 14-godzinnych rozmów węgierski minister obrony wyraził wiele zastrzeżeń, z których się później wycofał, zaskakując tym nawet samych Rosjan.

Jednak największy problem był z Rumunią, kontynuował. Oskarżył tamtejszych oficjeli o przekazywanie informacji Zachodowi. Zjeżył się, opisując swoją wizytę w Bukareszcie. Gdy samolot podchodził do lądowania, rumuńscy kontrolerzy lotów odmówili komunikowania się w języku rosyjskim. Po wylądowaniu otoczyła go tajna policja, która odtąd nie spuszczała go z oka. Co gorsza, w hotelu umieszczono go w pokoju sąsiadującym z pokojem zajmowanym przez przedstawicieli jakiejś delegacji chińskiej. Kulikow wyraził nadzieję, że Jaruzelski przyłączy się do wspólnego frontu przeciwko Rumunom podczas grudniowego spotkania ministrów obrony państw Układu Warszawskiego, któremu miał przewodniczyć. W pewnym momencie Gribkow dodał, że choć docenia ogólne poparcie Jaruzelskiego dla projektu statutu, to jest już najwyższy czas, by Polacy wyrazili dla niego „szczegółową i rzeczową zgodę na piśmie".

Podczas spotkania Jaruzelski, Kulikow i Gribkow udali się na polowanie, polecając Kuklińskiemu uzgodnienie ostatnich kwestii spornych między Polakami a Rosjanami. Gdy wrócili po kilku godzinach, okazało się, że Kulikow ustrzelił trzy sarny, Gribkow dwie, a polski generał żadnej. Kulikow spytał o postęp prac.

Gdy Kukliński oświadczył, że ostatni radziecki projekt nie rozstrzyga do końca wątpliwości Polaków, Jaruzelski miał niewesołą minę. Tymczasem Siwicki stwierdził, że Rosjanie muszą traktować polskie zastrzeżenia poważnie, czym całkowicie zaskoczył Kulikowa. Po kolejnym dniu negocjacji osiągnięto kompromis we wszystkich kwestiach, z wyjątkiem dwóch. Najważniejszy spór dotyczył nalegań Moskwy, żądającej prawa do przesunięcia polskich systemów obrony powietrznej poza granice Polski, by chronić radzieckie oddziały przemieszczające się podczas ofensywy na zachód.

Kukliński został wysłany do Moskwy, by rozwiązać tę kwestię w towarzystwie dwugwiazdkowego generała, dowódcy polskiej obrony powietrznej. Przed wyjazdem spotkał się z Siwickim, który zgadzał się, że Polska nie może zrzekać się dowództwa nad swoim systemem obrony powietrznej w warunkach wojny, a przynajmniej że nie może się to odbyć bez jej zgody.

Kukliński i dowódca polskiej obrony powietrznej spotkali się w Moskwie z grupą radzieckich negocjatorów, którym przewodził zastępca dowódcy tamtejszej obrony powietrznej, generał Podgorny. Po całodniowych rozmowach Kukliński czuł, że uzyskał ustępstwa w dwóch kwestiach: obrona powietrzna każdego państwa członka Układu Warszawskiego powinna bronić wyłącznie terytorium tego państwa, a gdyby zaszła konieczność jej przesunięcia poza jego granice, decyzję powinny podejmować gremia polityczno-wojskowe tego państwa, a nie Moskwa. Po drugie, dowódca obrony powietrznej każdego z państw członkowskich Układu Warszawskiego powinien sprawować dowództwo na terytorium własnego kraju.

Wieczorem, podczas przyjęcia z okazji zawarcia wstępnego porozumienia, Podgorny wstał i uniósł kieliszek. Wygłosił kilka toastów na cześć partii komunistycznej, partyjnych przywódców, Leonida Breżniewa i Edwarda Gierka, ministrów obrony Ustinowa i Jaruzelskiego oraz innych osobistości.

„Chcę wznieść jeszcze jeden toast" - oznajmił na koniec. „Szanujemy Polskę. Polska opowiedziała się za nami i wspierała nas. Szanujemy naszych przyjaciół". Dodał, że jest dumny, że Polska poparła jego kraj w czasie wojny. „Podziwiamy przyjaciół, którzy nas wspierają. Jednak szanujemy także naszych wrogów" – ciągnął, wznosząc toast za zdrowie „towarzysza pułkownika Kuklińskiego", który – jego zdaniem – ma przed sobą wspaniałą przyszłość i którego tak bardzo cenią jego przełożeni. „Wiemy, że nie jest z nami, lecz przeciwko nam. Mimo to wypijmy za jego potomków".

Kukliński, który pozostał niewzruszony, był tym kompletnie zaszokowany. Polski dowódca obrony powietrznej uśmiechnął się ponuro. Nazajutrz Kuklińskiego oraz pozostałych negocjatorów wezwano na spotkanie do wściekłego Kulikowa, który grzmiał na temat polskiego uporu w sprawie obrony powietrznej i odwołał wszystkie kompromisy osiągnięte przez jego podwładnych. Później, na oczach zebranych, chwycił za słuchawkę i zaczął rozmawiać z Jaruzelskim, przebywającym wtedy w Warszawie.

„Wszyscy chcą mieć statut na czas wojny, a mimo to rzucają mi kłody pod nogi" – rzucił warkliwie. „Wszyscy zgadzają się, że powinno być jedno dowództwo, ale każdy chce dowodzić!".

Oznajmił Jaruzelskiemu, że dalsze negocjacje byłyby bezowocne. Było jasne, że Jaruzelski zaczął się tłumaczyć.

„Tak, tak, tak" – zawarczał Kulikow. Zwrócił się do Kuklińskiego, wyciągając do niego słuchawkę. „Posłuchajcie waszego szefa. Osiągnęliśmy pełne porozumienie". Jaruzelski ustąpił we wszystkich kwestiach.

Kukliński wrócił do Warszawy zbulwersowany. Opowiedział Siwickiemu o krytycznym toaście wygłoszonym przez radzieckiego generała i spytał, czy ma odejść, ponieważ w przyszłości może mu być trudno dogadać się z Rosjanami. Siwicki skwitował to śmiechem, dodając, że prawdopodobnie jeszcze bardziej krytykowali jego niż Kuklińskiego i że nie powinien zaprzątać sobie tym głowy.

Przez całą jesień CIA dopracowywała plany ewakuacji Kuklińskiego i jego rodziny. 12 listopada Centrala przygotowała uaktualnioną wersję stosownych instrukcji i przesłała ją do Warszawy. W dokumencie stwierdzono, że jeśli Kukliński będzie miał wrażenie, że grozi mu bezpośrednie niebezpieczeństwo, powinien bezzwłocznie udać się do ambasady amerykańskiej. „Jesteśmy gotowi przyjąć Cię dniem i nocą, o każdej porze" – napisała CIA. Gdyby zjawił się tam między 6.00 a północą, miał wejść na teren ambasady przez otwartą bramę wjazdową.

> Jeśli przyjdziesz po północy, skorzystaj z wejścia od ulicy Pięknej 14B na wschód od bramy wjazdowej. Podczas niedawnego remontu uszkodzono tam zamek i zamontowano nowy. W przesyłce znajdziesz klucz do nowego zamka. Prosimy, żebyś wyrzucił stary klucz do rzeki lub nam go odesłał przy najbliższej okazji.

Poproszono go, by przygotował krótką wiadomość po angielsku, że jest Jackiem Strongiem. „Gdyby Cię ktoś zatrzymał, dzięki tej notatce zostaniesz natychmiast zaprowadzony do wartowników z piechoty morskiej pełniących służbę przy wejściu od Pięknej*".

Tymczasem w CIA zastanawiano się, w jaki sposób usprawnić łączność z Kuklińskim na wypadek, gdyby musiał nagle uciekać lub przekazać pilną wiadomość. Jednym z najnowszych wynalazków było urządzenie o nazwie Discus, elektroniczny nadajnik, który umożliwiłby Kuklińskiemu przesłanie krótkiej, zaszyfrowanej wiadomości do odbiornika znajdującego się na terenie ambasady lub pozostającego w posiadaniu któregoś z warszawskich agentów CIA. 5 września 1979 r. pracownicy placówki w Warszawie stwierdzili w przekazie do Centrali, że skomplikowany system znaków kredowych pozostawianych na latarniach lub skrzynkach elektrycznych wymagał co najmniej trzydziestu sześciu godzin na sygnał i odpowiedź. „Mewa dowiaduje się rano o wrogich działaniach. Wieczorem zostawia znak na «Szkole». Jego przesyłkę odbieramy dopiero wieczo-

---

*Agencja przekazała Kuklińskiemu numery telefonów na wypadek, gdyby musiał skontaktować się z ambasadą, zanim do niej dotrze. W dni robocze, w godzinach 8.30–17.00, miał zadzwonić na centralę i poprosić o wewnętrzny 220. Nocą i w weekendy miał dzwonić na prywatne numery telefonów agentów CIA.

rem następnego dnia" – napisali w depeszy. Trwało to zbyt długo. Wskazali, że ewentualne „użycie Discusa skróci czas «wczesnego ostrzegania» niemal do zera"[9].

Późną jesienią Burggraf, Gilbertson i Dwyer byli już wszyscy w Warszawie. Dwyer przyjechał tam ostatni z żoną i małym synkiem. Nie przebywał w Warszawie co najmniej przez pół roku, więc jeszcze nie mógł kontaktować się z informatorami i wykonał tylko jedną akcję w związku z Mewą: starł pewien znak kredowy.

Przez większość czasu badał metody obserwacji stosowane przez SB i wyszukiwał miejsca do działań operacyjnych. Wieczorem, 25 listopada, pojechał po nieodebraną przesyłkę, którą zostawił informatorowi (nie Kuklińskiemu). Informator ten zaoferował swoje usługi Amerykanom stosunkowo niedawno i jego wiarygodność nie została jeszcze sprawdzona.

Dwyer przyjechał na miejsce włoskim fiatem rocznik '79 z dyplomatycznymi numerami rejestracyjnymi i podniósł przesyłkę pozostawioną na trawniku przy jednokierunkowej ulicy. Odjeżdżając, zauważył nieoznakowany samochód, który skręcił w ulicę pod prąd i jechał w jego kierunku. Słysząc wycie syreny, Dwyer zwolnił. Wiedział, że wpadł w zasadzkę. Nagle pojawiło się sześć radiowozów. Gdy go blokowały, zdążył wyrzucić przez okno w wysoką trawę rosnącą przy ulicy miniaturową słuchawkę. Później wepchnął pod siedzenie odzyskaną przesyłkę i radio, które służyło mu do nasłuchiwania komunikatów SB.

W ciągu kilku sekund, mierząc do niego z broni, kazano mu wysiąść z samochodu. Otoczyli go agenci SB. Jeden z nich przystawił mu lufę do brody, a drugi rewidował. Tajniacy znaleźli przesyłkę, którą ukrył pod fotelem. Następnie wepchnęli go na tylną kanapę samochodu i zawieźli na komendę milicji. Został przesłuchany i spędził dziesięć godzin w sali, w której najbardziej charakterystycznym szczegółem – jak później wspominał – było popiersie Feliksa Dzierżyńskiego, urodzonego w Polsce twórcy KGB, stojące na półce i wpatrujące się w oczy Dwyera.

„Jestem amerykańskim dyplomatą, nazywam się Michael Dwyer, mam prawo skontaktować się z moją ambasadą" – powtarzał w kółko, odmawiając odpowiedzi na pytania przy włączonej kamerze. Polacy, którym bardzo zależało na amerykańskim zbożu i pożyczkach, potraktowali go raczej delikatnie.

Było oczywiste, że informator został wykorzystany przez SB, która musiała obserwować to miejsce już od jakiegoś czasu. Około godziny 3.00 przerażona żona Dwyera, która była w domu z synkiem, zadzwoniła do ambasady, by poinformować, że jej mąż jeszcze nie wrócił. Nazajutrz, w rozmowie telefonicznej, co do której Amerykanie mieli pewność, że jest podsłuchiwana przez polski wywiad, pracownik ambasady powiadomił Waszyngton, że Dwyer powinien zostać odwołany. Został zwolniony i dwa dni później, wraz z rodziną, wyjechał z Polski.

Później wspominał, że nie było nic dobrego w takim „finale", ale przynajmniej miał poczucie, że kiedy SB świętowała aresztowanie agenta CIA, który spędził w Polsce raptem trzy miesiące, przeoczyła znacznie większy wyczyn: Mewa, który walczył z systemem od siedmiu lat, robił ich wszystkich na szaro[10].

Na początku grudnia ministrowie obrony państw Układu Warszawskiego spotkali się w Polsce. Obradom przewodniczył Jaruzelski. Wszyscy uczestnicy, oprócz przedstawiciela Rumunii, głosowali za przyjęciem statutu na czas wojny. Był to pierwszy krok do jego ratyfikacji. Kulikow nie szczędził pochwał Jaruzelskiemu, a radziecki minister obrony, Ustinow, uściskał go, mówiąc: „Wojciechu, oddaliście wielką, historyczną przysługę Związkowi Radzieckiemu". Jaruzelski zbladł. Kukliński wyczuł, że wstydzi się pochwał za pomoc udzieloną Rosjanom wypowiadanych przy jego rodakach.

Gdy członkowie radzieckiej delegacji szykowali się do wyjazdu, wydawało się, że nawet Kulikow nie żywi już urazy do Kuklińskiego. 6 grudnia, podczas pożegnalnego wystąpienia w wojskowej części międzynarodowego portu lotniczego na Okęciu, pochwalił go i życzył wszystkiego najlepszego.

16 grudnia Kukliński napisał do CIA i do Daniela. Był wyczerpany negocjacjami w sprawie statutu na czas wojny. „Mój 13-osobowy zespół musiał być w kilku miejscach jednocześnie, by podołać zadaniom związanym z tym przedsięwzięciem" – napisał. Wspominając o sześćdziesięciu sześciu Amerykanach porwanych w Iranie w poprzednim miesiącu, spytał, czy są wśród nich osoby, z którymi współpracował.

> Jestem zaszokowany tą bezprawną, brutalną i bezczelną prowokacją, skrywaną przez ich duchowego przywódcę, Chomeiniego, który próbuje nie tylko zawrócić bieg historii własnego narodu, ale także pogrzebać wszystko, co ludzkości udało się osiągnąć w trakcie jej naturalnego, cywilizowanego rozwoju.

Kukliński przekazał CIA oficjalne zdjęcia wykonane na zakończenie spotkania ministrów obrony w Warszawie. „Dołączam je w przekonaniu, że stanowią zapis bezprecedensowego wydarzenia w dziejach sojuszy wojskowych. Oto uzgodniono warunki, które w praktyce przekazują niezbywalne prawa państw członków Układu Warszawskiego do podejmowania decyzji w sprawie pokoju i wojny w ręce obcego mocarstwa – ZSRR".

Przekazał również ostateczną wersję projektu statutu.

> Wszystkie państwa (niestety!!!), z wyjątkiem Rumunii, zaakceptowały projekt statutu. Zgodnie z wcześniej ustaloną taktyką wszyscy sprzeciwiali się propozycjom rumuńskim, w tym sugestii, by w roku 1980 przeprowadzić kolejne konsultacje mające na celu osiągnięcie porozumienia, które wszystkie państwa członkowskie Układu Warszawskiego byłyby w stanie zaakceptować. Ten haniebny dokument czeka teraz na ratyfikację[11].

Kukliński odpowiedział na wcześniejsze pytania CIA dotyczące zdolności czołgu T-72 do przebijania pancerza czołgów NATO. „Nie lubię się powtarzać – napisał – ale chciałbym prosić Was o ostrożne obchodzenie się z informacjami, które Wam przekazuję. Wszelkie enuncjacje prasowe ukazujące się na Zachodzie są u nas przedmiotem szczegółowych dochodzeń i analiz".

Napisał, że mimo znacznych napięć związanych z „podwójnym życiem" podchodził do przyszłości z optymizmem. Przekazując Danielowi życzenia świąteczne, napisał: „Wyrażam najgłębszy szacunek dla obywateli amerykańskich więzionych w Iranie, a także nadzieję na ich uwolnienie".

Po nieudanej próbie kontaktu z 16 grudnia 1979 r. później udało mu się przekazać dwie przesyłki. Mikrofilmy zawierały ponad osiemset trzydzieści zdjęć (lista przesłanych dokumentów miała jedenaście stron).

CIA przekazała mu listę nowych miejsc nawiązywania kontaktu i entuzjastyczny komentarz dotyczący jego poprzedniej przesyłki, zawierającej tysiąc stron dokumentów Akademii Sił Zbrojnych ZSRR na temat sowieckich działań ofensywnych. Nazywając te informacje „niezwykłej wagi dodatkiem do przesłanych wcześniej materiałów na ten temat", Agencja stwierdzała, że dostarczy to „naszemu wywiadowi nowych, ważnych informacji i zapewni wgląd w sowiecką strategię i taktykę, zwłaszcza w zakresie operacji z użyciem broni jądrowej, wykorzystania w walkach frontowych jednostek rakietowych itp."[12]. Kukliński otrzymał uaktualnione instrukcje dotyczące ewakuacji i nowy klucz do ambasady. Był tam też list od Stanleya Patkowskiego, odchodzącego na emeryturę tłumacza, z podziękowaniem za pióro.

„Drogi i szanowny Kolego" – napisał Patkowski. „Słowa Pańskiego listu i cudowny prezent bardzo mnie wzruszyły. To jeden z najwspanialszych podarunków, jaki kiedykolwiek dostałem".

Napisał, że także ma prezent dla Kuklińskiego. Była to niewielka piersiówka wykorzystywana jako manierka przez cichociemnych zrzucanych nad Polską w czasie II wojny światowej. Patkowski dodał, że jest to rzadki, oryginalny egzemplarz.

> Było ich kilkaset. Być może, można je jeszcze znaleźć w Polsce. W środku – trochę francuskiego koniaku.
>
> Pragnę dodać, że okres mojej współpracy z Panem będzie w mej pamięci czasem kontaktu z jednym z najzacniejszych Polaków, których wysiłki i dokonania nie ograniczają się do działań na rzecz Polski, ale mogą być odmierzane w skali całego świata.
>
> Ze szczerym, polskim uściskiem dłoni[13].

Rozdział VIII

Z mrocznej otchłani

Każdego ranka grupa tłumaczy przychodziła do pracy w widnym, narożnym biurze położonym na trzecim piętrze budynku Centrali CIA w Langley, pobierała dokumenty w salach zastawionych zamykanymi na klucz szafkami i ślęczała po całych dniach przy biurkach w dwóch zamykanych na klucz pokojach. Byli to rosyjscy i polscy tłumacze zajmujący się dokumentami Mewy, które – jak wspomina pewien analityk z CIA – „jeżyły włosy na głowie specom od wywiadu". Obydwie grupy znały się, ale miały zakaz rozmów o wykonywanej pracy i nie wiedziały, że tłumaczą materiały pochodzące z jednego źródła.

Początkowo dział raportów i priorytetów wywiadowczych korzystał przy opracowywaniu dokumentów przesłanych przez Mewę z usług sześciu tłumaczy z rosyjskiego i pięciu z polskiego. Materiały rosyjskie były niekiedy tak skomplikowane, że tłumaczenie od półtorej do trzech stron zajmowało cały dzień. W miarę jak Kukliński przesyłał ich coraz więcej, stało się jasne, że należy zatrudnić więcej tłumaczy. Robert Lubbehusen, specjalista od spraw sowieckich z długoletnim stażem, który zastąpił Katharine Hart na stanowisku szefa sztabu wydziału sowieckiego, ściągnął kilku tłumaczy z rosyjskiego. Jego zastępca, Hal Larsen, nadzorujący pracę tłumaczy polskich, też zatrudnił kilku. Jednego użyczyło biuro informacyjne rozgłośni zagranicznych CIA, zajmujące się tłumaczeniami międzynarodowych serwisów informacyjnych. Miał pozostać kilka tygodni, ale przeszedł na pełny etat.

Czasami, gdy polscy tłumacze chcieli odpocząć od często nużącej pracy, zbierali się w archiwum, w którym trzymali w dolnej, zamykanej na klucz szufladzie, butelkę miodu. Zawsze szukali wymówki – takiej jak urodziny bądź święta – by spełnić toast. Pewnego dnia Larsen otworzył drzwi i zobaczył całą grupę z uniesionymi kieliszkami.

„Dzisiaj z jakiej okazji?" – spytał.

„Rosz Haszana!" – wykrzyknęli tłumacze. Larsen uśmiechnął się – żaden z nich nie był Żydem.

Wiele dokumentów dostarczanych przez Mewę miało charakter ściśle techniczny i zawierało terminologię wojskową niewystępującą w słownikach, którymi dysponowała CIA. Z czasem tłumacze opracowali własny słownik terminów rosyjskich i polskich, wyłącznie na podstawie materiałów przekazanych przez Mewę. Tysiące stron angielskich tłumaczeń dokumentów zostały później przeskanowane na komputer sekcji tłumaczeniowej. System ten umożliwiał przeszukiwanie ogromnego zasobu dokumentów po wpisaniu do komputera pojedynczego słowa lub hasła tematycznego[1].

14 stycznia 1980 r. Kulikow, Gribkow oraz inni najwyżsi sowieccy oficjele przyjechali do Warszawy na formalną ratyfikację statutu na czas wojny. Kulikow liczył, że uda mu się nakłonić wszystkich przywódców państw Układu Warszawskiego do podpisania dokumentu podczas jednej, uroczystej sesji, jednak Rumunia odmówiła udziału, więc postanowił odwiedzić każdą ze stolic państw Bloku Wschodniego. Polscy przywódcy pojawili się na spotkaniu w komplecie. Trwało ono dwie godziny i czterdzieści pięć minut, dwie godziny dłużej, niż planowano.

Po uroczystości Polacy i Rosjanie spotkali się w ścisłej tajemnicy w niewielkiej sali konferencyjnej w budynku Komitetu Centralnego, by podpisać statut na czas wojny. Kukliński podawał dokumenty do podpisu. Później przesłał wraz z listami czternaście mikrofilmów dotyczących ratyfikacji. Stwierdził, że jego rola w „tym haniebnym akcie" ograniczała się do sprawdzenia, czy treść podpisywanych dokumentów nie odbiega od warunków, na jakie przystała strona polska. Obiecał, że gdy statut zaaprobują i podpiszą inne państwa Układu Warszawskiego, postara się go sfotografować i przesłać CIA. Chciał przekazać „oryginalną wersję, zawierającą wszystkie słowa, kropki i przecinki".

Napisał też, że przydzielono mu nową, czarną, służbową wołgę i podał jej numery rejestracyjne. Pracownicy warszawskiej komórki CIA mogli obserwować, jak jedzie do pracy, skręcając z Puławskiej w Rakowiecką między 7.40 a 7.55, lub gdy często wyrywa się wczesnym popołudniem do domu na obiad z Hanką. „Zawsze siedzę z przodu, obok kierowcy" – zaznaczył.

Wydawało mu się, że znowu zapodział kliszę. Z jego wyliczeń wynikało, że powinien mieć sześć nienaświetlonych, jednak miał tylko pięć.

Miał też kłopoty z koncentracją w pracy. Przyznał, że robi błędy, jakich nie popełniał nigdy wcześniej. Przesłał pozdrowienia Danielowi i podziękowania za piersiówkę dla odchodzącego na emeryturę Stanleya Patkowskiego. „Prezent ten sprawił mi ogromną radość”[2] – napisał.

Po dwóch nieudanych próbach przekazania przesyłki CIA ostatecznie nawiązał kontakt z agentem 17 lutego. Agenci z Centrali zapytali go w liście o Afganistan, do którego Moskwa właśnie wysłała 90 000 żołnierzy. Byli ciekawi, czy polscy dowódcy wiedzą, jak długo Sowieci zamierzają tam pozostać i w jakiej roli się tam widzą w dłuższej perspektywie*. Stwierdzili, że materiały przesłane ostatnio przez Kuklińskiego dotyczące czołgu T-72 były „ogromnie cenne dla naszej wspólnej sprawy”. Poruszyli także, jak zwykle, kwestię bezpieczeństwa. Zapewnili Kuklińskiego, że przekazywane przez niego informacje są traktowane „z możliwie największą dyskrecją”, i poradzili mu, żeby wykazywał ostrożność przy kwitowaniu odbioru dokumentów.

„Wolimy czasami nie otrzymać jakiejś ważnej informacji, niż gdybyś miał się tłumaczyć z pobrania dokumentu, do którego nie byłeś uprawniony” – stwierdzili.

Zachęcali go, by – jak dotychczas – przesyłał im uwagi na temat stopnia tajności dostarczanych dokumentów, żeby Agencja mogła odpowiednio je traktować, i podziękowali mu za troskę o amerykańskich zakładników przetrzymywanych w Iranie. „Na szczęście możemy Ci przekazać, że nie ma wśród nich osób, z którymi współpracowałeś”[3].

21 lutego 1980 r. pracownicy komórki CIA w Warszawie przesłali wiadomość do Centrali, że Agencja powinna dążyć do złagodzenia presji, pod jaką działa Mewa, z uwagi na jego nieustanny stres i smutek po stracie przyjaciółki, Barbary. „Najlepszym sposobem będzie przekazywanie bardziej osobistych listów od «Daniela», jedynego agenta [CIA], którego dobrze zna i o którym zapewne myśli, przygotowując dla nas przesyłki. Wysiłek i problemy związane z przekazywaniem regularnej korespondencji od Daniela są niczym wobec korzyści, jakie przysporzy ona Mewie (i nam)” – stwierdzili agenci.

Tymczasem Sally Boggs, oficer kontrwywiadu, która w 1978 r. dokonała analizy przecieków wewnątrz CIA materiałów dostarczanych przez

---

* CIA przekazała także Kuklińskiemu uaktualnioną listę pojazdów, którymi poruszali się agenci, by mógł je rozpoznać podczas spotkań. Poinformowano go, że pozbyto się niebieskiego fiata brava rocznik ’78 oraz białego volkswagena furgonetki rocznik ’79 i żeby już ich nie wypatrywał. Agenci jeździli granatowym VW dasherem oraz białym i zielonym fiatem.

Mewę, przechodziła w lutym na emeryturę. Wcześniej sporządziła raport na temat kwestii bezpieczeństwa całej operacji na zlecenie pracownika CIA koordynującego działania dotyczące spraw polskich. Pracownik ten uwzględnił jej uwagi w piśmie do szefów sekcji sowieckiej, wyrażając obawy o bezpieczeństwo informacji wywiadowczych dostarczanych przez Mewę, zwłaszcza dokumentów o ograniczonym zasięgu w Polsce, do których Mewa ma dostęp z racji piastowanej funkcji.

„Największym zagrożeniem tej operacji będzie najprawdopodobniej zawsze ryzyko właściwe tego typu działaniom prowadzącym do pozyskania priorytetowych materiałów wywiadowczych o wyjątkowym charakterze wiążące się z kontrolą nad pozyskanymi informacjami" – napisał. „Gdy «pewne» dokumenty wywiadowcze przekazane przez Mewę trafią do odbiorców, praktycznie nie istnieje możliwość ustalenia, czy będą one chronione w sposób właściwy, czy też będą traktowane niedbale, omawiane z osobami nieupoważnionymi, czy dojdzie do ich wycieku lub jakichś innych nadużyć mających negatywny wpływ na bezpieczeństwo Mewy".

Agent zalecił wyznaczenie osoby monitorującej na bieżąco wszelkie decyzje operacyjne, działania polskiego kontrwywiadu oraz udostępnianie, a także konkretne wykorzystywanie informacji dostarczanych przez Mewę.

> W ciągu ostatnich czterech miesięcy dokonałem przeglądu nieudanych, a także trwających operacji w Polsce. (Wolimy analizować poszczególne przypadki w fazie działania w celu uzyskania wskazówek umożliwiających zapobieganie ewentualnym wpadkom).
>
> Kontrwywiad przykłada obecnie dużą wagę do operacji prowadzonych w Polsce. Jednakże z uwagi na złą sytuację kadrową wydziału i nasze zaangażowanie we wspieranie innych wydziałów [prowadzących operacje wewnętrzne] istnieją ograniczenia dotyczące naszych działań w odniesieniu do Mewy. Naturalnie będziemy poświęcać tej operacji, jako jednej z najbardziej udanych, możliwie jak najwięcej uwagi. Byłoby wskazane, by wszelkie wychodzące informacje były z nami konsultowane.

Agent zalecił spotkanie w celu omówienia ewentualnych działań, które należałoby przedsięwziąć, by wzmocnić bezpieczeństwo Mewy. Stwierdził, że podobne dyskusje okazały się pożyteczne w przeszłości. „Jednak – z tego, co wiem – od sierpnia 1979 r. żadne tego typu spotkanie nie miało miejsca" – napisał[4].

*

W kwietniu 1980 r. minął rok od czasu, gdy Sue Burggraf przyjechała do Warszawy. Po początkowych spięciach z Tedem Gilbertsonem oboje bardzo się do siebie zbliżyli. (Gilbertson zanotował wpadkę przy powitaniu, biorąc ją za sekretarkę). Oboje byli stanu wolnego i mieli ograniczone życie towarzyskie. Ambasada zatrudniała zaledwie 50–60 pracowników. Większość z nich była po ślubie. Istniały także ścisłe zasady dotyczące kontaktów towarzyskich i prywatnych z obcymi dyplomatami. W rezultacie widywali wciąż tych samych znajomych w tych samych miejscach: w klubie amerykańskim działającym przy ambasadzie, w barze „Marine House" położonym po drugiej stronie ulicy oraz w barach w ambasadzie kanadyjskiej i australijskiej „Eager Beaver" i „Fluffy Duck". Niektórzy szefowie CIA niechętnie wysyłali samotnych lub rozwiedzionych agentów do państw Bloku Wschodniego, ponieważ łatwo mogli zostać usidleni. Dyżurnym dowcipem wśród agentów było powiedzenie „przespać się z NATO". Burggraf zaprzyjaźniła się z kilkoma żołnierzami piechoty morskiej oraz z nieżonatymi pracownikami ambasady australijskiej.

Jak wszyscy nowi agenci z placówki w Warszawie, Burggraf i Gilbertson nie mogli przez pierwsze pół roku kontaktować się z informatorami. Burggraf wpadła w szał, kiedy – po sześciu miesiącach – szef nie zezwolił jej na dokonywanie wymian przesyłek z Mewą w pojedynkę. Za powód uznała fakt, że jest kobietą. Ostatecznie dostała takie pozwolenie. Centrala powiadomiła Warszawę, by ta przekazała Kuklińskiemu, że skontaktuje się z nim agentka, „ponieważ kobiety są rzadziej obserwowane przez SB, i żeby nie był zdziwiony ani zrażony, gdy na spotkaniu pojawi się samotna agentka".

Burggraf, mierząca zaledwie nieco ponad metr sześćdziesiąt wzrostu, czuła się podczas pierwszej wymiany przesyłek przez okno samochodu jak akrobatka. Po skręcie w prawo, kiedy powstała krótka luka między nią a śledzącymi ją agentami bezpieki, musiała zredukować bieg, by silnik nie zgasł i przełączyć światła na pozycyjne, by zasygnalizować swój przyjazd i nie oślepiać Mewy, który musiał odczytać numer rejestracyjny. Gdy do niego podjechała, musiała otworzyć okno od strony pasażera, spoglądając jednocześnie we wsteczne lusterko, i przekazać mu przesyłkę.

Po dokonaniu wymiany czekała wraz z Gilbertsonem do następnego ranka, by zawieźć przesyłkę Mewy do ambasady. Należało także opanować zasady pozostawiania i odczytywania sygnałów. Niekiedy, gdy przejeżdżała obok miejsc, w których Mewa zostawiał znaki wyrysowane kredą, widok zasłaniał jej zaparkowany samochód lub furgonetka. Nie powinna wówczas zwalniać, ponieważ święcące światła stop mogły zasugerować śledzącym ją tajniakom, że ma szczególny powód, by przyhamować. Wracała później w to miejsce pieszo. Na szczęście znalazła niedaleko ambasady sklep spożywczy i chodziła do niego po zakupy podczas przerwy na lunch.

Podobnie jak inni pracownicy warszawskiej komórki CIA Burggraf i Gilbertson spędzali dużo czasu na poszukiwaniu najlepszych miejsc do kontaktów z informatorem. Gdy znaleźli odpowiednie miejsce, sporządzali jego opis, plan sytuacyjny oraz instrukcje dla agenta i Mewy. Instrukcje jasno precyzowały, gdzie ma się pojawić Mewa, gdzie ma stać, którędy odejść i którą alejkę lub bramę może wykorzystać do ucieczki. Każde z tych miejsc było fotografowane. Agenci nie mogli wysiąść z samochodu, więc robili zdjęcia przez okno, niekiedy używając rekwizytów maskujących. Nie mogli patrzeć wtedy przez aparat, żeby nie zostali zdemaskowani. Nawet nieznaczne przechylenie aparatu mogło sprawić, że zdjęcie było całkowicie chybione. Burggraf, która stała się specjalistką od robienia takich zdjęć, często żartobliwie wytykała Gilbertsonowi kiepską jakość robionych przez niego fotografii: „Hej, sfotografowałeś niebo!".

Pracownicy placówki sporządzali na koniec rodzaj architektonicznego szkicu z wyrysowanymi drogami, torami kolejowymi, strzałkami wskazującymi kierunki ruchu oraz zaznaczonymi na czerwono i niebiesko liniami określającymi trasy dojazdu i ucieczki. Każdy taki szkic przesyłano do Langley i do Mewy. Centrala poddawała je szczegółowej analizie. Kukliński miał prawo nie zgodzić się na proponowane miejsce kontaktu, na przykład gdy wiedział, że w pobliżu mieszka jakiś polski dygnitarz lub znajduje się punkt obserwacyjny SB.

Podczas jazd rozpoznawczych po Warszawie Gilbertson i Burggraf zwykle mieli przy sobie butelkę wody. Gdyby zdarzył się wypadek albo zatrzymała ich milicja lub SB, mogli szybko zanurzyć w niej obciążające materiały przewożone samochodem, choćby listy pisane na rozpuszczalnym w wodzie papierze.

Udając się na jazdę rozpoznawczą, Burggraf zwykle wyjeżdżała z ambasady o 17.00, gdy niemal wszyscy wychodzili z pracy do domu. Jako że spotkania z Mewą odbywały się około 22.00, miała pięć godzin na zgubienie „ogonów". Zwykle włączała radio, by nasłuchiwać trzeszczących komunikatów SB odbieranych na UKF. Słuchała ich przez niewielką słuchawkę ukrytą we włosach. Odbiornik umocowywała na krzyżu paskiem. Po kilku godzinach urządzenie wpijało się w skórę, sprawiając jej ból.

Gilbertson też zapamiętywał różne trasy przejazdu przez Warszawę, w tym tzw. postoje, na przykład bary, w których agenci mieli przekonujący powód, by się zatrzymać. Początkowo szefowie kazali spędzać agentom na jazdach rozpoznawczych 3–4 godziny, wliczając w to obowiązkowy „postój" w restauracji. Gdy funkcjonariusze SB stawali się bardziej aktywni, jazda trwała 3–4 godziny bez postoju. W weekendy, na które często planowano wymianę przesyłek, agenci jeździli po mieście cały dzień.

W Warszawie było to łatwiejsze zadanie niż w innych stolicach państw Bloku Wschodniego. W Budapeszcie, na rogatkach miasta, węgierska milicja zapisywała numery rejestracyjne samochodów dyplomatów wjeżdżających i wyjeżdżających z miasta. W Warszawie nie było takich posterunków, ale zdarzały się sytuacje nieoczekiwane. Na przykład agenci CIA podczas jazd rozpoznawczych starali się unikać mostów, obawiając się, że SB przyczepiła im magnes do podwozia, który przy kontakcie z zainstalowanym tam czujnikiem zdradzał pozycję agenta. Nawet zwykłe korki mogły nastręczać problemów. Pewnego wieczoru Gilbertson jechał spod Warszawy na spotkanie z Mewą, gdy nagle ujrzał blokujący drogę rosyjski konwój wojskowy. Stał poirytowany w korku, a minuty mijały. Gdy konwój wreszcie ruszył, Gilbertson pomknął do Warszawy, jednak spóźnił się trzy minuty i Mewy już tam nie było.

Podczas innego spotkania zauważył we wstecznym lusterku światła nadjeżdżającego samochodu w chwili, gdy Mewa włożył już rękę przez okno. Wcisnął gaz, a Mewa szybko ją cofnął. Gilbertson skręcił za róg i niemal zderzył się z milicyjnym radiowozem.

W pewien piątek Burggraf poszła przed spotkaniem z Mewą do baru „Fluffy Duck" mieszczącego się w podziemiach ambasady australijskiej. Kilkoro gości grało w rzutki, a ona rozmawiała ze znajomymi, popijając napój imbirowy. Nagle zorientowała się, że nie ma w uchu swojej miniaturowej słuchawki. Nie zauważyła, kiedy jej wypadła, ale była pewna, że ją miała, gdy wchodziła do baru. Powiedziała znajomym, że zgubiła „jedną rzecz do ucha". Udając zakłopotanie, wyjaśniła, że lekarz przepisał jej to na ból ucha. Znajomi i pozostali goście rzucili się na kolana, by pomóc jej ją odnaleźć. W końcu Burggraf wstała, uniosła szklankę i zauważyła, że słuchawka wpadła do napoju. Przeprosiła znajomych, wyszła do toalety, osuszyła słuchawkę i z ulgą stwierdziła, że nie jest uszkodzona.

Nie zawsze wiedziała, jakie materiały Mewa przekazuje CIA. Jak się kiedyś wyraziła: „To Waszyngton zawiadywał tą operacją. Znał jej historię i przebieg. My byliśmy jedynie wykonawcami"[5].

Na początku marca 1980 r. Kulikow ponownie przyjechał do Warszawy, tym razem z rezolucją wyznaczającą Leonida Breżniewa na naczelnego dowódcę sił Układu Warszawskiego. W przeciwieństwie do projektu statutu na czas wojny, który był przedmiotem szerokiej debaty w kręgach wojskowych państw Układu Warszawskiego, Kulikow forsował rezolucję dotyczącą Breżniewa bez wcześniejszych konsultacji. Zdobył już podpis przywódcy NRD, Ericha Honeckera. Kukliński miał przygotować dokument z „punktami do omówienia" dla Edwarda Gierka, który podpisał rezolucję jako drugi. Kukliński przekazał CIA kopię tego dokumentu.

13 kwietnia przesłał CIA 17 nowych mikrofilmów zawierających ponad 555 zdjęć dwudziestu ośmiu dokumentów[6]. W 19-stronicowym piśmie opatrzonym nagłówkiem „Ściśle tajne najwyższej wagi" podsumował to, czego dowiedział się podczas ostatniej podróży do Moskwy poświęconej analizie planów wojennych.

Opisał też inne, liczące w sumie 92 strony rosyjskie dokumenty zawierające zalecenia dowództwa Układu Warszawskiego dotyczące struktury organizacyjnej sił zbrojnych i frontów na wypadek wojny. „To bardzo szczegółowy raport podający pełną listę nazwisk, metod łączności, zasad automatyzacji, bezpieczeństwa itp." – pisał Kukliński. „System ten zostanie wprowadzony we wszystkich armiach państw Układu Warszawskiego w okresie pięciu lat (1981–1985)".

Stwierdził, że ostatnie dwa miesiące były bardzo wyczerpujące i że wciąż ma kłopoty z koncentracją. Dodał jednak, że czuje się „bezpieczniej i pewniej", że szefowie wciąż go chwalą i że, czasami, myśli o przejściu na emeryturę. Z utęsknieniem myślał o mającym rozpocząć się w lipcu pięciotygodniowym urlopie, który zamierzał spędzić z Hanką, uczestnicząc w regatach żeglarskich do radzieckich portów. „Przyjmijcie moje zapewnienie – pisał – że, ze swej strony, nadal będę robił wszystko, co w mojej mocy, by na ile siły i możliwości pozwolą, wspierać działania na rzecz prawdziwej wolności i postępu. Chciałbym bardzo ciepło pozdrowić wszystkich przyjaciół, przede wszystkim Daniela"[7].

Warszawska komórka CIA powiadomiła Langley, że wymiana przesyłek 13 kwietnia przebiegła „najsprawniej ze wszystkich, których dokonaliśmy w ciągu ostatnich dwudziestu jeden miesięcy". Centrala zapewniła Kuklińskiego, że liczba mikrofilmów się zgadza. Poinformowała, że – w związku z rosnącymi problemami gospodarczymi i napięciem politycznym w Polsce – personel ambasady amerykańskiej znalazł się pod jeszcze baczniejszą obserwacją ze strony polskich tajnych służb. Przypomniała, że jeśli agent jadący na spotkanie zauważy, że jest śledzony, lub zaobserwuje coś, co może utrudnić sprawny i dyskretny kontakt, powinien minąć umówione miejsce, nie zatrzymując się.

> Jeśli tuż przed dojechaniem na miejsce nagle odkryjemy, że jesteśmy śledzeni, lub zauważymy coś podejrzanego, miniemy bez

wahania umówione miejsce kontaktu. Nadal prosimy, byś zachował szczególną ostrożność w bezpośredniej bliskości umówionego miejsca kontaktu, które agent może dostrzec dopiero w ostatniej chwili. Jeśli zauważysz coś podejrzanego, natychmiast opuść ten rejon[8].

W liście od „Daniela" agenci wyrazili zrozumienie dla rozdrażnienia Kuklińskiego w związku z podpisaniem statutu na czas wojny. „Pewnie niewielkie to pocieszenie, ale wiem – i na pewno się ze mną zgodzisz – że bez względu na to, ile kompromisów trzeba zawrzeć z pobudek praktycznych – to żaden dokument, nawet ten statut, nigdy nie złamie nieposkromionego ducha narodu polskiego"[9].

Wiosną 1980 r. szef sekcji sowieckiej, George Kalaris, przesłał pismo do komisji wyróżnień i odznaczeń CIA z wnioskiem o anonimowe przyznanie utajnionemu informatorowi medalu za zasługi dla wywiadu. „Przechowamy go, dla bezpieczeństwa, w Centrali" – napisał. Według dokumentów CIA John N. McMahon, ówczesny szef pionu operacyjnego, poparł ten pomysł w bezpośredniej rozmowie z dyrektorem CIA, Stansfieldem Turnerem. Jego odpowiedź brzmiała: „Niniejszym zgadzam się z ustnym wnioskiem o przyznanie Mewie medalu za zasługi dla wywiadu"[10].

W kwietniu warszawska komórka CIA wraz z Centralą wciąż zastanawiały się nad sposobem zmniejszenia presji, pod jaką działa Kukliński. Jeden z raportów sugerował ograniczenie częstotliwości kontaktów z Mewą, które Warszawa uznała za „najbardziej niebezpieczny aspekt współpracy". Średnio w ciągu roku dochodziło do sześciu takich kontaktów, czyli do jednego na dwa miesiące, nie licząc spotkań, na które Kukliński się przygotował, a które zostały odwołane. „Pewnie właśnie te przygotowania dokonywane na ostatnią chwilę są dla niego najbardziej męczące, zarówno fizycznie, jak i psychicznie" – napisali agenci z Warszawy. CIA rozważała możliwość zawieszenia operacji na okres do pół roku. Warszawa twierdziła, że przy pewności siebie i „zdrowym ego" Kuklińskiego nawet krótka przerwa może podziałać deprymująco, jednak Centrala odpisała: „Nie sądźcie, że źle przyjmie nasz wyraz troski o swoje dobre samopoczucie i propozycję krótkiego odpoczynku"[11].

Pod koniec kwietnia sekcja sowiecka zadepeszowała do Daniela przebywającego w Wiedniu: „Pragniemy Cię poinformować, że dyrektor właśnie wyraził zgodę na przyznanie Twojemu staremu przyjacielowi medalu za zasługi dla wywiadu". Odpowiedź Daniela przyszła nazajutrz[12].

„Jestem głęboko wdzięczny za... wiadomość na temat starego przyjaciela" – napisał. „Dziękuję bardzo. Daniel jest gotów pojechać dokądkolwiek, kiedykolwiek".

24 kwietnia szef sztabu, generał Siwicki, poprosił Kuklińskiego, by pojechał z nim do Moskwy. Wyjazd zatwierdził I sekretarz PZPR, Gierek. Siwicki miał poruszyć kwestię budzącą wielkie zaniepokojenie wśród polskich przywódców – zaniżenia przez radzieckich negocjatorów liczebności polskich wojsk podczas rozmów rozbrojeniowych w Wiedniu. Zabrał ze sobą dokument, który stwierdzał, iż Polska, „wiedziona chęcią przyspieszenia negocjacji", pragnie skorygować podane liczby. Dane dotyczące polskich sił zbrojnych należało zwiększyć o 13 000, by uwzględniały żołnierzy służących w akademiach wojskowych, w oddziałach pomocniczych, składach wojskowych, na okrętach wojennych i na kolei. Tymczasem w maju Moskwa odrzuciła polski wniosek. Kukliński uznał, że jest to irytujące, jednak typowe dla Rosjan. Zaproszenie go przez Siwickiego do Moskwy dało mu pewność, że wciąż cieszy się dobrą opinią.

W sobotę, 7 czerwca, w przeddzień kontaktu z agentem CIA, Kukliński oglądał w domowym gabinecie popularny amerykański serial *Pogoda dla bogaczy*. Po obejrzeniu filmu chwycił za pióro i napisał list do Daniela.

> Film ten jest jednym z niewielu programów w telewizji, na które czekam i które – jeśli czas pozwala – oglądam. Na pewno rozumiesz, że nie chodzi mi o jego ciekawą akcję, intrygujących bohaterów, grę aktorów czy kunszt techniczny realizatorów – choć to też jest ważne. Mam na myśli, przede wszystkim, topografię miejsc, obyczaje i krajobrazy kraju, w którym mam szczerych przyjaciół i z których losem związałem swój los, na dobre i na złe, na zawsze.
>
> Stąd już tylko krok dzieli mnie od wspomnień, refleksji i wymiany myśli z Tobą.

Napisał, że ostatni list Daniela, przedstawiający optymistyczną wizję przyszłości, znacznie podniósł jego morale.

> To wspaniała wizja, ale czy świat, zatruty pełnymi przesłań doktrynami, będzie miał dość zdrowego rozsądku i siły, by się im przeciwstawić, że nie wspomnę o zepchnięciu ich do defensywy? Jak wiesz, Danielu, z moich licznych wypowiedzi na ten temat, nie należę do optymistów, choć muszę przyznać, że gdy osiem lat temu złożyłem swego rodzaju deklarację wobec przedstawicieli ame-

rykańskich sił zbrojnych, postrzegałem rozwój wydarzeń na światowej scenie politycznej w jeszcze ciemniejszych barwach.

Mimo to, podejmując ten krok w roku 1972, niemal pięć lat po ofensywie Tet w Wietnamie i niecałe cztery lata po radzieckiej napaści na Czechosłowację, byłem w pełni świadom, że aktywnie angażuję się po stronie wciąż kurczących się sił broniących wolnego świata przed ekspansją komunizmu – i był to główny powód mojej decyzji dotyczącej nawiązania stałej współpracy.

Późniejszy rozwój wypadków – w Indochinach, Afryce, na kontynencie amerykańskim czy ostatnio w Iranie i Afganistanie – nie tylko nie jest w stanie osłabić mego ducha, o czym wspominasz w swoim liście, ale, zapewniam Cię najgoręcej, wzmacnia we mnie wolę dalszego, jeszcze skuteczniejszego działania.

Drogi Danielu! Czuję się ogromnie zaszczycony i, jednocześnie, odczuwam wielką satysfakcję, gdy dowiaduję się z Twojego listu, że materiały, które przesyłałem przez te lata, nie zakończyły żywota w sejfach CIA, lecz są źródłem inspiracji dla wielu ważnych decyzji podejmowanych na najwyższych szczeblach władzy w Ameryce, zmierzających do powstrzymania radzieckiej agresji wobec świata. Dziękuję Ci za to i mogę Cię jedynie zapewnić, że wytrwam w swych wysiłkach i dążeniach do końca, dopóki tylko będzie to możliwe i celowe.

Wyraził wiarę w bezpieczeństwo ich „wspaniałej współpracy". Dowiedział się, że może zostać awansowany na stopień generała, co powinno napawać go optymizmem w przeciwieństwie do niektórych innych wydarzeń.

Często sen przychodzi, gdy muszę już wstać i iść do pracy. Znowu cztery wielkie kubki kawy, dwie, trzy paczki papierosów – powtarzający się cykl. Jedyną przystanią, w której czuję się dobrze, jest mój dom, który, wraz z żoną i dorosłymi już synami, tworzy niepowtarzalny klimat ciepła, spokoju i odprężenia. Wszyscy się nim cieszymy, ale tylko ja wiem, jak niewiele trzeba, by obrócić w ruinę ten spokój i rodzinne szczęście.

Mój drogi, serdeczny Przyjacielu: przeanalizuj spokojnie moją sytuację i wskaż sposoby na pokonanie nadchodzącego kryzysu. Wiem jedynie, że nie widzę powodów, by nasza przyjaźń osłabła. Nie chciałbym przerywać naszej współpracy. Nie sądzę, bym odnalazł się w roli emerytowanego pułkownika podlewającego kwiaty w ogródku. W dalszej perspektywie owszem. Marzę o tym, by ruszyć jachtem w świat, dotrzeć do Twojego wielkiego kraju i tam Cię spotkać. Ale to bardzo odległa perspektywa[13].

Doniósł, że jego samochód jest w warsztacie. „Kosztuje mnie to sporo pieniędzy i zdrowia, jednak chciałbym jeszcze kilka lat nim pojeździć". Wciąż cieszył się swoim domem. „Jestem całkowicie zadowolony. Mam tu mały ogródek i mnóstwo radości, gdy zielenią się rośliny i zaczynają kwitnąć kwiaty".

8 czerwca Kukliński przekazał CIA nowe mikrofilmy, zawierające ocenę manewrów Sztabów Generalnych wojsk Układu Warszawskiego „Wiosna 80", uwagi z konsultacji w Moskwie na temat radzieckich dywizji powietrznodesantowych i ich wyposażenia w zakresie łączności oraz 28-stronicowy dokument opisujący szczegóły rozmów Jaruzelskiego z ministrem obrony ZSRR, Ustinowem, w Moskwie[14].

Przez kilka następnych tygodni CIA próbowała zanalizować stan psychiczny Kuklińskiego. 30 czerwca Centrala wysłała do Warszawy depeszę, stwierdzając, że „zaangażowanie Kuklińskiego na rzecz naszej wspólnej sprawy" uwidacznia się w jego liście do Daniela. „Mimo to widać w nim również wyraźnie, że jest fizycznie i psychicznie wyczerpany. A to stanowi oczywiście zagrożenie dla jego bezpieczeństwa".

18 lipca 1980 r. Centrala zaleciła wysłanie kolejnego listu od „Daniela". Doszła do wniosku, że z uwagi na to, iż Kukliński potrzebuje „duchowego wsparcia", powinna przyznać mu medal za zasługi dla wywiadu.

W lipcu 1980 r. polskie władze zapowiedziały gwałtowną podwyżkę cen mięsa, głównego składnika diety Polaków, co wywołało falę dzikich strajków w fabrykach w całym kraju. Ceny żywności, będące zawsze tematem zapalnym, doprowadziły już do gwałtownych protestów w roku 1970 i ponownie w 1976. Skromne pensje ledwo wystarczały na utrzymanie rodzin robotników. System zrodził także powszechnie odczuwane nierówności. Partyjna elita miała dostęp do sklepów, w których artykułów spożywczych było w bród. Dyrektorzy fabryk dostawali specjalne przydziały mięsa i innych produktów, którymi dzielili się z rodziną i znajomymi.

Na początku sierpnia strajki ogarnęły ponad 150 fabryk. Robotnicy domagali się wyższych płac, zniesienia cenzury prasy i innych swobód. Historyczny strajk w Stoczni Gdańskiej im. Lenina, na którego czele stanął Lech Wałęsa, rozpoczął się 14 sierpnia. Kiełkująca polska rewolucja bardzo ekscytowała Kuklińskiego. Kiedy oglądał telewizyjne dzienniki i czytał doniesienia prasowe, wypełniał go podziw dla „Solidarności". Szczególnie poruszała go odwaga Wałęsy.

14 sierpnia, w dniu wybuchu strajku w Stoczni Gdańskiej, Skalski zlecił mu nadzór nad pracami niewielkiego zespołu, którego głównym zadaniem było monitorowanie strajków, przekazywanie informacji szefostwu Sztabu Generalnego i reagowanie na wszelkie wnioski płynące z Ministerstwa Spraw Wewnętrznych.

Kukliński słyszał dyskusje w sztabie na temat tego, czy należy wysłać wojsko przeciwko strajkującym. Oficerowie byli zgodni, że taka taktyka jedynie ich rozjątrzy i utrudni rozwiązanie polskich problemów własnymi siłami. Pojawiła się nawet obawa, że Związek Radziecki wyśle oddziały stacjonujące w zachodnich republikach ZSRR do przywrócenia porządku w Polsce[15].

20 sierpnia polskie władze aresztowały kilkunastu przywódców dysydenckiego KOR-u, organizacji intelektualistów i działaczy niepodległościowych, utworzonej po zamieszkach z lipca 1976 r. w celu obrony osób zaangażowanych w akcje strajkowe. 22 sierpnia robotnicy odnieśli wielkie zwycięstwo, gdy władze wyraziły gotowość do negocjacji z ich przedstawicielami. Strajki doprowadziły do zamknięcia ponad trzystu fabryk w całej Polsce. Wzięło w nich udział ponad 150 000 osób. W ciągu kilku dni premier i trzej członkowie Biura Politycznego ustąpili ze stanowiska. Rosjanie ostro potępili polskich robotników, głosząc, że Polskę destabilizują „elementy antysocjalistyczne". Na przełomie sierpnia i września rząd podpisał porozumienia w Gdańsku, Szczecinie, a na koniec w Jastrzębiu, obiecując wprowadzenie ważnych reform, na przykład legalizację niezależnych związków zawodowych, prawo do strajku, większą swobodę mediów i lepsze warunki socjalne. „Nie zdobyliśmy wszystkiego, na co liczyliśmy i o czym marzyliśmy – stwierdził Wałęsa – ale osiągnęliśmy tyle, ile mogliśmy w tych okolicznościach, w tym poszanowanie pewnych praw obywatelskich". Kilka dni później Gierek został usunięty ze stanowiska I sekretarza KC PZPR. Zastąpił go Stanisław Kania, 53-letni członek Biura Politycznego, nadzorujący działania MSW, wojska i milicji.

Podczas niespokojnego lata roku 1980 do Warszawy przybył nowy szef komórki CIA, Tom Ryan. Ten urodzony w nowojorskim Bronksie weteran armii USA właśnie kończył 49 lat i miał wkrótce świętować dwudziestą piątą rocznicę ślubu. On i jego żona, Lucille, z niecierpliwością oczekiwali tego wyjazdu, częściowo dlatego, że Tom obiecał Lucille, że uczczą rocznicę ślubu romantyczną podróżą po Europie. Jednak, jak wspomina Lucille: „Przyjechaliśmy tam w lipcu, a już we wrześniu wszystkie plany diabli wzięli"[16].

Tymczasem w Waszyngtonie doradca prezydenta Cartera do spraw bezpieczeństwa narodowego, Zbigniew Brzeziński, był przekonany, że

Moskwa uzna niepokoje w Polsce za poważne zagrożenie dla struktur politycznych kraju, a także dla jej własnych wpływów. 3 września zwrócił się do Turnera o opinię, czy Moskwa zdecyduje się na interwencję w Polsce.

13 września Kukliński przygotował 16-stronicowy list do CIA, w którym opisał toczącą się w Sztabie Generalnym dyskusję na temat kapitulacji władz wobec żądań robotników i możliwości radzieckiej interwencji w Polsce. Szefostwo Sztabu Generalnego śledziło przebieg kryzysu „z najwyższym zaniepokojeniem".

> Stało się jasne, że ewentualna decyzja o użyciu wojska przeciw strajkującym może nie tylko wzmocnić ich determinację, ale jednocześnie doprowadzić do sytuacji, w której wewnętrzne rozwiązanie problemów stałoby się niemożliwe. W szczytowej fazie konfliktu, tuż przed podpisaniem porozumień w Szczecinie i Gdańsku, brano pod uwagę możliwość wprowadzenia do Polski kilkunastu, a nawet kilkudziesięciu radzieckich dywizji z zachodnich rejonów ZSRR, mimo że nie było na ten temat konkretnych informacji.

Mówiło się także o ewentualnym udziale w interwencji wojsk NRD i Czechosłowacji, ponieważ konflikt w Polsce zagrażał stabilizacji w tych krajach. Wydawało się, że Jaruzelski próbuje wpływać na rozwój wypadków. Gdy Gierek zalegalizował niezależny związek zawodowy i uznał prawo do strajku, Jaruzelski „ponoć wyraził dezaprobatę nie tylko wobec tych, którzy do tego doprowadzili, ale także wobec samego Gierka". Kukliński był przekonany, że to Jaruzelski i nowy szef PZPR, Kania, wespół z Moskwą, stali za usunięciem Gierka.

„Wybór Kani wskazuje na duży wpływ Jaruzelskiego na działania partii" – napisał. „Na tym etapie wolał pozostać szarą eminencją. Jednak nie wyklucza to jego większych ambicji, pod warunkiem że nie zostaną one spełnione w wyniku zamachu stanu".

Kukliński spekulował, że aspiracje Jaruzelskiego sięgają stanowiska I sekretarza KC PZPR. „W każdym razie partia i przywódcy radzieccy mogą polegać na jeszcze jednej kotwicy" – kontynuował. „Wszystko, co tu napisałem, ostatecznie nie wyklucza pozytywnej roli tego człowieka w rozwiązaniu konfliktu. Szkoda tylko, że silna pozycja Jaruzelskiego w partii i jego wpływ na Kanię – człowieka o słabym potencjale niezależnego myślenia i działania – przyniosą jeszcze wiele nieszczęść krajowi i zapewne zniweczą postęp, który się dokonał".

Kukliński powiadomił CIA, że zlecono mu nadzór nad specjalną grupą monitorującą wydarzenia. Dodał, że rozwój wypadków w kraju jedynie utwierdził jego przekonanie do tajnej współpracy z Amerykanami. „Muszę powiedzieć bez ogródek, że współpraca ta całkowicie mnie oczarowała" – napisał. „Cieszę się, niemal jak dziecko, gdy tylko uda mi się pozyskać jakiś ważny dokument albo informację, z tego, że wymyślam sposoby bezpiecznego przekazywania wiadomości z Polski na Zachód, i ze świadomości, że materiały te naprawdę pochodzą ode mnie".

Stwierdził, że rozumie troskę Agencji zawartą w sugestii, która została mu ostatnio przekazana, by ponownie zawiesił działalność wywiadowczą.

> Rozumiem powody, które zmotywowały Was, zwłaszcza – jak się domyślam – mojego bliskiego przyjaciela, Daniela, do przedstawienia propozycji czasowego (na okres od czterech do sześciu miesięcy) zawieszenia naszych działań. Dziękuję za szlachetne intencje. Wiem, że propozycja ta wypływa z chęci uwolnienia mnie od napięć i ma mi pomóc w odzyskaniu sił. Jednak obecnie czuję się o wiele lepiej, a nawet bardzo dobrze. Dzisiaj nasza współpraca jest mi tak samo potrzebna jak inne działania wykonywane w codziennym życiu[17].

Umieścił swoje listy w pojemniku wraz z trzynastoma mikrofilmami zawierającymi 41-stronicowy rosyjski dokument na temat możliwości prowadzenia wojny radiowo-elektronicznej przez Układ Warszawski, 51-stronicowy dokument dotyczący obrony przed amerykańskimi pociskami typu Cruise oraz 7-stronicowy raport objaśniający taktykę stosowaną podczas wiedeńskich rozmów rozbrojeniowych[18]. 14 września, o 22.37, Kukliński przekazał te materiały CIA, a po powrocie do domu przeczytał list od Agencji.

CIA odnotowała ósmą rocznicę ich współpracy. „Mamy wielką nadzieję, że któregoś dnia ponownie będziemy mogli usiąść razem, by przedyskutować nasze wspólne sprawy". W osobnym liście „Daniel" powiadomił Kuklińskiego o przyznaniu mu medalu za zasługi dla wywiadu.

> To najwyższe odznaczenie w naszej profesji, przyznawane wyłącznie za wyjątkowe zasługi i dokonania najwyższego kalibru, których efekt stanowi poważny wkład w realizację celów naszego kraju. Ceremonia przyznania takiego odznaczenia wiąże się z wielką uroczystością, jednak tym razem został on przyznany potajemnie. Nikt nie pozna Twojego nazwiska. Wszyscy dowiedzą się za to, że w sposób wyjątkowy przyczyniasz się do realizacji polityki wolnego

świata. Chciałbym mu opowiedzieć o Twoich wysiłkach i dokonaniach, ale oczywiście nie mogę tego zrobić. Mam jedynie nadzieję, że kiedyś, w przyszłości, historia doceni Twoją ogromną odwagę i wierność zasadom. Przekazuję Ci szczere i serdeczne gratulacje w związku z tym wyróżnieniem w nadziei, że pewnego dnia wręczę Ci to odznaczenie osobiście. Tymczasem przechowam je dla Ciebie obok swoich najcenniejszych i najpilniej strzeżonych pamiątek.

„Daniel" wyraził współczucie dla kłopotów zdrowotnych Kuklińskiego, życząc mu spokojnych wakacji.

Wiem, jak łatwo popaść w nałóg picia kawy i palenia papierosów. Mam nadzieję, że uda Ci się powstrzymać te nawyki, bo zależy mi, żebyś był zdrowy i szczęśliwy...

Zgadzam się, że powinniśmy zacząć myśleć o zakończeniu naszej współpracy, ale jest mi bardzo trudno udzielić Ci jakiejś rady w tej kwestii. Współpraca ta stała się tak ważną częścią życia każdego z nas, że boję się, iż czulibyśmy się bez niej niespełnieni. Jak sam przyznajesz, jeszcze nie czas, by siedzieć w domu i uprawiać ogródek. Jednak pewnego dnia młodsi będą musieli przejąć pałeczkę i kontynuować nasze działania. Decyzja o przejściu na emeryturę jest trudna i tylko Ty sam możesz ją podjąć, świadom swoich możliwości fizycznych i intelektualnych i tego, jak długo przetrwają. Nie chcę, żebyś odchodził na emeryturę zbyt wcześnie (spowodowałoby to ogromną wyrwę w naszej wiedzy). Ale byłoby jeszcze gorzej, gdybyś przeciągnął podjęcie decyzji o przejściu na emeryturę zbyt długo i nie zdążyłbyś się nacieszyć zasłużoną ciszą i spokojem. Po prostu czas jest tu najważniejszy, a Ty sam najlepiej potrafisz ocenić, kiedy nadejdzie najwłaściwszy moment. Nie muszę chyba powtarzać, że nasza przyjaźń jest wieczna, bez względu na to, jaką decyzję podejmiesz...

Drogi Przyjacielu, w tym skomplikowanym i zmieniającym się świecie nikt nie okazał większej odwagi i oddania niż Ty. Mam jedynie nadzieję, że nie wymagasz od siebie za wiele. Pamiętaj, że wszyscy mamy swoje ograniczenia, choć Twoje wydają się nieskończone. Pamiętaj też zawsze, że – bez względu na to, co przyniesie przyszłość – nasza przyjaźń się nie skończy, będzie zawsze trwać i rosnąć w siłę.

Twój na zawsze
Daniel[19]

19 września 1980 r. dyrektor CIA, Turner, odpowiadając na wniosek Brzezińskiego o ocenę możliwości sowieckiej interwencji w Polsce, przesłał

„raport alarmowy" do prezydenta Cartera i jego doradców. „Ruchy wojsk sowieckich zaobserwowane w ciągu ostatnich dni każą przypuszczać, że sowieckie dowództwo przygotowuje zbrojną interwencję w Polsce, na wypadek gdyby sytuacja w tym kraju nie została opanowana w sposób satysfakcjonujący dla Moskwy". Dalej Turner napisał, że nowy polski przywódca, Kania, może dostać trochę czasu na rozwiązanie tej kwestii, lecz jeśli mu się to nie uda i „rola Polski w strukturach Układu Warszawskiego stanie się wątpliwa, Sowieci zagrożą użyciem wojska lub go użyją"[20].

21 września zaplanowany kontakt Kuklińskiego z agentem CIA został zaniechany z uwagi na obecność w rejonie spotkania „przechodniów". Rezerwowy termin wyznaczono na wieczór następnego dnia. Przed wyjściem z domu Kukliński podziękował Danielowi w liście za odznaczenie, którego przyznanie przyjął „z nieskrywanymi emocjami".

> Nagroda ta jest jeszcze jednym silnym potwierdzeniem, że moja decyzja o podjęciu tej trudnej, acz szlachetnej misji była uzasadniona i właściwa. Ze swej strony chcę Cię zapewnić, że również jestem świadom wielkiej potrzeby wyrwania z mrocznej otchłani szczelnie zamkniętego systemu komunistycznego wszystkiego, co służy sprawom pokoju na świecie i wolności narodów. Z tym przekonaniem jeszcze raz pragnę potwierdzić gotowość służenia wspólnej sprawie do kresu swych sił i możliwości.
>
> Drogi Danielu!
>
> W ciągu ostatnich miesięcy znów przeanalizowałem swoją sytuację i doszedłem do przekonania, że wszelkie próby ucieczki od rzeczywistości są zdecydowanie przedwczesne. À propos emerytury, to nigdy nie miałem zamiaru przerwać naszej współpracy, ponieważ stała się ona nie tylko istotą, ale i najwyższym celem mojego życia. Mogę szczerze powiedzieć, że dopiero teraz, po ośmiu latach, czuję się jak normalny człowiek, a nie osoba o skłonnościach samobójczych.
>
> Uczyniłem pierwszy krok i wyciągnąłem rękę do tej współpracy przede wszystkim z pobudek duchowych pozbawionych trzeźwej kalkulacji czy choćby najmniejszej nadziei na jej długotrwały sukces. Poczucia pewności (jeśli w tego typu działaniach w ogóle można o niej mówić) nabrałem dopiero po latach. Nigdy nie uważałem się za asa wywiadu, jednak mam pewne podstawy, by trzeźwo oceniać, że przez ten czas zdołałem wyrobić w sobie pewne cechy charakteru, które umożliwiają podejmowanie i wykonywanie zadań wywiadowczych.

Oczywiście nigdy nie czuję się bezpieczny. Jednak przenikliwe poczucie zagrożenia minęło już dość dawno temu. Dzisiaj jestem o wiele lepiej przygotowany do działań na rzecz naszej wspólnej sprawy niż w przeszłości. Byłoby szkoda zmarnować ten potencjał. (Co więcej, bardzo bym nie chciał osłabienia naszych więzi)...

Drogi Danielu!

Bardzo cenię Twoją przyjaźń, którą nazywasz „mocną, niewzruszoną, wieczną". Mam nadzieję, że bez względu na okoliczności, które mogą spowodować Twoje przeniesienie do pełnienia innych, odpowiedzialnych obowiązków, nadal będziemy utrzymywać kontakty. Przez te lata miałeś okazję poznać lepiej niż ktokolwiek wszystkie moje słabości i atuty. Wiesz, że rodzina zawsze była dla mnie najważniejsza. Zatem w imię naszej przyjaźni powierzam Ci osobiście obowiązek zadbania o los mojej rodziny w sytuacji ostatecznej. Wierzę, że nie będzie to konieczne, ale wiem też, że w przypadku jakiegoś nieszczęścia będę mógł odejść w spokoju ducha.

By nie kończyć tego listu na ponurą nutę, chcę Cię zapewnić, że patrzę w przyszłość z optymizmem. Czuję się całkowicie zdrowy i spokojny. Spróbuję wziąć pod uwagę – choć nie gwarantuję, z jakim skutkiem – Twoją radę co do zerwania z nałogiem picia kawy i palenia.

Twój
P.V.[21]

23 września doszło do spotkania czołowych doradców Białego Domu do spraw bezpieczeństwa narodowego w sprawie doniesień na temat ruchów wojsk sowieckich. Szef CIA, Turner, przedstawił bieżącą sytuację, zaznaczając, że fala strajków rozszerza się i że Moskwa obawia się, iż prodemokratyczny ruch w Polsce może zagrozić całemu systemowi komunistycznemu. Większość obecnych była zgodna, że Polacy stawią opór inwazji. Prowadzący spotkanie Brzeziński uznał, że sprzeciw Polaków oraz mocna reakcja Zachodu byłyby najlepszym sposobem na powstrzymanie Sowietów[22].

25 września, po dwóch nieudanych próbach, doszło do wymiany przesyłek między Kuklińskim a agentem. Mniej więcej tydzień później polscy robotnicy przeprowadzili godzinny strajk generalny, upominając rząd, że zbyt opieszale wprowadza reformy zawarte w porozumieniach. W oknach fabryk wywieszono flagi „Solidarności". Maszerujący demonstranci wzywali do zarejestrowania „Solidarności" RI. 12 października,

w Dniu Wojska Polskiego, generałowie, którzy zwykle odbierali lawinę gratulacji od swoich partnerów w Moskwie, tym razem otrzymali jedynie kilka wiadomości. Kukliński zauważył, że radzieccy oficerowie, którzy pozostawali w stałym kontakcie z polskim Sztabem Generalnym, zaczęli rzadziej się w nim pojawiać, a kiedy już się zjawiali, byli nieufni i pełni rezerwy. Pewnego dnia, podczas ceremonii powitania na lotnisku polskiej delegacji wracającej z Pragi, Kukliński słyszał, jak pewien rosyjski generał, przedstawiciel Kulikowa w Polsce, otwarcie krytykował wystąpienia robotników. „Demokracja, tak! Ale jedynie jako dyktatura proletariatu, zgodna z zasadami centralizmu demokratycznego. To, co tu robicie, to czysty, zgniły i skompromitowany liberalizm" – perorował[23].

22 października Kukliński został wezwany do gabinetu generała Skalskiego, który oświadczył, że Jaruzelski przekazał mu pilne polecenie. Sztab Generalny musiał rozpocząć tajne przygotowania do wprowadzenia stanu wojennego. Wydawało się, że Moskwa jest w ostatniej fazie planowania inwazji i że tylko zdecydowane działania polskich władz zapobiegną interwencji z zewnątrz.

Skalski zlecił Kuklińskiemu, który już nadzorował prace zespołu monitorującego wydarzenia w kraju, nadzór nad niewielką grupą oficerów planujących udział wojska w operacji wprowadzenia stanu wojennego. Wiedział, że Kukliński będzie zakłopotany tym poleceniem. „To rozkaz, którego wykonania masz prawo odmówić" – oświadczył mu uroczyście.

Kukliński zawsze podziwiał Skalskiego, szczupłego, mocno zbudowanego mężczyznę o błękitnych oczach i szlachetnej twarzy. Był przekonany, że generał, który wyraźnie nie znosił Rosjan, jest równie zafrasowany pomysłem, by skierować polskie wojsko przeciwko narodowi.

Gdy Kulikow wraz ze swoją protekcjonalną świtą odwiedzał Warszawę, Skalski ledwo potrafił ukryć irytację. Starał się spędzać jak najmniej czasu z rosyjskimi gośćmi, zaciskał zęby i z nabrzmiałą twarzą szybko odsyłał ich do gabinetu Kuklińskiego.

Skalski miał piętnaście lat, gdy we wrześniu 1939 r. Armia Czerwona wkroczyła do Polski. Tamtego ranka obudził go na werandzie domu w Grodnie (obecnie na Białorusi) odgłos potężnej burzy. Później zrozumiał, że to sowieckie oddziały maszerują ulicami miasta. Pierwszy raz ujrzał rosyjskich żołnierzy w szarych mundurach i stożkowatych czapkach z czerwoną gwiazdą, z karabinami o wyjątkowo długich bagnetach. Miejscowe szkoły szybko zmieniono w szkoły rosyjskie. Skalski i jego koledzy musieli uczyć się rosyjskiego przez kilka godzin dziennie. Wpajano im moskiewską wersję historii skazującą polską przedwojenną przeszłość na zapomnienie. Ojciec Skalskiego, przedwojenny polski oficer, został aresztowany przez Sowietów i już nigdy nie wrócił do Polski. Skalski widział się z nim jeszcze tylko raz, po wojnie. Jego starszy brat, absolwent polskiej szkoły wojskowej, również został zatrzymany i, jako jeden z tysięcy polskich oficerów, zamordowany na rozkaz Stalina w Lesie Katyńskim w roku 1940.

Sam Skalski wstąpił do tzw. Armii Berlinga utworzonej w Związku Sowieckim i dowodzonej przez polskiego generała. Został oficerem wojsk artylerii przeciwpancernej. Musiał wykazać się zdolnością do szybkiego obliczania odległości, kąta nachylenia terenu i prędkości wiatru. Otrzymał najwyższe polskie odznaczenie wojskowe za zniszczenie samoczynnego niemieckiego działa. Powoli piął się w hierarchii polskiej armii. Zdaniem Kuklińskiego był wymagający i niecierpliwy, i czasami potrafił doprowadzić podwładnych do płaczu. Jednak był też zdecydowany i wiedział, czego chce.

W coraz większym stopniu polegał na Kuklińskim. Uważał go za niestrudzonego i skrupulatnego oficera z wyobraźnią, mającego „niezwykłą zdolność przedstawiania koncepcji w formie pisemnej". Umiał też radzić sobie z Rosjanami. „Miał wszelkie cechy umożliwiające mu zyskiwanie zaufania i godzenia ludzi" – wspominał po latach Skalski. „Podwładni darzyli go wielkim szacunkiem. Był dobrym i przyjacielskim szefem. Muszę powiedzieć, że dobre cechy charakteru przysparzały mu dużej popularności w kręgach partyjnych. Zawsze wybierano go jednogłośnie na delegata na posiedzenia PZPR".

Kukliński nie wyobrażał sobie, że mógłby uczestniczyć w planach zduszenia „Solidarności". Podziwiał strajkujących i ich sympatyków. „Byli moimi bohaterami – wyznał później – poczynając od Wałęsy, a na ostatniej uczestniczce demonstracji wykrzykującej hasła skończywszy". Nie zapomniał także doświadczeń swojego przyjaciela z wojska, który dostał rozkaz strzelania do strajkujących robotników podczas wystąpień na Wybrzeżu w roku 1970. Wydarzenia te przyczyniły się do decyzji Kuklińskiego o podjęciu współpracy z Zachodem. Zdał też sobie sprawę, że przyjmując rozkaz, będzie mógł wpływać na bieg wypadków i ewentualnie zapobiec aktom przemocy. Oczywiście będzie mógł też informować o tym CIA. „Jeśli nie widzi pan nikogo lepszego, zgadzam się" – odpowiedział Skalskiemu[24].

Nazajutrz, 23 października, Brzeziński przewodniczył w Waszyngtonie posiedzeniu Specjalnej Komisji Koordynacyjnej, niewielkiego zespołu rządowego śledzącego wydarzenia w Polsce. W spotkaniu uczestniczyli także dyrektor CIA, Turner, sekretarz stanu, Edmund S. Muskie, oraz sekretarz obrony, Harold Brown. „Liczba obecnych była ograniczona ze względu na tajny charakter posiedzenia" – napisał później Brzeziński. „Tematem spotkania była nasza reakcja na ewentualną interwencję sowiecką w Polsce"[25].

Jako doradca do spraw bezpieczeństwa narodowego prezydenta Cartera Brzeziński przez cztery lata często zwracał się do CIA z wnioskami o udostępnienie surowych raportów wywiadowczych, na podstawie których mógł wyrobić sobie własne zdanie, jeszcze zanim zostały one opracowane przez analityków. Był jedną z niewielu osób w administracji amerykańskiej, które wiedziały, że Agencja ma ważnego informatora w polskim Ministerstwie Obrony Narodowej. Od najwcześniejszej fazy kryzysu Brzeziński uważał, że Biały Dom musi wyrazić jednoznaczny sprzeciw wobec sowieckiej interwencji w Polsce. Pamiętał, że w roku 1968 Amerykanie dysponowali przesłankami wskazującymi na to, że Sowieci dokonają inwazji na Czechosłowację, jednak nie zareagowali. Zdaniem Brzezińskiego pasywność Waszyngtonu przyspieszyła decyzję Sowietów i zachęciła ich do dalszych działań zmierzających do zdominowania Europy Wschodniej. Brzeziński poradził Carterowi, by nie popełnił tego samego błędu w przypadku Polski.

26 października Kukliński zaczął pisać 6-stronicowy list do CIA, analizujący wydarzenia mijającego miesiąca. Jego zdaniem w Sztabie Generalnym panował rozpowszechniony pogląd, że jedynie CIA jest w stanie sformułować „wiarygodną prognozę" dalszego rozwoju wypadków w Polsce.

> Sąd ten odzwierciedla nie tyle szacunek dla amerykańskich służb wywiadowczych, które przykuły uwagę światowej opinii publicznej do faktu koncentracji radzieckich wojsk przy granicy z Polską, ile przekonanie, że polski rząd nie potrafi wpłynąć na losy kraju, a zwłaszcza że nie oprze się ewentualnej zbrojnej interwencji ZSRR.

Co do planów polskiej armii, w przypadku gdyby Moskwa wysłała swe oddziały do Polski, Kukliński napisał:

> Ze wstydem stwierdzam, że nie ma żadnych planów. Kwestia ta pozostaje jednym z tematów tabu, które uniemożliwiają podjęcie jakichkolwiek działań. Szefostwo Sztabu Generalnego docenia wagę zagrożenia...
>
> Dotychczas Sztab Generalny nie podjął nawet najmniejszych kroków zmierzających do przeciwstawienia się zbrojnej interwencji ze strony ZSRR.

Zaledwie kilka dni wcześniej Kukliński napisał: „niewielka grupa oficerów rozpoczęła opracowywać plan wprowadzenia na terytorium Polski stanu wojennej gotowości bojowej" – stanu wojennego*. Dołączył do listu raport oraz projekt ustawy i dekretów władz dotyczących wprowadzenia stanu wojennego, a także inne, szczegółowe informacje:

> Plan zakłada, że – z uwagi na bezpieczeństwo narodowe – stan wojennej gotowości bojowej zostanie wprowadzony jedynie w ostateczności, po wyczerpaniu wszystkich możliwości wyciszenia niepokojów społecznych. Poza zawieszeniem praw obywatelskich i przyznaniem rządowi nadzwyczajnych uprawnień zostanie wydany dekret o obowiązkach pracowniczych. Wejdzie także w życie ustawa o przymusowej służbie wojskowej, częściowej mobilizacji, powszechnej militaryzacji, służbie w oddziałach obrony cywilnej oraz o działaniach na rzecz obronności kraju. Proponuje się, by wojsko zostało wykorzystane do ochrony obiektów specjalnych i patrolowania miast. Sojusznicy Polski zostaną powiadomieni o wprowadzeniu wojennej gotowości bojowej *ex post factum*...
>
> Wszyscy boją się tego kroku. Wśród wtajemniczonych panuje dosyć powszechne przekonanie, że wprowadzenie stanu wojennego może oznaczać początek końca[26].

Kukliński stwierdził, że w polskim wojsku panuje coraz większa frustracja. „Oskarżenia przeciwko obecnemu szefostwu Ministerstwa Obrony Narodowej są wyrażane coraz śmielej i głośniej", podczas gdy Ministerstwo „robi wszystko, żeby uspokoić żołnierzy, by skrócić im smycz". Kukliński przestrzegł przed możliwością przejęcia dowództwa polskiej armii przez Rosjan i nieco zjadliwie zauważył, że niektórzy polscy generałowie przyznają między sobą, że ich stanowiska prawdopodobnie zajmą Rosjanie. „Ich apatia sprawia, że zorganizowanie jakiegokolwiek oporu staje się niemożliwe" – pisał Kukliński.

On i jego koledzy wiedzieli niewiele na temat rozmieszczenia radzieckich wojsk przy granicy. „Chcę podkreślić, że kwestia wprowadzenia stanu wojennego w Polsce znajduje się obecnie w fazie planowania i że plany te mogą być zrealizowane jedynie w ostateczności" – napisał.

29 października, w przeddzień kontaktu z agentem, złożyli mu wizytę dwaj rosyjscy oficerowie z dowództwa Układu Warszawskiego. Kukliński

---

* W raportach Kukliński używał polskiego terminu „stan wojenny". Agenci CIA początkowo przetłumaczyli to określenie jako „gotowość wojenną", ale szybko zastąpili je właściwym terminem. Autor używa terminu „stan wojenny" zgodnie z intencjami Kuklińskiego.

spytał ich o ewentualne plany interwencji. Stwierdzili, że nic o nich nie wiedzą, choć już rozpoczęło się „szkolenie psychologiczne" rosyjskiej kadry. Na spotkaniach rosyjskich generałów zaczęto mówić o zapewnieniu „polskim komunistom pomocy wojskowej". Niedawno zapowiedziano rosyjskim oficerom, że będą pełnić służby alarmowe w nocy i w weekendy. Rosjanie powiedzieli Kuklińskiemu, że w Moskwie oficerowie często gromadzą się przy audycjach Radia Swoboda i Radia Wolna Europa i że wielu z nich irytują stanowcze żądania „Solidarności".

30 października powiadomił CIA o rozmowie z dwoma Rosjanami, a także o ostatnich pogłoskach przekazywanych przez oficerów Sztabu Generalnego o konieczności przeprowadzenia w całym kraju masowych aresztowań wśród działaczy związkowych.

„Ponownie proszę Was o ostrożne wykorzystywanie informacji, które Wam przekazuję" – napisał. „Ostatnio w Sztabie kazano nam zachować milczenie w sprawie statutu [na czas wojny], bo «jeśli Zachód by się o tym dowiedział, to mógłby uderzyć w bardzo czuły punkt – i z pewnością by to zrobił»"[27].

Podczas wieczornego spotkania z agentem Kukliński przekazał listy i pięć mikrofilmów zawierających 215 stron dokumentów[28]. Były wśród nich pierwsze materiały na temat stanu wojennego, które dotarły do USA*.

Tymczasem w Waszyngtonie doradca do spraw bezpieczeństwa narodowego, Brzeziński, uważał, że kryzys ulega niebezpiecznej eskalacji. Miał on uprzywilejowany dostęp do szczegółowych zdjęć satelitarnych Polski oraz innych materiałów wywiadowczych, które wskazywały na dużą koncentrację sowieckich oddziałów na granicy, obecność sowieckich

* Były to następujące dokumenty:

Nota na temat stanu wojennego w kontekście bezpieczeństwa państwa. Tajne. 5 stron.
Uchwała Rady Państwa o wprowadzeniu stanu wojennego. Tajne. 2 strony.
Ustawa o zmianie konstytucji PRL. Tajne. 1 strona.
Dekret o ochronie bezpieczeństwa państwa i porządku publicznego w czasie stanu wojennego. Tajne. 8 stron.
Dekret o zaopatrzeniu ludności w czasie obowiązywania stanu wojennego. Tajne. 5 stron.
Dekret o stosunku pracy w czasie obowiązywania stanu wojennego. Tajne. 5 stron.
Propozycje dotyczące procedur wprowadzenia stanu wojennego w kontekście bezpieczeństwa państwa. Tajne. 5 stron.
Wstępny projekt dekretu o wymiarze sprawiedliwości w czasie obowiązywania stanu wojennego. Tajne. 8 stron.
Dekret o ochronie bezpieczeństwa państwa i porządku publicznego w czasie obowiązywania stanu wojennego. Tajne. 8 stron.

samolotów transportowych na lotniskach położonych w tym rejonie i konwoje wojskowe na drogach. Jednak trudno było mieć pewność co do intencji Moskwy. Możliwości amerykańskich satelitów szpiegowskich monitorujących rozwój wydarzeń w Polsce i w zachodniej części Związku Sowieckiego były bowiem ograniczone z uwagi na duże zachmurzenie nieba nad regionem. Brzeziński zwrócił się do CIA o kolejną ocenę możliwości inwazji. „Coraz bardziej martwi mnie, że jest całkiem prawdopodobna" – napisał 29 października w swoim dzienniku[29].

Na początku listopada zespół opracowujący wraz z Kuklińskim plany udziału wojska we wprowadzaniu stanu wojennego przesłał raport Komitetowi Obrony Kraju (KOK) działającemu przy Ministerstwie Obrony Narodowej, któremu przewodniczył premier Józef Pińkowski. Nie ujawniono w nim szczegółów z obawy przed przeciekami informacji. Podstawowa przesłanka brzmiała następująco: Z uwagi na katastrofalne wydarzenia z roku 1970, gdy polscy żołnierze strzelali do strajkujących, wojsko ograniczy swe działania do dużych miast i ośrodków przemysłowych i będzie unikać bezpośredniej konfrontacji z robotnikami. Tę pozostawiono w gestii Ministerstwa Spraw Wewnętrznych i SB. Wojsko miało utrzymywać „wewnętrzny ład i porządek w miastach" i chronić ważne budynki i obiekty. By mieć pewność, że MSW będzie dysponować sprzętem umożliwiającym wykonanie jego zadań, armia miała przekazać mu niezbędną broń, amunicję, pojazdy opancerzone oraz śmigłowce.

W listopadzie członkowie KOK zebrali się, by omówić plany działania oraz pakiet wytycznych MSW. Podczas spotkania minister spraw wewnętrznych, Mirosław Milewski, opowiedział się za twardą linią postępowania, stwierdzając, że jego celem jest masowe internowanie działaczy związkowych, ustanowienie sądów doraźnych do karania osób naruszających przepisy stanu wojennego i zawieszenie wszystkich swobód obywatelskich. Dodał, że oczekuje bezpośredniego wsparcia ze strony wojska w czasie konfrontacji ze strajkującymi. Kukliński i kilku jego kolegów ze Sztabu Generalnego uznało, że propozycje Milewskiego są nie do przyjęcia.

KOK nie podjął ostatecznej decyzji w sprawie planu działania, jednak zalecił MON i MSW współpracę z ministerstwami nadzorującymi komunikację, dostawy prądu i transport. Ustalono – zdaniem Kuklińskiego słusznie – że wprowadzenie stanu wojennego doprowadzi do nieuchronnej interwencji wojsk radzieckich.

Podczas spotkania wyższej kadry oficerskiej w gabinecie Skalskiego Kukliński stwierdził, że wojsko powinno stawić czoło radzieckiej inwazji, i zaproponował, by polskie władze nie ujawniały wiadomości – na przykład o sabotażach dokonywanych przez opozycję – które dałyby Moskwie pretekst do interwencji. Jego sugestie zdobyły niewielkie poparcie.

25 listopada CIA przekazała prezydentowi Carterowi kolejny „raport alarmowy", który stwierdzał: „Polski rząd staje przed największym wyzwaniem od czasu zakończonych w sierpniu strajków na Wybrzeżu", dodając, iż „obecna sytuacja wskazuje, że wkrótce reżim użyje środków przymusu lub dojdzie do sowieckiej interwencji zbrojnej".

Trzy dni później Robert M. Gates, nowy szef wywiadu odpowiedzialny za rejon Związku Sowieckiego i Europy Wschodniej, napisał do Turnera, że „sytuacja w Polsce jest nie do zaakceptowania dla Związku Sowieckiego". Nawet w przypadku gdy „Solidarność" nie wysunie nowych żądań, „sądzę, że Sowieci nie mogą i nie zechcą przystać na takie status quo"[30].

Pracownicy sekcji sowieckiej CIA obawiali się, że w przypadku interwencji lub wprowadzenia stanu wojennego Kukliński nie będzie mógł swobodnie przemieszczać się po Warszawie, co sprawi, że jego kontakty z Agencją będą znacznie utrudnione. Tymczasem technicy CIA opracowywali skomplikowane urządzenie o nazwie Discus, które umożliwiłoby Kuklińskiemu nadawanie krótkich, zaszyfrowanych komunikatów do agentów w Warszawie. Urządzenie było już prawie gotowe.

Agencja przygotowała dla Kuklińskiego specjalną przesyłkę. Informacje, które przekazał na temat planów wprowadzenia stanu wojennego, „miały wyjątkową wagę dla wywiadu" – napisali agenci. „Udostępniliśmy je jedynie prezydentowi oraz kilku wybranym pracownikom Departamentu Obrony".

CIA przedstawiła Kuklińskiemu listę pytań: Gdzie powstały plany wprowadzenia stanu wojennego? Kto o nich wiedział oprócz oficerów, którzy je przygotowali? Czy były jakieś sprzeciwy? Czy Moskwa wiedziała o tych planach? Czy wiedziała o nastawieniu polskich żołnierzy, które mogło mieć wpływ na sowieckie plany dotyczące ewentualnej interwencji?

„Nawet nie próbuj na nie odpowiadać, jeśli nie możesz tego zrobić w sposób bezpieczny" – zaznaczono w liście[31].

W sobotę, 29 listopada, Kukliński, który wraz z innymi członkami polskiej delegacji przygotowywał się do wyjazdu do Bukaresztu na posiedzenie komitetu ministrów obrony Układu Warszawskiego, dowiedział się, że dwaj oficerowie – pułkownik Franciszek Puchała, szef wydziału gotowości bojowej, oraz generał Tadeusz Hupałowski, zastępca szefa sztabu – zostali potajemnie i nagle wysłani do Moskwy. Z rozmów z przełożonymi wynikało, że ich wyjazd jest związany z przygotowaniami Moskwy do interwencji. Przez resztę dnia i w niedzielę Kukliński zebrał dodatkowe informacje. Niektórych nie był w stanie zweryfikować. Jedna z plotek głosiła, że podczas rozmów z Sowietami minister obrony, Jaruzelski, zaoponował przeciwko planom Moskwy. Podobno zdenerwowało go żądanie, by polskie wojsko pozostało podczas interwencji w koszarach, i to, że wezmą w niej udział jednostki z Niemiec Wschodnich.

Kuklińskiemu wydało się mało prawdopodobne, by Jaruzelski zdobył się na odwagę i sprzeciwił Rosjanom. Ostatnio często zamykał się w gabinecie, nie dopuszczając do siebie nawet najbliższych doradców. Podobno kryzysowa sytuacja tak go sparaliżowała, że nawet nie wybrał się na spotkanie ministrów obrony w Bukareszcie, wysyłając tam w zastępstwie prosowieckiego, twardogłowego generała Eugeniusza Molczyka.

Kuklińskiemu polecono przygotować teksty przemówień, które Jaruzelski (a teraz Molczyk) miał wygłosić podczas spotkania. Postanowił odwiedzić Jaruzelskiego pod pretekstem, że ten musi zatwierdzić projekty wystąpień. Gdyby wyczuł, że Jaruzelski rzeczywiście sprzeciwia się planom Moskwy, mógł próbować wzmocnić jego opór, a nawet zasugerować, by po cichu pozyskał Amerykanów do rozwiązania konfliktu na drodze dyplomatycznej. Był to krok bardzo ryzykowny, wręcz desperacki. Kukliński kazał kierowcy zawieźć się do Jaruzelskiego na ulicą Klonową. Kiedy tam przyjechał, wartownik, który go znał, powiedział mu, że „ministra nie ma w biurze". Kiedy Kukliński odchodził, wartownik uśmiechnął się. Pułkownik podejrzewał, że Jaruzelski siedzi za zamkniętymi drzwiami gabinetu i nikogo nie przyjmuje.

Nazajutrz rano, 1 grudnia, na lotnisku, czekając na samolot do Bukaresztu, Kukliński spotkał Hupałowskiego i Puchałę, dwóch oficerów Sztabu Generalnego wysłanych z tajną misją do Moskwy. Wziął Puchałę na bok i zaczął go wypytywać. Puchała stwierdził, że polecono mu przywieźć z Moskwy dokumenty radzieckiego Sztabu Generalnego. Szczegółów nie znał. Umówili się na rozmowę po powrocie[32].

Zła pogoda nad Europą Wschodnią wciąż uniemożliwiała amerykańskim satelitom szpiegowskim namierzenie ruchów jednostek sowieckich. Jednak zamknięto polsko-enerdowską granicę i były dowody na to, że sowieckie wojska przy granicy z Polską znajdują się w stanie podwyższonej gotowości bojowej. 2 grudnia Turner przekazał prezydentowi Carterowi kolejny „raport alarmowy":

„Sądzę, że Sowieci przygotowują swoje wojska do zbrojnej interwencji w Polsce" – napisał w streszczeniu. „Jednak nie wiemy, czy już podjęli decyzję o interwencji, czy też nadal szukają rozwiązań politycznych"[33].

Tymczasem Brzeziński nakłonił Cartera do przesłania Breżniewowi jednoznacznego ostrzeżenia przed interwencją. W środę, 3 grudnia, w południe spotkał się z Turnerem, Muskiem i Brownem. Wszyscy trzej zgodzili się, że prezydent powinien przekazać Moskwie publiczne i prywatne ostrzeżenia. Brzeziński podyktował projekt prywatnego ostrzeżenia, które miało zostać wysłane w imieniu prezydenta „gorącą linią" łączącą Biały Dom z Kremlem. Pismo powiadamiało, że Stany Zjednoczone nie chcą wykorzystywać wydarzeń w Polsce ani zagrażać interesom służącym bezpieczeństwu Związku Sowieckiego w regionie[34].

„Pragnę Panu przekazać, że naszym jedynym celem jest utrzymanie pokoju w Europie Środkowej i, w tym kontekście, by polski rząd i naród mogły same rozwiązywać swe problemy wewnętrzne. Jednocześnie muszę zaznaczyć, że nasze wzajemne stosunki ulegną zdecydowanemu pogorszeniu, jeśli rozwiązanie zostanie narzucone polskiemu narodowi siłą".

Wiadomość przekazano do Moskwy. O 16.21 Waszyngton uzyskał potwierdzenie, że została odebrana. Tymczasem prezydent Carter ostrzegł publicznie, że „interwencja obcych wojsk w Polsce miałaby bardzo negatywne konsekwencje dla stosunków Wschód–Zachód w ogóle i dla stosunków amerykańsko-sowieckich w szczególności"[35].

Tymczasem w ten sam środowy poranek, po zakończeniu obrad komitetu ministrów obrony, Kukliński czekał na lotnisku w Bukareszcie na samolot do Warszawy. Zazwyczaj delegacje państw Układu Warszawskiego odlatywały w kolejności zgodnej z rosyjskim alfabetem, co lokowało Polskę po Bułgarii, Węgrzech i NRD. Jednak tamtego dnia Kulikow oświadczył Polakom, że powinni lecieć pierwsi. „Macie ważne sprawy do załatwienia w domu".

Podczas powitania na warszawskim lotnisku wojskowym do Kuklińskiego podszedł jego bezpośredni przełożony, generał Wacław Szklarski, informując go o wydarzeniach ostatnich dni. Potwierdził obawy Kuklińskiego: radziecka interwencja była nieuchronna. Hupałowski i Puchała wrócili z Moskwy z dokumentami, z których wynikało, że dojdzie do niej pod pozorem ćwiczeń wojskowych o kryptonimie „Sojuz 80". Szklarski przekazał mu wiele szczegółów, w tym liczbę dywizji i krajów, które będą w niej uczestniczyć. Stwierdził, że Sztab Generalny dokonał analizy planów i był przekonany, że Moskwa mylnie odczytuje sytuację i że interwencja przyniesie skutek odwrotny do zamierzonego. Dzień wcześniej Siwicki, zachęcony przez swoich zastępców, usiłował nakłonić Jaruzelskiego do podjęcia rozmów z Moskwą, by zapobiec interwencji i zgłosić gotowość do wprowadzenia stanu wojennego.

Szklarski stwierdził, że Jaruzelski uciął wszelkie dyskusje tego typu. Poprosił, by Kukliński zachował te informacje dla siebie.

Kukliński pojechał wieczorem do Sztabu Generalnego. Spotkał tam Puchałę i zapytał go, co wydarzyło się w Moskwie. Początkowo Puchała unikał odpowiedzi, a później zaczął się nerwowo śmiać. Kukliński przypomniał mu, że umówili się na wymianę informacji, i dał jasno do zrozumienia, że i tak zna sporo szczegółów.

Puchała odparł, że Hupałowski spotkał się prywatnie z marszałkiem Nikołajem Ogarkowem, szefem radzieckiego Sztabu Generalnego. W tym czasie on sam odbył kilka spotkań z oficerami niższego szczebla, którzy przygotowywali plany manewrów „Sojuz 80" będących przykrywką dla interwencji. Nikt nie używał słowa „inwazja" – wyłącznie „manewry".

Kukliński kazał kierowcy odwieźć się do domu. Później pojechał własnym samochodem do skrzynki pocztowej, na której wyrysował białą kredą półokrąg, sygnalizując, że następnego dnia wieczorem, 4 grudnia, chce przekazać wiadomość[36].

W wieczór przed spotkaniem napisał na maszynie trzystronicowy list do CIA.

Zaczynał się od słów „Bardzo pilne".

> Drodzy Przyjaciele
>
> Na polecenie ministra obrony, Jaruzelskiego, gen. Hupałowski i płk Puchała zatwierdzili w siedzibie Sztabu Generalnego ZSRR plan wprowadzenia (pod pretekstem manewrów) oddziałów Armii Czerwonej, armii NRD i armii czechosłowackiej na terytorium Polski. Z gotowych planów, które zostały im przedstawione do wglądu i częściowego skopiowania, jasno wynika, że mają zostać wysłane trzy armie radzieckie w liczbie piętnastu dywizji, jedna czechosłowacka w liczbie dwóch dywizji oraz sztab i jedna dywizja z Niemiec Wschodnich. W sumie w pierwszej fazie operacji weźmie udział osiemnaście dywizji wojsk interwencyjnych. Do armii czeskiej i wschodnioniemieckiej dołączą dodatkowo cztery dywizje (polska 5 i 11 dywizja pancerna oraz 4 i 12 dywizja zmechanizowana). Termin gotowości do przekroczenia granic Polski wyznaczono na 8 grudnia.
>
> W chwili obecnej przedstawiciele „bratnich armii" w cywilnym przebraniu przeprowadzają rozpoznanie dróg przemarszu, poligonów oraz rejonów planowanej operacji. Czesi i Niemcy wschod-

ni mają działać w zachodniej części kraju, natomiast centralna i wschodnia część Polski będzie terenem działań wojsk radzieckich.

Plan działań interwencyjnych przewiduje przegrupowanie wojsk na teren wszystkich głównych poligonów polskich sił zbrojnych, przeprowadzenie na nich ćwiczeń z bronią ostrą, a następnie – w zależności od rozwoju sytuacji – blokadę wszystkich większych miast i ośrodków przemysłowych na terytorium Polski. Z lakonicznych i niejasnych wypowiedzi wysoko postawionych osobistości z kręgów wojskowych wynika, że decyzja polityczna w tej sprawie została podjęta znacznie wcześniej i że ostatnio nie było nacisków na polskich przywódców (Kanię i Jaruzelskiego).

Pod naciskiem swoich zastępców generał Siwicki starał się wpłynąć na ministra obrony, by on sprzeciwił się zamiarom sojuszników, jednak ten przeraźliwie roztrzęsiony sługus Moskwy nawet nie dopuścił do dyskusji na ten temat. Na wczorajszym, nadzwyczajnym posiedzeniu KOK minister obrony przedstawił zadania okręgów wojskowych oraz dowódców wydziałów [właściwych] służb. Szefostwo Sztabu Generalnego pośpiesznie dopracowuje szczegóły planu interwencji.

Nakłoniony przez Siwickiego i generała Molczyka Jaruzelski zatwierdził „opracowanie alternatywnego planu użycia wyłącznie polskich sił zbrojnych do «zapewnienia bezpieczeństwa wewnętrznego»". W niedzielę, 7 grudnia, miał osobiście przedstawić plan „sojusznikom" w Moskwie i zwrócić się do nich o wstrzymanie interwencji wojsk Układu Warszawskiego „do czasu, gdy działania polskich sił zbrojnych okażą się nieskuteczne". Kukliński przedstawił bardzo krytyczny obraz Jaruzelskiego, sugerując, że jedynie symuluje sprzeciw wobec interwencji Moskwy i proponuje alternatywny plan działania wyłącznie pod presją innych dowódców wojskowych. Pisząc niezwykle emocjonalnie, stwierdza, że Jaruzelski jest „niegodny miana Polaka", i nazywa go „największym tchórzem w tym kraju".

Jego częściowe ustępstwa wobec Siwickiego i Molczyka mogą mieć za cel jedynie stworzenie zasłony dymnej dla ludzi, którzy kiedyś mogą [go] oskarżyć o zdradę kraju...

Podsumowując, muszę z goryczą stwierdzić, że choć niewielka grupa generałów i oficerów polskich sił zbrojnych znających plany interwencji jest nimi załamana i przybita, to jednak nie pojawił się nawet pomysł stawienia oporu przez wojsko polskie zbrojnej interwencji państw Układu Warszawskiego. Pojawiają się nawet głosy, że sama obecność tak potężnych sił na terytorium Polski może doprowadzić do uspokojenia sytuacji[37].

Kukliński kilkakrotnie złożył list, opakował go w celofan i zakleił taśmą. Od kilku godzin sypał śnieg. Pułkownik ruszył na przejażdżkę po mieście. Około 22.00 dotarł w umówione miejsce pod latarnią uliczną przy Wisłostradzie i zatrzymał się na poboczu. Wysiadł z samochodu i rzucił przesyłkę na ziemię.

Rankiem, w drodze do pracy, Ted Gilbertson zauważył wyrysowany kredą znak. Zdając sobie sprawę, że wszelkie wiadomości od Mewy mają znaczenie priorytetowe, przejrzał listę punktów kontaktowych. Zmartwił się, gdy stwierdził, że najbliższy znajdował się przy Wisłostradzie. Na tej czteropasmowej autostradzie nie było chodnika, na którym można byłoby zaparkować. Światło lamp ulicznych i pozbawione liści drzewa sprawiały, że zimą miejsce to stawało się zbyt widoczne. W planach miało być ono wykorzystywane latem. Agent mógł wtedy zaparkować samochód gdzie indziej i dojść tam pieszo. Tymczasem CIA ograniczyła listę miejsc nadających się do działań operacyjnych z udziałem Mewy szybciej, niż można było tego oczekiwać.

Tamtego wieczoru Gilbertson, jak zwykle, wyszedł z pracy około 17.00 i pojechał do domu. Pomachał przyjaźnie stojącym w pobliżu milicjantom pełniącym służbę przed ambasadą Iranu i rezydencją amerykańskiego ambasadora. Gilbertson, samotny mężczyzna po rozwodzie, zjadł typową dla siebie, skromną kolację – kanapkę z masłem orzechowym – i wypił piwo. Około 20.00 włożył brązową kurtkę i wyszedł z domu. Pojechał do centrum, gdzie zaczął krążyć, by sprawdzić, czy nikt go nie śledzi. Ostatnio zapuścił włosy, by skrywały miniaturową słuchawkę, przez którą nasłuchiwał trzeszczących komunikatów funkcjonariuszy SB porozumiewających się przez radio. Nasłuchiwał ich także na falach UKF w samochodowym radiu. Mimo podjętych środków ostrożności czuł, że jest na widoku. Przy wciąż sypiącym śniegu wydawało się, że puste ulice przemierzają jedynie dyplomaci i milicja.

Widział majaczące w oddali światła Wisłostrady. Jechał powoli, mijając klub jachtowy, park i pomnik poległych bohaterów. Z przeciwnego kierunku nadjechał radiowóz, po czym zniknął. Gilbertson podkręcił ogrzewanie, żeby stopić śnieg opadający na szybę. Gdy w końcu skręcił w Wisłostradę, zaczął odliczać latarnie, żeby wiedzieć, gdzie ma się zatrzymać.

Zaplanował, że dojedzie na miejsce o 22.30, zakładając, że pokrywa śniegu będzie miała grubość najwyżej kilkunastu centymetrów. Jednak gdy się do niego zbliżył, z przerażeniem zauważył sunący przed nim pług śnieżny, zagarniający hałdy śniegu poza krawężnik, gdzie leżała przesyłka. Uświadomił sobie, że to, czego szuka – pojemnik po jogurcie, rękawiczka albo kawałek pogniecionej folii – będzie w tych warunkach niemal nie do odnalezienia. Gdy rozpoznał miejsce, podobnie jak Kukliński, przyhamował i wjechał w zaspę, jakby go tam zarzuciło. Widząc, że nie nadjeżdża żaden samochód, otworzył drzwi i wysiadł. Buty zapadły się w śnieg. Nerwowo spojrzał na zegarek: była 22.32. Obszedł samochód i udawał, że robi coś przy szybie. Później przyklęknął i zaczął szukać przesyłki pod latarnią, odrzucając garściami śnieg. Szybko wykopał dołek o głębokości około trzydziestu centymetrów, ale niczego nie znalazł. Wepchnął ręce głębiej.

Minęło pięć minut. Śnieg przemoczył mu spodnie, piersi miał mokre od potu. Wygarniał garściami śnieg i gniótł go między palcami, obserwując jednocześnie mijające go samochody. „Gdzie to jest?" – mamrotał, przeklinając w duchu. Wciąż kopał, ale zaczynał już tracić nadzieję. Nagle poczuł, że gniecie coś dłonią i wyciągnął pokrytą śniegiem przesyłkę owiniętą celofanem. Wsiadł do swojego fiata, wygramolił się z zaspy i ruszył Wisłostradą. Nagle pomyślał: „Lepiej się upewnić". Trzymając niezdarnie kierownicę między kolanami, memłał zawiniątko, dopóki go nie rozpakował i nie znalazł w środku starannie złożonych kartek. Rozpoznał charakter pisma Mewy. Uradowany, chciał od razu pojechać do ambasady i zadepeszować do Waszyngtonu, jednak wrócił do domu i nalał sobie kieliszek wódki. Zgasił światło i wślizgnął się do łóżka ze słownikiem polsko-angielskim i listem rozpostartym na podkładce. Ostry wiatr tłukł o szybę, śnieg wciąż sypał, a on naciągnął na głowę duży wełniany koc, włączył latarkę i zaczął tłumaczyć list Mewy.

Przygotowanie streszczenia tekstu zajęło mu kilka godzin. Później włożył list pod poduszkę. Przyjechał do ambasady około dziewiątej rano i natychmiast zameldował się u szefa, Toma Ryana. O przesyłce poinformowano ambasadora, Francisa J. Meehana. Jeden z agentów zaszyfrował polską wersję tekstu wraz z jej surowym tłumaczeniem na maszynie do pisania Selectric. Agent odpowiedzialny za łączność przesłał obydwa teksty do Langley. W Waszyngtonie była jeszcze noc. W depeszy zażądano, by bezzwłocznie ściągnąć do biura szefa sekcji polskiej[38]. Niecałe dwie godziny później do warszawskiej komórki CIA trafiła odpowiedź:

> Jest to raport o kapitalnym znaczeniu. Dzięki Waszym szybkim działaniom jego przetłumaczona wersja trafiła w ręce dyrektora pionu operacyjnego i dyrektora centrali wywiadu z samego rana. Jego treść zostanie jeszcze dziś rano przekazana prezydentowi i jego najbliższym doradcom...
>
> Proszę zaznaczyć w rozmowie z ambasadorem, że raport otrzyma tylko sekretarz Departamentu Stanu[39].

W Langley przygotowano streszczenie listu Kuklińskiego, które miało zostać doręczone osobiście do Białego Domu. Brzmiało ono:

> Uzyskaliśmy następujące informacje od długoletniego, wiarygodnego informatora, który ma do nich potwierdzony dostęp. Przekazano je 4 grudnia.
>
> Moskwa przygotowała plan interwencji w Polsce przesłany do polskiego Sztabu Generalnego i zatwierdzony przez polskich dowódców wojskowych. Do interwencji ma dojść pod pretekstem wspólnych sowiecko-wschodnioniemiecko-czechosłowackich manewrów wojskowych przeprowadzanych na terytorium Polski. Termin gotowości do przekroczenia granic Polski wyznaczono na 8 grudnia[40].

Raport zawierał opis planów inwazji przedstawiony przez Mewę, działań rozpoznawczych, ćwiczeń z bronią ostrą oraz blokad polskich miast. Niektóre zdania przepisano niemal dosłownie z listu Kuklińskiego. „Polityczna decyzja o interwencji została najwyraźniej podjęta jakiś czas temu i wydaje się, że nie wzbudziła ona sprzeciwu pierwszego sekretarza PZPR, Kani, ani ministra obrony, Jaruzelskiego" – stwierdzono w raporcie.

W piątek, 5 grudnia, o 9.10 Brzeziński odebrał telefon od Turnera, który powiadomił go, że wie z wiarygodnego źródła, iż „w poniedziałek wkroczy na terytorium Polski osiemnaście sowieckich dywizji".

Mniej więcej po pięciu minutach Brzeziński był u prezydenta Cartera, który miał wyjechać na weekend do Camp David. Prezydent stwierdził, że zwoła na niedzielę rano specjalne posiedzenie Rady Bezpieczeństwa Narodowego w sprawie kryzysu w Polsce.

W sobotę o 16.00 Brzeziński i Turner przekazali wiadomość doradcom Białego Domu. „Stan Turner przedstawił nam swoją ocenę sytuacji" – napisał później we wspomnieniach Brzeziński. „Agencja doszła do wniosku, że Sowieci będą gotowi do interwencji w ciągu czterdziestu ośmiu godzin". Turner stwierdził ponadto, że polskie władze „przypuszczą zdecydowany atak na «Solidarność»" i że „dojdzie do rozlewu krwi".

Carter spotkał się z Brzezińskim, Turnerem, Muskiem i Brownem w Sali Gabinetowej w niedzielny poranek, 7 grudnia. Brzeziński stwierdził, że polska Służba Bezpieczeństwa prawdopodobnie rozpocznie aresztowania przywódców „Solidarności" jeszcze w niedzielę późnym wieczorem, gdy będą się tego najmniej spodziewać, by wyeliminować jakąkolwiek możliwość zorganizowanego oporu. Sowieckie wojska przekroczą granicę w nocy i wczesnym rankiem w poniedziałek, całkowicie zaskakując mieszkańców.

Carter zgodził się, że Biały Dom powinien natychmiast wydać oświadczenie, które wytrąci z rąk Moskwy atut zaskoczenia i ostrzeże Polaków przed zagrożeniem.

„Wydaje się, że przygotowania do ewentualnej sowieckiej interwencji w Polsce zostały zakończone" – napisano w komunikacie. „Wyrażamy nadzieję, że do takiej interwencji nie dojdzie". Spowodowałaby ona „bardzo negatywne konsekwencje dla stosunków amerykańsko-sowieckich".

Osobne oświadczenia zostały rozesłane do przywódców RFN, Francji, Wielkiej Brytanii, Kanady, Włoch, Australii i Japonii oraz do sekretarza generalnego ONZ. Brzeziński powiadomił media, przywódców kongresu i polskich dysydentów, by mogli się ukryć. Odbył także 10-minutową rozmowę telefoniczną z papieżem, Janem Pawłem II.

Wraz z pozostałymi doradcami przez całą noc i poniedziałkowy ranek wyczekiwał w napięciu wieści z Polski. Sowieckie dywizje nie przekroczyły granicy[41].

Po podrzuceniu przesyłki Kukliński wciąż zbierał informacje na temat planów Moskwy. Pewien pułkownik powiedział mu, że delegacja enerdowskich generałów przyjechała na Pomorze Zachodnie, w pobliże granicy Polski i NRD. Ktoś inny doniósł mu o podobnej grupie z Czechosłowacji odwiedzającej rejon Śląskiego Okręgu Wojskowego w pobliżu granicy z Czechosłowacją. Pewien polski generał oznajmił, że ma się spotkać z grupą radzieckich generałów we wschodniej Polsce. Kolejny oficer wyznał, że właśnie wrócił z Mińska i że towarzyszył rosyjskim generałom w inspekcji lotnisk w centralnej Polsce.

Generał Szklarski powiadomił go, że Jaruzelski polecił Sztabowi Generalnemu odłożenie wszystkich innych zadań na bok i rozpoczęcie przygotowań do zaprowadzenia „ładu wewnętrznego", jak nazwał ogłoszenie stanu wojennego w Polsce.

W poniedziałek, 8 grudnia, generał Skalski wezwał do siebie Kuklińskiego i innych czołowych doradców i oznajmił, że Jaruzelski i Kania polecieli na weekend do Moskwy, by przedstawić alternatywny plan Jaruzelskiego prowadzący do likwidacji „Solidarności".

Skalski opisał, co usłyszał od Jaruzelskiego. Jaruzelski był przekonany, że Moskwa zrozumiała, iż Polska musi sama rozwiązać swoje problemy. „Nasz kraj, z uwagi na swoje znaczenie w Układzie Warszawskim, nie może pozwolić sobie, by zostać pożartym przez wroga" – stwierdził. „My sami, przy moralnym, politycznym i gospodarczym wsparciu sojuszników, rozwiążemy nasze problemy".

Jaruzelski stwierdził także, iż liczy, że nowa fala młodych żołnierzy, którzy niedawno uczestniczyli w strajkach „Solidarności", a teraz otrzymali powołania do wojska, „zostanie poddana wojskowej dyscyplinie". Zaznaczył, że jednym z najważniejszych zadań jest odizolowanie „przywódców «Solidarności» od mas robotniczych i ukazanie ich hipokryzji. Okres upokarzania władz dobiegnie końca. Prawo powstrzyma wybuchy kolejnych strajków... Potrzebny jest ostrzejszy kurs".

Dodał ponadto: „Sprawą numer jeden dla polskich sił zbrojnych jest utrzymanie wysokiej gotowości bojowej, jedności politycznej i moralnej oraz zdolności do walki politycznej. Najgorszy okres mamy już za sobą. Przyjmujemy ciosy, ale jeszcze nie skapitulowaliśmy. Ludowe Wojsko Polskie jest w niezłej kondycji. To efekt dobrej pracy w minionych latach"[42]. Zaproponował likwidację „Solidarności" jako alternatywę dla radzieckiej interwencji.

Zapowiedział Siwickiemu, że opis jego rozmów na szczycie w Moskwie ma charakter tajny i że może przekazać podwładnym ich treść jedynie w ogólnych zarysach.

Tego samego dnia, w poniedziałek 8 grudnia, warszawska placówka CIA odebrała depeszę z Langley, stwierdzającą, że „weekendowe spotkania na wysokim szczeblu oraz oświadczenia Białego Domu na temat sytuacji w Polsce były konsekwencją raportu Mewy"[43]. Centrala zapowiedziała, że przygotowuje list do Kuklińskiego wyrażający podziękowania za jego wysiłki.

Warszawa odpisała: „Trudno znaleźć słowa, by odpowiednio podziękować Mewie za jego starania, oddanie i poczucie obowiązku".

Przez kolejne dwa tygodnie, walcząc ze zmęczeniem i ostrym mrozem, Kukliński chorował na grypę. Mimo to pojawiał się w pracy, by trzymać rękę na pulsie, a także gromadzić i fotografować dokumenty. 14 grudnia, na tydzień przed spotkaniem z agentem, zaczął pisać długi list do CIA, przekazując w nim dodatkowe szczegóły planów radzieckiej interwencji oraz dyskusji w Sztabie Generalnym o tym, jak zachowa się armia polska, gdy otrzyma rozkaz udzielenia pomocy w dławieniu „Solidarności". Wierzył, że polscy żołnierze stawią opór:

> Po dokonaniu ostatecznej analizy mimo wszystko wojsko nie dopuści do masakry narodu. Żołnierze prędzej wybiorą śmierć niż życie na klęczkach w upodleniu... Wydaje się, że zarówno przywódcy radzieccy, jak i zdrajcy z Polskiej Zjednoczonej Partii Robotniczej

z Jaruzelskim na czele są tego świadomi. Fakt, iż podczas planowanej interwencji użytych zostanie pięć armii dowodzonych przez Rosjan, Czechów i Niemców, z wykluczeniem Polaków, jest tego wymownym dowodem...

Nie sposób przecenić wagi ostrych amerykańskich reakcji na groźby rzucane pod adresem Polski. Wielu Polaków zdaje sobie z tego sprawę, zwłaszcza ci, którzy zostali powołani do obrony ojczyzny, a nie będą mogli spełnić tego najświętszego obowiązku z uwagi na potęgę wroga, a także dwulicowość zdrajców we własnych szeregach[44].

21 grudnia Kukliński zebrał piętnaście mikrofilmów zawierających najnowsze informacje wywiadowcze – trzydzieści cztery dokumenty, w sumie ponad 450 stron.

Przez cały dzień utrzymywała się lekka mgła i mżawka. Kukliński pojechał na spotkanie z agentem, jednak uznał, że kontakt jest zbyt ryzykowny ze względu na słabą widzialność. Nazajutrz w Sztabie Generalnym szykowały się wielkie przetasowania, gdyż nowe stanowiska obejmowała grupa twardogłowych. Kukliński napisał list do CIA, informując, że „przygotowania do przyciśnięcia przysłowiowego «ostatniego guzika»"[45] w planowanej interwencji radzieckiej zostały odroczone.

Wśród dokumentów przekazanych przez Kuklińskiego podczas spotkania z agentem 23 grudnia znajdowało się tajne porozumienie między Polską a ZSRR z lat 50., wyszczególniające liczebność, rozmieszczenie i ruchy radzieckich oddziałów stacjonujących w Polsce. Był tam też obszerny załącznik zawierający ponad sto map z odręcznymi uwagami podającymi kolejne szczegóły, m.in. dotyczące lokalizacji koszar, stref patroli i sprzętu łączności, jakim mogły dysponować takie oddziały.

Tymczasem Kukliński otrzymał list z CIA z podziękowaniami za dostarczenie przesyłki dotyczącej planów sowieckiej interwencji, którą pozostawił w śniegu.

Twoje informacje mają wyjątkową wartość i przyszły w samą porę. Po przetłumaczeniu zostały osobiście przekazane prezydentowi. Twój raport odegrał bardzo ważną rolę przy podejmowaniu decyzji przez rząd Stanów Zjednoczonych o działaniach podjętych w ciągu kilku następnych dni.

Jeszcze raz dziękujemy Ci za Twój wkład i poświęcenie dla naszej wspólnej sprawy. Szkoda, że nie ma sposobu, byśmy mogli ulżyć Twoim obowiązkom w tych trudnych chwilach.

Stale o Tobie myślimy.

Twoi przyjaciele[46]

Rozdział IX

Przygotowania do zdławienia „Solidarności"

Pracownicy sekcji sowieckiej od dawna odczuwali potrzebę opracowania sposobu szybszego i bezpieczniejszego przekazywania „nietrwałych" informacji wywiadowczych przez informatorów działających w strefach zakazanych. Do wymiany przesyłek przez okno samochodu dochodziło zbyt rzadko, by mogła być ona stosowana w momentach kryzysu, a 36-godzinny czas potrzebny do podrzucenia przesyłki w umówione miejsce, wyrysowania znaku i odebrania odpowiedzi był zbyt długi. Ale teraz gotowy już był Discus. W Langley opracowano małe urządzenie nadawczo-odbiorcze o niewielkim zasięgu, za pomocą którego można było wysyłać zaszyfrowane komunikaty. Jedną z jego wersji skonstruowano z myślą o Mewie. Nazwano ją „Iskra" (w zabawnym nawiązaniu do tytułu leninowskiej gazety codziennej[1]).

Agenci wysłali Iskrę wraz z 20-stronicową instrukcją do placówki CIA w Warszawie, która miała jak najszybciej przekazać ją Kuklińskiemu. W liście poinformowano go, że może używać Iskry do wysyłania „wyjątkowo ważnych lub pilnych informacji (np. o rychłym wprowadzeniu stanu wojennego, sowieckiej interwencji, zagrożeniu bezpieczeństwa swojej osoby w związku z prowadzoną działalnością), które nie mogą poczekać nawet kilku godzin"[2].

Jak na tamte czasy, Iskra była dużym osiągnięciem w dziedzinie miniaturyzacji. Urządzenie wielkości paczki papierosów ważyło około ćwierci kilograma, miało klawiaturę i pamięć. Kukliński mógł wpisać wiadomość w domu, włożyć Iskrę do kieszeni i przenieść w inne miejsce. Mógł nadać komunikat, wciskając przycisk, nawet nie wyjmując jej z kieszeni. Urządzenie miało niewielki ekran pokazujący jedną linijkę tekstu wiadomości wychodzącej lub przychodzącej. W przypadku wysłania komunikatu bezpośrednio do ambasady w pomieszczeniach warszawskiej komórki CIA włączał się alarm. Wprowadzono zasadę, że Kukliński ma sygnalizować rano zamiar przesłania wiadomości wieczorem, tak by agent zabrał ze sobą drugą Iskrę w celu odebrania komunikatu. CIA nie chciała, żeby Kukliński zbyt często nadawał wiadomości bezpośrednio do ambasady, z obawy że SB monitoruje przekazy elektroniczne w jej obrębie i może namierzyć nadawcę.

Kukliński otrzymał Iskrę wkrótce po tym, jak zostawił wiadomość w śniegu w grudniu 1980 r. Niedługo potem dowiedział się od sąsiada, generała Hermaszewskiego, że twardogłowi członkowie władz przygotowują inspirowany przez Rosjan spisek mający na celu usunięcie Jaruzelskiego i Kani[3]. Kukliński próbował przekazać tę informację CIA, cierpliwie wpisując wiadomość, jednak nie zdołał uruchomić urządzenia.

2 stycznia, przed krótkim wyjazdem do Moskwy z Siwickim, poprosił o nieplanowany kontakt z agentem. Zwrócił mu Iskrę z utrzymaną w żartobliwym tonie notatką: „Wskaźniki zaczynają mrugać kilka sekund po włączeniu urządzenia. Mimo wielu prób wyłączenia i ponownego włączenia aparatu oraz wymiany baterii na nowe zjawisko to wciąż się powtarza. Urządzenie jest cudowne. Instrukcje klarowne. Gdyby to tylko zechciało działać..."[4].

Mimo że do spisku przeciwko Jaruzelskiemu i Kani nie doszło, Hermaszewski pozostał dobrym źródłem informacji o zamierzeniach i planach Rosjan. Łączyło go z Kuklińskim coś więcej niż zwykła więź zawodowa. Miłość Bogdana do córki generała, Grażyny, wygasła, jednak Kukliński i Hermaszewski pozostali sąsiadami i przyjaciółmi. Hermaszewski zaproponował Kuklińskiemu, by wraz z nim i dwudziestoma innymi oficerami zakupił działkę w Wiązownej na południowy wschód od Warszawy. Zamierzali ją rozparcelować, by wybudować tam domy letnie. Kuklińskiemu spodobał się pomysł posiadania działki na wsi, na której mógł przechowywać mikrofilmy i inne przedmioty. Zaczął się wahać, gdy dowiedział się, że za sąsiadów będzie miał szefa polskiej prokuratury wojskowej oraz innych dygnitarzy, jednak ostatecznie wykupił działkę, którą odsprzedał później przyjacielowi, Romanowi Barszczowi.

Za pieniądze z tej transakcji pomógł Bogdanowi kupić położone nieopodal 22-akrowe gospodarstwo. Bez wiedzy syna postanowił urządzić tam kryjówkę dla swoich tajnych działań. Ogrodzoną działkę, która była długa i wąska, przecinały dwie wiejskie drogi i rosły na niej setki drzew. Stał też walący się dom, w którym mieszkała pewna staruszka (z prawem dożywotniego zamieszkania). Również bez jej wiedzy Kukliński urządził skrytkę za cegłami w zewnętrznej ścianie budynku, w której mógł chować mikrofilmy, aparaty, a nawet niektóre listy. Później zasłaniał wyrwę cegłami posmarowanymi zaprawą, po czym brudził je ziemią (w razie konieczności cegły można było bez trudu usuwać i wstawiać z powrotem na miejsce). Dom nie był widoczny z drogi, a ścianę ze skrytką przesłaniały krzaki. Była tam również stodoła, w której Kukliński ukrył mikrofilm CIA zawierający listę miejsc wykorzystywanych do działań operacyjnych. Z czasem skrytki te znacznie ułatwiły Kuklińskiemu wykonywanie zadań.

Tymczasem Bogdan, który ostatecznie zarzucił marzenia o medycynie, zaliczył kilka kursów rolniczych i wprowadził się do przyczepy ustawionej na terenie gospodarstwa. Powiększył sad, wybudował system irygacyjny, hodował króliki i składał motocykle, które sprzedawał kolekcjonerom z RFN[5].

Zakochał się też w dziewczynie, którą poznał na dyskotece w klubie Stodoła w roku 1979. Iza miała 23 lata, tytuł magistra mikrobiologii i pracowała w państwowym instytucie badawczym zajmującym się procesami wytwarzania białek. Szczupła, z wielkimi niebieskimi oczami i ciemnymi włosami do ramion, była zagorzałą zwolenniczką „Solidarności". Pomagała rozprowadzać podziemne ulotki i prasę. Wiedziała, że ojciec Bogdana piastuje wysokie stanowisko w wojsku, jednak czuła się w domu Kuklińskich swobodnie, poruszając nawet tematy polityczne. Bezlitośnie krytykowała władze, jednak Kukliński cierpliwie jej wysłuchiwał i nigdy się nie obrażał[6].

Centrala przesłała Kuklińskiemu drugi egzemplarz Iskry. 21 stycznia o 22.00, pułkownikowi po raz pierwszy udało się nadać wiadomość o nowych planach wykorzystania wojska, w tym marynarki wojennej, do blokowania miast oraz wybrzeża i portów.

> Wydaje się, że najwyższe kręgi partyjno-rządowe już podjęły decyzję o bezpośrednim wykorzystaniu wojska polskiego do zaprowadzenia porządku... 20 stycznia dowódcy okręgów wojskowych i rodzajów sił zbrojnych zostali wezwani do Sztabu Generalnego. W specjalnie przygotowanych, odizolowanych pomieszczeniach przygotowują plany użycia wojska na wypadek stanu wojennego.

Szef sekcji sowieckiej przesłał gratulacje warszawskiej komórce CIA w związku ze skutecznym wykorzystaniem Iskry. „Mam nadzieję, że był to pierwszy z wielu, wielu komunikatów" – napisał. 23 stycznia Langley powiadomiło Warszawę, że wiadomość od Kuklińskiego została umieszczona w ściśle tajnym raporcie wywiadowczym przekazywanym prezydentowi każdego ranka[7].

29 stycznia Kukliński przesłał za pomocą Iskry drugi komunikat zawierający więcej szczegółów na temat roli wojska w „politycznym rozwiązaniu kryzysu" oraz pogłoski, że Jaruzelski ma objąć urząd premiera[8]. „Mewie najwyraźniej spodobała się jego nowa zabawka"[9] – zadepeszowała do Warszawy Centrala.

Na początku lutego Kukliński dowiedział się, że do Polski przybyło z niezapowiedzianą, pięciodniową wizytą ponad dwudziestu radzieckich generałów, ponoć w celu zaplanowania wiosennych manewrów wojskowych „Sojuz 81". Było jednak jasne, że ich zasadniczą misją było wysondowanie polskich oficerów w kwestii postępującego kryzysu. Polscy dowódcy byli wzywani na spotkania z Rosjanami, którzy wizytowali jednostki wojskowe w całym kraju. Rozmowy przebiegały w napiętej atmosferze. W Wesołej zastępca Kulikowa spytał dowódcę pułku, co by zrobił, gdyby musiał usunąć strajkujących z miejscowej fabryki. Generał Siwicki stanowczo mu przerwał, stwierdzając, że tego typu pytania powinien zadawać jemu. Doszło do gwałtownej wymiany zdań.

W poniedziałek, 11 lutego, Jaruzelski zastąpił Pińkowskiego na stanowisku premiera. Jedną z pierwszych jego decyzji było zorganizowanie tajnych ćwiczeń będących sprawdzianem działań związanych z wprowadzeniem stanu wojennego. O 22.29 Kukliński przekazał kolejną wiadomość. „Prowadzone są pośpieszne przygotowania do wprowadzenia stanu wojennego" – napisał.

> Wnioski z ćwiczeń zostaną przekazane Kani i Jaruzelskiemu następnego dnia. Plan zakłada, że na dwanaście godzin przed wprowadzeniem stanu wojennego Służba Bezpieczeństwa przeprowadzi specjalną operację w celu aresztowania [w Warszawie] około dwustu działaczy opozycji i „Solidarności". Wojsko rozpocznie działania operacyjne na sześć godzin przed wprowadzeniem stanu wojennego.

W swoim pierwszym wystąpieniu na stanowisku premiera Jaruzelski zwrócił się do społeczeństwa, by dało władzom trzy miesiące na uporanie się z kryzysem gospodarczym. Krytykując „wrogie siły" walczące z socjalizmem, oświadczył: „Naszym miejscem jest i pozostanie obóz socjalistyczny. Polska pozostanie lojalnym członkiem Układu Warszawskiego".

Nazajutrz do Legnicy przybyli kolejni sowieccy generałowie pod pretekstem przygotowań do manewrów „Sojuz 81", dokonując, podczas składanych tam wizyt, rozpoznania w dużych zakładach przemysłowych w całej Polsce, w stoczniach w Gdańsku i w Gdyni oraz w siedzibie radia i telewizji w Warszawie. Lasy pod Warszawą zostały wybrane na bazy dwóch sowieckich dywizji. Wyznaczono też budynki w Warszawie, które miały służyć za siedzibę komendantury wojennej pełniącej rolę administracji wojskowej podczas ewentualnej interwencji zbrojnej.

Tajne ćwiczenia zarządzone przez Jaruzelskiego odbyły się 16 lutego. Kilkudziesięciu biorących w nich udział szefów MON i MSW musiało podpisać zobowiązania tajności. Jedynie Kuklińskiemu i drugiemu oficerowi z MSW zezwolono na robienie notatek. Ćwiczenia obrazowo pokazywały, w jaki sposób dojdzie do wprowadzenia stanu wojennego. Ich uczestnicy byli zgodni, że kluczem do likwidacji „Solidarności" jest sprawne zatrzymanie 6000 jej działaczy na kilka godzin przed formalnym wprowadzeniem stanu wojennego. Najdogodniejszym terminem było święto lub weekend, gdy większość Polaków przebywała w domach. SB miała przeniknąć do struktur związkowych, by ustalić plany „Solidarności" i wpłynąć na jej działania. Zmilitaryzowane jednostki MSW miały wkroczyć do fabryk i na uczelnie, a wojsko – wyprowadzić czołgi i żołnierzy na ulice miast.

Kukliński streścił przebieg ćwiczeń i oficjalne wnioski w raporcie dla przełożonych, który został przedstawiony Jaruzelskiemu. Premier go zatwierdził i polecił przygotowanie noty informacyjnej dla Moskwy.

W niedzielę, 22 lutego, Kukliński napisał list, w którym powiadomił CIA o wizytach radzieckich generałów, ich odbywających się w nerwowej atmosferze spotkaniach z polskimi oficerami i o przebiegu ćwiczeń. Było jasne, stwierdził, iż Moskwa, w taki czy inny sposób, narzuci swoją wolę Polsce. Przygotowując się do manewrów „Sojuz 81", przerzucała do Polski swoje oddziały, czołgi, śmigłowce i samoloty. „W dowództwie Sztabu Generalnego wyrażane są poważne obawy, że manewry zamienią się w zaplanowaną interwencję zbrojną" – pisał. Do listu dołączył mikrofilm z notatkami, które sporządził podczas ćwiczeń. „Chcę zaznaczyć, że plany zawarte w tych dokumentach są ściśle strzeżonymi tajemnicami"[10] – dodał. List i mikrofilmy przekazał CIA tego samego dnia o 22.34[11].

5 marca Centrala powiadomiła Warszawę o treści najnowszych materiałów dostarczonych przez Mewę dotyczących stanu wojennego: „To dokumenty o wyjątkowym znaczeniu dla zrozumienia obecnej sytuacji i interpretacji przyszłych zdarzeń. [Ze] względu na ich niezwykłą wagę w odniesieniu do kwestii bezpieczeństwa [Mewy] zostaną przekazane jedynie prezydentowi, wiceprezydentowi, sekretarzowi stanu i sekretarzowi obrony"[12].

Tego dnia administracja Reagana wydała oświadczenie wyrażające zaniepokojenie w związku z manewrami „Sojuz 81"[13]. „Interwencja z zewnątrz, w jakiejkolwiek formie, miałaby bardzo poważne konsekwencje" – stwierdził rzecznik Departamentu Stanu.

11 marca, pięć dni przed planowanym rozpoczęciem manewrów „Sojuz 81", Kukliński próbował przekazać za pomocą Iskry wiadomość, że marszałek Kulikow ma nimi dowodzić z miejscowości Wunsdorf w NRD i że weźmie w nich udział 44 000 polskich żołnierzy. Jednak znowu miał problemy z uruchomieniem urządzenia. W związku z tym zostawił znak, sygnalizując potrzebę kontaktu z agentem za dwa dni.

W dniu spotkania napisał list zawierający aktualne informacje na temat manewrów „Sojuz 81". Jaruzelski wydał rozkaz, by wojsko „omijało większe miasta" w celu uniknięcia konfrontacji. Sowieci nie ujawniali Polakom najważniejszych szczegółów dotyczących manewrów. W naradzie w Moskwie „uczestniczyli wszyscy oprócz Polaków. Dla nas zorganizowano osobne spotkanie".

Kukliński dołączył do listu wadliwą Iskrę oraz mikrofilmy z opisem przebiegu ćwiczeń będących podstawą wystąpień Jaruzelskiego podczas jego wizyty w Moskwie[14]. Agent, który miał odebrać od niego przesyłkę, niemal nie dojechał na spotkanie. Kilkaset metrów od miejsca umówionego kontaktu musiał przepuścić kościelną procesję. W końcu udało mu się jakoś przejechać i zjawił się punktualnie.

19 marca, trzy dni po rozpoczęciu manewrów „Sojuz 81", dwustu funkcjonariuszy ZOMO brutalnie pobiło w Bydgoszczy ponad dwudziestu okupujących budynek lokalnych władz działaczy „Solidarności" i powiązanej z nią „Solidarności Rolników Indywidualnych" reprezentującej ponad trzy miliony polskich chłopów. Trzy osoby zostały ciężko pobite. Incydent skłonił „Solidarność" do rozważań o konieczności ogłoszeniu strajku generalnego. Tymczasem marszałek Kulikow poinformował Sztab Generalny, że manewry „Sojuz 81" zostają przedłużone do odwołania. W czasie manewrów polskimi wojskami lądowymi, powietrznymi i morskimi miał dowodzić generał Eugeniusz Molczyk, zaufany sojusznik Moskwy. Decyzja ta rozjuszyła Kuklińskiego. Odbierał gorączkowe telefony od oficerów ze sztabu manewrów w Białobrzegach położonych na południowy wschód od Warszawy, którzy pytali go: „Czy dowództwo nie rozumie, co tu się dzieje?".

W liście przekazanym agentowi w deszczowy wieczór 27 marca napisał, że jest pewien, iż Rosjanie przygotowują sobie grunt pod interwencję i ustanowienie niezależnego centrum dowodzenia, które nie będzie dostarczać żadnych informacji polskiemu Sztabowi Generalnemu. Agent przekazał mu nową Iskrę.

1 kwietnia Kuklińskiemu udało się przesłać za pomocą nowego urządzenia wiadomość o reakcjach Moskwy na plany Jaruzelskiego dotyczące wprowadzenia stanu wojennego. Rosjanie uznali je za niewystarczające i przedstawili własną koncepcję. Kukliński doniósł, że cztery dni wcześniej trzydziestu „funkcjonariuszy" radzieckiego Ministerstwa Obrony i KGB na czele z Kulikowem i zastępcą szefa KGB, Jurija Andropowa, przyleciało do Warszawy na „konsultacje" w sprawie wprowadzenia stanu wojennego. „Po zapoznaniu się z naszymi planami – pisał – Rosjanie uznali je za niesatysfakcjonujące i przedstawili własne propozycje". Opisał, do czego się one sprowadzały:

> Wprowadzenie stanu wojennego jest podyktowane koniecznością obrony socjalizmu. Powinno mu także towarzyszyć zawieszenie konstytucji i całkowite przekazanie władzy w ręce dowództwa wojskowego. Na prowincji władza powinna zostać przekazana dowódcom garnizonów, a w rejonach, w których ich nie ma – wyznaczonym dowódcom polskich sił zbrojnych.

Kukliński opisał też propozycje działań przygotowawczych do wprowadzenia stanu wojennego:

> Powinniśmy skoncentrować nasze wysiłki na zdemaskowaniu kontrrewolucji w „Solidarności" [i na] zidentyfikowaniu przywódców oraz elementów ekstremistycznych, na ustaleniu ich miejsc zamieszkania, wprowadzeniu siatki agentów do wrogich organizacji oraz zlokalizowaniu podziemnych rozgłośni radiowych i drukarń. Na czternaście godzin przed wprowadzeniem stanu wojennego należy zakończyć aresztowania oraz wszcząć śledztwa i działalność sądów doraźnych. Do zduszenia kontrrewolucji i strajków należy użyć sił bezpieczeństwa i wojska. Do Sztabu Generalnego polskich sił zbrojnych, dowództw okręgów wojskowych oraz dowództw poszczególnych rodzajów wojsk należy sprowadzić doradców radzieckich[15].

Kukliński napisał, że polskie dowództwo wojskowe w zasadzie odrzuciło sugestie Rosjan. „Nasi przywódcy – Jaruzelski, Kania, a w przypadku sił zbrojnych Siwicki – nie mają zamiaru wprowadzać stanu wojennego. Podczas swojej wizyty Rosjanie w prowokacyjny sposób nawoływali generałów ze Sztabu Generalnego do buntu" – dodał.

W ciągu kilku następnych dni sowieckie śmigłowce bojowe wielokrotnie naruszały polską przestrzeń powietrzną, lekceważąc sygnały kontrolerów lotów i strasząc ludność cywilną. Gdy generał Siwicki zażądał wyjaśnień, odpowiedziano mu, że śmigłowce przewożą żywność i służą rutynowej rotacji oddziałów. Kukliński dowiedział się również, że wieczorem, 3 kwietnia, Jaruzelski i I sekretarz KC PZPR, Kania, polecieli w tajemnicy na pokładzie rosyjskiego samolotu wojskowego do ZSRR na rozmowy z tamtejszymi przywódcami. Wrócili następnego dnia rano. Kilka dni później marszałek Kulikow i szef sztabu, Anatolij Gribkow, przylecieli do Warszawy, by wyjaśnić, czy polskie władze uwzględniły ich „korekty i uwagi" w planach wprowadzenia stanu wojennego. Po rozmowach Gribkow zażądał tłumaczenia dwudziestu najważniejszych dokumentów na rosyjski i przesłania ich do Moskwy.

Manewry „Sojuz 81" zakończyły się w pierwszym tygodniu kwietnia, jednak groźba interwencji z zewnątrz i wprowadzenia stanu wojennego wciąż istniała. W sobotę, 11 kwietnia, Jaruzelski przybył do Sztabu Generalnego na spotkanie z niewielką grupą oficerów, w której był Kukliński, pracującą nad „Operacją Wiosna". Był to kryptonim operacji wprowadzenia stanu wojennego. Przeglądając dokumenty, Jaruzelski sprawiał wrażenie przygnębionego. Powiedział: „Nie znam spraw, nad którymi pracujecie od kilku miesięcy, ale już czas, bym się z nimi zapoznał".

Reagował – na zmianę – opornie i niecierpliwie. Stwierdził: „W najczarniejszych myślach nie przypuszczałem, że możemy zrobić coś takiego. Nie chcę być premierem, jeśli będę musiał podpisać te dokumenty, by mogły wejść w życie".

Za przyczynę kryzysu uznał prowokacje ze strony przywódców „Solidarności" i skarżył się, że „rozkwaszenie trzech nosów" w Bydgoszczy postawiło Polskę na krawędzi katastrofy. Wciąż szukał jakiegoś pośredniego rozwiązania, zanim wyda rozkaz masowego internowania działaczy „Solidarności". W niedzielę 13 kwietnia spotkał się z Kulikowem i „kategorycznie odmówił", gdy ten zażądał ustalenia terminu wprowadzenia stanu wojennego.

Trzykrotnie – 10, 12 i 16 kwietnia – Kukliński próbował skomunikować się z CIA za pomocą Iskry. 26 kwietnia napisał w liście do Agencji, że zawodność urządzenia jest „godna ubolewania, ponieważ skuteczna łączność wydaje się nieodzowna w obecnej sytuacji, która zmierza w stronę konfrontacji"[16].

Dodał, że z niecierpliwością wyczekuje wieczornego spotkania z agentem, „by móc przekazać na czas sygnał o zagrożeniu interwencją zbrojną w Polsce". Opisał nieustającą, prowadzoną przez Moskwę „powietrzną wojnę nerwów". 25 kwietnia, w ciągu jednej nocy, Rosjanie przeprowadzili 280 lotów nad terytorium Polski.

Pod naciskiem i nadzorem Moskwy zakończono przygotowania podstawowych planów dotyczących wprowadzenia stanu wojennego. Kukliński dołączył do przesyłki[17] tajne dokumenty Sztabu Generalnego, m.in. dotyczące użycia wojska przeciwko robotnikom. „Sztab Generalny, zwłaszcza Skalski i Siwicki, nie wyobrażają sobie takiej ewentualności" - napisał. „Z drugiej strony, Rosjanie i generał Molczyk uznali wojsko za główną siłę, która powinna zająć się «kontrrewolucją»". Plany te trzymano w „ścisłej tajemnicy".

Kukliński wyraził rosnące obawy o swoje bezpieczeństwo: „Sporządzono nową listę nazwisk osób znających tylko tę część planów, którymi się zajmują, oraz tych, które mają dostęp do całości. Listę wraz z jedynym egzemplarzem planów przechowuje we własnym sejfie szef Sztabu Generalnego wojska polskiego, generał [Siwicki]. Jestem jedną z trzech osób, które widziały całość planów. Błagam, żebyście nadal zachowali ostrożność w posługiwaniu się moimi raportami w tej sprawie".

Stwierdził, że gdyby Polacy uświadomili sobie, co się dzieje, mogliby przygotować strategię i taktykę walki o „swe niezbywalne prawa". Widział jednak niewiele oznak przygotowań do stawienia zbrojnego oporu przez polskie wojsko na wypadek interwencji Moskwy. „Podsumowując, pozdrawiam Was z nadzieją, że – jak podczas całego kryzysu w Polsce – nie pozostawicie mojego kraju w potrzebie".

W liście do Daniela opisał spotkanie, podczas którego pewien polski generał skrytykował Stany Zjednoczone, że robią zbyt mało, by przeciwstawić się Moskwie. Generał stwierdził, że Ameryka zdradziła Polaków, pozostawiając Moskwie wolną rękę. Kukliński nie zareagował, będąc pewnym, że materiały, które przekazuje CIA, „zostaną właściwie spożytkowane" dla sprawy polskiej.

„My, Polacy, jesteśmy w pełni świadomi, że o wolność musimy walczyć sami, nawet jeśli przyjdzie nam za to zapłacić najwyższą cenę" – napisał. „Wciąż wierzę, że wsparcie, jakiego Wasz kraj udziela wszystkim walczącym o wolność, może przyspieszyć osiągnięcie tego celu"[18].

Problemem pozostawała obecność Rosjan w Polsce. Pewnego dnia Kukliński usłyszał od dowódcy 3. dywizji w Lublinie, że na tamtejszym lotnisku wylądowali radzieccy żołnierze ze sprzętem łączności i że rosyjski major wypytywał go o możliwości zaopatrzenia w żywność. Powiedział, że jego oddział oczekuje za trzy dni przybycia eszelonu wojsk powietrznych. Rosjanie poinformowali również Siwickiego, że podczas manewrów „Sojuz 81" potajemnie rozmieszczono w Polsce osiemnaście centrów łączności. Każdy z nich obsługiwało ośmiu rosyjskich żołnierzy. Kukliński sporządził ich listę uwzględniającą lokalizację poszczególnych ośrodków.

Tom Ryan, szef warszawskiej placówki CIA, był zaniepokojony. Od dłuższego czasu prowadził dyskusje z pracownikami sekcji sowieckiej w Langley na temat tego, jak będą kontaktować się z Mewą, jeśli Polacy wprowadzą stan wojenny albo dojdzie do interwencji Sowietów. W jednej z depesz sekcja sowiecka przyznała, że podziela jego niepokój. Agenci stwierdzili: „Musimy pogodzić się z oczywistym faktem, że taki informator jak Mewa stanowi podstawę naszych ocen i działań podczas obecnego kryzysu. Bezpieczeństwo [placówki] i Mewy jest naszym priorytetem, jednak Mewa – jak to jasno pokazał – pozostaje wyjątkowym źródłem często zmieniających się informacji o kapitalnym znaczeniu”[19].

Ryan odpowiedział, że Mewa wciąż ma „najlepszy wgląd” w sytuację i jak dotąd, właściwie ocenia swoje położenie, jednak podkreślił, że Agencja ma „moralny obowiązek” dokonywania „zmian metod działania i częstotliwości kontaktów, jeśli dojdzie do wniosku, że wartość informacji dostarczanych przez Mewę nie równoważy zagrożeń dla jego osobistego bezpieczeństwa”.

Stwierdził, że Mewa cieszyłby się większą swobodą „w ogłoszonym i wprowadzonym przez Polaków stanie wojennym”, nawet ustanawiającym godzinę policyjną, niż w przypadku interwencji sowieckiej.

> Wierzcie mi, że w warunkach interwencji sowieckiej użyteczność i bezpieczeństwo Mewy byłyby wątpliwe... Mewa przekazał nam, że cieszy się opinią oficera o poglądach antysowieckich i że, co najmniej przy jednej okazji, sowiecki generał zwrócił na to publicznie uwagę. Jeśli Sowieci wejdą do Polski, może dojść do czystki w wojsku, zwłaszcza w odniesieniu do osób prezentujących nastawienie antysowieckie. Jest całkiem prawdopodobne, że Mewa padłby jej ofiarą, a nawet jeśli nie, to z pewnością zostałby oddelegowany do wykonywania zadań drugorzędnych. Utrzymanie kontaktów z Mewą w takich warunkach byłoby mało realne i niosłoby zagrożenie dla jego osobistego bezpieczeństwa[20].

17 czerwca Kukliński otrzymał polecenie przygotowania wystąpienia Siwickiego na posiedzeniu Komitetu Obrony Kraju, organu decydującego o sprawach obronności i bezpieczeństwa państwa. Kukliński pisał je do późna w nocy. Rano przekazał kopie przemówienia Siwickiemu i jego trzem zastępcom – generałom Skalskiemu, Hupałowskiemu i Antoniemu Jasińskiemu, który zajmował się kwestiami organizacji i mobilizacji. Siwicki przedstawił mu swoje uwagi i zapowiedział, że tekst będzie mu potrzebny na 18.00. Ostateczną, 8-stronicową wersję opatrzono nagłówkiem „Tajne, szczególnego znaczenia”. Kukliński sporządził cztery kopie, ale dotarł z nimi jedynie do Siwickiego i Skalskiego. Wręczył im po jednej. Trzecią włożył do sejfu, a czwartą do teczki.

W domu sfotografował tekst wystąpienia, jednak był tak zmęczony, że następnego ranka zaspał i zjawił się w Sztabie Generalnym dopiero o 7.45. Po wbiegnięciu po schodach doznał szoku, gdy ujrzał w swoim gabinecie bezpośredniego przełożonego, generała Wacława Szklarskiego, i jego trzech zastępców. W otwartym sejfie panował bałagan. Jeden z zastępców generała grzebał w nim, przerzucając papiery w poszukiwaniu brakującego dokumentu.

„Ryszard, gdzie masz czwartą kopię?" – spytał Szklarski, trzymając w ręku trzecią, która leżała w sejfie. Dodał, że czwartą należy bezzwłocznie dostarczyć generałowi Jasińskiemu.

„Pali się?" – spytał sarkastycznie Kukliński, udając rozdrażnienie. Wyprosił z gabinetu majora, który przeszukiwał sejf. Później podszedł do sejfu i wyciągnął pierwszy z brzegu dokument.

„Tutaj" – odparował. Szybko włożył go do segregatora. „Sam mu to zaniosę".

Strach niemal go sparaliżował, jednak wydawało się, że blef zadziałał. Kiedy pozostali wyszli z gabinetu, Kukliński otworzył teczkę i włożył do segregatora kopię wystąpienia, którą wcześniej zabrał do domu[21].

Mimo że nie był na posiedzeniu KOK 19 czerwca, otrzymał pełne sprawozdanie z przebiegu obrad, które opisał w liście do CIA. Jaruzelski skrytykował Stany Zjednoczone, obwiniając za polskie problemy „imperializm amerykański". Kukliński zwrócił także uwagę, że ostatnie dokumenty pokazują, w jak różny sposób Polacy i Rosjanie postrzegają kryzys.

„W dowództwie Sztabu Generalnego przeważa opinia, że Rosjanie chcieliby za wszelką cenę uniknąć interwencji w Polsce" – pisał. Tymczasem działania Rosjan wskazywały, że „bardzo intensywnie i konkretnie" się do niej przygotowują.

Powołał się na rosnącą liczbę radzieckich oddziałów w Polsce i wiele mówiące komentarze rosyjskich i polskich dygnitarzy. Podczas pewnej gorącej dyskusji marszałek Kulikow zażądał wyjaśnień, dlaczego stan wojenny nie został jeszcze wprowadzony. Generał Siwicki obwiniał Ministerstwo Spraw Wewnętrznych, które „jest w rozsypce". Kulikow odparował, że sypie się rząd, a nie ministerstwo. Dorzucił, że ministerstwo chciało podjąć działania, ale zostało powstrzymane przez niechęć Jaruzelskiego do powzięcia decyzji.

Kukliński opisał incydent z sejfem, który niemal doprowadził do „tragedii". Dodał, że wybrano go na delegata PZPR z ramienia Sztabu Generalnego i MON i że niektórzy jego koledzy sugerują, by stanął do wyborów na delegata na lipcowy zjazd partii. „Oczywiście ja nie mam tu nic do powiedzenia" – skomentował z ironią.

21 czerwca o 22.37 Kukliński przekazał agentowi list wraz z 21 mikrofilmami zawierającymi 880 stron dokumentów, w tym mapę radzieckich centrów łączności w Polsce*.

Prawdopodobnie niewiele osób ceniło tajemnice wyciekające z sejfów Układu Warszawskiego i Związku Sowieckiego bardziej niż Aris Pappas, młodszy analityk CIA przydzielony do monitorowania spraw dotyczących stanu wojennego w Polsce. Docierał do niego szeroki wachlarz informacji wywiadowczych. Wiele z nich pochodziło z satelitów, nasłuchów, depesz dyplomatycznych, a nawet zagranicznych raportów prasowych. Jednak żywy informator to było co innego. Gdy nadchodziły nowe dokumenty, Pappas odbierał telefon: „Musisz natychmiast tu przyjechać i to obejrzeć". Były to – jak je nazywał – „jeszcze gorące i mokre" informacje wywiadowcze. Nie miał pojęcia, kim jest ów informator i czy może jest ich kilku. Jednak po wielu miesiącach stałego kontaktu z tymi materiałami zaczął doceniać ich wartość. Zawierały istotne szczegóły, ostre komentarze i wyczuwalne napięcie. Było jasne, że polski Sztab Generalny znajduje się w stanie zamętu i że informator CIA jest głęboko zaangażowany w to, co się tam dzieje.

Pappas pracował w zarządzie wywiadu do spraw analiz dokumentów sowieckich CIA (SOVA) od pięciu lat. Był zatrudniony w sekcji teatrów działań wojennych, która, z powodu remontu w Langley, wraz z pozostałymi sekcjami SOVA przeniosła się do niepozornego budynku w północnej Wirginii. Pewnego dnia, wiosną 1981 r., Ben Rutherford, wysoki, chudy i darzony powszechnym szacunkiem szef sekcji, polecił Pappasowi zajęcie się wyłącznie sprawami związanymi z wprowadzeniem stanu wojennego w Polsce. Inni analitycy też zajmowali się tą kwestią, jednak głównym zadaniem żadnego z nich nie było rozpracowanie tematu planów wojskowych.

Pappas, wysoki 35-latek w okularach, z wąsami i ciemnymi włosami, urodził się w dzielnicy Astoria w nowojorskim Queensie w rodzinie właści-

---

* Kukliński znał nowe szczegóły konstrukcyjne drugiego projektu „Albatros", podziemnego sowieckiego centrum dowodzenia na wypadek wojny, które miało zostać wybudowane w miejscu dawnego dworku myśliwskiego w lesie niedaleko Opola. Dwa bunkry, które miały zostać wzniesione nieopodal opuszczonej cegielni z dwoma niewielkimi zbiornikami wodnymi, mogły wytrzymać uderzenie o sile 15 kilogramów na centymetr kwadratowy. Schron, podwieszony na wypełnionych azotem cylindrach, miał zostać umieszczony w komorze. „Komora ma fundament ze zbrojonego betonu o grubości 3 metrów oraz osłony przeciwuderzeniowe i przeciwwstrząsowe. Jej wewnętrzne ściany są wyłożone stalowymi płytami i wzmocnione wyściółką z waty szklanej".

cieli cukierni. W dzieciństwie przesiadywał na plaży Rockaway Beach, obserwując samoloty startujące z lotniska Idlewild. Potrafił je rozpoznawać po oznaczeniach - Air France, BOAC, Alitalia - i lubił wyobrażać sobie miejsca, do których lecą. Czytał wszystko, co było do przeczytania o samolotach i - w ramach hobby - kleił ich modele. Jego koledzy konstruowali benzynowe modele latające, jednak często byli zmuszeni do kompromisów, choćby do zmiany kształtu skrzydeł, by ich samoloty wzbiły się w powietrze. Pappas bardzo cenił ich finezję i wierność detali, dlatego wolał kleić modele, które nie latały, ponieważ były dokładnymi kopiami oryginałów. Nie uznawał kompromisów.

Przez lata skleił i pomalował setki modeli myśliwców i samolotów pasażerskich (niektóre były później wystawione w Smithsonian National Air and Space Museum w Waszyngtonie). Spędził wiele godzin w bibliotece, poznając ich konstrukcje i historię. Uczestniczył w zjazdach międzynarodowego klubu modelarzy i był sędzią konkursów modelarskich. Po ukończeniu City College w Nowym Jorku chciał zostać oficerem rezerwy wojsk lotniczych, ale nie przyjęto go na kurs pilotażu z powodu wady wzroku. Zapisał się więc na szkolenie oficerów rezerwy wojsk lądowych, a później zdobył licencję zawodowego pilota.

Podczas służby wojskowej trafił do Korei i Niemiec, gdzie zetknął się z wywiadem wojskowym. Będąc człowiekiem otwartym i sympatycznym, dostał propozycję pracy w pionie operacyjnym CIA, która zatrudniła go w roku 1975. Jednak odrzucił ją, bo od razu wiedział, że chce zostać analitykiem. Ponad wszystko uwielbiał pracę z dokumentami. Był zachwycony, gdy pokazano mu skarby przekazane Agencji przez Olega Pieńkowskiego, sowieckiego szpiega, który dostarczył CIA bezcenne materiały wywiadowcze w czasie kryzysu kubańskiego.

SOVA dzieliła się na trzy sekcje: polityczną, ekonomiczną i wojskową. Sekcja wojskowa dzieliła się na dwie grupy. Pierwsza zajmowała się siłami strategicznymi, skupiając uwagę na sowieckich głowicach nuklearnych i pociskach dalekiego zasięgu, które bezpośrednio zagrażały Stanom Zjednoczonym. Druga grupa koncentrowała się na teatrach działań wojennych, zajmując się ewentualnym zmasowanym atakiem wojsk sowieckich w Europie. Pappas, który pracował w drugiej grupie, wraz z innymi analitykami badał takie kwestie jak dowodzenie i nadzór nad siłami zbrojnymi, działania w warunkach wojny chemicznej, teoria i doktryna Sztabu Generalnego i zakrojone na szeroką skalę manewry wojsk pancernych, artylerii i piechoty.

Jego zadania bardzo przypominały te, które wykonywał Kukliński.

Pappas uczył się rosyjskiego w college'u i trzymał podręcznik do rosyjskiego na biurku, ponieważ czasami przydawał mu się do tłumaczenia terminów, które znajdował w dokumentach. Jednak, jak wielu analityków, szukał treści między wierszami. Analizował układ artykułów w rosyjskich publikacjach, to, czy były opatrzone przypisami i czy ich autorzy byli wymienieni z nazwiska. On i jego koledzy nauczyli się podchodzić do świata holistycznie. Często to, co znajdowali, nie było tym, czego szukali.

Już na początku kariery w Agencji, który zbiegł się z początkami tajnej działalności Mewy, Pappas zdał sobie sprawę, że stały dopływ dokumentów dawał CIA najlepszy wgląd w strukturę i plany Układu Warszawskiego i jednocześnie Związku Sowieckiego. Materiały te pozwoliły mu zrozumieć, do jakiego stopnia Moskwa zdominowała swoich sojuszników. Jednak fakt, że uczyniła z nich marionetki, nie pomniejszał ich znaczenia. Przede wszystkim Moskwa nie mogła prowadzić skutecznej wojny w Europie bez ich udziału. Tymczasem z uwagi na parytet nuklearny obydwu mocarstw nagły atak był jedną z największych obaw Pentagonu. Gdyby Moskwa rozpoczęła konwencjonalne działania wojenne, państwa Układu Warszawskiego, zwłaszcza Polska i NRD, odegrałyby kluczową rolę we wczesnej fazie konfliktu. Jedynym elementem sowieckich planów wojennych, który nie dotyczył krajów Europy Wschodniej, były operacje strategiczne Moskwy, takie jak użycie broni nuklearnej lub wystrzelenie pocisków dalekiego zasięgu z terytorium ZSRR. Niemal wszystkie pozostałe działania angażowałyby w konflikt państwa Układu Warszawskiego, których armie trzeba było wyszkolić, wyposażyć i nadzorować na froncie. Zdaniem Pappasa i jego kolegów, im więcej Stany Zjednoczone wiedziały o Układzie Warszawskim, tym lepiej poznawały intencje i możliwości Sowietów.

Informacje dostarczane przez Mewę były uwzględniane w amerykańskich analizach obronnych oraz wykorzystywane do neutralizowania sowieckich zbrojeń i podejmowania decyzji przez Pentagon, na jakie rodzaje broni warto wydać pieniądze, a na jakie nie. Pewnego dnia w roku 1981 CIA powiadomiła Kuklińskiego: „Musimy koniecznie zdobyć informacje na temat pancerza czołgu T-72. Od pozyskania tych danych zależy los kilku miliardów dolarów przeznaczanych na nasze programy zbrojeniowe". Informacje Mewy pozwalały naprowadzić z wyjątkową precyzją amerykańskie satelity szpiegowskie nad rejony manewrów wojsk Układu Warszawskiego, potwierdzić wiarygodność danych napływających z innych źródeł i zrozumieć nie tylko to, co Sowieci robią, ale też dlaczego to robią. Jak później stwierdził Pappas, materiały Mewy dotyczące wojsk sowieckich i państw Układu Warszawskiego „dosłownie zdefiniowały naszą wiedzę na ten temat. Były jak probierz, podstawowy standard". Jeden z jego kolegów powiedział o Mewie: „Otworzył nam okno na bardzo długi czas i pozwolił przyjrzeć się całej tej krainie".

Zdaniem Pappasa w pracy analityków informacji wywiadowczych wszystko sprowadzało się do jednej podstawowej kwestii: różnicy między tajemnicą a zagadką. Tajemnice to były fakty – takie jak rodzaj i sposób instalacji systemu obrony powietrznej państw Układu Warszawskiego lub grubość powłoki czołgu T-72. Jednak analitycy musieli także rozwiązywać zagadki. Jakie wydarzenia spowodują uderzenie na zachód drugiego rzutu strategicznego? Niektóre odpowiedzi kryły się w przebiegu zdarzeń prowadzących do wojny, które można było zaobserwować i opisać. Zatem gdy Pappas otrzymał polecenie skupienia się na kwestii wprowadzenia stanu wojennego w Polsce, zdał się na strumień informacji płynących z Układu Warszawskiego. Bez względu na to, skąd pochodziły, dawały CIA wyjątkowy wgląd w jego tajemnice i zagadki[22].

W lecie 1981 r. minęły ponad dwa lata, odkąd Sue Burggraf przyjechała do Warszawy. Postrzegała ją jako wyjątkowo ponure miasto. Zimą niektóre kobiety brnęły przez śnieg w sandałach i dwóch albo trzech parach skarpetek. Odczuwało się dotkliwy brak mięsa. Polacy często stali w długich kolejkach przed sklepami, by ujrzeć w środku puste haki zwisające z sufitu i półki, na których nie było nic oprócz octu i pasty rybnej. Obywatele polscy zatrudnieni w ambasadzie amerykańskiej zostali zwolnieni z pracy za kradzież papieru toaletowego. Przed sklepami z pieczywem i z materiałami też ustawiały się długie kolejki. Jednak kryzys polityczny, działania związane z Mewą oraz nadejście lata kazały jej pozostać lojalną wobec tego kraju i ani przez chwilę nie pomyślała o wyjeździe.

W związku z rotacją stanowisk Sue zastąpiła Teda Gilbertsona na stanowisku zastępcy szefa komórki CIA, Toma Ryana. Dołączył do nich trzeci agent, Evan Davis*, dla którego była to pierwsza placówka zagraniczna. Wkrótce dojechał czwarty, Jason Wilcox*.

Wszyscy, oprócz Davisa, pracowali w spartańsko urządzonym biurze w dziale politycznym ambasady. Ryan, który oficjalnie pełnił funkcję pierwszego sekretarza, miał największy gabinet z widokiem na dziedziniec frontowy, wejście i wielką amerykańską flagę. Burggraf, urzędująca w sąsiednim pokoju, mogła w nim zmieścić jedynie metalowe biurko i krzesło. Na ścianie powiesiła reprodukcję obrazu Matisse'a. Davis, będący oficjalnie pracownikiem działu konsularnego, pracował na parterze, gdzie Polacy składali podania o wizę. Depesze agenci zanosili osobiście do pracownika CIA odpowiedzialnego za łączność, który urzędował w zamkniętej części ambasady.

---

* Pseudonim.

Ze względu na problemy z Iskrą pracownicy placówki niepokoili się, że będą dostawać przesyłki Kuklińskiego z opóźnieniem. Zaobserwowali zwiększoną liczbę „przechodniów" w miejscach zaplanowanych spotkań z pułkownikiem. Do kilku wymian przesyłek nie doszło. Zaostrzone środki bezpieczeństwa sprawiły, że agenci musieli poświęcać więcej czasu na jazdy rozpoznawcze po mieście.

Pewnej niedzieli Burggraf miała dokonać wymiany przesyłek o 22.30 na moście Gdańskim. Spakowała lunch, butelkę wody, książkę, przewodnik i mapy. Późnym rankiem dotarła do Żelazowej Woli, miejsca urodzenia Szopena, położonego około 60 kilometrów od Warszawy. Spodobał jej się sielankowy nastrój tego miejsca, gdzie latem odbywały się koncerty fortepianowe i publiczność siedziała na ławkach oraz kocach rozłożonych na trawie. Spędziła tam całe popołudnie, jedząc lunch i czytając książkę. Później wsiadła do samochodu i kluczyła po wiejskich drogach, zanim wróciła do Warszawy. Przez cały dzień nie zauważyła, by ktoś ją śledził. Gdy nastał wieczór i na ulicach zrobiło się cicho, wciąż udawała turystkę, jednak była już czujniejsza. Częściej zerkała we wsteczne lusterko i robiła postoje.

Wkrótce miała dotrzeć na spotkanie z Mewą. Od dwunastu godzin nikt jej nie śledził. Do wymiany przesyłek miało dojść pod przęsłem mostu po lewej stronie Wisły. Mewa miał czekać na moście i zejść po schodach na dół, gdy zauważy jej samochód.

Jednak gdy zbliżała się do mostu, zauważyła mężczyznę siedzącego na murku przy samych schodach. Przeklinając pod nosem, objechała kwartał ulic. Kiedy wróciła w to samo miejsce, mężczyzna wciąż tam był. „Idź do domu!" – mruknęła. Wiedziała, że każdego pieszego należy traktować jak tajniaka, i zrezygnowała z kontaktu. Mewy nawet nie widziała.

Zbliżał się termin lipcowego zjazdu PZPR, a presja Moskwy wciąż rosła. Kulikow zapowiedział, że wojska radzieckie będą kontynuowały ćwiczenia w Polsce. Siwicki często odbierał telefony od rosyjskich generałów, uczulających go na najświeższe wydarzenia. „Czasami muszę wysłuchiwać tego godzinami" – zwierzył się Kuklińskiemu po jednej z takich rozmów.

Bodajże na jeden dzień przed rozpoczęciem zjazdu Kukliński przekazał CIA 16-stronicowy list, stwierdzając, że wyczuwa zaostrzenie stanowiska Jaruzelskiego wobec „Solidarności" oraz jego rosnącą gotowość do wprowadzenia stanu wojennego. Pewien polski pułkownik doniósł mu, że Moskwa potroiła liczbę czołgów T-55, T-64 i T-72 w Bornem-Sulinowie, największej radzieckiej bazie wojskowej w Polsce. Było ich tam teraz około tysiąca.

Występuje „zrozumiałe zaniepokojenie" obecnością Rosjan, pisał Kukliński, dodając, że Kulikow „uważa, iż najlepszym lekarstwem na wszystkie polskie bolączki jest presja militarna".

Sfotografował treść tajnego przemówienia wygłoszonego przez Jaruzelskiego na czerwcowym spotkaniu w MON, w którym stwierdził, że jeśli Polska nie zdoła zażegnać kryzysu sama, „będzie to sygnał do rozpoczęcia interwencji radzieckiej. W scenariuszu tym wojna domowa na szeroką skalę byłaby nieunikniona". Zapewne byłyby tysiące ofiar. Polskie władze „uważają, że fala fascynacji «Solidarnością» już w dużym stopniu opadła". Sam Jaruzelski był „wyczerpany fizycznie i psychicznie".

Jednak Kukliński zauważył, że pozostaje on nieugięty. „Pali do czterdziestu papierosów dziennie (przedtem w ogóle nie palił). Łyka tabletki pobudzające. Mimo presji wydaje się zdeterminowany, by po zjeździe utrzymać stanowisko w rządzie".

14 lipca, w dniu rozpoczęcia zjazdu, Kukliński sporządził kolejną notatkę. Napisał, że Skalski zaproponował mu ostatnio krótki urlop. Miał wrócić 1 sierpnia i przesłać nowe informacje za pomocą Iskry. „Jeśli będę ją miał" – dorzucił.

W *postscriptum* zasugerował, że zacznie pisać listy na maszynie. „Co Wy na to?... Powinienem? Obawiam się, że mój charakter pisma stał się słabo czytelny"[23].

O 22.33 przekazał agentowi listy i dwa mikrofilmy.

Zjazd PZPR rozpoczął się 14 lipca w Pałacu Kultury i Nauki, wielkiej budowli z czasów Stalina, dominującej w krajobrazie Warszawy. Delegaci w tajnym głosowaniu wybrali swoich przywódców. Kania został pierwszym szefem partii komunistycznej w państwach Bloku Wschodniego wybranym w głosowaniu niejawnym. Jaruzelski również uzyskał silne poparcie.

11 sierpnia Kukliński wyrysował znak dla CIA. Kiedy wracał do samochodu przez plac Jedności Robotniczej, mijający go pomarańczowy fiat zwolnił, a później się zatrzymał. Wydawało się, że jego dwaj pasażerowie próbują przyjrzeć się twarzy Kuklińskiego. Ten wsiadł do swojego samochodu, ruszył i pojeździł trochę po mieście, by przekonać się, czy jest śledzony.

Nazajutrz o 22.32 przekazał mikrofilmy zawierające protokół ostatniego posiedzenia KOK w sprawie stanu wojennego oraz pięciostronicowy dokument rosyjski zatytułowany „Obwieszczenie o wprowadzeniu stanu wojennego" (dokument ten, który współpracownicy Kuklińskiego przetłumaczyli na rosyjski na użytek Rosjan, zawierał tekst obwieszczenia rozlepionego w całej Polsce w dniu wprowadzenia stanu wojennego). 14 sierpnia Langley przesłało do Warszawy depeszę z listem dla Kuklińskiego, dziękując mu za dostarczone informacje i odpowiadając na jego pytanie o potrzebę pisania na maszynie. „Absolutnie nie. To zbyt duże ryzyko. Twój charakter pisma jest bardzo czytelny i nie mamy żadnych problemów z odczytywaniem Twoich wiadomości”[24].

Był jeszcze drugi powód, którego CIA nie ujawniła: Kukliński pisał w bardzo charakterystyczny sposób, drobnymi, drukowanymi literami. Gdyby został aresztowany i zmuszony przez polskie władze do skontaktowania się z CIA, Agencja domyśliłaby się, w jakiej znalazł się sytuacji, analizując zmiany w jego charakterze pisma.

4 września Moskwa rozpoczęła manewry na Bałtyku i w zachodnich republikach ZSRR z udziałem ponad 100 000 żołnierzy, najwyraźniej próbując zastraszyć „Solidarność”, która przeprowadzała swój pierwszy krajowy zjazd w Gdańsku. Nazajutrz Lech Wałęsa powitał dziewięciuset delegatów zjazdu, podczas którego żądano zwiększenia uprawnień pracowników w zakładach pracy, wolnych wyborów oraz dostępu do mediów. W swoim zapewne najbardziej prowokacyjnym geście zjazd wystosował „Posłanie do ludzi pracy Europy Wschodniej”.

6 września Kukliński napisał 11-stronicowy list, który dołączył do ośmiu mikrofilmów zawierających niemal ostateczną wersję planu wprowadzenia stanu wojennego i ściśle tajną korespondencję między Jaruzelskim a Kulikowem w sprawie sprowadzenia radzieckich „doradców” do Wojska Polskiego. „Jak Wam wiadomo, od roku 1957 w polskich siłach zbrojnych nie było sowieckich doradców wojskowych” – napisał. Marszałek Kulikow chciał, by przeniknęli do najniższych szczebli polskiej armii. Doszło do ostrej dyskusji w tej sprawie między nim a Jaruzelskim. „Ponoć Kulikow wstał od stołu i, nie pożegnawszy się, wyszedł z gabinetu premiera, trzaskając drzwiami”.

Kukliński opisał niepokojący incydent z fiatem i stwierdził, że często widuje przy swojej ulicy samochody z anteną na dachu. Czasami stały tam całą noc.

Wybór Kani na zjeździe PZPR Moskwa uznała za katastrofę. Krążyło coraz więcej plotek, że Rosjanie zamierzają usunąć także Jaruzelskiego, chociaż Kukliński napisał: „Wreszcie dotarło do radzieckich towarzyszy, że, by wprowadzić stan wojenny w Polsce, należy najpierw przygotować «front wewnętrzny», to znaczy, że trzeba zdobyć poparcie choć części społeczeństwa. Tymczasem Breżniew zalecił twardy, bezkompromisowy kurs”.

Zdaniem Kuklińskiego wydawało się, że duet Kania–Jaruzelski ostatecznie pogodził się z myślą o uderzeniu w „Solidarność”. „Potrząsając szabelką, zdają sobie sprawę, że użycie siły będzie początkiem końca”.

Później dopisał proroczy komentarz: „Szkoda, bo powodzenie polskiego eksperymentu mogłoby wywołać reakcję łańcuchową nie tylko w słabych państwach satelickich, ale i w samym ZSRR"[25].

W krótkim liście do Daniela poruszył kwestie osobiste. Zawrotne tempo wydarzeń pozostawiało mu niewiele czasu dla rodziny, pisał, „która jest w moim życiu najwyższym celem i największą wartością".

> Czuję się szczęściarzem i wybrańcem opatrzności, wiedząc, że gdy często opuszczam swoich bliskich, ci utrzymują ze sobą serdeczne kontakty i dzielą ze mną wzajemną miłość i rodzinną więź.
>
> Często myślę, w jaki sposób uchronić swoich najbliższych od nieszczęścia w tych trudnych czasach. Pragnę, by mój wizerunek męża i ojca nigdy nie został skalany i by nigdy nie musieli się za mnie wstydzić. Nawet się nie domyślają, że gdy wychodzę na swoje ryzykowne, krótkie spotkania, za każdym razem po cichu się z nimi żegnam. Trudno ukryć mi radość, gdy wszystko przebiega gładko i bezpiecznie wracam do domu.
>
> Mimo to jestem święcie przekonany co do słuszności tego, co robię. Nic i nikt nie odwiódłby mnie od tej decyzji i nie sprowadził z obranej drogi. Po sierpniu [1980 r., gdy powstała „Solidarność"] mam jeszcze większe przekonanie, że nie kroczę tą drogą samotnie i że naród pragnie uwolnić się z jarzma narzuconego mu komunizmu. W końcu teraz mogę uczynić więcej dla tego kraju, dla sprawy wolności niż dziewięć lat temu. To wysiłki jednostek tworzą siłę narodu, wobec której nawet największe mocarstwo pozostaje bezradne[26].

Przyznał, że lata ciągłej czujności i napięć pozostawiły ślad na jego psychice. Czasami, napisał, „marzy o cichej przystani" i o ponownym spotkaniu z Danielem. „Czy to możliwe, by marzenie to przybrało kiedyś realny kształt? Ile jeszcze lat to potrwa?". Osiem mikrofilmów i listy przekazał o 22.33. Nie wiedział, że, pierwszy raz od trzech lat, Daniel będzie znów czytał jego listy w swoim biurze na czwartym piętrze siedziby CIA w Langley.

Daniel odsłużył trzy lata w Wiedniu z mieszanymi uczuciami. W sensie zawodowym był to udany pobyt. Jednak mimo że był tak blisko Warszawy – o godzinę lotu samolotem – to czuł, że Kukliński jest bardzo daleko. Minęło już prawie pięć lat, odkąd widzieli się po raz ostatni i wznieśli toast aquavitem. Jedynie od czasu do czasu dostawał wiadomości o Mewie.

Tęsknił też za rodziną. Sally wraz z trójką dzieci nie wyjechała z nim do Austrii. Odwiedzili go na Gwiazdkę 1978 r. Daniel liczył, że już zostaną. Jego mieszkanie na najwyższym piętrze przerobionego na apartamenty pałacu było wystarczająco obszerne. Jednak Sally nie chciała się przeprowadzać i był to ostatni raz, gdy spotkali się w rodzinnym gronie. Ich małżeństwo nie wytrzymało długiej rozłąki. Ostatecznie się rozwiedli.

Podczas pobytu w Wiedniu Daniel prowadził szeroki wachlarz operacji związanych z terroryzmem, Bliskim Wschodem, Związkiem Sowieckim, Europą Wschodnią oraz z negocjacjami rozbrojeniowymi. 20 stycznia 1981 r. był w domu sam i oglądał w telewizji inauguracyjne przemówienie Ronalda Reagana. Mówiąc o amerykańskich problemach gospodarczych, Reagan stwierdził: „Rząd nie rozwiąże naszych problemów. Rząd sam jest problemem".

Daniel był oburzony, odczuwając solidarność z innymi pracownikami administracji. Myślał o zakładnikach w ambasadzie w Iranie, o swoim długoletnim przyjacielu, Richardzie Welchu, szefie placówki CIA w Atenach, zamordowanym przez terrorystów w roku 1975, i o agentach z Warszawy, czuwających nad bezpieczeństwem Kuklińskiego. Dla Daniela uwagi Reagana brzmiały obraźliwie.

Trzymał rękę na pulsie wydarzeń w Polsce dzięki raportom wywiadowczym, które trafiały na jego biurko, a może jeszcze bardziej dzięki austriackiemu radiu i telewizji, które wysyłały grupy dziennikarzy do Polski. Cieszył się, gdy spacerując po zabytkowym Stefanplatz, widział Polaków i Austriaków sprzedających plakietki i koszulki „Solidarności", by zebrać pieniądze dla związku.

Wiosną 1981 r. dostał wiadomość, że czeka go awans. Miał wrócić do Centrali na stanowisko szefa sekcji sowieckiej[27].

Przedstawiono mu sprawozdanie dotyczące operacji wymierzonych przeciwko Sowietom na całym świecie. Przeczytał też akta, w tym uaktualniony raport na temat działalności Mewy. Stwierdzono w nim, że w przypadku jego śmierci bądź zatrzymania Agencja jest zdecydowana nawiązać kontakt z żoną, by pomóc jej i dwóm synom „w zakresie, w którym będzie to bezpieczne". W razie konieczności CIA była przygotowana do ewakuacji z Polski Mewy i jego rodziny i przewiezienia ich do Stanów Zjednoczonych. Raport stwierdzał jednak, że „Mewa nigdy nie wyrażał chęci wyjazdu – chyba że w sytuacji bezpośredniego zagrożenia". W raporcie napisano, że od lipca 1981 r. doszło do pięćdziesięciu czterech zaplanowanych kontaktów z Mewą i dziewięciu dodatkowych zainicjowanych przez niego lub agentów warszawskiej komórki CIA.

„Mewa stale przekazuje wielką liczbę (około 40 265 stron) ściśle tajnych dokumentów sowieckich" – napisano w raporcie. Jego autor powtórzył uwagę poczynioną w najwcześniejszej fazie operacji, uznając Mewę za „najlepiej umiejscowionego informatora, jakim rząd Stanów Zjednoczonych dysponuje obecnie w Bloku Wschodnim pod względem pozyskiwania kluczowych informacji wywiadowczych". Jego przekazy były „najlepszym istniejącym systemem wczesnego ostrzegania o wrogich działaniach Układu Warszawskiego i podstawowym źródłem wiadomości o ZSRR, sowieckich systemach obrony powietrznej oraz o możliwościach sprzętu wojskowego"[28].

7 września Jaruzelski przerwał wizytę w ZSRR i wrócił do Polski. Trzy dni później Siwicki, po spotkaniu z Jaruzelskim, oznajmił wybranej grupie oficerów Sztabu Generalnego, że stan wojenny jest nieuchronny. Jeszcze tego samego dnia Kukliński zasygnalizował agentom, że wieczorem zostawi wiadomość w skrytce. Uznał, że musi pozostawać z nimi w częstszym kontakcie. Napisał list zawierający komentarze Siwickiego. „Może się to zdarzyć nawet już w przyszłym tygodniu" – napisał. „Jeśli radykałowie będą dążyć do konfrontacji, ogłosimy stan wojenny. Jeżeli operacja się nie powiedzie, to czy otrzymamy wsparcie? (od Rosjan)" – dodał Kukliński.

Poinformował, że za kilka dni na nadzwyczajnym posiedzeniu zbierze się KOK, by dokonać oceny sytuacji w kraju. Wszyscy wojskowi przebywający na przepustkach mieli z nich powrócić, a jednostki przewidziane do prowadzenia działań w Warszawie, takie jak 55. pułk zmechanizowany 16. Dywizji Pancernej oraz 1. pułk zmechanizowany 1. Dywizji Zmechanizowanej, miały zostać postawione w stan pełnej gotowości. W Ryni i Białobrzegach zorganizowano ośrodki dla rodzin wyższych oficerów, by wykluczyć możliwość porwań zakładników. Na koniec Kukliński dodał: „Iskra nie działa. Objawy takie jak poprzednio"[29].

Dołączył do listu mikrofilm z dziewięćdziesięcioma dokumentami dotyczącymi stanu wojennego, w tym opinie prawne, których zażądali polscy przywódcy, by uzasadnić planowaną operację. Przesyłkę zostawił w skrytce wieczorem 10 września.

Ostatnie doniesienia Kuklińskiego wzmogły niepokój Agencji i wymianę korespondencji między Danielem i sekcją sowiecką a warszawską placówką CIA. „Obawy Mewy o jego bezpieczeństwo są uzasadnione" – pisali pracownicy sekcji sowieckiej na początku września. „Informacje o samochodach SB w rejonie jego domu są również niepokojące".

Daniel rozważał możliwość zawieszenia kontaktów z Mewą, dopóki sytuacja się nie uspokoi, jednak zarzucił ten pomysł. *À propos* Iskry pracownicy sekcji napisali 11 września: „Frustracja, rozczarowanie – brakuje nam słów, by skomentować działanie tego urządzenia".

Pewnego dnia na początku września generał Skalski poprosił Kuklińskiego na bok. Osoby zaangażowane w przygotowania do wprowadzenia stanu wojennego miały zostać przydzielone do dwóch zespołów – do spraw planowania oraz dowodzenia i nadzoru. Skalski zwrócił się do Kuklińskiego z prośbą o pokierowanie grupą planowania, w której skład weszli przedstawiciele armii, MSW, działu propagandy Komitetu Centralnego oraz kilku ministerstw. Grupą dowodzenia i nadzoru miał kierować pułkownik Franciszek Puchała.

Skalski ponownie dał Kuklińskiemu możliwość odmowy wykonania zadania, jednak ten uznał, że nowa funkcja da mu stały dostęp do kluczowych dokumentów.

Mniej więcej w tym samym czasie wezwał go do siebie szef sztabu, Siwicki, i polecił przygotować wystąpienie na posiedzenie KOK, zwołane na 13 września. Przekazał mu główne wątki. Kukliński wiedział, że nowy minister spraw wewnętrznych, generał Kiszczak, również ma wygłosić przemówienie, i doszedł do wniosku, że obydwaj spróbują wywrzeć presję na Kanię, by ten podjął decyzję polityczną umożliwiającą wprowadzenie stanu wojennego.

Postanowił poruszyć pewien delikatny temat. Skoro Siwicki miał się opowiedzieć za tak drastycznym krokiem, to powinien też odnieść się do kwestii, czy wojsko będzie mogło użyć broni. Siwicki odparł z irytacją, że to nie jego sprawa. Kukliński uznał, że unikanie tego tematu jest nieuczciwe. W duchu liczył, że Kania się przestraszy i, z obawy przed rozlewem krwi, odmówi podjęcia stosownej decyzji dotyczącej wprowadzenia stanu wojennego. Dlatego wplótł w treść wstępnej wersji przemówienia zdanie, że kwestia użycia broni przez wojsko pozostaje otwarta. Przeglądając tekst, Siwicki je wykreślił. „Uprzedzałem cię, że tego nie powiem" – zbeształ Kuklińskiego.

Wieczorem, 13 września, Kukliński napisał list do CIA. „Trwają intensywne przygotowania do wprowadzenia stanu wojennego" – donosił, wspominając o dwóch zespołach powołanych przez Skalskiego i kierowanych przez niego i Puchałę. „Nadzoruję te plany! (Straszne!)" – napisał.

Skomentował też uwagę swojego szefa na temat możliwości odmowy wykonania zadania:

> Omawiając ze mną tę kwestię, Skalski stwierdził, że jeśli uznam, że wykonywanie tych obowiązków kłóci się z moim sumieniem,

mam prawo odmówić wykonania rozkazu. Prawdę mówiąc, nie wiedziałem, co mu odpowiedzieć. Jednak powodowany wyższą potrzebą pozyskiwania informacji wywiadowczych w sprawie decyzji i planów działań zdrajców wymierzonych przeciwko narodowi, nie odmówiłem. Tylko Wy znacie prawdę, że przy każdej okazji nie będę szczędził wysiłków, by wspierać siły, które podjęły walkę o to, „żeby Polska była Polską"[30].

Tak jak się spodziewał, SB przeniknęła do kierownictwa „Solidarności", „i ma dobry wgląd w to, co się dzieje". Jednak pojawił się ostry rozdźwięk między szefem partii, Kanią, „który nie chce słyszeć o żadnych rozwiązaniach z użyciem siły", a ministrami obrony i spraw wewnętrznych. Jaruzelski, zapewne pod naciskiem Rosjan, „zmienił zdanie i obecnie popiera bardziej zdecydowane działania". Szef sztabu, Siwicki, uważał, że stan wojenny, choć spóźniony, „jest nieuchronny, i że im szybciej zostanie ogłoszony, tym lepiej". Minister spraw wewnętrznych, generał Kiszczak, nalegał na „bezzwłoczne i zaskakujące ogłoszenie stanu wojennego, głównie w celu internowania radykalnych działaczy «Solidarności»". Jego ministerstwo dysponowało nawet „zdjęciami swoich przyszłych ofiar".

Radzieckie manewry w rejonie Bałtyku zostały ocenione jako wielki sukces, pisał Kukliński. „Manewry te były nadzwyczajną, największą z dotychczasowych demonstracją siły, dynamiki oraz najnowocześniejszych środków walki" – pisał. Minister obrony ZSRR, Ustinow, stwierdził w swojej ocenie: „ZSRR nie dopuści, by USA wyprzedziły nas w dziedzinie zbrojeń"[31].

Wieczorem, 13 września, Kukliński podrzucił do skrytki przesyłkę z listem, mikrofilmem zawierającym tekst wystąpienia Siwickiego oraz z wadliwą Iskrą. Na pudełku z kliszą napisał „B. Pilne". Agenci z warszawskiej komórki CIA bezzwłocznie przesłali list do Centrali, a mikrofilm doręczyli przez kuriera.

Tymczasem w Waszyngtonie Daniela wciąż niepokoiła zbyt duża częstotliwość, z jaką przychodziły przesyłki od Mewy. „Nikogo nie można za to winić" – stwierdził w depeszy do Warszawy z 14 września. „Raczej nie powiem Mewie, żeby się wstrzymywał. Jednak bezpieczeństwo operacji wymaga, by przekazać mu wraz z następną przesyłką list sugerujący ograniczenie częstotliwości naszych kontaktów".

Daniel był bardzo wyczulony na to, by nie urazić Kuklińskiego. „Oczywiście musimy to zrobić bardzo delikatnie, żeby nie pomyślał, że jego raporty są niepotrzebne i niedoceniane. Co o tym sądzicie?" – napisał.

W drugiej depeszy wysłanej tego samego dnia powiadomił Warszawę, że dwie ostatnie wiadomości od Kuklińskiego zostały umieszczone w codziennym raporcie dla prezydenta, a ostatnia przesłana z nagłówkiem „Tylko do wglądu" przebywającemu w podróży sekretarzowi stanu, Alexandrowi M. Haigowi juniorowi, oraz generałowi Bernardowi W. Rogersowi, naczelnemu dowódcy sił NATO w Europie. „W obydwu przypadkach dostaliśmy potwierdzenie, że raport został zniszczony i że Haig i Rogers się z nim zapoznali"[32] – napisał Daniel.

14 września Kuklińskiego odwiedził oficer kontrwywiadu, który podkreślił konieczność zapobiegania przeciekom. Co spowodowało tę wizytę, pozostaje tajemnicą, jednak nazajutrz Kukliński uzyskał kilka szczegółów od jednego z prosowieckich, twardogłowych generałów, który uczestniczył w nadzwyczajnym posiedzeniu KOK. W trakcie obrad minister spraw wewnętrznych, Kiszczak, wyznał, że jego resort bada sprawę pewnego przecieku. „Solidarność" zdobyła plany wprowadzenia stanu wojennego oraz jego kryptonim: „Operacja Wiosna".

Wieczorem Kukliński zostawił znak w miejscu zwanym „Zaspą", że nazajutrz przekaże wiadomość. Przygotował list z opisem wystąpienia Kiszczaka. Pracownicy MSW „otrzymali polecenie natychmiastowego odnalezienia źródła przecieku" – napisał.

Na posiedzeniu KOK ostatecznie zatwierdzono plany wprowadzenia stanu wojennego. Kukliński przekazał kilka szczegółów. Działania miały rozpocząć się nocą i trwać od piątku do niedzieli.

> Fabryki będą wtedy zamknięte. Zatrzymania rozpoczną się około północy, na sześć godzin przed ogłoszeniem stanu wojennego w komunikatach radiowych i telewizyjnych. W Warszawie tysiąc funkcjonariuszy poruszających się prywatnymi samochodami aresztuje około sześciuset osób.
>
> Tej samej nocy wojsko zablokuje najważniejsze punkty w Warszawie i innych dużych miastach. W operacji początkowo mają brać udział wyłącznie siły Ministerstwa Spraw Wewnętrznych. W celu „poprawy sytuacji oddziałów", tj. przemieszczenia całych dywizji w pobliże większych miast, oczekuje się podjęcia specjalnej decyzji politycznej.
>
> Dojdzie do tego dopiero po zlikwidowaniu głównych gniazd oporu. Nie jest jednak wykluczone, że dywizje stacjonujące w dużej odległości od rejonów planowanych działań mogą rozpocząć prze-

grupowania z chwilą ogłoszenia stanu wojennego lub nawet wcześniej, np. 4. Dywizja Zmechanizowana potrzebuje około pięćdziesięciu czterech godzin na dotarcie w okolice Warszawy.

Kukliński przerwał pisanie listu. Nie wiedział, czy śledztwo w sprawie przecieku wszczęte przez Kiszczaka miało związek z jego działaniami, jednak każde dochodzenie prowadziło nieuchronnie do niego i wąskiej grupy osób opracowujących plany wprowadzenia stanu wojennego. Postawił trzy duże „X", by zaznaczyć wagę tematu, i zaczął pisać dalej:

> Z uwagi na prowadzone śledztwo muszę zawiesić codzienne przekazywanie bieżących informacji. Proszę, byście ostrożnie wykorzystywali dane, które Wam dostarczam, bo wydaje mi się, że moja misja dobiega końca.
>
> Informacje te mogą z łatwością doprowadzić do zdemaskowania ich źródła. Nie sprzeciwiam się pomysłowi – jest to wręcz moje pragnienie – by informacje przeze mnie przekazywane służyły sprawie tych, którzy walczą o wolną Polskę z podniesionym czołem. Jestem również gotów zapłacić najwyższą cenę, jednak możemy coś osiągnąć jedynie przez działanie, a nie martyrologię.
>
> Niech żyje Polska! Niech żyje Solidarność zdolna przynieść wolność wszystkim uciśnionym narodom[33].

Kukliński sfotografował swój list. Następnie otworzył aparat, wyjął film i zapakował go w papier i celofan. Włożył zawiniątko do starej rękawiczki, którą namoczył w rozgrzanym tłuszczu. Później zabrał ją na dwór i pobrudził ziemią.

Zwykle przed udaniem się na spotkanie z agentem przeglądał listę punktów kontaktowych dostarczoną mu przez CIA na mikrofilmie, odczytując ją przy użyciu szkła powiększającego. Zwinięty mikrofilm był nie grubszy niż zapałka. Podczas budowy domu ukrył go pod kilkoma cegłami. Później, kiedy się do niego wprowadził, schował go pod deską w stodole w gospodarstwie Bogdana w Wiązownej. Kukliński często odwiedzał syna i Izę, zaglądając przy okazji do stodoły, żeby ustalić miejsce następnego kontaktu z CIA.

Tamtego dnia zaufał pamięci. Był pewien, że umówił się na „Kaftanie". Był to kryptonim zarośniętej chaszczami działki, pełnej kamieni i śmieci. Służyła za skrót do pobliskiego przystanku autobusowego i ludzie często tamtędy przechodzili. Po długiej jeździe samochodem Kukliński zaparkował przy „Kaftanie" i przeszedł przez działkę, rzucając po drodze rękawiczkę na ziemię.

16 września Sue Burggraf ruszyła swoim fiatem na jazdę rozpoznawczą. Pojechała w miejsce z listy CIA zwane „Przelotem", zlokalizowane w pobliżu cmentarza Żydowskiego. Zaparkowała kilka przecznic dalej, poszła w umówione miejsce i szukała przesyłki pod latarnią, jednak niczego nie znalazła.

Nazajutrz rano zameldowała Ryanowi, że wróciła z pustymi rękami. Przypuszczała, że Mewa zrezygnował z kontaktu. CIA opracowała zestaw sygnałów, które miały powiadamiać Kuklińskiego, czy jego przesyłki zostały odebrane. Tym razem agent zaparkował samochód z kołami skręconymi do wewnątrz przed lodziarnią na Puławskiej (kryptonim „Dublet"). Oznaczało to, że przesyłka nie dotarła do CIA.

Przejeżdżając tamtędy następnego ranka, Kukliński nie zauważył samochodu ze skręconymi kołami. Pojechał dalej, zakładając, że przesyłka została odebrana[34].

Mijały dni, rękawiczka z deklaracją Kuklińskiego o poparciu dla Solidarności i wolnej Polski leżała na zarośniętej działce, ale ani on, ani warszawska komórka CIA nie byli świadomi nieporozumienia.

W połowie września ambasador ZSRR przekazał osobistą notę Kani i Jaruzelskiemu, przestrzegając, że Polska musi „podjąć stanowcze i radykalne kroki", by położyć kres antyradzieckim wystąpieniom. 18 września, gdy list został opublikowany, amerykański Departament Stanu skrytykował sowiecką notę, nazywając ją „ingerencją w wewnętrzne sprawy Polski"[35].

Kukliński, który odczuwał zmęczenie wydarzeniami ostatnich tygodni i obawiał się, że jest obiektem śledztwa, postanowił wziąć krótki urlop. Pojechał z Hanką do Krakowa, swojego ulubionego miasta. Jego piękno przetrwało zawieruchę II wojny światowej. Przez wieki polscy królowie mieszkali na wspaniałym Wawelu. W tamtejszej katedrze spoczywały prochy czterdziestu dwóch monarchów, jednego z największych polskich bohaterów, Tadeusza Kościuszki, inżyniera wojskowego, który pomógł Amerykanom wybić się na niepodległość, a później dowodził powstaniem przeciwko rosyjskim zaborcom, generała Władysława Sikorskiego, stojącego na czele polskiego rządu na uchodźstwie po inwazji hitlerowskiej, marszałka Józefa Piłsudskiego, który walczył z bolszewikami w roku 1920 i został pierwszym przywódcą Polski po odzyskaniu niepodległości, oraz Adama Mickiewicza, wieszcza i patrioty. Każdy przyjazd do Krakowa dodawał Kuklińskiemu sił[36].

*

Daniel miał kolejny powód do zmartwień. Przez ponad dziesięć lat polski pułkownik, Włodzimierz Ostaszewicz, zastępca szefa do spraw informacyjnych w Zarządzie II Sztabu Generalnego (wywiad), współpracował z CIA. Teraz postanowił wyjechać z Polski i szukać schronienia na Zachodzie. Pułkownik Ostaszewicz nie miał takiego dostępu do tajnych materiałów operacyjnych jak Kukliński, ale przekazywał cenne informacje o ustaleniach polskiego wywiadu wojskowego dotyczących NATO. Ostatnio występował jako doradca przy polskiej delegacji na rozmowach rozbrojeniowych w Wiedniu i współpracował z przebywającym tam Danielem. Przez przypadek był także członkiem wojskowej spółdzielni mieszkaniowej przy ulicy Rajców i sąsiadem Kuklińskiego. Znali się trochę, chociaż żaden nie przypuszczał, że drugi też współpracuje z CIA.

Agencja była gotowa ewakuować Ostaszewicza, ale istniały obawy o konsekwencje takiego posunięcia dla Mewy. Z chwilą gdy wiadomość o jego ucieczce wyszłaby na jaw, SB wszczęłaby śledztwo i przedsięwzięła znacznie ostrzejsze środki ostrożności. „Wszyscy jesteśmy zgodni, że panujący obecnie zamęt jest niebezpieczny" – napisali agenci sekcji sowieckiej 21 września do Warszawy. „Wiemy też, że Mewa jest świadom grożącego mu niebezpieczeństwa, jednak najwyraźniej pozbył się obaw i nie ma zamiaru ograniczać naszych kontaktów".

Daniel zasugerował w depeszy do Warszawy, by zróżnicować pory i terminy spotkań z Kuklińskim. 5 października sekcja sowiecka przesłała do Warszawy wiadomość, którą miano przekazać Kuklińskiemu podczas najbliższego kontaktu.

> Dokładnie analizujemy Twoje sugestie na temat zwiększenia kontaktów za pomocą Iskry i wydłużenia listy bezpiecznych skrytek. Jak już nadmienialiśmy wcześniej, nie potrafimy wyrazić Ci naszej wdzięczności za przekazywane w samą porę bezcenne informacje. Wiemy też, iż w okresie kryzysu odczuwasz pilną potrzebę przekazywania nam aktualnych wiadomości. Jednakże sam fakt, że działasz w warunkach kryzysu, zmusza Cię do wykazywania szczególnej ostrożności w naszych kontaktach[37].

7 października Daniel i jego współpracownicy postanowili powiadomić Kuklińskiego o sprawie Ostaszewicza, by dać mu sposobność do zawieszenia kontaktów. Gdyby na to przystał, poprosiliby go o zniszczenie wszelkich materiałów. Napisali do niego list przekazujący mu tę wiadomość.

> Chcemy uczulić Cię na fakt, że Twój sąsiad wyjechał we wrześniu na Zachód i poprosił o azyl dla siebie i swojej żony. Jego syn

również postanowił pozostać na Zachodzie. Dokonaliśmy szczegółowej analizy tej sytuacji i doszliśmy do wniosku, że – przy zachowaniu środków ostrożności – sprawa ta raczej nie będzie miała negatywnego wpływu na Twoje bezpieczeństwo. Zarówno Ty, jak i Twoi sąsiedzi i współpracownicy będziecie z pewnością przesłuchiwani w sprawie [płk. Ostaszewicza]. Jednak obecnie nie ma podstaw, by przypuszczać, że staniesz się obiektem szczególnego zainteresowania.

Przebywając w Sztabie, powinieneś wykazywać najdalej idącą ostrożność. Całkiem możliwe, że przypadkowe kontrole teczek i paczek, o których wspominałeś nam wcześniej, staną się częstsze. Jeśli tak będzie, powinieneś natychmiast zaprzestać wynoszenia dokumentów do sfotografowania w domu. Wolelibyśmy, żebyś nie fotografował żadnych materiałów, dopóki nie uzyskasz pewności, że sytuacja wróciła do normy. Nie chcemy niepotrzebnie Cię niepokoić i mamy nadzieję, że to ostrzeżenie pozwoli Ci podejść do spodziewanego śledztwa z dystansem, ponieważ będzie ono konsekwencją decyzji [Twojego sąsiada], a nie Twojej działalności. Jednak przypuszczamy, że powinieneś być przygotowany na bardzo intensywne śledztwo WSW, które podąży tropem nawet najmniejszych podejrzeń.

[Twój sąsiad] jest, siłą rzeczy, odpytywany o swoich współpracowników, sąsiadów itp. Wypowiada się o Tobie bardzo dobrze. Nazwał Cię pułkownikiem, którego czeka wspaniała przyszłość i który „zna się na wojsku lepiej niż większość generałów".

Daniel wysłał do Kuklińskiego pierwszy osobisty list od swojego powrotu z Wiednia.

Wraz z agentem, który przekazuje Ci ten list, serdecznie i z szacunkiem ściskam Twoją dłoń. Wszechobecna konieczność zachowania czujności i wynikające z niej napięcie, o których pisałeś, to ciężary, które chętnie pomógłbym Ci dźwigać. Niestety, jest to jarzmo, które wielki człowiek musi nosić sam. Na szczęście masz miłość i szacunek swoich bliskich. Musi to być dla Ciebie wielka pociecha. Oni też na pewno dostrzegają Twoje wielkie do nich przywiązanie.

P.V., Twoje bezcenne informacje są dokładnie analizowane na najwyższych szczeblach władzy i zapewniam Cię, że są ważnym czynnikiem przy planowaniu polityki naszego rządu zmierzającej do pohamowania sowieckiej agresji.

> Drogi Przyjacielu, nie rozpaczaj nad pracą, która dopiero przed Tobą. Jesteś jednym z nielicznych, którzy mogą dokonać naprawdę wiele dla naszej wspólnej sprawy. Zawsze jesteśmy gotowi Cię wspierać, jednak nasza rola jest nieistotna w porównaniu z Twoją. Dziękujemy Ci[38].

Obydwa listy zostały przesłane do Warszawy z poleceniem przekazania przy najbliższej nadarzającej się okazji.

W piątek, 9 października, podczas jazdy do pracy, Kukliński zauważył znak kredowy sygnalizujący wieczorną wymianę przesyłek. Wciąż nie wiedział, że agenci nie odnaleźli przesyłki, którą podrzucił na „Kaftan" trzy tygodnie wcześniej. O 15.00 zadzwonił Siwicki z poleceniem, by Kukliński natychmiast zajął się przemówieniem, które generał miał wygłosić na zebraniu partyjnym za tydzień. Postanowił przyjąć twardy kurs, atakując Kanię i broniąc Jaruzelskiego. Był gotów skrytykować partyjnych decydentów za zbyt powolne działania przeciwko „wrogowi wewnętrznemu".

Wieczorem Kukliński zaczął pisać list do CIA. Stwierdził, że ma teraz więcej dowodów na rozdźwięk między poglądami Kani i Jaruzelskiego. „Uzyskałem dziś dowód, że ich ścieżki całkowicie się rozeszły". Kania odrzucił koncepcję wprowadzenia stanu wojennego jako sposobu na wyeliminowanie „Solidarności", za to Jaruzelski przyjął argumenty Moskwy i zlecił MON i MSW przygotowanie planu działań. Przez wiele dni trwały zażarte dyskusje na temat możliwych zmian we władzach. Kukliński opisał treść planowanego wystąpienia Siwickiego i jego główne przesłanie – że już najwyższy czas na „radykalne środki - stan wojenny". Kukliński miał „czekać w gotowości" na rozkazy co do użycia broni. Dowiedział się również, że ulotki i obwieszczenia o wprowadzeniu stanu wojennego, wydrukowane w Moskwie z obawy przed przeciekami ze strony polskich drukarzy, zostały dostarczone do Warszawy.

> Radzieckie władze utrzymują kontakty z Jaruzelskim. Breżniew odbył z nim wiele rozmów telefonicznych. Ponoć były one bardzo niemiłe. Kania został całkowicie pominięty. Nowy radziecki attaché wojskowy w PRL stwierdził podczas poufnej narady, w której uczestniczył gen. [Władysław] Hermaszewski, że przed rozpoczęciem misji odbył rozmowę z Ustinowem. Ustinow oznajmił mu, że, w pewnych warunkach, ZSRR podejmie interwencję zbrojną w Polsce[39].

Kukliński poprosił CIA o potwierdzenie znakiem kredowym, że odebrała przesyłkę z „Kaftana". Zaznaczył, że nie widział samochodu ze skręconymi kołami na „Dublecie". O 22.32, w miejscu o kryptonimie „Skok", z szerokim uśmiechem wręczył agentowi przesyłkę zawierającą cztery mikrofilmy. Przekazane przez niego informacje zostały streszczone i uwzględnione w codziennym raporcie dla prezydenta z 14 października.

Agent przekazał mu Iskrę z kompletem baterii i instrukcjami, dwanaście klisz, uaktualnioną listę miejsc punktów kontaktowych i skrytek, nowy zestaw znaków sygnalizujących, że jest bezpieczny na wypadek przerwy w kontaktach, oraz listy od Agencji i Daniela. „Wezwaliśmy Cię na dzisiejsze spotkanie, by dostarczyć Ci list dotyczący komunikowania się, przekazać Ci Iskrę i by poinformować Cię o wydarzeniu, które ma duże znaczenie dla kwestii Twojego bezpieczeństwa"[40]. Ostatnia część zdania nawiązywała do sprawy ucieczki Ostaszewicza.

Kukliński był zaskoczony wiadomością o Ostaszewiczu, za to następna całkowicie go poraziła: „16 września zauważyliśmy, jak przypuszczamy, Twój sygnał pozostawiony na «Zaspie». Nasz agent pojechał tamtego wieczoru na «Przelot», ale nie znalazł żadnej przesyłki. Nazajutrz nasz samochód stał zaparkowany na «Dublecie», byś wiedział, że przesyłka nie dotarła"[41].

Kukliński zdał sobie sprawę, że podrzucił rękawiczkę z mikrofilmem do złej skrytki. Od tego czasu minął już miesiąc. Zastanawiał się, co ma zrobić. Najbardziej niepokoiła go myśl, że ktoś znalazł rękawiczkę, zajrzał do środka i zaniósł ją na milicję lub do siedziby SB. Wiedział, że podpis „Jack Strong" na pewno go nie zdradzi. Jednak treść listu wskazywała, że jego autor wiedział o spotkaniu z 15 września, w którym uczestniczyło bardzo niewiele osób.

W tym momencie do gabinetu weszła Hanka i zobaczyła przerażoną twarz męża. „Popełniłem błąd" – wymamrotał. Pomysł powrotu na „Kaftan" był zbyt ryzykowny, jednak musiał sprawdzić, czy rękawiczka jeszcze tam jest. Po rozważeniu wszystkich opcji stwierdził, że ma tylko jedno wyjście.

Nazajutrz rano, w sobotę 10 października, wezwał do siebie 26-letniego Bogdana. Nie potrafił ukryć zdenerwowania. Bez ogródek poprosił syna, żeby pojechał na „Kaftan", zaparkował gdzieś w pobliżu i poszedł na spacer. Musiał sprawdzić, czy nikt go nie śledzi i rozejrzeć się, nie przyciągając uwagi, czy nie ma tam rękawiczki. Kukliński ostrzegł go, żeby jej nie podnosił. Jeśli ją zobaczy, miał po nią wrócić wieczorem. Zdawał sobie sprawę, że to ryzykowny plan, ale czuł, że Bogdanowi nic nie grozi, ponieważ nie wiedział o jego tajnej działalności. Nawet gdyby został przesłuchany, nie mógł go sypnąć.

Kiedy Bogdan wyszedł, Kukliński przez ponad godzinę nerwowo przechadzał się po salonie. Hanka siedziała w milczeniu. Nagle drzwi się otworzyły i wszedł uśmiechnięty Bogdan z rękawiczką w ręku. Wyciągnął z niej opakowany pojemnik z mikrofilmem i kopnął nim w sufit. O nic nie spytał. Zapewnił tylko ojca, że nikt go nie widział i że w drodze powrotnej nikt go nie śledził. Kukliński rzucił się synowi w ramiona[42].

Wieczorem przekazał za pomocą Iskry wiadomość, opisując swoją pomyłkę dotyczącą punktów kontaktowych. „To moja wina. Zostawiłem przesyłkę na «Kaftanie», zamiast na «Przelocie». Nieobecność samochodu na «Dublecie»... upewniła mnie, że wszystko jest w porządku. Dzisiaj odzyskałem przesyłkę. Była nietknięta"[43].

Nawiązując do sprawy Ostaszewicza, Kukliński wciąż nie potrafił zdecydować, czy powinien zawiesić kontakty. Po otrzymaniu tej wiadomości warszawska placówka CIA przesłała ją do Langley.

18 października, o 11.30, tuż przed posiedzeniem Komitetu Centralnego PZPR, Kukliński przesłał za pomocą Iskry kolejny komunikat: „Wojsko zostało postawione w stan podwyższonej gotowości na wypadek, gdyby dyskusja na plenum przyjęła niepomyślny obrót. Jeśli dojdzie do wyboru liberalnych władz, armia go nie poprze".

Stwierdził, że w Sztabie Generalnym nie słyszał nic na temat ucieczki swojego sąsiada. „Czy Zachód to ujawnił? A może władze ukrywają ten fakt, ponieważ taka ucieczka jest zbyt kompromitująca dla MON i MSW?".

Warszawska komórka CIA jeszcze tego samego dnia przesłała do Centrali wiadomość Kuklińskiego wraz z wieścią, że po plenum Kanię zastąpił Jaruzelski. „Wygląda na to, że zwycięstwo odnieśli twardogłowi"[44].

W niedzielę 25 października, o 11.15, Kukliński wysłał za pomocą Iskry kolejną wiadomość. Wojsko podjęło kroki, „by przeniknąć we wszystkie dziedziny życia kraju... Jednocześnie wydano rozkaz o rozpoczęciu przygotowań do działań w warunkach stanu wojennego". Do Moskwy przesłano biografie kilku twardogłowych generałów. Kukliński odnotował, że Iskra wreszcie działa prawidłowo. „Żadnych zakłóceń. Dziękuję"[45] – dodał.

Podczas nadawania komunikatu odebrał odpowiedź CIA na poprzednią wiadomość, że Zachód nie ujawnił jeszcze sprawy ucieczki jego sąsiada. Przypomniano mu, żeby oszczędnie używał Iskry, nadając komunikaty „tylko w razie konieczności"[46].

W poniedziałek 2 listopada, około 13.00, Kukliński został wezwany do gabinetu jednego z przełożonych. Gdy tam wszedł, ujrzał Skalskiego siedzącego przy wielkim stole w kształcie litery „T". Generał był blady i ponury. Przy stole siedział jeszcze generał Szklarski i dwaj pułkownicy pracujący przy planach stanu wojennego, Franciszek Puchała i Czesław Witt.

Skalski ledwo skinął Kuklińskiemu na powitanie i wskazał miejsce naprzeciwko siebie. Zapadła krępująca cisza. Skalski spojrzał na Kuklińskiego, a później na pozostałych. Doszło do katastrofalnego przecieku, stwierdził, do aktu zdrady.

Rozdział X

„Wszystko wskazuje na koniec mojej misji"

Kukliński siedział osłupiały, a Skalski kontynuował. Polskie władze ustaliły, że CIA – Skalski użył określenia „Langley" – pozyskała najnowszą wersję planów wprowadzenia stanu wojennego. Informację tę przekazały „źródła rzymskie". Skalski był pewien, że kontrwywiad zdoła wytropić źródło przecieku i że jest to tylko kwestia czasu.

Koledzy Kuklińskiego zgromadzeni przy stole byli oszołomieni i wściekli. Pierwszy odezwał się generał Szklarski. Zadeklarował, że jest gotów poddać się przesłuchaniu, i zasugerował, że do przecieku musiało dojść w MSW. Pułkownik Puchała zaklinał się, że jest niewinny. Pułkownik Witt stwierdził, że jest rzeczą oczywistą, iż „Solidarność" ma swojego człowieka w ośrodku władzy, jednak oświadczył, że to nie on i że także podda się przesłuchaniu, jeśli będzie to konieczne.

Kukliński słuchał tego ze spierzchniętymi wargami. Jego podpis widniał na wnioskach o udostępnienie supertajnych dokumentów dotyczących stanu wojennego, w tym zapewne tego najpilniej strzeżonego. Materiał określany mianem „ostatecznej wersji" był najbardziej kompletnym zbiorem planów dotyczących tej operacji, zawierającym ostatnie poprawki wniesione przez Jaruzelskiego. Istniały tylko dwie jego kopie i jedynie kilku oficerów miało do nich dostęp. Kukliński opracowywał oryginalną wersję u siebie i przechowywał w swoim sejfie. Druga kopia leżała w sejfie Puchały.

Gdy pozostali spojrzeli na niego, Kukliński zaczął mówić. Zgodził się z Wittem, że „Solidarność" musi mieć informatora w najwyższych kręgach władz. Przerwał i znów zapadła niezręczna cisza. Nagle poczuł niewytłumaczalną potrzebę wyznania całej prawdy, jednak Skalski mu przerwał.

„Dosyć!" – warknął, ucinając machnięciem ręki wszelkie dyskusje. „Nie jestem funkcjonariuszem służb bezpieczeństwa, żeby was prześwietlać". Stwierdził, że śledztwo przeprowadzą odpowiednie organa. Nawet jego mogą wziąć pod lupę. Tymczasem wszyscy powinni zająć się pracą.

„Uratował mi życie" – pomyślał Kukliński po spotkaniu. Nie mogąc się skoncentrować, wyszedł z pracy o 17.00, obmyślając treść komunikatu, który wyśle wieczorem.

Wchodząc do domu, gestem ręki przywołał Hankę. Powiedział jej cichym głosem, że grozi im niebezpieczeństwo, i wyjawił, że bierze udział w operacji wymierzonej przeciwko Związkowi Radzieckiemu, którą uznał za bardzo ważną dla dobra Polski. Powiedział jej, że wkrótce go wytropią.

Wyliczył swoje ograniczone możliwości: mógł czekać na dalszy rozwój wypadków w nadziei, że go nie aresztują. Mógł zwrócić się o umożliwienie mu ucieczki z Polski. „Mogę uzyskać pomoc od Amerykanów" – wyjaśnił, ale nie wyobrażał sobie wyjazdu bez rodziny. Mógł też odebrać sobie życie.

Hanka zareagowała szokiem i przerażeniem, ale szybko wzięła się w garść. Powiedziała, że jest z niego dumna, że mu ufa i że wie, że nigdy nie zrobiłby nic złego. Samobójstwo jak i zaniechanie działań nie wchodziły w grę. Wyczuwała niepokój męża w ostatnich miesiącach. Zastanawiała się, czy wytrzyma napięcie związane z długim śledztwem. Bez wahania poradziła mu, żeby szukał pomocy u Amerykanów, by uciec z kraju. „Musisz spróbować" – powiedziała. „Jeśli będzie szansa, wyjedziemy".

Kukliński ucałował żonę i rozpłakał się. Później poszedł do gabinetu i zaczął zbierać materiały, które mogły obciążyć jego albo jakąś inną, całkowicie niewinną osobę mieszkającą w Polsce – notesy z adresami, zdjęcia, rozpuszczalny papier, plany dotyczące kontaktów, instrukcje do Iskry, pudełka z mikrofilmami (niektóre były nienaświetlone i w foliowych opakowaniach) oraz osobiste notatki. Kilka ważnych dokumentów zachował, resztę spalił w kominku.

Następnie usiadł i napisał wiadomość na maleńkiej klawiaturze Iskry:

> Dzisiaj [Skalski] powiadomił wąską grupę osób, że władze odebrały wiadomość od informatora z Rzymu, iż CIA dysponuje najnowszą wersją planów dotyczących wprowadzenia stanu wojennego. Wskazał także na inne informacje przekazane wywiadowi amerykańskiemu, które umożliwią zdemaskowanie agenta.
>
> Zwracam się z pilną prośbą o instrukcje w sprawie ewakuacji z kraju mnie i mojej rodziny. Proszę wziąć pod uwagę, że granice państwowe są już prawdopodobnie dla nas zamknięte.

Czekam na bezpośredni kontakt 3 listopada na „Straży", 4 listopada na „Klatce", 5 listopada na „Skoku" lub na „wezwanie" codziennie na „Chmurze". Koniec[1].

Po około godzinie przyszedł Waldek. Słuchał w milczeniu, gdy ojciec wyjaśniał mu, co robił, wyrażając nadzieję, że cała rodzina zdoła wyjechać na Zachód. Waldek wahał się co do wyjazdu. Spytał, czy mogą zaufać Amerykanom. „Mogą wyciągnąć od nas wszystkie informacje, a później nas zostawić" – powiedział.

Kukliński odparł, że amerykańska armia przykłada wagę do życia każdego człowieka. Próbuje ratować pilotów, którzy znaleźli się na terytorium nieprzyjaciela i nie zaprzestaje poszukiwań żołnierzy zaginionych w akcji. Powołał się na próbę odbicia amerykańskich zakładników z Teheranu. „Ameryka to jedyny kraj na świecie, który nie zostawia swoich ludzi w potrzebie" – dodał.

Waldek odpowiedział, że wyjedzie.

Około ósmej Kukliński pojechał do Bogdana. Wiedział, że jego młodszy syn stanie przed trudnym wyborem. Budował w gospodarstwie w Wiązownej własne życie i był bardzo zakochany w Izie.

Kukliński uściskał syna i zaczął przedstawiać sprawę. Bogdan nie zawahał się, gdy ojciec spytał go, czy chce wyjechać z rodziną.

„Tato – powiedział – pójdę za tobą w ogień i w wodę"[2].

Kukliński poczuł ogromną miłość i dumę, ale jednocześnie miał wyrzuty sumienia. Choć od lat brał pod uwagę, że taki dzień może kiedyś nadejść, nie mógł przygotować na to swoich bliskich. Powiedział Bogdanowi, że potrzebuje jego pomocy. Wyjął z kieszeni Iskrę i objaśnił mu jej działanie. Pojechali razem do Warszawy. Po drodze Kukliński opowiedział synowi o zasadach gubienia „ogonów" i nawiązywania kontaktu w lukach czasowych. Dojechali na otoczony drzewami plac Trzech Krzyży z kościołem św. Aleksandra. Rodzice Kuklińskiego brali tu ślub. Stał tu też sierociniec, do którego trafiła w dzieciństwie jego matka. Kilkaset metrów dalej była ambasada amerykańska – na tyle blisko, by Kukliński mógł wysłać tam wiadomość. Bogdan obserwował okolicę, a Kukliński przeszedł na północno-wschodni róg placu, sięgnął do kieszeni kurtki i wcisnął przycisk Iskry.

Kiedy wrócili do domu, poszedł do gabinetu, by odczytać ostatni komunikat CIA. Nieświadomi jego kłopotów agenci przesłali mu nową listę punktów kontaktowych i skrytek. Kukliński wziął aparat i kilka innych przedmiotów, których nie wrzucił do kominka – sześć mikrofilmów oraz prywatne zapiski i poprosił Bogdana, żeby ukrył je w swoim gospodarstwie[3].

*

Nazajutrz, we wtorek 3 listopada, Sue Burggraf przyjechała do ambasady. Tom Ryan był z żoną, Lucille, i córką, Maureen, na dawno zaplanowanych wakacjach w Berlinie. Obowiązki szefa placówki pełniła Burggraf. Udała się na codzienne spotkanie pracowników z ambasadorem Meehanem do „bańki", pomieszczenia, którego nie można było monitorować z zewnątrz. Po spotkaniu, około 10.00, poszła do swojego gabinetu i zauważyła, że wskaźnik Iskry sygnalizujący odebranie nowej wiadomości jest wyłączony. Włączyła go i natychmiast rozległo się brzęczenie. Nie dowierzając swojej znajomości polskiego, poprosiła kolegów, Evana Davisa i Jasona Wilcoxa, o przetłumaczenie komunikatu. Znający biegle polski Davis i Wilcox starannie przełożyli tekst, który pojawił się na ekranie.

Po przeczytaniu tłumaczenia Burggraf wysłała do Centrali „Błyskawicę" – priorytetową depeszę z wiadomością od Kuklińskiego. „Rozważamy aktualne opcje. Jeśli granice są rzeczywiście przed nimi zamknięte, nie mamy wyjścia – musimy ewakuować nie tylko Mewę, ale też jego żonę i prawdopodobnie obydwu synów".

Nagle uświadomiła sobie, że nie wie, czy synowie Mewy są żonaci. „Nie wiem, czy dotyczy to także jego synowych" – dopisała. „Prośba o jak najszybsze instrukcje z Centrali"[4].

Gdy kilka godzin później Daniel przeczytał depeszę, wpadł we wściekłość. Jak Agencja mogła zawieść swojego najlepszego informatora? Był pewien, że doszło do wycieku materiałów przekazanych przez Kuklińskiego. Gdzie popełniono błąd? Nie było wątpliwości, że Kuklińskiego należało ewakuować. Jednak zdarzyło się to w najgorszym momencie. Polsce groził stan wojenny i amerykańscy dyplomaci w Warszawie byli obserwowani jak nigdy przedtem.

Początkowo Centrala poleciła Ryanowi powrót do Warszawy, lecz i on, i Burggraf przekonywali szefów, że powinien zostać w Berlinie. Przedwczesny powrót szefa komórki CIA wzbudziłby podejrzenia SB i doprowadził do jeszcze surowszej kontroli. Daniel usłyszał podobną opinię w Langley od swojego zastępcy, Steve'a Webera. „Niech na razie tam zostanie. Będziemy mieli jeszcze jedną furtkę" – zasugerował.

Ryanowie dostali polecenie pozostania w Berlinie.

Daniel powiadomił o sytuacji szefa pionu operacyjnego, Johna Steina, oraz jego zastępcę, Claira George'a. Obaj wyrazili zgodę na ewakuację Mewy, podobnie jak dyrektor CIA, William Casey, i jego zastępca, admirał Bobby Ray Inman. Wysłano depeszę, podpisaną przez Caseya, do ambasadora, Francisa Meehana, stwierdzającą, że sekretarz stanu, Haig, został powiadomiony o sytuacji „naszego najważniejszego informatora".

Wszyscy myśleli o Kuklińskim. „Będziemy wdzięczni za współpracę" – napisano w depeszy. „Pragnę potwierdzić, że sekretarz stanu upoważnia

Pana do uczynienia wszystkiego, co możliwe, dla wsparcia naszych wysiłków zmierzających do ochrony i ewentualnej ewakuacji tego wartościowego człowieka i jego rodziny"[5].

Daniel i jego współpracownicy przesłali do Centrali wiadomość, którą mieli przekazać za pomocą Iskry Kuklińskiemu: „Twój komunikat odebrany. Gotowi do udzielenia pomocy. Spotkanie na «Klatce» 4 listopada. Zanim podejmiemy nieodwracalną akcję ewakuacji z Polski Ciebie i Twojej rodziny, musisz przekazać nam dokładną ocenę sytuacji. Może podejrzanym jest [pułkownik Ostaszewicz], a nie Ty? Dowiedziałeś się dziś jakichś szczegółów na temat śledztwa?"[6].

Centrala zdawała sobie sprawę, że wszystko zależeć będzie od bardzo dokładnej realizacji przez Kuklińskiego i agentów z Warszawy przedsięwzięć zaplanowanych wcześniej. Burggraf zapowiedziała Davisowi i Wilcoxowi, że żadnemu z nich nie wolno naruszać codziennej rutyny działań. Tymczasem Centrala przysłała kolejną błyskawiczną wiadomość do Warszawy. Jeśli Burggraf nie będzie śledzona, powinna spotkać się wieczorem z Mewą i, być może, z jego bliskimi w miejscu o kryptonimie „Straż". Langley dołączyło listę pytań do Mewy wraz z ich polskim tłumaczeniem:

A. Czy byłeś obecny przy tym, jak [Skalski] ogłosił wiadomość o przecieku informacji? Jeśli nie, to kto ci o tym doniósł? Czy tej osobie można ufać?
B. Jaka jest sytuacja dziś wieczorem?
C. Czy jesteś pewien, że możesz zostać uznany za podejrzanego?
D. Może [SB] wypuszcza próbne sygnały, by sprowokować agenta do działań w pośpiechu?
E. Może podejrzanym jest [pułkownik Ostaszewicz]?
F. Czy wiesz coś więcej o informatorze z Rzymu?[7]

W depeszy przedstawiono działania, jakie winna podjąć warszawska komórka CIA, by pomóc Kuklińskiemu:

> Zapewnijcie Mewę, że jesteśmy gotowi mu pomóc. Jeśli uważa, że grozi mu poważne niebezpieczeństwo i potrzebuje schronienia, jesteśmy gotowi mu go udzielić. Niech agent [Burggraf] będzie przygotowana na to, że Mewa zjawi się na dzisiejszym spotkaniu z żoną i synami. Nie mamy potwierdzenia, by któryś z synów był żonaty. Zarówno sam agent, jak i jego koledzy muszą być dzisiaj przygotowani na przewiezienie Mewy i jego rodziny do [ambasady].
>
> Jeśli Mewa przyjdzie sam i zwróci się o jak najszybszą pomoc dla siebie i swojej rodziny, ale niekoniecznie dzisiejszego wieczoru,

należy umówić się na 4 listopada na „Klatce", termin rezerwowy – 5 listopada na „Skoku". Jeśli 4 i 5 listopada będziecie obserwowani, umówcie się z Mewą na „Klatce" 6 listopada lub na „Skoku" 7 listopada.

Centrala dołączyła do depeszy polskie tłumaczenie wiadomości dla Kuklińskiego.

Burggraf poleciła Davisowi przepisać polską wersję pytań do Kuklińskiego na niewielkiej kartce na tyle dużymi literami, by można je odczytać w świetle ulicznej latarni. Spróbuje przeczytać mu pytania, a później da karteczkę, żeby zabrał ją do domu. Jeśli Mewa przyjdzie z rodziną, była gotowa zawieźć ich na teren ambasady. Z niecierpliwością wyczekiwała zmroku.

Tymczasem Daniel zadzwonił do znajomego, szefa biura łączności CIA. „Pilnie potrzebujemy jednego z waszych ludzi do wykonania skomplikowanego zadania" – powiedział, prosząc o użyczenie specjalisty od szyfrogramów z ambasady w Warszawie. Ma wywieźć pewną rodzinę z Polski. Jeśli misja się nie powiedzie, „zrobi się straszny bajzel", dodał. Szef biura łączności wyraził zgodę[8].

We wtorek rano, jadąc z kierowcą do Sztabu Generalnego, Kukliński zauważył dwie osoby stojące obok kościoła Nawiedzenia Najświętszej Maryi Panny, zaledwie 50 metrów od jego domu. Widywał je tu wcześniej. Podejrzewał, że już jest obserwowany, jednak założył, że minie kilka dni, zanim śledczy skupią swoją uwagę na nim. W sztabie panował minorowy nastrój, jakby wszystkich ogarnęła zbiorowa depresja, jednak, skrywając własne przerażenie, przywitał się ciepło z kolegami i sekretarkami. Jego najbliżsi współpracownicy nie przerwali pracy i nawet w prywatnych rozmowach nikt nie poruszył tematu przecieku, o którym wspomniał Skalski.

Po wejściu do gabinetu zajrzał do sejfu. Plany dotyczące stanu wojennego leżały nietknięte. Znalazł tam też czyste kartki papieru z owalnym nadrukiem Sztabu Generalnego, które miały służyć do przekazywania rozkazów w czasie wojny. Kukliński otrzymał je wiele lat wcześniej, jeszcze zanim skontaktował się z Amerykanami. Liczył, że w razie wojny wykorzysta je do zorganizowania spisku, w wyniku którego polscy żołnierze złożą broń i nie przyłączą się do ofensywy przeciwko Zachodowi. Miał nadzieję, że przekaże je kiedyś CIA, jednak tego nie zrobił. Teraz postanowił je zniszczyć.

Około południa zajrzał do niego pułkownik Witt, by omówić przygotowania do wprowadzenia stanu wojennego. Po kilku chwilach wprosił się do niego oficer kontrwywiadu. Kukliński zauważył, że Witt jest zaniepokojony, jednak obaj miło pogawędzili z oficerem. Zaprosił ich do siebie na następny ranek na kawę[9].

Przez cały dzień Kukliński próbował skupić się na szczegółach działań i ruchów oddziałów w planach operacji wprowadzania stanu wojennego, jednak nie mógł przestać myśleć o swoim wieczornym spotkaniu z agentem. Wrócił do domu około 18.00, przywitał się z Hanką i z synami, poklepał Zulę i przeszedł do gabinetu. Napisał trzystronicowy list do CIA.

> Drodzy Przyjaciele
>
> Wszystko wskazuje na koniec mojej misji. Mam do wyboru: odebrać sobie życie albo czekać na aresztowanie lub na pomoc, którą mi kiedyś zaoferowano.
>
> Wczoraj, za pomocą Iskry, poprosiłem o instrukcje dotyczące ewakuacji, przede wszystkim mojej rodziny, a także swojej osoby. Wiem, że nie jest to łatwa operacja, zwłaszcza z uwagi na możliwość zamknięcia granic dla osób podejrzanych i ich rodzin. Nie widzę jednak innego sposobu na ocalenie głowy. Dlatego zwracam się z prośbą o podjęcie próby ewakuacji na Zachód, w pierwszej kolejności mojej żony, synów Waldka i Bogdana i, na końcu, o udzielenie pomocy mnie.
>
> Moja rodzina może wyjechać z kraju w każdej chwili, choćby natychmiast, a ja, do czwartku, codziennie od godziny 17.00 do 8.00 dnia następnego lub w dniach wolnych od pracy, począwszy od godziny 16.00 w piątek.

Stwierdził, że dla polskich przywódców „stało się jasne, że w wąskim i zaufanym kręgu władz działa agent amerykańskiego wywiadu. Jego identyfikacja nie będzie trudna, ponieważ znane są szczegóły informacji, które przekazał".

Opisał swoją rozmowę z Wittem i oficerem kontrwywiadu, wspominając o zaproszeniu na kawę. „Czy to początek końca?" – napisał. Zakończył list żądaniem, do którego, jak mniemał, ma prawo, zważywszy, że na niebezpieczeństwo naraził go przeciek informacji dotyczących planów wprowadzenia stanu wojennego, które przekazał Stanom Zjednoczonym.

> Czysty przypadek i, do pewnego stopnia, nieostrożne obchodzenie się z przekazanymi przeze mnie materiałami stawiają mnie przed najtrudniejszą próbą. Postanowiłem opuścić kraj najszybciej, jak jest to możliwe. Warunkiem podjęcia tego kroku jest udzielenie pomocy mojej rodzinie równej tej, która zostanie udzielona mnie[10].

Zszedł na dół i uściskał każdego z członków rodziny. Później poprosił Bogdana, żeby przewiózł go po mieście i podrzucił w okolice budynku Wyższej Szkoły Oficerów Pożarnictwa. Bogdan pojechał następnie do Izy, by ewentualnie ściągnąć na siebie uwagę tajniaków. Tymczasem Kukliński, ubrany w ciemną kurtkę, ruszył w stronę szkoły. Punktualnie o 22.30 skręcił w alejkę prowadzącą na wybetonowane podwórko otoczone blokami mieszkalnymi. Nagle zobaczył przed sobą drobną blondynkę w beżowym płaszczu. Podeszła do niego z pewnym siebie uśmiechem.

„Dobry wieczór" – zagadnęła wesoło.

„Dobry wieczór" – odpowiedział.

Burggraf wyobrażała sobie, że jest wyższy, ale, oczywiście, przedtem zawsze widziała go w ciemnościach, siedząc w samochodzie.

Był uprzejmy, ale wyraźnie się trząsł. Objęła go ramieniem w pasie i przyciągnęła do siebie. Pierwszy raz przyjrzała mu się z bliska. Wyglądał na dużo starszego od niej, miał wychudzoną i zmęczoną twarz. Szepnęła do niego dwa słowa – „Jack Strong" – i zmusiła do uścisku, jakby byli kochankami. Mewa szeptał coś szybko po polsku, nie mogła go zrozumieć. Próbowała porozumieć się z nim wyuczonymi zdaniami, aż w końcu przeszła na niemiecki, który znała dobrze. Jednak teraz on jej nie rozumiał. Włożyła mu do ręki kartkę, żeby przeczytał przetłumaczoną wiadomość. Był załamany: pokazał jej, że nie ma okularów. Wzięła kartkę i zaczęła czytać po polsku. W naturalny sposób ruszyli przed siebie. Burggraf obejmowała go ramieniem w pasie. „Bądź pewien, że jesteśmy gotowi Ci pomóc, jeśli uważasz, że bezpieczeństwo Twoje i Twoich bliskich jest poważnie zagrożone" – przeczytała.

Powiedział, że nie wyjedzie bez rodziny. Ma tu z nimi wrócić, żeby od razu mogli wyjechać? Wsunął jej do ręki swój trzystronicowy list. Powiedziała, że jego może zabrać od razu, ale na przewiezienie całej rodziny potrzebuje dodatkowych dwudziestu czterech godzin. Nie wyjawiła mu swojej największej obawy – że jeśli ktoś zobaczy, że cała rodzina wjeżdża do ambasady, to SB otoczy teren i dojdzie to groźnego impasu. Czytała dalej z kartki: agenci przyjadą po całą rodzinę nazajutrz, w środę, 4 listopada, na „Klatkę". Rezerwowe miejsce i termin to „Skok", w czwartek, 5 listopada. Gdyby czuł, że ktoś ich śledzi, mieli przyjechać na „Klatkę" w piątek, 6 listopada, ewentualnie na „Skok" w sobotę, 7 listopada.

Opisała mu alarmowe znaki kredowe, za pomocą których mogli się komunikować. Oddała Kuklińskiemu kartkę i poprosiła, żeby pokazał ją rodzinie. Jej twarz była tuż przy jego twarzy.

„Przyjedziemy jutro" – zapewniła go. „Ja albo ktoś inny. Jeśli będziemy mieli «ogon», nie martw się. Będziemy próbować do skutku".

Spotkanie trwało nie dłużej niż dziesięć minut. Przyciągnęła go do siebie i uścisnęła. „Trzymaj się" – powiedziała, odwróciła się i odeszła.

Kukliński wcisnął karteczkę do kieszeni i wyszedł z podwórka. Poszedł w miejsce, w którym miał na niego czekać Bogdan, ale ujrzał tylko polskiego fiata zaparkowanego kilkanaście metrów dalej, a w nim dwóch mężczyzn i jeszcze trzech stojących nieopodal. Odczuwając zdenerwowanie, a jednocześnie pewną niefrasobliwość, zmienił plany. Przeszedł przez ulicę, wsiadł do autobusu, przejechał kilka przecznic, przesiadł się do innego autobusu, potem do jeszcze innego, aż w końcu wysiadł przy ulicy Marchlewskiego i zaczął iść w stronę domu.

Po minięciu kilku przecznic, przy ulicy Freta, zauważył mężczyznę po czterdziestce, w okularach, powoli idącego w jego stronę. Nagle mężczyzna zawrócił. Teraz on i Kukliński szli w tym samym kierunku. Kukliński zwolnił, żeby go nie wyminąć, ale mężczyzna zrobił to samo. Później raptownie skręcił i stanął w jakiejś bramie, przyglądając się Kuklińskiemu, gdy ten przechodził obok.

Dotarł do domu około 23.30. Bogdan jeszcze nie wrócił. Rodzina czekała na niego zdenerwowana. Kuklińskiemu przyszło do głowy, że nawet jeśli jest jedynym podejrzanym, to SB może nie przyprzeć go do muru od razu. Istniała możliwość, że przez kilka dni będą go obserwować w nadziei, że doprowadzi ich do innych uczestników ewentualnego spisku.

Bogdan w końcu dotarł do domu. Powiedział, że wrócił po ojca i że też zauważył tam fiata i trzech mężczyzn stojących na ulicy. Przez kwadrans czekał w samochodzie, który zaparkował około trzydziestu metrów dalej, aż w końcu postanowił wrócić do domu.

Kuklińskiego zadziwiła zdolność jego syna do działania w warunkach stresu. Pokazał bliskim kartkę, którą dostał od agentki. Przestudiowali ją, po czym Kukliński wrzucił ją do kominka. Dał Bogdanowi Iskrę, prosząc, by ukrył ją w gospodarstwie.

Kiedy Bogdan wyszedł, Hanka wspomniała, że ich sąsiad, generał Hermaszewski, prosił, żeby Kukliński do niego wpadł. Z uwagi na późną porę ten najpierw do niego zadzwonił. Przyjaciel namówił go, żeby jednak do niego zajrzał. Powitał go i zaprowadził do okazałego pokoju w piwnicy, urządzonego drewnianymi, rustykalnymi meblami, ze strzelbami, rogami myśliwskimi i porożami na ścianach. Chciał porozmawiać z Kuklińskim o ucieczce ich sąsiada, Ostaszewicza. Jak zareagują na to Rosjanie? Przypuszczał, że Ostaszewicz planował ucieczkę już od jakiegoś czasu, bo jego dom sprawiał wrażenie zapuszczonego. Gdy mu to wszystko mówił, Kukliński grzecznie potakiwał. W końcu powiedział, że musi iść do domu i się wyspać[11].

*

Bogdan koniecznie chciał zobaczyć się przed wyjazdem z Izą. Pojechał po nią do domu jej matki. Kiedy później jechali do niej, kazał jej przysiąc, że dochowa tajemnicy. Powiedział, że jego ojciec ma kłopoty i że cała rodzina spróbuje wyjechać z Polski. Obiecał, że kiedy będą już bezpieczni, odezwie się do niej.

Iza była kompletnie zaskoczona. Owinęła się szczelnie zielonym, wełnianym płaszczem, drżąc w wieczornym chłodzie. Wiadomość nie w porę! Jej ojciec chorował na raka. Właśnie wybierała się do Berlina Zachodniego po lek do chemoterapii nieosiągalny w Polsce. Za kilka dni miała wrócić do kraju, ale wtedy Bogdana i jego rodziny już tu nie będzie. Oboje zdawali sobie sprawę, że kiedy władze dowiedzą się o ucieczce Kuklińskiego, nie pozwolą jej wyjechać do Bogdana na Zachód.

Krążyli przez jakiś czas samochodem. Iza próbowała oswoić się z tą wiadomością. „Może wyjedziesz z nami?" – sondował Bogdan. „Nie – odpowiedziała – nie mogę". Siedzieli w milczeniu, kompletnie załamani[12].

Nazajutrz, w środę 4 listopada, Daniel i jego współpracownicy przeanalizowali raport Burggraf, opisujący spotkanie z Mewą oraz jego list. Daniel natychmiast przesłał Burggraf polecenie, by przekazywała wszelkie pisma w sprawie Mewy pocztą błyskawiczną.

„Jesteśmy gotowi przebywać tu na okrągło, żeby Cię wspierać i odpowiadać/reagować na wszelkie pytania i problemy. Kolejne instrukcje i zalecenia dotyczące kwestii ewakuacji prześlemy w ciągu godziny"[13] – napisał Daniel.

Wiedział, że operacja ta będzie poważnym wyzwaniem. Pamiętał osobistą prośbę, jaką Kukliński przekazał mu w jednym z listów, by czuwał nad jego rodziną. Kukliński napisał wtedy: „W imię naszej przyjaźni obarczam Cię osobistą odpowiedzialnością za ich los".

Tego samego dnia Kukliński stwierdził, że musi znaleźć nowy dom dla swojej ukochanej suczki, 13-letniej Zuli. Od razu pomyślał o Czesławie Jakubowskim, ojcu zmarłej przyjaciółki, Barbary. Czesław został wdowcem i pies mógł być teraz dla niego dobrym towarzyszem. Kukliński przygotował jedzenie, zagwizdał na Zulę, żeby wskoczyła do samochodu, i pojechał do Jakubowskiego. Staruszek przywitał go ciepło. Zdziwił się, że wojsko wysyła Kuklińskiego na kilka lat za granicę.

„Nie mogę jej ze sobą zabrać" – tłumaczył mu pułkownik, „Wiem, że twoja żona i córka uwielbiały Zulę. Nigdzie nie znajdzie lepszej opieki".

„Ryszard, spróbuję" – odpowiedział Czesław.

Kukliński pochylił się i mocno przycisnął do siebie Zulę, a później szybko wyszedł, tłumiąc łzy. Wsiadając do samochodu, słyszał, jak skomle i drapie pazurami w drzwi[14].

Członkowie rodziny mieli zajmować się swoimi sprawami, dopóki nie spotkają się wieczorem. Bogdan przyjechał swoim pickupem na parking przed restauracją przy południowej stronie ulicy Bronisława Czecha na przedmieściach Warszawy. Stamtąd dojechał autobusem do śródmieścia. Waldek spędził popołudnie na wizytach w warszawskich księgarniach. Hanka poszła na film *Człowiek z żelaza* Andrzeja Wajdy i wymknęła się z kina po półgodzinie. Kukliński wyszedł z pracy, mówiąc kolegom, że idzie na kolację. Wszyscy ruszyli na spotkanie na „Klatce" taksówką albo tramwajem, często się przesiadając i zmieniając kierunek. O 22.30 cała czwórka zjawiła się w umówionym miejscu.

Czekali przez kwadrans w ciemnościach, ale samochód, który miał ich zabrać, nie przyjechał. Kukliński, Hanka i Waldek wrócili do domu oddzielnie. Bogdan, który miał przy sobie Iskrę, pojechał taksówką na parking, na którym zostawił auto, i wrócił do gospodarstwa, gdzie spędził noc.

Burggraf martwiła się, że agenci nie zdołali przewieźć Kuklińskich do ambasady w środę wieczorem. Ona i Davis ruszyli w osobne jazdy rozpoznawcze. Burggraf jeździła po Warszawie prawie dwie godziny. Kiedy już myślała, że nikt jej nie śledzi, zauważyła podejrzany samochód. Davis też miał swój „ogon". Żadne z nich nie zbliżyło się nawet do „Klatki" i akcję odwołano. Burggraf spędziła w swoim mieszkaniu kolejną bezsenną noc[15].

Rano, w czwartek, 5 listopada przyszła wymęczona do pracy. Zadepeszowała do Langley, opisując rozczarowanie związane z wydarzeniami poprzedniego wieczora i powiadamiając o kolejnej próbie, którą podejmą wieczorem na „Skoku". Po kilku godzinach odebrała odpowiedź Daniela i jego kolegów: „Podzielamy Twoje rozczarowanie w związku z wczorajszym nieudanym kursem na «Klatkę», ale podjęłaś słuszną decyzję. Realizuj dzisiejszy plan... Powodzenia wieczorem. Myślimy o Was w tych trudnych chwilach i trzymamy kciuki"[16].

Tego ranka Kuklińskiego wezwał Skalski. Nie wspomniał o śledztwie w sprawie przecieku. Spytał natomiast o postęp prac nad pięcioletnim planem MON, który precyzował wymagania wobec wojska na lata 1981–1985. Pochłonięty przygotowaniami do wprowadzenia stanu wojennego, Kukliński starał się znaleźć czas i na to, jednak przyznał, że plan nie jest jeszcze gotowy. Skalski oznajmił mu, że nazajutrz o ósmej rano musi dostać raport w tej sprawie, żeby pokazać go Jaruzelskiemu.

Kukliński nie mógł odmówić, jednak perspektywa zarwanej nocy mocno go poirytowała. Wraz z rodziną miał pojawić się na „Skoku" o 22.30. Postanowił przygotować skróconą wersję raportu. Skończył wieczorem. Podziękował sekretarce, która przepisywała raport na maszynie, i poprosił, żeby przyszła następnego dnia o szóstej rano.

W domu napisał krótki list do CIA z prośbą o przełożenie ewakuacji na następny wieczór na godzinę dziewiątą, z terminami rezerwowymi w sobotę i w niedzielę. Powiedział Hance i Waldkowi, żeby zostali w domu, i pojechał z Bogdanem na „Skok", licząc, że będzie mógł przekazać list agentowi. Bogdan podwiózł go w pobliże punktu kontaktowego. Kukliński poszedł na „Skok" sam. Czekał w ciemnościach na samochód, jednak ten nie przyjechał.

Po piętnastu minutach wrócił do Bogdana i pojechali razem do domu. Stwierdził, że nazajutrz spróbuje wysłać wiadomość za pomocą Iskry[17].

Tamtego wieczoru Burggraf i Davis wyjeżdżali na spotkanie z Kuklińskimi na „Skoku" z nadzieją, że tym razem się uda, jednak znów śledziła ich SB i musieli odwołać operację. Po powrocie do domu Burggraf nalała sobie szkockiej i postanowiła spróbować jeszcze raz w piątek. Stwierdziła, że jeśli im się nie powiedzie, Tom Ryan będzie musiał podjąć ostatnią próbę, zabierając Kuklińskich w sobotę wieczorem w drodze powrotnej z Berlina. Pomyślała, że bezpieczne pokonanie trasy z Berlina do Warszawy w takich warunkach byłoby najdłuższą jazdą rozpoznawczą wszech czasów. Gdyby SB ponownie pokrzyżowała im szyki, musieliby wdrożyć inny plan – „przesyłki ewakuacyjnej"[18]. Langley wysłało walizkę z rekwizytami do charakteryzacji, fałszywymi dokumentami i obcą walutą do placówki CIA w innym państwie Bloku Wschodniego. Walizka zostałaby podrzucona do skrytki. Kukliński i członkowie jego rodziny wykorzystaliby jej zawartość, by samodzielnie wydostać się z Polski.

Nazajutrz rano, w piątek 6 listopada, Burggraf przesłała do Langley wiadomość o kolejnej nieudanej próbie ewakuacji Kuklińskich. „Stała obserwacja ze strony licznej grupy [agentów SB] sprawiła, że przewiezienie Mewy i jego rodziny do ambasady było wczoraj wieczorem niemożliwe. [Placówka] podejmie dziś wieczorem jeszcze jedną próbę realizacji planu"[19].

Kopie depesz krążących między Langley a Warszawą przesłano Tomowi Ryanowi. Gdy otrzymał polecenie pozostania w Berlinie, Ryan postanowił przygotować sobie grunt pod ewentualne dalsze działania. Korzystając z niezabezpieczonej linii telefonicznej w konsulacie amerykańskim w Berlinie, zadzwonił do szefa sekcji politycznej ambasady amerykańskiej w Warszawie. Ryan, który był oficjalnie pracownikiem tej sekcji, stwierdził, że jego żona, Lucille, była u lekarza w Berlinie i że musi wykonać kolejne badania. Ich powrót opóźni się o kilka dni, za to córka, Maureen, wróci do Warszawy wcześniej ze znajomymi. Wiedząc, że Polacy podsłuchują rozmowę, Ryan miał pewność, że SB nie będzie się teraz spodziewać jego rychłego powrotu. Nie będzie też liczyć, że Maureen i jej rodzice wrócą do Polski razem[20].

W piątek Kukliński zjawił się w pracy o 6.00, przywitał się z sekretarką i wypił filiżankę mocnej kawy. Wprowadził ostatnie poprawki do raportu dla Skalskiego i złożył go grubo przed ósmą. Skalski promieniał. Miał więcej czasu na przejrzenie raportu przed przekazaniem go Jaruzelskiemu.

Kukliński nie spał tej nocy i teraz funkcjonował głównie dzięki kawie i papierosom. Tego samego ranka odwiedził go Rakowski, twardogłowy generał ze Sztabu Generalnego. Podczas rozmowy wszedł do gabinetu oficer z przesyłką dla Kuklińskiego z Moskwy. Kukliński znalazł w niej papierosy, wódkę i słoik śledzi. Był to niespodziewany prezent od pewnego pułkownika z radzieckiego Sztabu Generalnego.

„Widzę, że masz też agenta w Moskwie!” – wypalił Rakowski.

„Mam ich wszędzie” – odparł Kukliński. Rakowski szczerze się uśmiał[21].

Po południu Kukliński uczestniczył w naradzie partyjnej. Siedział koło Stanisława Radaja, przyjaciela i kolegi ze szkoły podoficerskiej zatrudnionego w Sztabie Generalnym. Radaj zauważył, że Kukliński jest rozkojarzony. „Źle wyglądasz” – powiedział, zatroskany o zdrowie przyjaciela.

„Codziennie zarywamy nocki” – odpowiedział Kukliński. Radaj wyraził zrozumienie, ale poradził Kuklińskiemu, żeby na siebie uważał. Przypomniał mu stare powiedzenie: „Pracuj, ile chcesz, a i tak naplują ci na grób”[22].

Kukliński wrócił do domu wcześniej niż zwykle. Mimo że od dwóch dni nie miał wiadomości od CIA, próbował uspokoić rodzinę. Był przekonany, że Amerykanie nie zostawią ich w potrzebie. Podejrzewał, że są bez przerwy śledzeni. W skrytości ducha miał wyrzuty sumienia, że żąda od swoich bliskich zbyt wiele. Sytuacja wydawała się beznadziejna. Zastanawiał się, czy nie zerwać kontaktów z CIA i nie porzucić zamiaru ucieczki. Rozważał nawet możliwość połknięcia samobójczej tabletki. Po cichu omówił z Hanką opcje, jakie im pozostały. Ucięła rozmowę. Stwierdziła, że rodzina jest całkowicie po jego stronie. Wyjadą razem.

Wieczorem mieli podjąć kolejną próbę. Kukliński chciał najpierw wysłać wiadomość za pomocą Iskry. Przypomniał Bogdanowi zasady obsługi urządzenia. Pojechali razem do Izy, z którą jego syn był umówiony, jednak jeszcze nie wróciła do domu. Bogdan stanął na czatach, a Kukliński, skulony na schodach, wyjął Iskrę z kieszeni kurtki i wpisał wiadomość, którą chciał przesłać CIA już poprzedniego wieczoru: „Zagrożenie bez zmian. Będziemy czekać na samochód w piątek na «Klatce», następnego dnia na «Skroni» i w niedzielę na «Rabacie». Piątek «Klatka», sobota «Skroń», niedziela «Rabata»".

Oddał Iskrę Bogdanowi z prośbą, by nadał komunikat z okolicy kościoła św. Aleksandra na placu Trzech Krzyży. Sam poszedł do restauracji niedaleko placu Komuny Paryskiej i czekał na powrót syna.

Bogdan pojechał na plac autobusem i przesłał wiadomość do ambasady. Później spotkał się z ojcem w restauracji około ósmej. Z uśmiechem zakomunikował, że urządzenie prawdopodobnie zadziałało. Zjedli kanapki i pojechali do mieszkania Izy. Poznali po zapalonym świetle, że jest w domu. Czekając na syna, Kukliński odczytał z Iskry odpowiedź CIA.

> Nasi agenci byli śledzeni wieczorem 4 listopada. Nie mogli spotkać się z wami na „Klatce". Jeśli nie będziemy śledzeni, spotkamy się z Tobą i Twoją rodziną 5 listopada na „Skoku", 6 listopada na „Klatce", 7 listopada na „Skoku" lub 8 listopada na „Straży".
>
> Plan zakłada natychmiastową ewakuację na Zachód. Zniszcz wszystkie kompromitujące materiały. Przynieś [Iskrę], a jeśli nie będziesz mógł, wrzuć do rzeki. Koniec X. Koniec X. Koniec[23].

Po przeczytaniu wiadomości Kukliński poczuł wielką ulgę. Tymczasem Bogdan spędził pełną wzruszeń godzinę z Izą, która właśnie wybierała się do Berlina po lekarstwo dla ojca.

Około 22.15 członkowie rodziny przybyli osobno na „Klatkę". Niestety, samochód znów nie przyjechał. Kukliński, Waldek i Hanka wrócili do domu. Bogdan pojechał do siebie, zabierając Iskrę[24].

Po przyjeździe do ambasady w sobotę rano Burggraf przesłała Centrali raport o kolejnej nieudanej próbie ewakuacji: „Niestety, oba auta były wczoraj nieustannie śledzone. Musieliśmy odwołać akcję"[25]. Był najwyższy czas, by Ryanowie wrócili z Berlina.

Lecz pojawił się nowy problem: niedoprecyzowanie miejsca spotkania z Kuklińskimi. W ostatnim przekazie Kukliński zaproponował jako miejsce sobotniej ewakuacji „Skroń". Agenci w swojej ostatniej wiadomości zaproponowali „Skok". Postanowiono, że Ryanowie pojadą na „Skroń", a Davis na „Skok". Burggraf miała działać jako rezerwa dla Davisa, gdyby ten był śledzony[26].

Tymczasem Daniel i jego koledzy martwili się, że kolejne nieudane próby ewakuacji wystawiały Kuklińskich na coraz większe niebezpieczeństwo. Problem polegał na tym, że agenci z Warszawy byli bez przerwy śledzeni. Centrala napisała w depeszy przesłanej do Warszawy: „Zastanawiamy się, czy ta bezustanna obserwacja nie wynika z tego, że Polacy wiedzą o informatorze przekazującym raporty Amerykanom, jednak nadal go nie zidentyfikowali, zatem wzmocnili obserwację, licząc, że ich do niego doprowadzimy"[27].

Ryanowie tworzyli zgrany duet. Tom i Lucille przeszli razem szkolenie i choć Lucille nie była jeszcze w pełni samodzielnym agentem, to jednak potrafiła odczytywać i umieszczać sygnały oraz wybierać miejsca do działań operacyjnych. Z radością wykonywała te zadania, wynajdując skuteczne wymówki do częstych wyjazdów na miasto. Jej ulubionym zajęciem było robienie zakupów[28]. Kupowała ubrania, ceramikę, sprzęty gospodarstwa domowego i ozdobne drewniane jaja, które były zawsze świetnym prezentem. Działała także w komitecie rodzicielskim przy szkole amerykańskiej znajdującej się w odległej dzielnicy Warszawy i opiekowała się drużyną skautek organizującą zbiórki w różnych domach. Po kilku miesiącach SB nie śledziło jej już tak intensywnie. Pewnego razu znalazła i spenetrowała niemal połowę punktów kontaktowych, które agenci z warszawskiej komórki CIA zaproponowali w ciągu całego roku Langley.

Tom i Lucille często wykonywali długie jazdy rozpoznawcze po polskiej prowincji. Gdy zauważali, że są śledzeni, zmieniali plany i jechali podpatrywać ptaki, na piknik albo pod namiot. Jak stwierdził Tom: „Bywało, że szliśmy potańczyć, kiedy nie mieliśmy ochoty tańczyć, i popić, kiedy nie mieliśmy ochoty na picie – jednak każdy twój ruch wymagał planu".

Ryanowie szykowali się do powrotu z Berlina do Warszawy w chłodny sobotni poranek. Wcześnie się ubrali i spakowali rzeczy do samochodu, ciemnozielonego, czterodrzwiowego volvo na dyplomatycznych numerach rejestracyjnych. Włożyli do bagażnika kanister z benzyną. Zamierzali przedłużyć jazdę, która zwykle trwała około ośmiu godzin, do dwunastu. Wiedzieli z doświadczenia, że SB najczęściej zaczyna ich śledzić na przedmieściach Warszawy, a nie od granicy, więc, dla zabicia czasu, mogli zboczyć z trasy i przejechać się po leśnych wiejskich drogach. Mieli dotrzeć na „Skroń" punktualnie o 22.30. Nie mogło być żadnych wypadków ani opóźnień.

Jednak po przeczytaniu opisu „Skroni" Ryan stwierdził, że nie kojarzy tego miejsca. Spytał o nie Lucille, która akurat studiowała mapę. Odpowiedziała, że w tym konkretnym miejscu nie była, ale że zna tę dzielnicę. Była tam dwa tygodnie wcześniej, oglądając nowe punkty kontaktowe. „Myślę, że trafimy" – uspokoiła go.

Tamtego ranka sąsiad Kuklińskiego, generał Hermaszewski, stał przed garażem i pakował rzeczy do samochodu przed wyjazdem na dwudniowe polowanie. Wkładając strzelby do bagażnika, zobaczył Kuklińskiego, po którego akurat przyjechał kierowca. Pomachał do niego. Kukliński odpowiedział mu identycznym gestem[29].

W Sztabie Generalnym wezwano go wraz z grupą innych oficerów do sali konferencyjnej na rutynową odprawę prowadzoną przez Siwickiego na temat przygotowań do wprowadzenia stanu wojennego. Kukliński napomknął kilku kolegom, że jedzie z rodziną do południowo-zachodniej Polski w odwiedziny do chorej matki Hanki obchodzącej siedemdziesiąte piąte urodziny.

Odprawa skończyła się około 11.00. Kukliński wrócił do gabinetu, zabrał teczkę i zadzwonił po kierowcę. Zwykle żołnierz odwoził go do domu czarną wołgą tą samą trasą – Rakowiecką, Puławską, 1 Armii Wojska Polskiego, Trasą Łazienkowską i później Wisłostradą.

„Dzisiaj nie musimy się śpieszyć" – rzucił mu Kukliński.

Jadąc, przyglądał się przez okno tak dobrze znanym sobie widokom – Łazienek, Wisły, Zamku Królewskiego górującego nad Starym Miastem, a nawet drzewom i domom w jego ukochanej stolicy.

Gdy skręcali z Wisłostrady w ulicę Sanguszki, zbliżając się do jego domu, kierowca spytał, o której godzinie ma przyjechać po niego nazajutrz. Kukliński odparł, że nie będzie go potrzebował w niedzielę, ponieważ wybiera się do teściowej. Kierowca miał stawić się w garażu na wypadek, gdyby ktoś inny chciał skorzystać z jego usług. Kukliński miał zadzwonić po niego w poniedziałek.

Kiedy mijali Przyrynek, Kukliński zauważył dwóch młodych mężczyzn, którzy obserwowali mijającą ich wołgę. Na Rajców zobaczył dwóch innych, stojących pod kościołem Nawiedzenia Najświętszej Maryi Panny.

W domu uściskał Hankę i natychmiast rozpalił ogień w kominku, do którego wrzucił ostatnie dokumenty. Było ich tak dużo, że cały dom wypełnił się dymem. Część postanowił wywieźć ze sobą z Polski[30].

Wieczorem Kukliński i Hanka byli zaproszeni na kolację do Barbary Barszcz, której mąż, Roman, był przyjacielem Kuklińskiego jeszcze z czasów dzieciństwa. Roman był inżynierem i właśnie zatrzymał się w Atenach, wracając do domu po dwuletnim pobycie w Libii, gdzie pracował w polskim przedsiębiorstwie budującym mosty.

Kukliński i Hanka postanowili pojawić się na krótko u Barszczów, gdzie zjedli trochę wędliny i sałatkę. Barbara dobrze się czuła w ich towarzystwie, jednak tamtego wieczoru zauważyła, że są nieco spięci. Tłumaczyli, że myślą o wyprawie do matki Hanki, która czeka ich następnego dnia. O 19.30, gdy Barbara przyniosła tacę z herbatą, Kukliński powiedział, że musi jeszcze popracować. Uścisnął ją i wyszedł. Hanka posiedziała jeszcze trochę i też się pożegnała[31].

W domu Kukliński spakował parę rzeczy osobistych, w tym zdjęcia i piersiówkę z czasów II wojny światowej, którą podarował mu tłumacz z CIA. Uznawał ją za swój amulet, symbol przetrwania. Nalał do niej trochę koniaku. Waldek wyszedł już na swój zwyczajowy kurs po warszawskich księgarniach. Bogdan był w swoim gospodarstwie. Gdy Hanka wróciła do domu, wyszli osobno z zamiarem dotarcia na „Skroń".

Hanka spotkała w mieście Waldka. Poszli do kina. Wymknęli się stamtąd osobno przed końcem seansu. Tymczasem Bogdan napisał list do Izy, która pojechała do Berlina po lekarstwo dla ojca. Stwierdził, że musi wyjechać z Polski, ale skoro ich związek osłabł, to i tak nie będzie to miało dla niej znaczenia.

Celebrował ich rozstanie: „Proszę, zapomnij o mnie. Nie pisz, nie dzwoń, nie szukaj. Gdy przeczytasz ten list, będę już daleko. Żegnaj"[32].

Była to nieprawda. List miał na celu zmylenie SB.

Później napisał drugi list, w którym prosił, by pokazała SB pierwszy list, gdyby była przesłuchiwana. Drugi miała zniszczyć tuż po przeczytaniu. Pojechał do Warszawy, dotarł do domu Izy i wsunął pierwszy list pod drzwi. Drugi, w zalakowanej kopercie, powierzył zaufanemu koledze z prośbą, by przekazał go Izie po jej powrocie z Berlina[33].

O 22.15 Kukliński zjawił się na „Skroni" w pobliżu małej alejki biegnącej między blokiem mieszkalnym a garażami. Po kilku minutach dołączyła do niego reszta rodziny. Czekali, ukryci w mroku koło garaży.

Ryanowie wyruszyli w długą podróż do Warszawy około dziesiątej. Pojechali autostradą, z której w NRD nie wolno im było zbaczać. Po przekroczeniu granicy zwykle zatrzymywali się w Poznaniu, pierwszym dużym mieście w zachodniej Polsce, w którym był amerykański konsulat i gdzie mogli zatankować benzynę. Tym razem jednak zjechali z głównej drogi i krążyli po wsiach, w rejonie, do którego Amerykanie przebywający w Polsce rzadko się zapuszczali. Znali okoliczne lasy z jednej ze swoich wypraw „ornitologicznych". Zatrzymali się, wyłączyli światła i okryli się wełnianymi kocami, ponieważ było zimno. Drzemali na zmianę, a kiedy nadszedł zmierzch, ruszyli w dalszą drogę do Warszawy. Wjechawszy do miasta, skierowali się w stronę „Skroni". Lucille studiowała plan Warszawy. Tom jechał bardzo ostrożnie, żeby nie popełnić żadnego wykroczenia. Gdy wykonał ostatni skręt w prawo, Lucille odłożyła plan miasta.

W ciemnościach dostrzegli jakąś postać. Ryan zwolnił. Kukliński dał znak Hance i synom, żeby szli za nim. Wsiedli do samochodu, tłocząc się na tylnym siedzeniu i na podłodze. Lucille podała im latarkę i krótki list napisany po polsku, zalecający, żeby zachowywali się możliwie jak najciszej[34].

Jechali w milczeniu. Kukliński, który przywarł całym ciałem do podłogi, czuł każdą nierówność drogi. Wyobrażał sobie trasę, którą jadą. Po dziesięciu minutach volvo przemknęło przez bramę ambasady i zatrzymało się w ciemnym rogu parkingu, w miejscu, które zwykle zajmował Ryan, osłoniętym przez garaże. Gdy wszyscy wysiedli z samochodu, Kukliński uściskał go i wręczył torbę z Iskrą, aparatem fotograficznym, książeczką wojskową i tabletką z cyjankiem. Ryan przedstawił Kuklińskim dwóch agentów – Wilcoxa, który miał prowadzić furgonetkę wywożącą ich z Polski, oraz specjalistę od łączności, który dołączył do operacji. Później wszyscy członkowie rodziny zostali ukryci w dużych, kartonowych pudłach, załadowanych następnie do furgonetki. Kukliński mógł wyłącznie leżeć na plecach. Waldek, Bogdan i Hanka mogli przynajmniej przykucnąć. Furgonetka z dyplomatycznymi tablicami rejestracyjnymi wyglądała jak rutynowy środek transportu przesyłek do Berlina Zachodniego, w którym działała poczta wojskowa zajmująca się wysyłką dużych paczek[35].

O 22.55 furgonetka ruszyła z parkingu. Podczas jazdy agenci rozmawiali z Kuklińskimi, przekazując im uspokajające informacje na temat kolejnych etapów podróży. W pewnym momencie, gdzieś między Warszawą a Poznaniem, Kukliński usłyszał ich dyskusję na temat dalszego kierunku jazdy i starał się udzielić im wskazówek.

Gdy dojechali do granicy, polscy celnicy kazali kierowcy furgonetki zjechać na bok. Kukliński słyszał, jak wyszczekują mu polecenia. Okazało się, że numer rejestracyjny, o który ambasada wystąpiła niedawno, nie trafił jeszcze do wykazu celników. Musieli zadzwonić do Warszawy, żeby sprawdzić, czy furgonetka może wyjechać z Polski.

Kuklińscy w niemym przerażeniu czekali przez 25 minut w ciemnościach. Słyszeli, jak celnicy chodzą wokół samochodu, ale żaden z nich nie zajrzał do środka. Później silnik znów zawarczał i furgonetka pomknęła przed siebie. Rozpoczęła się podróż przez NRD.

O 9.55 przyjechali do amerykańskiej bazy wojskowej w Berlinie Zachodnim. Następnego dnia Kuklińscy polecieli do Frankfurtu, gdzie zostali zbadani przez lekarzy i spędzili kilka dni na odpoczynku. Zostali zaprowadzeni do niewielkiego gabinetu. Amerykański dyplomata powitał ich słowami: „Nie mówcie mi, kim jesteście. Nie chcę nic o was wiedzieć".

Wskazał na lotnicze zdjęcie Waszyngtonu, wiszące na ścianie. Widać było na nim wyraźnie słynny The Mall i wszystkie tamtejsze pomniki. „Następnym razem zobaczycie to na żywo" – powiedział.

Kuklińscy wsiedli na pokład samolotu wojskowego, który wylądował pod zasnutym szarymi chmurami niebem w bazie lotniczej Andrews w Suitland w stanie Maryland 11 listopada – w dniu Święta Niepodległości Polski i amerykańskiego Święta Weterana. Lądowiska strzegli żołnierze sił powietrznych i agenci CIA. Kiedy samolot stanął, otwarto niewielkie drzwi tuż za kokpitem. Kukliński wychylił głowę i ruszył w dół po schodach, a za nim Hanka i ich dwaj synowie. Na płycie lotniska znajdowali się członkowie obsługi naziemnej i agenci ochrony. Samotnie, nieco z boku, stał Daniel.

Kukliński uśmiechnął się i wybuchnął płaczem, ściskając przyjaciela. Minęło pięć lat, odkąd widzieli się po raz ostatni. Z dumą przedstawił mu swoją żonę i synów[36].

Gdy agenci przewozili całą rodzinę do „dziupli" w Wirginii, między Berlinem, Warszawą i Langley wciąż krążyły depesze. W jednej z nich napisano: „Dobra robota, Warszawo!"[37].

Tymczasem w siedzibie Sztabu Generalnego generał Skalski polecił adiutantowi wezwać Kuklińskiego. Ten wrócił z wiadomością, że nie ma go w gabinecie i że nikt nie widział go w pracy. Skalski kazał mu zadzwonić do domu, ale telefon nie odpowiadał. Wtedy wezwał generała Szklarskiego. „Trzeba wyjaśnić, co się dzieje" – powiedział. Bał się, że Kukliński zachorował, a był mu potrzebny. Kilku oficerów pojechało do domu Kuklińskiego na Rajców. Zameldowali, że drzwi są zamknięte i że chyba nikogo tam nie ma[38].

„Wyważyć drzwi" – rozkazał Skalski. Potwierdzono mu, że dom jest pusty, a Kuklińscy zniknęli. Wszczęto śledztwo. Przesłuchano znajomych i współpracowników Kuklińskiego. Iza była sześciokrotnie wzywana do siedziby SB w Warszawie i przesłuchiwana. Przekazała funkcjonariuszom pierwszy list Bogdana i stwierdziła, że nie wie, co się stało[39].

Tymczasem Zula wyła i szczekała na okrągło. 10 listopada jej nowy właściciel zawiózł ją do schroniska na Paluchu. Trzy tygodnie później została uśpiona.

*

Po przybyciu do swojego nowego domu w Wirginii Kuklińscy odkryli w nim pełną lodówkę oraz bukiet kwiatów na stole w jadalni, przygotowany przez Ruth Brerewood z sekcji polskiej CIA. W pierwszy wieczór po przylocie do Ameryki cała rodzina była w szoku. Kukliński czuł się wykończony. Bogdan się rozpłakał. Waldek był nieobecny duchem. Tylko Hanka jakoś się trzymała. W ciągu następnych dni agenci pomogli im się zadomowić, przekazując nowe nazwiska i dokumenty.

Kukliński przywiózł Danielowi prezent, który kiedyś wisiał w ich domu. Była to akwaforta z 1899 r. przedstawiająca niegdyś wspaniały żaglowiec, który teraz leżał na burcie nieopodal plaży. Praca nosiła tytuł „Po burzy".

Przyjazd Kuklińskiego był pilnie strzeżoną tajemnicą władz amerykańskich. Jedna z wtajemniczonych osób, były doradca do spraw bezpieczeństwa narodowego, Zbigniew Brzeziński, spotkał się z Kuklińskim w hotelu Four Seasons w Georgetown i zwrócił do niego, uroczyście wypowiadając tradycyjną formułkę towarzyszącą wręczeniu polskiego odznaczenia wojskowego: „Pan się dobrze Polsce zasłużył"[40].

Kukliński rozpoczął składanie sprawozdań wkrótce po swoim przyjeździe do USA. CIA wysłała do niego analityka Arisa Pappasa, specjalistę od spraw stanu wojennego. Victor Kliss, obsługujący korespondencję między Kuklińskim a Agencją, pełnił rolę tłumacza.

Pappas nie znał tożsamości człowieka, z którym rozmawiał. Powiadomiono go jedynie, że zbiegł z Polski – jakby CIA nie miała z nim wcześniejszych kontaktów. Jednak z czasem Pappas zaczął się domyślać, z kim ma do czynienia.

11 grudnia, wysłuchując stałych relacji Kuklińskiego, doszedł do wniosku, że Polacy podjęli już ostateczną decyzję o wprowadzeniu stanu wojennego i czekają jedynie na dogodny moment. Przekazał swoje wnioski w krótkim raporcie, który miał trafić do prezydenta.

Wczesnym rankiem, w niedzielę 13 grudnia, Pappas jechał swoim białym volkswagenem drogą numer 95 na południe, wracając z przyjęcia gwiazdkowego w Baltimore. Na siedzeniu obok spała jego żona, Eva, nauczycielka. Ich maleńka córeczka, Lara, spała w foteliku z tyłu. Pappas włączył radio i usłyszał wiadomość. Reporter doniósł o wprowadzeniu stanu wojennego w Polsce.

„Niech to szlag!" – przemknęło mu przez głowę. „Nie mogą tego zrobić, kiedy mam wolne!". Obudził żonę i powiedział, że musi pojechać do biura znajdującego się w jednym z budynków na terenie Centrali CIA w Langley. Gdy tam dojechali, pobiegł do recepcji, uświadamiając sobie, że nie ma przepustki. „Jadę z przyjęcia” – wyjaśnił wartownikowi, który go rozpoznał i wpuścił.

Podbiegł do drzwi swojego gabinetu, wpisał kod i wszedł do środka. Nikogo tam nie było. Zadzwonił do centrum operacyjnego i skontaktował się z Benem Rutherfordem, szefem działu teatrów wojennych. „Przez całą noc próbowaliśmy cię tu ściągnąć” – rzucił mu Rutherford i zaczął przekazywać relację na temat kryzysu w Polsce. Operacja przebiegała dokładnie tak, jak wskazywały na to dokumenty. „Jesteś nam tu potrzebny” – stwierdził, polecając Pappasowi przywiezienie akt zawierających materiały od Kuklińskiego.

Pappas chwycił papierowy worek w czerwone paski, które oznaczały, że później należy go spalić. Otworzył sejfy, wyjął z nich teczki z tajnymi dokumentami na temat stanu wojennego i włożył je do worka. Zdał sobie sprawę, że w innych okolicznościach mogliby go za to rozstrzelać. Zamknął drzwi gabinetu, poszedł do wartownika i wyjaśnił, że musi zabrać te materiały do Centrali. Wskoczył do samochodu i podał worek Evie. „Co to?” – spytała. Wtedy dostrzegł absurdalność całej tej sytuacji. Za te dokumenty, zażartował, mógł mieć dom nad Morzem Czarnym.

W drodze do Centrali wyobrażał sobie, że ktoś wjeżdża mu w tył i dokumenty zaczynają fruwać po całym Tysons Corner. Kiedy dojechali na miejsce, ucałował Evę i Larę i pobiegł do centrum operacyjnego[41].

W raportach, które zaczęły przenikać z Polski, nie było niespodzianek. Po przebudzeniu Polacy ujrzeli czołgi na ulicach i przekonali się, że nie działają telefony. Zatrzymano ponad 6000 działaczy „Solidarności”, w tym Lecha Wałęsę. Co godzina, w przerwach między kolejnymi audycjami z muzyką Szopena, nadawano wystąpienie Jaruzelskiego, obwieszczające społeczeństwu wprowadzenie stanu wojennego.

Jaruzelski stwierdził: „Ojczyzna nasza znalazła się nad przepaścią”.

Rozdział XI

Patriota czy zdrajca?

W pewien poniedziałkowy wieczór we wrześniu 1986 r. do piętrowego domu na przedmieściach Oakton w Wirginii zawitała niecodzienna procesja gości. Byli to sami oficerowie wywiadu z małżonkami. Podwozili się tam nawzajem, żeby zmniejszyć liczbę samochodów parkujących w cichej uliczce. Mimo że wieczór był ciepły, a ogród obszerny, uroczystości odbywały się wewnątrz.

Gospodarz witał każdego z gości przy drzwiach. Sąsiedzi znali tylko jego przybrane nazwisko, przyjęte tuż po wyjeździe z Polski. Za to goście wiedzieli, że to Ryszard Kukliński. Przyjechali, by świętować uzyskane przez niego amerykańskie obywatelstwo. Formalności dokonano tego samego dnia nieco wcześniej, podczas tajnej sesji miejscowego sądu.

Minęło prawie pięć lat od ewakuacji Kuklińskich z Polski. 56-letni Kukliński wymieniał energiczne uściski dłoni ze swoimi gośćmi, niektórych przytulał. Wielu z nich uczestniczyło w operacji „Mewa" w sztabie CIA i pierwszy raz miało okazję go spotkać. Dla innych, w tym dawnych agentów z Warszawy, którzy widywali go jedynie przelotnie na ulicy lub organizowali jego ryzykowną ucieczkę, było to odnowienie dawnej znajomości. Ktoś wyciągnął butelkę szampana. David Forden – „Daniel" – zadźwięczał kieliszkiem i wzniósł toast za Kuklińskiego i jego nowe życie. Później zaczął mówić Kukliński. Jego głos był ledwie słyszalny, bo wciąż krępował go silny polski akcent, z jakim mówił po angielsku.

„Są chwile w życiu człowieka, kiedy serce niemal przestaje bić i nie potrafisz znaleźć słów, by wyrazić to, co czujesz" – rozpoczął. Wspomniał o uniesieniu, z jakim patrzył na amerykańską flagę wywieszoną przed Ambasadą Stanów Zjednoczonych w Warszawie podczas dziewięciu lat swojej współpracy z CIA. Stwierdził, że od tego dnia z dumą może nazywać ją również swoją flagą. „Złożyłem przysięgę i przyjmuję obowiązki, które się z tym wiążą".

Przerwał na chwilę, a później dodał łamiącym się głosem: „Wybaczcie mi, ale duszą i ciałem na zawsze pozostanę Polakiem".

Pierwsze lata pobytu Kuklińskiego w Stanach Zjednoczonych nie były łatwe ani dla niego, ani dla jego bliskich. Hanka i synowie pułkownika musieli przyzwyczaić się do swojej nowej tożsamości i życia pod przybranym nazwiskiem. Hanka wyjechała, nie pożegnawszy się ze swoją matką. Zostawili w Polsce przyjaciół i praktycznie cały majątek, w tym księgozbiór Waldka. Musieli uczęszczać na intensywne kursy angielskiego, ponieważ żadne z nich go nie znało. Z pomocą CIA Kukliński zmienił swój wygląd zewnętrzny. Zapuścił brodę i wąsy, a lekarz usunął mu tatuaż z napisem „Atlantyk", który zrobił sobie jako nastolatek na ręku w czasie wojny. Istniały obawy o jego bezpieczeństwo. W polskiej ambasadzie w Waszyngtonie i konsulatach w całym kraju pracowali agenci SB, a w Polsce obowiązywał nakaz jego aresztowania. Gdyby go aresztowano, czekałaby go egzekucja. Oczywiście było też KGB, którego agenci w Stanach Zjednoczonych z pewnością interesowali się polskim pułkownikiem.

Bogdan starał się utrzymywać kontakt z Izą. Dzwonił do domów zaufanych przyjaciół w Warszawie, żeby z nią porozmawiać, ale oboje bardzo za sobą tęsknili. Kukliński, któremu marzył się pies, tuż po przyjeździe zobaczył ogłoszenie w „Washington Post" o sprzedaży białych szczeniaków rasy bichon frise. Hodowcy z Maryland została jeszcze jedna suczka. Kuklińscy nazwali ją Gemini.

Forden, jego koledzy i ich żony starali się złagodzić stresy Kuklińskich, regularnie ich odwiedzając, zapraszając na kolacje i wspierając rozmową[1].

Pewnego dnia, niedługo po przyjeździe do Stanów Zjednoczonych, Kuklińskiego zaproszono do siedziby CIA na uroczystość odbywającą się w gabinecie dyrektora Agencji, Williama Caseya. W obecności Fordena i innych pracowników Agencji wręczono mu – w końcu – medal za zasługi dla wywiadu. Jako że Kukliński nadal słabo znał angielski, a Casey zwykł mamrotać, w roli tłumacza wystąpił Victor Kliss. Kukliński otrzymał polską wersję listu gratulacyjnego, a Kliss odczytał jego tekst po angielsku:

> Działając w warunkach wielkiego osobistego zagrożenia, płk Kukliński konsekwentnie przekazywał niezwykle cenne i ściśle tajne informacje na temat sił zbrojnych, planów operacyjnych i zamierzeń

Związku Sowieckiego i państw Układu Warszawskiego. Czyniąc to, miał swój niezrównany wkład w zachowanie pokoju, zwłaszcza w sytuacjach kryzysowych. Przez cały ten czas płk. Kuklińskim powodowały najszlachetniejsze intencje patriotyzmu oraz głębokiego poczucia obowiązku i oddania ideałom wolności.

Niestety, jego poświęcenie i oddanie muszą na zawsze pozostać tajemnicą. Medal ten, również wręczony w tajemnicy, jest hołdem – wielce w jego przypadku zasłużonym – dla rzesz ludzi na całym świecie, którzy podzielają wyznawane przez niego wartości[2].

Po przybyciu do Stanów Zjednoczonych Kukliński stał się cenionym konsultantem władz w kwestiach dotyczących Związku Sowieckiego i Układu Warszawskiego, sporządzając ocenę doktryny Pentagonu w zakresie walki na lądzie i w powietrzu oraz obszerną analizę, pisaną z punktu widzenia sowieckiego Sztabu Generalnego, na temat ewentualnej reakcji Moskwy na tę nową doktrynę. Przygotował również raport na temat planów zbrojeniowych Związku Sowieckiego i Układu Warszawskiego. Aris Pappas, specjalista od spraw stanu wojennego, regularnie wysłuchiwał jego sprawozdań. Kuklińskiemu przydzielono biuro nieopodal Langley z komputerem i sekretarką. Jedna z żon agentów udała się z nim po zakup maszyny do pisania Selectric z polską czcionką.

Ważne osobistości z kręgów Departamentu Obrony i wywiadu zostały poinformowane o jego przyjeździe. Jedna z nich, Les Griggs, pułkownik zatrudniony w Pentagonie, dołączył do zespołu przyjmującego jego sprawozdania. Kukliński był zachwycony, że wreszcie będzie współpracował z oficerem armii. „To pana szukałem – musimy porozmawiać" – powitał go, kiedy zostali sobie przedstawieni.

Griggs, Pappas oraz inni oficerowie z pomocą Klissa przez pół roku odbierali relacje Kuklińskiego na temat Związku Sowieckiego i Układu Warszawskiego. „Szybko dotarło do mnie, że przez lata czytałem jego raporty" – wspominał później Griggs.

Niewielka grupa analityków z Pentagonu dostarczała mu pytania za pośrednictwem Griggsa, który streszczał im jego relacje. Analitycy ci przejrzeli dziesiątki tysięcy stron dokumentów przesyłanych przez Kuklińskiego w ciągu dziewięciu lat, starając się wyjaśnić wątpliwości i kwestie, o które już dawno chcieli go zapytać[3].

CIA wciąż utrzymywała informację o przyjeździe Kuklińskiego w sekrecie, jednak w grudniu 1982 r. pojawił się pierwszy artykuł na temat jego tajnej działalności. Tygodnik „Newsweek" opublikował wiadomość, że CIA otrzymała plany dotyczące wprowadzenia stanu wojennego, zanim polskie władze stanęły do konfrontacji z „Solidarnością". „CIA miała tam od długiego czasu tajnego agenta, który do roku 1981 awansował na stanowisko pułkownika polskiego Sztabu Generalnego" – napisano w artykule. Zacytowano też anonimową wypowiedź stwierdzającą: „Przez bardzo długi czas było bardzo niewiele rzeczy, które działy się w najwyższych kręgach polskiej armii, o których CIA by nie wiedziała".

Artykuł sugerował, że po otrzymaniu planów wprowadzenia stanu wojennego od Kuklińskiego CIA mogła była ostrzec przywódców „Solidarności", dając im czas na zejście do podziemia, zanim zostali aresztowani. Jednak dalej napisano, że „w «Solidarności» roiło się od rządowych szpiegów" i że takie ostrzeżenie Kukliński mógł przypłacić życiem. Napisano także: „Jedna z legend II wojny światowej głosi, że Churchill postanowił nie bronić katedry w Coventry przed hitlerowskim nalotem, by chronić tajemnicę złamania przez aliantów niemieckiego szyfru Ultra. W czasach «zimnej wojny» lat 80. «Solidarność» stała się drugim Coventry"[4].

Nazwisko Kuklińskiego nie pojawiło się w artykule, ale nie miało to znaczenia. Pułkownik obawiał się, że zostanie on wykorzystany propagandowo przez jego wrogów, choćby jako dowód przed sądem wojskowym. Uznał ujawnienie kulis jego działalności przez anonimowych przedstawicieli władz amerykańskich za zdradę i zirytowało go określenie „agent CIA". Zawsze uważał się za agenta działającego na rzecz Polski. Nagrał na dyktafon godzinny monolog, który nazwał spowiedzią swojego życia. Chciał nawiązać kontakt z polską parafią w Maryland i poprosić księdza, by kiedyś, po jego śmierci, przekazał nagranie pierwszemu prezydentowi wolnej Polski.

Dowiedziawszy się o rozterkach Kuklińskiego, Forden pojechał do jego domu. Zastał go w rozpaczy. Pułkownik zgolił brodę i wąsy i oznajmił mu, że chce wrócić do Warszawy i oddać się do dyspozycji prokuratury wojskowej. Forden przekonywał go, że to bez sensu. Amerykańska prasa cieszy się wolnością, tłumaczył. Władze ani partie polityczne nie mają na nią wpływu. Po kilku dniach Kukliński otrzymał dwustronicowy list od Caseya, napisany w imieniu prezydenta Reagana, w którym szef CIA przyrzekł, że „zrobi wszystko, na co zezwala mu prawo, by odnaleźć i ukarać osobę, która przekazała informacje umożliwiające napisanie artykułu".

Casey dodał: „Artykuł ten był niepotrzebny i niefortunny, ale – w jakimś sensie – został napisany w dobrej wierze. Wyjaśnię to Panu: Ameryka miała w swej historii wielu bohaterów. Amerykanie wciąż szukają nowych, by nadać znaczenie i rozmach naszej demokracji. Ci, którzy znają Pana osobiście, traktują Pana jak przyjaciela, człowieka wielkiej siły charakteru i odwagi i jako polskiego patriotę – bohatera"[5].

Forden przekonał Kuklińskiego do pozostania w Stanach Zjednoczonych. Ten w coraz większym stopniu szukał u niego rady w sprawach osobistych. Forden szukał z kolei sposobu na ułatwienie adaptacji rodzinie Kuklińskich. Wiedząc o depresji Bogdana spowodowanej rozstaniem z Izą, wraz z Johnem Steinem, dyrektorem pionu operacyjnego CIA, pojechał do Kuklińskiego na kolację. Rozmowa skupiła się na możliwościach przeprowadzenia kolejnej tajnej operacji – tym razem sprowadzenia Izy do Stanów. Później opracowano plan, który zrealizowała komórka CIA w Bukareszcie.

Na początku września 1983 r. grupa polskich turystów poleciała na tydzień do rumuńskiego kurortu Mangalia nad Morzem Czarnym nieopodal granicy z Bułgarią. Była w niej 27-letnia Iza.

Pewnego ranka wymknęła się z hotelu, zostawiając bagaż oraz ubranie. Miała czerwone spodnie, podkoszulkę, mały, skórzany portfel i paszport. Przeszła kilka przecznic do skrzyżowania obok kręgielni, gdzie miała się rozglądać za parą Amerykanów. Zauważyła dwie osoby, które odpowiadały ich rysopisowi. Amerykanie uśmiechnęli się do niej i pokazali fotografię. Iza spojrzała na nią i zobaczyła siebie.

Amerykanie – szef placówki CIA w Bukareszcie i jego żona – zaprowadzili ją do stojącej w pobliżu furgonetki. W miejsce tylnej kanapy zamontowano podłużną skrzynię, w której miała się ukryć. Położyła się na plecach. Jej twarz niemal dotykała zamkniętej pokrywy. Mimo że był tam otwór wentylacyjny, czuła się jak w trumnie.

Leżała spięta w ciemnościach. Do granicy bułgarskiej dojechali w niecałe dwadzieścia minut. Gdy furgonetka stanęła, Iza słyszała głosy celników i poszczekiwanie psów. Kierowca i jego żona wysiedli z samochodu. Po godzinie Iza zaczęła się dusić. Słyszała psy krążące wokół furgonetki. Wreszcie Amerykanie wrócili, włączyli silnik i wszyscy razem wjechali do Bułgarii. Iza zawołała, że chce jej się siusiu. Agenci zjechali na pobocze. Pozwolili jej wyjść ze skrzyni, ale nie z samochodu. Dali jej plastikową torebkę. Po kilku godzinach furgonetka dotarła do granicy tureckiej, gdzie znów musiała się zatrzymać. Po wjechaniu do Turcji kierowca skręcił z drogi w las. Iza wreszcie mogła wysiąść z auta. Przywitali ją agenci CIA z rodzinami, którzy urządzili tam piknik na jej cześć. Spędziła noc w hotelu w Stambule, gdzie wręczono jej nowe dokumenty i ubranie sprowadzone z Wielkiej Brytanii. Roześmiała się, oglądając nowe stroje. Biustonosz był o kilka numerów za duży.

Z Turcji poleciała do Frankfurtu, gdzie z niepokojem czekali na nią Bogdan i jego matka. Spotkanie było wzruszające i radosne. Kukliński powitał ją serdecznie w Wirginii. Obwiózł ją po okolicy, pokazując piękne, zmieniające się kolory jesieni. W październiku Iza i Bogdan pobrali się w domu Kuklińskich. W uroczystości wziął udział Forden i inni nowi znajomi rodziny z CIA i z Pentagonu[6].

Drugi syn Kuklińskiego, Waldek, zaczął znów gromadzić książki, które miały mu zastąpić księgozbiór pozostawiony w Polsce. Szukał ukojenia w pisaniu i lekturze. Zaprzyjaźnił się ze studentką z uniwersytetu Georgetown. W końcu zamieszkali razem. W listopadzie 1983 r. skończył pisać książkę, którą zadedykował ojcu. Była to pełna symboli, licząca 200 stron opowieść o życiu jego rodziny. Napisał ją pod pseudonimem, pomijając szczegóły wskazujące na to, że jest synem Kuklińskiego. Czytając ją, pułkownik widział, że Waldek cierpi z powodu wyjazdu rodziny z Polski.

W ostatnim rozdziale zatytułowanym *Spełnienie* narrator wchodzi do wielkiego antykwariatu i znajduje w nim wszystkie książki, o których zawsze marzył. Podchodzi do regału z tabliczką „Historia": „Spoglądało na niego dwadzieścia stuleci... Każdy tytuł przykuwał jego uwagę... Nie wiedział, po którą książkę ma sięgnąć najpierw. I tak doszedł do litery «P»".

Chwycił jakąś książkę i przytulił ją do siebie. Nikt mu jej nie odbierze. Jednak okazało się, że nie może jej kupić. Spytał dlaczego, gdzie jest i jak tu trafił. Dlaczego nie może kupić tej książki?

Waldek zakończył swoją powieść wierszem zatytułowanym *Postscriptum*, opisującym otwartą książkę, której kartkami targnął podmuch wiatru.

Wiatr przewrócił tylko jedną kartkę
I zniknęło twoje miasto
I zostałeś z zimną nocą w oczach
I z odgłosem kroków w uszach
I z garścią powietrza w dłoniach.
Mimo że ulice tego miasta masz we krwi
A kamienie murów w kościach
A niebo jest jak opiekuńcza tarcza.
Dziennik twoich myśli nagle się urywa
I pozostaje jedynie rzeka wspomnień.
Jeszcze i jeszcze i jeszcze, dopóki twoja twarz nie ugrzęźnie w piachu.

Waldek zatytułował swoją powieść *Pies w ruinach miasta*[7].

Polskie władze publicznie nie skomentowały wyjazdu Kuklińskiego, jednak w maju 1984 r. skazano go zaocznie podczas tajnej sesji Sądu Warszawskiego Okręgu Wojskowego. Przeprowadzono intensywne śledztwo, przesłuchując wielu świadków, od najwyższych rangą wojskowych po

Czesława Jakubowskiego, emeryta i przyjaciela Kuklińskiego, który miał się zaopiekować Zulą.

23 maja 1984 r. sąd orzekł, że Kukliński zdezerterował z polskiej armii, oskarżył go o „zdradę Ojczyzny" i skazał na karę śmierci. Stwierdzając, że nie znajduje żadnych okoliczności łagodzących, nakazał również konfiskatę majątku i pozbawienie praw publicznych.

W szczegółowym uzasadnieniu sąd opisał udział Kuklińskiego w planowaniu podstawowych kwestii obronnych Układu Warszawskiego i rolę, jaką odegrał w opracowaniu polskiej doktryny wojennej i planów dotyczących wprowadzenia stanu wojennego. Sąd stwierdził, że dokumenty te, jako ściśle tajne, były dokumentami najwyższej wagi, a ich ujawnienie w nieobliczalny sposób zagroziło bezpieczeństwu obronnemu Polski. Dowody jednoznacznie wskazują, że płk Ryszard Kukliński zdezerterował z Ludowego Wojska Polskiego. Wydając najsurowszy wyrok na oskarżonego, Ryszarda Kuklińskiego, sąd wziął pod uwagę fakt, że aktu zdrady dopuścił się oficer zajmujący wysokie stanowisko w Sztabie Generalnym Wojska Polskiego, którego znajomość kwestii obrony i bezpieczeństwa Polski była wyjątkowo rozległa. Oskarżony bez skrupułów przekazywał informacje amerykańskiemu wywiadowi w szczególnie trudnym okresie w dziejach Polskiej Rzeczypospolitej Ludowej, tj. przed wprowadzeniem stanu wojennego. Szkody wyrządzone przez oskarżonego, Ryszarda Kuklińskiego, są ogromne, zważywszy na zakres jego kompetencji i fakt, że pracuje obecnie jako doradca w sprawach Europy Wschodniej rządu państwa wrogiego wobec Polskiej Rzeczypospolitej Ludowej. Konsekwencje jego działań trudno obecnie przewidzieć[8].

Nie ma dowodów, że sąd wojskowy wiedział o dziesiątkach tysięcy stron sowieckich dokumentów przekazanych przez Kuklińskiego na Zachód. Tymczasem sąd spekulował: „Można śmiało podejrzewać, że oskarżony, Ryszard Kukliński, współpracował z wywiadem Stanów Zjednoczonych przez długi czas".

CIA w końcu poinformowała Kuklińskiego o wyroku, jednak nie powiedział on o tym Hance ani synom. Był tylko zdziwiony, że reżim Jaruzelskiego tak długo z tym zwlekał.

Podczas pierwszych trzech lat pobytu Kuklińskiego w Stanach Zjednoczonych David Forden – którego wciąż nazywał „Danielem" – często do niego dzwonił i starał się odwiedzać przynajmniej raz albo dwa razy w tygodniu. Czasami zostawał na kolacji, a czasami tylko z nim rozmawiał, udzielając wszelkich możliwych rad i pomagając Kuklińskim zrozumieć często zaskakującą amerykańską kulturę i obyczaje mediów. Kukliński dziwił się temu, co oglądał w telewizji: np. nocnym relacjom pokazującym strzelaniny i zabójstwa w Waszyngtonie czy programowi, którego uczestnicy łykali za pieniądze złote rybki.

Fordena również czekały zmiany: po trzech latach dyrektorowania sekcji sowieckiej został mianowany szefem placówki CIA w Atenach. Miał się także ożenić. Pod koniec pobytu w Wiedniu zakochał się w energicznej Austriaczce o imieniu Aurelia. Pracowała w sekcji protokolarnej ambasady amerykańskiej.

Zgodnie z przepisami CIA musi wydać zgodę na ślub agenta z obywatelem obcego państwa. W ramach tej procedury Aurelia musiała przejść test z wykrywaczem kłamstw, a Forden złożyć wniosek o zezwolenie na zawarcie małżeństwa i pismo zawierające wypowiedzenie umowy o pracę. W razie uzyskania od CIA zgody na ślub mogli się pobrać i Forden mógł nadal pracować w Agencji. W przeciwnym wypadku musiał odejść z pracy.

Forden nie wspomniał Aurelii o Kuklińskim. Nie mógł ujawniać tajnych informacji osobom nieupoważnionym.

Aurelia pozytywnie przeszła test z wykrywaczem kłamstw i Agencja dała im swoje błogosławieństwo. W połowie 1984 r. Forden uznał, że przyszedł już czas, by poznała jednych z najważniejszych ludzi w jego życiu.

Zaprosił Kuklińskich na kolację do swojego skromnego domu w Falls Church w Wirginii. Właśnie tego wieczoru przekazał Kuklińskiemu zaskakującą informację: „Naprawdę mam na imię David".

Aurelia, która w dzieciństwie straciła ojca, poprosiła Kuklińskiego, by to on wydał ją za mąż. Ten przyjął propozycję i zasugerował, żeby ceremonia odbyła się w jego domu. W sierpniu 1984 r. wprowadził Aurelię do salonu, gdzie czekał David i goście weselni. David i Aurelia wzięli ślub w obecności Kuklińskiego i jego rodziny oraz trójki dzieci Davida, w tym 21-letniego syna, Daniela[9].

Na początku czerwca 1986 r. Aris Pappas, specjalista od spraw stanu wojennego w Polsce, i James M. Simon junior, starszy analityk operacji wojskowych, pojechali z Kuklińskim do Norfolk w Wirginii na spotkanie z generałem Alem Grayem, ówczesnym dowódcą sił piechoty morskiej na Atlantyku oraz II sił ekspedycyjnych piechoty morskiej.

Burkliwy 57-letni Gray stał na czele wszystkich oddziałów piechoty morskiej na wschód od Missisipi, na Atlantyku oraz w Europie. Podczas wojny jednym z jego zadań byłoby wzmocnienie północnej flanki wojsk NATO w Europie, obejmującej rejon Norwegii, Danii i północnej RFN, który Kukliński tak dobrze znał.

Gray przywitał go po polsku, wyjaśniając, że grał w drużynie Lafayette College na pozycji quarterbacka i że jego koledzy z zespołu o polskich korzeniach wykrzykiwali komendy po polsku. Kukliński ucieszył się, że poznał wysokiego rangą wojskowego. Po trwającej cały dzień dyskusji w gronie admirałów, generałów i innych oficerów Gray zaprosił Kuklińskiego i jego towarzyszy do siebie na kolację pod gołym niebem. „Jeszcze sobie pogadamy" – rzucił.

Dom Graya stał przy nadbrzeżnym Dillingham Boulevard, zwanym „ulicą Admirałów". Gospodarz poznał Kuklińskiego ze swoją żoną, 93-letnią matką i pięcioma psami, w tym z minipudlem Cozym. Pokazał również Kuklińskiemu swój ogromny księgozbiór.

Wrzucił kilka steków na grill i widząc, że Kuklińskiemu jest chłodno, przyniósł mu skórzaną kurtkę wzorowaną na kurtkach lotników z czasów II wojny światowej z napisem „Papa Bear". Był to jego kryptonim podczas ewakuacji wojsk amerykańskich z Sajgonu, który opuścił jako ostatni z dowódców. Kukliński dobrze się bawił. Przyjęcie skończyło się prawie o pierwszej w nocy[10].

Rano, do hotelu w Norfolk, w którym się zatrzymał, zadzwoniła zdenerwowana Hanka. „Washington Post" opublikował na pierwszej stronie artykuł, ujawniając nazwisko Kuklińskiego i jego rolę w przekazaniu CIA planów wprowadzenia stanu wojennego. Jego autorzy, Bob Woodward i Michael Dobbs, napisali, że CIA uznaje tę operację za jeden ze swoich „największych sukcesów wywiadowczych"[11].

W artykule stwierdzono, że kopia planu wprowadzenia stanu wojennego w Polsce znalazła się nawet na biurku prezydenta Reagana i że to Jerzy Urban, rzecznik polskiego rządu, przekazał informacje o Kuklińskim warszawskiemu korespondentowi „Washington Post", by zaatakować Stany Zjednoczone. Artykuł wspomniał o karze śmierci dla Kuklińskiego, wymierzonej przez polski sąd wojskowy. Jego autorzy napisali, że zdaniem Urbana sprawa ta pokazuje, iż to Stany Zjednoczone i Kukliński, a nie Jaruzelski, zdradzili „Solidarność".

Urban stwierdził, że amerykańskie władze mogły ujawnić te plany światu i ostrzec związek. Gdyby to zrobiły, wprowadzenie stanu wojennego byłoby niemożliwe.

Dodał, że polski rząd zakładał, iż CIA ewakuowała Kuklińskiego z Polski, by ujawnić jego informacje na temat przygotowań do wprowadzenia stanu wojennego, nie narażając go na niebezpieczeństwo. Jaruzelski czekał, aż Amerykanie coś powiedzą, ale skoro niczego nie usłyszał, plany wprowadzono w życie – powiedział Urban.

Dwa dni później zwołał konferencję prasową w Warszawie, by skomentować treść artykułu, który pojawił się w chwili, gdy Polska gniewnie zareagowała na ostre sankcje ekonomiczne nałożone przez Stany Zjednoczone w odpowiedzi na wprowadzenie stanu wojennego. Ton wypowiedzi Urbana był opryskliwy i sarkastyczny. Rzecznik rządu stwierdził, że fakt, iż administracja prezydenta Reagana nie ostrzegła swoich przyjaciół, wskazuje także na nieszczerość zdumienia i świętego oburzenia wyrażanego przez rząd Stanów Zjednoczonych w związku z wprowadzeniem stanu wojennego... Hipokryzja również leży u podstaw restrykcji antypolskich. Rząd amerykański oszukał nie tylko swoich zagorzałych polskich sojuszników, ale także własne społeczeństwo. Taka jest wymowa sprawy Kuklińskiego, którego polski sąd wojskowy skazał zaocznie na karę śmierci[12].

Kukliński był głęboko zraniony treścią artykułu i sfrustrowany niemożnością zareagowania na krytykę. Powiedział Hance, że musi się gdzieś skryć, i postanowił popłynąć w rejs. Po przyjeździe do Stanów żeglował po zatoce Chesapeake. Kupił 15-metrowy jacht, który ochrzcił tytułem powieści Josepha Conrada *Smuga cienia*.

Popłynął w stronę Norfolk w Wirginii, licząc, że spędzi spokojny tydzień pod żaglami. Jednak po kilku dniach nadciągnął sztorm, który uszkodził kotwicę jachtu. Kukliński popłynął Potomakiem do St. Marys City w Maryland, gdzie zacumował w celu dokonania napraw. Wpływając do portu, zobaczył dwie młode kobiety pochłonięte lekturą. Zaproponowały, że pomogą mu zacumować. „Piękny jacht" – powiedziała jedna z nich. Były studentkami miejscowego college'u i uwielbiały żeglować.

Kukliński, który znowu zapuścił brodę, zaprosił je na pokład. W trakcie rozmowy zaproponował im zwiedzenie kabiny. Pokazał im swoją bibliotekę obejmującą zbiór dzieł Conrada.

Jedna z dziewcząt powiedziała: „Czytuję wyłącznie historie szpiegowskie". Zaniepokojony Kukliński przeklął w duchu i pośpiesznie pozbył się ich z łodzi[13].

Wciąż zadręczał się artykułem w „Washington Post" i atakiem Urbana. Rok później postanowił podjąć polemikę i udzielił wywiadu „Kulturze" paryskiej, w którym szczegółowo opisał swoją tajną działalność w roku poprzedzającym wprowadzenie stanu wojennego oraz wyjawił motywy swojego postępowania. Jedynie napomknął o rozmiarach wcześniejszej współpracy z CIA i nie wspomniał o kulisach swojej ucieczki z Polski. Stwierdził, że jest „jeszcze za wcześnie, aby przedstawić okoliczności, jak do tego doszło".

Powiedział, że ostrzeżenie „Solidarności" przed stanem wojennym nic by nie dało, gdyż był on już wtedy nieuchronny. Nawet gdyby nie wprowadził go Jaruzelski, to zrobiłby to kto inny. Co więcej, ostrzeżenie takie sprowokowałoby „Solidarność" do jeszcze bardziej zdecydowanego oporu, barykadowania fabryk i walk ulicznych. „Nie ulega wątpliwości, że (...) wszystko musiałoby się skończyć nieprawdopodobną krwawą masakrą” – stwierdził.

„Dziś, mimo ciążącego na mnie wyroku śmierci – śpię spokojnie. I to nie dlatego, że mam jakąś szczególną osobistą ochronę, ale dlatego, że na moim sumieniu nie ciąży żadne ludzkie życie”[14].

Artykuł opublikowany w „Kulturze” wywołał w Polsce szeroką dyskusję, której przebieg Kukliński pilnie śledził w polskiej prasie. Tymczasem CIA przeniosła go do innej miejscowości w Wirginii po tym, jak przed jego domem zauważono parkujący samochód na sowieckich numerach rejestracyjnych.

W następnych latach, gdy w Polsce doszło do fundamentalnych zmian, Kukliński zaczął odzyskiwać nadzieję. Przełom nastąpił wiosną 1989 r., gdy doszło do rozmów „okrągłego stołu” pomiędzy stroną rządową, której przewodził minister spraw wewnętrznych, Kiszczak, a wciąż zdelegalizowaną „Solidarnością” kierowaną przez Lecha Wałęsę. Rozmowy doprowadziły do częściowo wolnych wyborów do Sejmu w czerwcu 1989 r. We wrześniu utworzono solidarnościowy rząd, pierwszy w państwach komunistycznych, któremu przewodził niekomunistyczny premier, działacz „Solidarności”, Tadeusz Mazowiecki. Wydarzenia te zapoczątkowały proces głębokich przemian ustrojowych w Polsce i wywołały efekt fali w całej Europie Wschodniej. Jednak nawet po przejęciu przez „Solidarność” do połowy 1990 r. kontroli nad wszystkimi ministerstwami wojsko wciąż pozostawało bastionem biurokracji z czasów komunizmu.

W połowie listopada 1990 r., podczas wizyty w Warszawie dyrektora CIA, Williama Webstera, szef pionu operacyjnego, Richard Stolz, poruszył na przyjęciu sprawę Kuklińskiego w rozmowach z kilkoma wysoko postawionymi przedstawicielami polskiego wywiadu, pytając ich, dlaczego jest on wciąż traktowany w Polsce jak przestępca. Odpowiedzieli, że nie widzą problemu, by oczyścić go z zarzutów, ale „to kwestia wojska”, dodali[15].

Pod koniec listopada, tuż przed pierwszymi wolnymi wyborami prezydenckimi w Polsce, Kuklińskiego ogarnął entuzjazm. Dowiedziawszy się, że konsulaty w całej Ameryce zapraszają Polaków do skorzystania z przysługującego im prawa oddania głosu w wyborach, Kukliński zapragnął w nich uczestniczyć i głosować na Wałęsę. Kilka lat po przyjeździe do Ameryki przesłał mu prezent: piersiówkę, którą podarował mu odchodzący na emeryturę tłumacz CIA. Wspierała ona polskiego spadochroniarza w czasach II wojny światowej, a także jego, napisał w liście do Wałęsy. „To symbol przetrwania”. Wałęsa nie odpisał, ale mimo to Kukliński był gotów na niego głosować.

24 listopada wsiadł do samolotu do Chicago, a później wynajął samochód i pojechał do polskiego konsulatu przy North Lake Shore Drive. Przeszedł przez bramę wraz z dziesiątkami innych Polaków, którzy przyszli głosować.

Podszedł do członka komisji wyborczej.

„Ma pan polski paszport?".

„Nie" – odpowiedział.

„A jakiś inny dokument?".

„Owszem" – przytaknął, wyjmując z kieszeni starą legitymację wojskową, którą przywiózł ze sobą z Polski.

„Ach, Kukliński" – rozpoznał go urzędnik.

Stwierdził, że nie może wydać mu karty do głosowania. Spytał, czy zechciałby porozmawiać z jego przełożonym.

Kukliński wolał nie ryzykować. Wybiegł z budynku konsulatu ze łzami w oczach[16].

W grudniu, w drugiej turze głosowania, Wałęsa został wybrany na prezydenta większością niemal trzech czwartych głosów. W tym samym roku, w ramach ustawy amnestyjnej, Kuklińskiemu zmniejszono wymiar kary do dwudziestu pięciu lat pozbawienia wolności, ale poza tym niewiele się dla niego zmieniło. Zbigniew Brzeziński, były doradca do spraw bezpieczeństwa narodowego, apelował do Wałęsy za pośrednictwem polskich mediów o unieważnienie wyroku i przyznanie mu odznaczenia wojskowego. Wałęsa odmówił, odpisując Brzezińskiemu w styczniu 1991 r.: „Problem ten głęboko leży mi na sercu, jednak jego rozwiązanie wymaga czasu i przygotowań. Mam nadzieję, że Pan to rozumie"[17].

W lipcu 1991 r. TVP nadała film dokumentalny o Kuklińskim. Znalazła się w nim między innymi wypowiedź posła Jacka Szymanderskiego, który zagorzale bronił Kuklińskiego. Powiedział, że nie uważa, żeby Kukliński był zdrajcą, ponieważ to, co robił, nie było wymierzone przeciwko państwu polskiemu ani polskiej armii. To nie była suwerenna armia. Były to mówiące po polsku oddziały imperialnej armii sowieckiej, działające w jej interesie i spełniające jej rozkazy. Stwierdził, że nie odmawia patriotyzmu polskim oficerom wplątanym w to wojsko, ale wojsko to, samo w sobie, nie działało w sposób suwerenny.

Szymanderski zakończył wypowiedź następująco: „Jestem przekonany, że Kukliński jest polskim patriotą".

Jednak inne osoby występujące w programie uznały Kuklińskiego za zdrajcę, jak choćby pułkownik Wiesław Górnicki, twardogłowy komunistyczny dziennikarz i były autor przemówień Jaruzelskiego. Według niego dyskusja o byłym pułkowniku Kuklińskim była trochę żenująca. Wskazywała na istnienie czegoś, co nazwałby obrotową lojalnością. Gdyby Kukliński pracował dla radzieckiego wywiadu wojskowego, zostałby uznany za zdrajcę, ale ponieważ współpracował z Amerykanami, próbuje się robić z niego świętego. Górnicki nie podzielał tego poglądu. Uważał, że nie każdy może i powinien być pilotem, maszynistą pociągu czy zawodowym żołnierzem. Ta ostatnia profesja wymaga pewnych cech charakteru, takich jak lojalność i bezwzględna uczciwość.

Górnicki stwierdził, że Kukliński działał przeciwko interesowi współobywateli. Nie widział żadnego powodu, by poważnie myśleć o odpuszczeniu temu człowiekowi jego hańby... „Jeśli tu wróci, z pewnością nie uścisnę mu ręki" – dodał[18].

Waldek z niepokojem śledził te relacje. Po ukazaniu się w tygodniku „Polityka" szczególnie krytycznego artykułu o ojcu wysłał list do redakcji, który ta opublikowała.

Powołując się na ostrzeżenie o planach interwencji Moskwy z roku 1980 przekazane przez Kuklińskiego, stwierdził, że już czas uznać zasługi jego ojca oraz Polaków, którzy myśleli tak jak on. „Jest to, moim zdaniem, sprawa spłacenia honorowego długu wobec tych, którzy o niepodległość Polski walczyli w sposób może niekonwencjonalny, ale skuteczny"[19] – napisał w marcu 1992 r.

W październiku 1992 r. Brzeziński w przemówieniu na forum Kongresu Polonii Amerykańskiej przekonywał, że debata na temat Kuklińskiego pokazuje wciąż występujące wśród Polaków niezrozumienie tego, czym był ich kraj za rządów komunistów: „Czy było to prawdziwe państwo polskie, czy zdominowane państwo satelickie? Czy sprzeciw wobec niego był uprawniony, czy nie? Sądzę, że szeroko ostatnio dyskutowany przypadek pułkownika Kuklińskiego ujawnia niezrozumienie i niezdecydowanie w tej kwestii nawet u przyzwoitych Polaków" – stwierdził Brzeziński.

Później dodał: „Pokazuje też niezrozumienie, że sprzeciw «Solidarności» wobec reżimu narzuconego przez komunistów i Sowietów, wspierany finansowo przez Amerykę, był jedną formą sprzeciwu i że celowe sabotowanie sowieckich planów wojennych oraz zapobieganie sowieckiej interwencji zbrojnej w Polsce przez podjęcie współpracy z Ameryką było drugą formą sprzeciwu, i że obydwie miały ten sam cel: zerwanie z uzależnieniem Polski od Związku Sowieckiego"[20].

Wyniki sondaży opinii publicznej w Polsce wskazywały, że krytyka wyrażana pod adresem Kuklińskiego przynosiła efekt. W jednym z sondaży 46% respondentów uznało, że Kukliński „zdradził interesy państwa polskiego", podczas gdy 16% uważało, że „zachował się jak patriota". Sondaż ten pokazał również, że 59% respondentów uznało stan wojenny wprowadzony przez Jaruzelskiego za czyn patriotyczny, a 15% za zdradę interesów Polski.

Niektórzy przyjaciele Kuklińskiego pozostali mu wierni. Roman Barszcz wielokrotnie go bronił. 11 listopada, w dniu Święta Niepodległości, wraz z grupą zwolenników Kuklińskiego złożył pod Pomnikiem Nieznanego Żołnierza w Warszawie wiązankę z jego nazwiskiem[21].

W roku 1992 poprosiłem Kuklińskiego o udzielenie wywiadu dla „Washington Post" w związku ze wspomnianym artykułem. Opisując mi swój nowy dom, ogród i rejsy po zatoce Chesapeake, Kukliński nagle posmutniał. „Kocham ten kraj, ale nie sądzę, żebym zasłużył na życie w takim dobrobycie" – powiedział. Wspomniał, że często staje nad brzegiem zatoki i patrzy na wschód, w stronę Polski. „Zasługuję tylko na to, co mają Polacy" – stwierdził. „Jeśli mają tylko chleb, chcę dzielić się tym chlebem. Jeśli stać ich też na masło i kiełbasę, chcę jeść masło i kiełbasę".

Później dodał: „Walczyłem o to, co dzisiaj mają, i chcę dzielić ich codzienne troski, ich walkę o przetrwanie. Może kiedyś moje nazwisko znajdzie tam swoje miejsce".

Pojechałem do Warszawy, by przeprowadzić wywiady z generałami, z którymi kiedyś pracował. Florian Siwicki, były szef sztabu, który był ministrem obrony od 1983 do 1990 roku, wyznał mi z goryczą: „Mieliśmy pełne zaufanie do Kuklińskiego... Był człowiekiem, dla którego lojalność wobec przyjaciół, wykonywanych obowiązków i, przede wszystkim, wobec przełożonych była kwestią codzienną. Dlatego jego zdrada tak bardzo nas zaskoczyła".

Generał Czesław Kiszczak, minister spraw wewnętrznych w czasie stanu wojennego, stwierdził, że zdrada Kuklińskiego wciąż go szokuje i że jest przekonany, iż Kukliński nie współpracował z Amerykanami z pobudek ideologicznych. „Był produktem systemu komunistycznego i wszystko, co posiadał cennego, zawdzięczał temu systemowi" – powiedział. „System ten stworzył mu szanse, dał wykształcenie i otworzył przed nim drzwi kariery. Jedynie ten system mógł go wypromować i wynieść w sensie awansu i statusu społecznego. Nie miał ideologicznych powodów, by z nim walczyć, ponieważ odnosił z niego bezpośrednie korzyści".

Kiszczak pozostał niewzruszony. „Kukliński zdradził państwo polskie" – stwierdził. „Nieważne, jakim przymiotnikiem określimy Polskę. Czy to Polska socjalistyczna, kapitalistyczna, czy socjaldemokratyczna – to będzie zawsze państwo polskie, nasz kraj. Innego nie mieliśmy, nie mamy i nie będziemy mieli".

Generał Jaruzelski, który przeszedł na emeryturę, nazwał działania Kuklińskiego „bolesnym, osobistym rozczarowaniem". Zasugerował, że pewnie został zaszantażowany i zmuszony do współpracy z Amerykanami, być może podczas swojej misji w Wietnamie. „Uznaliśmy, że musiał znaleźć się w jakiejś szczególnej sytuacji, która umożliwiła szantaż" – stwierdził Jaruzelski.

Powołał się na przypadek pewnego polskiego sierżanta, który został zmuszony do szpiegowania na rzecz obcego wywiadu. „Chodziło o kobiety. Historia zna wiele takich przypadków".

Zwrócił uwagę na coś, co nazwał „kwestią moralną". „Jeśli dziś uznamy, że to, co zrobił Kukliński, jest słuszne, to możemy od razu rozpuścić polskie wojsko. Wszyscy nasi oficerowie byli lojalni, wykonywali rozkazy i spełniali swoje żołnierskie obowiązki. Dzisiaj ci sami ludzie służą wiernie w armii nowej, demokratycznej Polski. I również są polskimi patriotami".

Wyznał, że działania Kuklińskiego odczuł jako osobisty afront. „Znał sekrety naszej kuchni... Miałem do niego pełne zaufanie... Jego styl bycia, zachowanie i maniery nie zdradzały szpiega. Nawet go lubiłem. To, co się stało, było dla mnie podwójnym rozczarowaniem, po pierwsze, z uwagi na konsekwencje wojskowe i polityczne, a po drugie, z powodów osobistych: Ktoś, komu ufasz, nagle cię zdradza".

Zakończył następująco: „Agenci i szpiedzy byli, są i będą – pogódźmy się z tym – ale nie upiększajmy tego, nie perfumujmy"[22].

Na ulicy Rajców, przy której mieszkał kiedyś Kukliński, opinie są podzielone. Były sąsiad, generał Hermaszewski, wyraził się krytycznie: „Gdyby był Amerykaninem przysłanym do Polski jako rezydent obcego wywiadu, miałbym dla kogoś takiego szacunek – szacunek i uznanie dla jego odwagi i profesjonalizmu. Takie zasady gry bym przyjął. Jednak jeśli ktoś zapewnia, że jest Polakiem służącym w polskiej armii i nosi polski mundur, a jednocześnie służy potajemnie obcemu panu, to widzę to negatywnie. To nie do przyjęcia"[23].

Inny były sąsiad Kuklińskiego, pułkownik Kazimierz Oklesiński, jest bardziej wyrozumiały. „Powitałbym go jak przyjaciela" – stwierdził, wspominając paranoję codziennego życia za rządów komunistów. „W domu byliśmy normalnymi Polakami. W biurze baliśmy się własnego cienia... W tej trudnej i skomplikowanej sytuacji dokonał słusznego wyboru – i odważnego"[24].

Pułkownik Czesław Półtorak, ówczesny szef wojskowych służb medycznych, powiedział: „Z punktu widzenia prawa, zasad wojskowej moralności i etyki... była to zdrada". Ale czy należy go potępiać? – spytał. „Powinien był działać wbrew swemu sumieniu, podporządkowując się komunistycznym przepisom i zasadom? Ja też należałem do partii, jednak, po gorzkich doświadczeniach, czasami żałuję, że tak naiwnie uwierzyłem w komunistyczną ideologię i że aktywnie w tym uczestniczyłem... W pewnych historycznych momentach zdrada jest heroizmem, aktem odwagi. Osobiście uważam, że to jest przypadek Kuklińskiego"[25].

We wrześniu 1992 r. napisałem o działalności Kuklińskiego w artykule opublikowanym w „Washington Post"[26]. Wywołał on kolejną dyskusję w polskiej prasie, w radiowych audycjach z udziałem słuchaczy i na rogach ulic. „Trybuna", spadkobierczyni dziennika PZPR, napisała: „Naszym zdaniem szpieg pozostaje szpiegiem. Zdrajca pozostaje zdrajcą"[27].

Inny publicysta stwierdził, że sprawa Kuklińskiego zmusza Polaków do odpowiedzi na podstawowe pytanie: „czy w obliczu totalnego zła, jakim był komunizm, każde działanie przeciwko niemu skierowane może być usprawiedliwione".

> Innymi słowy, czy Kukliński, przekazując między innymi sekrety komunistycznego państwa polskiego amerykańskiemu wywiadowi, przekazywał je nam, czy też darzonemu przez nas sympatią, ale jednak obcemu mocarstwu, czy my to jest bardziej wspólnota państw i narodów walczących przez lata ze złem komunizmu, czy też bardziej wspólnota żyjącego w naszym kraju społeczeństwa związanego także z historią ostatnich kilkudziesięciu lat, słowem – jest to jedno z pytań o tożsamość, o to, kim i gdzie jesteśmy (...)
>
> Kukliński (...) jest postacią głęboko tragiczną, wewnętrznie jakoś pękniętą, obciążony został zarzutami, z których będzie mu się bardzo trudno wywikłać. Albo będzie to po prostu niemożliwe. Niemożliwa jest również krótka odpowiedź na pytanie, czym była Polska przez te 50 blisko lat[28].

Kukliński nie zabiegał o łaskę ani darowanie kary. Uważał, że polskie władze powinny po prostu unieważnić wyrok, tak jak i wszystkie inne wyroki polityczne z czasów komunizmu.

Artykuły w „Washington Post" przysporzyły Kuklińskiemu także nowych politycznych zwolenników. W styczniu 1993 r. emerytowany amerykański dyplomata, Richard Davies, który był ambasadorem w Polsce w latach 1973–1978, rozpoczął energiczną kampanię słania listów, by przekonać amerykańskie władze do wywarcia presji w sprawie przywrócenia dobrego imienia Kuklińskiemu. Davies uznał za absurdalne, że Polska, która aspiruje do NATO, wciąż traktuje Kuklińskiego jak zdrajcę. Pisał listy do członków Kongresu i innych osobistości i uzyskał kilka pozytywnych reakcji, jednak Kukliński poprosił go, żeby tego nie robił[29].

W liście do Daviesa z 8 marca 1993 r. Kukliński napisał, że swój cel osiągnął: Polska jest wolna. Choć nie widział usprawiedliwienia dla niechęci polskich przywódców do unieważnienia ciążącego na nim wyroku, wierzył, że jego rehabilitacja musi być wynikiem inicjatyw ludzi lub instytucji z Polski. „Byłoby dla mnie wielką tragedią i osobistą porażką – pisał – gdyby ewentualna zwłoka dotycząca mojej rehabilitacji miała, choć w najmniejszym stopniu, skomplikować polskie starania o przyjęcie do NATO”[30].

Davies zaprzestał swojej kampanii. Jednak mniej więcej rok później, 28 lutego 1994 r., po tym jak na szczycie NATO w Brukseli zaproponowano Polsce i innym dawnym państwom Bloku Wschodniego przystąpienie do inicjatywy „Partnerstwa dla pokoju”, będącej pierwszym krokiem do uzyskania pełnego członkostwa w Sojuszu, wysłał sześciostronicowy list do prezydenta Clintona.

„Mam nadzieję, że zwróci Pan uwagę prezydenta Wałęsy na zakrawający na groteskę i ironię fakt, iż jedyny Polak, który przed rokiem 1989 ryzykował życie, by wspomóc NATO, pozostaje oficjalnie zdrajcą i osobą, której grozi uwięzienie, podczas gdy przywódcy dzisiejszej Polski szczycą się udziałem ich wojsk w manewrach Sojuszu, dążąc do uzyskania w nim pełnego członkostwa”[31].

25 kwietnia 1994 r. Davies otrzymał grzecznościowy list z Białego Domu z podziękowaniem za „wyrażenie troski o prawa człowieka”[32].

W tym samym miesiącu prawny doradca Lecha Wałęsy spotkał się prywatnie z Kuklińskim w Waszyngtonie, oznajmiając mu, że wciąż jest uważany za zdrajcę i że jedynie po złożeniu przez niego formalnego wniosku o ułaskawienie polski prezydent rozważy tę sprawę. Kukliński odmówił.

Wszelkie kwestie związane z jego przyszłością zeszły na dalszy plan, gdy on i Hanka przeżyli serię strasznych osobistych tragedii. Na początku stycznia 1994 r. Bogdan, który został wytrawnym żeglarzem i zawodowym nurkiem, zaginął podczas wypadku na morzu. Pół roku później odszedł także Waldek. Kuklińscy pogrążyli się w żałobie.

Wiosną 1994 r. w charakterze nowego ambasadora w Stanach Zjednoczonych do Waszyngtonu przybył Jerzy Koźmiński. Od roku 1989 ten szczupły szatyn w okularach, z krótką brodą, służył na wysokich stanowiskach w polskim rządzie. Jako ekonomista z wykształcenia był szefem sztabu wicepremiera Leszka Balcerowicza, architekta „terapii szokowej” polskiej gospodarki, podsekretarzem stanu u premier Hanny Suchockiej i w końcu wiceministrem spraw zagranicznych, który stanął przed kwestią wejścia Polski do NATO. Kiedy prezydent Wałęsa mianował go w maju

1994 r. ambasadorem w Stanach Zjednoczonych, zdążył już zdobyć zaufanie wielu polskich polityków.

Koźmiński wiedział, że istnieje kilka przeszkód na drodze Polski do NATO. Niektóre, jak reformy polityczne i gospodarcze, odnosiły się do wszystkich państw dawnego Bloku Wschodniego, starających się o członkostwo w Sojuszu. Inne były specyficzne dla Polski, takie jak kwestia cywilnej kontroli nad wojskiem, kontrola eksportu broni i technologii czy sprawy stosunków polsko-żydowskich. Była jeszcze sprawa pułkownika Kuklińskiego.

Koźmiński miał świadomość, że polskie władze oczyściły z zarzutów dwóch byłych ambasadorów – w Stanach Zjednoczonych i w Japonii – skazanych na śmierć za pozostanie na Zachodzie po ogłoszeniu stanu wojennego. Wnioskował, że jeśli Polska chce zostać prawdziwym sojusznikiem i partnerem strategicznym Stanów Zjednoczonych, to sprawa wyroku skazującego Kuklińskiego na 25 lat pozbawienia wolności będzie „bardzo dziwnym posagiem", jak to ujął.

Zadzwonił do Kuklińskiego, przedstawił się i wyraził chęć nawiązania kontaktu. Poruszył także tę sprawę z Brzezińskim, który pracował wtedy w waszyngtońskim Ośrodku Studiów Strategicznych i Międzynarodowych. Ten wyraźnie stwierdził, że w jego opinii Polska raczej nie zostanie przyjęta do NATO, kiedy na Kuklińskim ciąży wyrok za działania na rzecz Stanów Zjednoczonych. Dodał, że w istocie Kukliński jest pierwszym polskim oficerem w NATO. Koźmiński nie sądził, by Warszawa miała dość wyobraźni i woli politycznej, by podjąć działania w tej sprawie, zwłaszcza jeśli Kukliński nie złoży wniosku o ułaskawienie[33].

W grudniu 1994 r. Kukliński udzielił wywiadu „Tygodnikowi Solidarność", który bez ogródek pisał o nim jak o bohaterze. Pułkownik długo opowiadał o motywach swojego działania. Pod koniec wywiadu dziennikarz zadał mu pytanie: „Nie zamierza Pan (...) o nic prosić ani upominać się. Czego oczekuje pan od polskich władz?"[34].

„Nie oczekuję już niczego" – odpowiedział Kukliński, wciąż jeszcze opłakujący śmierć synów.

Na początku 1995 r., uznany poeta i autorytet moralny Polaków, Zbigniew Herbert, wezwał Wałęsę do unieważnienia wyroku Kuklińskiego. Napisał, że ryzykując życie, Kukliński udowodnił, że Polska jest integralną częścią Zachodu. „Nie może prosić o ułaskawienie, bo jest niewinny"[35].

Rozdział XII

Powrót

Trwająca w Polsce 10 lat debata uległa dramatycznemu zwrotowi w marcu 1995 r., gdy Pierwszy Prezes Sądu Najwyższego wniósł rewizję nadzwyczajną na korzyść Kuklińskiego, stwierdzając, że „mógł on działać w warunkach wyższej konieczności i z pobudek patriotycznych".

Polskie media zaczęły spekulować, że Kukliński może wiosną przyjechać do kraju na rozprawę. Jednak w kwietniu wydał on oświadczenie dla prasy stwierdzające, że nie ma zamiaru ubiegać się o ułaskawienie ani zmianę wyroku. „Jestem niewinny i nie czuję żadnych wyrzutów sumienia – oświadczył. „Wszystko, co robiłem w życiu, robiłem z myślą o Polsce".

Rozprawa odbyła się 25 maja 1995 r. w wyłożonym białym granitem budynku przy ulicy Nowowiejskiej. Wśród stłoczonych w niewielkiej sali na pierwszym piętrze Izby Wojskowej Sądu Najwyższego dziennikarzy i publiczności wyczuwało się podniecenie. Niskie pomieszczenie ze ścianami z obłażącą farbą w zasadzie nie zmieniło się od czasów komunistycznych, gdyby nie biały orzeł w koronie wiszący na ścianie.

W sali pojawił się mecenas Krzysztof Piesiewicz, znany polski adwokat, ubrany w czarną togę. Zasłynął także jako autor scenariuszy (m.in. do filmowego tryptyku *Niebieski*, *Biały* i *Czerwony* w reżyserii Krzysztofa Kieślowskiego). Piesiewicz pierwszy raz wsławił się, broniąc działaczy „Solidarności" internowanych w czasie stanu wojennego. Był także oskarżycielem posiłkowym reprezentującym rodzinę księdza Jerzego Popiełuszki, duszpasterza środowisk solidarnościowych, porwanego i zamordowanego przez SB w roku 1984.

Towarzyszyli mu dwaj inni adwokaci wynajęci przez Kuklińskiego: mecenas Jacek Taylor, broniący działaczy „Solidarności" w latach 80., oraz mecenas Piotr Dewiński, który od kilku lat reprezentował Kuklińskiego w Polsce.

Piesiewicz zgodził się przyjąć tę sprawę na prośbę swojego przyjaciela, redaktora naczelnego „Tygodnika Solidarność". Nie znał Kuklińskiego ani nawet nigdy z nim nie rozmawiał. Jego sprawę znał jedynie z doniesień mediów. Przestudiował kodeks wojskowy, na podstawie którego Kukliński został oskarżony, i przez dwa miesiące przeglądał grube akta prokuratury, które udostępniono mu na zasadach poufności. Gdy skończył, stwierdził, że akt oskarżenia to „bzdura". Akta sprawy zawierały najróżniejsze dokumenty niemające dla niej znaczenia: listę lokali, w jakich bywał Kukliński, opis mebli, jakie kupował, i samochodu, którym jeździł.

Zdaniem Piesiewicza Kukliński został skazany za naruszenie przepisów prawa Polskiej Rzeczypospolitej Ludowej, jak nazywano Polskę za czasów komunistycznych. Jednak PRL już nie było, podobnie jak i komunistycznej władzy, zatem, zgodnie z logiką, sprawy Kuklińskiego również powinno nie być.

Rozpoczęła się rozprawa. W sali zasiadło pięciu sędziów wojskowych. Każdy z nich był oficerem z czasów komunizmu i Piesiewicz podejrzewał, że wciąż byli mu wierni. Jeden z nich, oficer marynarki wojennej, odczytał akt oskarżenia i streścił przebieg sprawy. Zaznaczył, że proces Kuklińskiego z roku 1984 nie potwierdził zarzutu o jego współpracę z amerykańskim wywiadem.

Prokurator wojskowy, major Jarosław Ciepłowski, wskazał, że dowody przeciwko Kuklińskiemu są mocne i że jego zdrada zaczęła się wcześniej, niż pierwotnie zakładano. „Zarzut zdrady jest niepodważalny" – stwierdził.

Piesiewicz wstał. Nazywając argumentację prokuratora „czystą hipokryzją", wskazał, że sprawa Kuklińskiego nie rozpoczęła się z chwilą podjęcia decyzji o nawiązaniu współpracy z Zachodem, lecz wcześniej. „Sprawa Kuklińskiego rozpoczęła się w roku 1944, gdy rozpoczął się nowy, tragiczny rozdział historii Polski".

Adwokat odniósł się do motywów działania swojego klienta. „Ten odważny oficer polskiej armii rozumiał, że ma obowiązek walczyć o wolność i suwerenność Polski" – stwierdził, dodając, iż nic nie wskazuje na to, by motywem działania Kuklińskiego były pieniądze lub chęć życia w lepszych warunkach za granicą.

„Te wszystkie dacze, wille pod Warszawą, za co zostały kupione? Za czyje pieniądze? Pieniądze za usługi na rzecz jakiego wywiadu? Ci, którzy je mieli i mają, jakie mundury nosili?" – pytał retorycznie Piesiewicz, co było oczywistą aluzją pod adresem polskich generałów, którzy prosperowali za czasów komunizmu i wciąż korzystali z przywilejów.

„Proszę pamiętać, że działalność Kuklińskiego miała głębszy sens" – apelował Piesiewicz. „Nie polegała wyłącznie na przekazywaniu dokumentów i tajnych akt. Działał świadomie – jego działaniom towarzyszyła myśl. Myśl o Polsce, o [naszym] kraju".

Wskazał, że Kukliński został oskarżony z artykułu 122 polskiego kodeksu karnego. Podkreślał, iż kodeks ten chronił Polską Rzeczpospolitą Ludową i jej interes polityczny. „Jednak dzisiaj mamy inną Polskę, Rzeczpospolitą. W latach 80. Polska miała inną konstytucję. Jej problem polityczny sprowadzał się po prostu do braku suwerenności. Polska po roku 1945 nie była państwem suwerennym" – stwierdził.

„Przestępstwa tego – jeśli w ogóle można nazwać to przestępstwem – dziś, w myśl nowej, zmienionej konstytucji, nie ma i artykuł 122 nie ma tu zastosowania" – mówił. „Musimy zatem spytać, w jakiej Polsce żyjemy?... Czy traktujemy tę zmianę poważnie? Czy to kolejna polska iluzja? Czy nasza dzisiejsza suwerenność jest iluzją?".

Jeśli Polska nie zaakceptuje zmian, stwierdził Piesiewicz, to Rzeczpospolita będzie jedynie „czystą kontynuacją" Polski komunistycznej. Złożył wniosek o całkowitą rehabilitację Kuklińskiego.

Po krótkiej przerwie sąd orzekł cofnięcie wyroku skazującego i skierował sprawę do powtórnego rozpatrzenia przez prokuraturę Warszawskiego Okręgu Wojskowego. Uzasadnił, że dowody przedstawione przed sądem w roku 1984 były „nieprzekonujące" i niewystarczające do wykazania winy oskarżonego.

Po wyjściu z sali Piesiewicz skrytykował decyzję trybunału. Powiedział, że nie jest zadowolony z orzeczenia. Uznał, że sędziowie zrzekli się odpowiedzialności i nie podjęli podstawowej kwestii. „W jakim kraju żyjemy?" – spytał. „Obowiązuje tu prawo, czy nie?".

Wieczorem Kukliński zadzwonił do Piesiewicza, by podziękować jemu i pozostałym adwokatom. Ten powiedział mu, że jest przekonany, iż sąd nie wie, co zrobić z tą sprawą[1].

W listopadzie 1995 r. Alekasander Kwaśniewski, kandydat na prezydenta Sojuszu Lewicy Demokratycznej, sięgającego swymi korzeniami byłej partii komunistycznej, niespodziewanie pokonał Lecha Wałęsę. Nieoczekiwany wynik wyborów oraz inne kontrowersyjne kwestie odwróciły na jakiś czas uwagę od sprawy Kuklińskiego, jednak w połowie 1996 r., ambasador Koźmiński wrócił do niej w rozmowie z Leszkiem Millerem, ważnym przedstawicielem polskich władz, składającym wizytę w Stanach Zjednoczonych. Sprawa ta ma duże znaczenie w kontekście przyjęcia Polski do NATO, stwierdził Koźmiński.

Latem Warszawska Prokuratura Wojskowa ogłosiła, że nakaz aresztowania Kuklińskiego został cofnięty. Jednak z uwagi na toczące się śledztwo, gdyby przyjechał do Polski, groziłoby mu aresztowanie.

W styczniu 1997 r. nowy polski minister spraw wewnętrznych, Leszek Miller, zadzwonił do ambasadora Koźmińskiego w trakcie przygotowań do swojej pierwszej oficjalnej wizyty w Waszyngtonie na zaproszenie FBI i CIA. Poinformował go, że spodziewa się, iż sprawa Kuklińskiego może pojawić się w czasie rozmów. Omówił ją z prezydentem Kwaśniewskim i obaj doszli do wniosku, że trzeba to uczynić w ramach polskiego prawa.

Kilka tygodni później Miller odwiedził w Waszyngtonie Zbigniewa Brzezińskiego i przekazał mu stanowisko Kwaśniewskiego, stwierdzając, że nie da się uniknąć tego, by Kukliński poddał się polskiemu wymiarowi sprawiedliwości. Miller i Brzeziński długo rozmawiali na ten temat, aż w końcu Brzeziński powiedział: „Wszystko pięknie, jednak Kukliński nie zamierza poddać się polskim procedurom prawnym".

Dodał, że spróbuje namówić go do zmiany decyzji, ale pod jednym warunkiem. „Muszę dostać od was jakieś gwarancje" – oznajmił.

Miller zapewnił go, że ufa polskiemu wymiarowi sprawiedliwości, jednak nie może zagwarantować, jakie zapadnie rozstrzygnięcie.

„To za mało" – odpowiedział Brzeziński. „Rozmawiamy tu o wymiarze sprawiedliwości i o realiach politycznych. Mogę wam dać Kuklińskiego, a wy mi w zamian pozytywne rozstrzygnięcie, ale musicie się do tego zobowiązać. Jeśli to zrobicie – podsumował – osiągniemy porozumienie".

Miller w końcu przekazał mu zapewnienie, jakiego oczekiwał: że doprowadzi do całkowitej rehabilitacji Kuklińskiego. Brzeziński nalał po kieliszku koniaku i wznieśli toast za pozytywne rozstrzygnięcie sprawy.

Później, gdy ambasador Koźmiński odwoził Millera na międzynarodowe lotnisko im. Dullesa, obaj uzgodnili, że sprawę należy załatwić jak najszybciej. Latem w Madrycie miał odbyć się szczyt NATO, podczas którego spodziewano się wystosowania oficjalnych zaproszeń dla kandydatów do członkostwa w Sojuszu. Sprawa Kuklińskiego nie może stać się tu przeszkodą.

Brzeziński zdawał sobie sprawę, że Kukliński może odmówić, jednak podczas rozmowy telefonicznej zgodził się spotkać z prokuratorami w Waszyngtonie. Miał 66 lat i czuł, że może to już ostatnia szansa na przywrócenie mu dobrego imienia za życia. „Chciałem dożyć tej chwili" – wyznał.

W ciągu następnych tygodni Brzeziński, Miller i Koźmiński uzgadniali szczegóły spotkań, które miały odbywać się w biurze Brzezińskiego. Brzeziński nalegał, by prokuratorzy traktowali Kuklińskiego z szacunkiem i zwracali się do niego „Panie pułkowniku"[2].

Tymczasem pod koniec lutego 1997 r., nie wiedząc o wysiłkach czynionych na rzecz Kuklińskiego, były amerykański ambasador, Richard Davies, opublikował w „Washington Times" felieton, zarzucając administracji, że zepchnęła Kuklińskiego „w dziurę niepamięci". Napisał: „Jesteśmy winni płk. Kuklińskiemu pomoc w odzyskaniu dobrego imienia i umożliwienie mu wizyty w ojczyźnie – której tak dzielnie służył – bez obaw, że zostanie tam aresztowany i uwięziony"[3].

Daniel Fried, doradca Białego Domu, który pracował kiedyś w dziale politycznym ambasady amerykańskiej w Warszawie, często myślał o sprawie Kuklińskiego. Był bliskim doradcą prezydenta Clintona i szefem w Radzie Bezpieczeństwa Narodowego do spraw Europy Środkowowschodniej. Był głęboko zaangażowany w ideę rozszerzenia NATO i wiedział, że Brzeziński nalega na szybkie załatwienie sprawy Kuklińskiego. Zgadzał się, że Kukliński powinien zostać oczyszczony z zarzutów, jednak uważał, że zbyt silna presja ze strony władz amerykańskich może wywołać skutek odwrotny od zamierzonego i świadczyć o arogancji. Sprawa ta rodziła to samo pytanie, przed którym stawali od stuleci inni prawi Polacy, w miarę jak zmieniały się granice Polski: Czy należy służyć obcej władzy, bo używa polskiej flagi, i czekać na lepsze czasy? Czy należy stawiać opór? Fried rozumiał, że polskim oficerom trudno jest uznać działania Kuklińskiego za patriotyczne z uwagi na implikacje co do ich własnej decyzji o niepodejmowaniu współpracy z Zachodem. Jednak rozumiał także, że uczciwi Polacy mogą mieć różne zdania na temat tego, w jaki sposób można służyć krajowi, i że sami powinni rozstrzygnąć tę kwestię. Wychodził z założenia, że ultimatum władz amerykańskich nie przysłuży się Kuklińskiemu. Nieoficjalne starania podjęte przez Brzezińskiego wydawały mu się najlepszym rozwiązaniem. Miał nadzieję, że sprawa ta, tak dzieląca Polaków, mogła zamienić się w kwestię pojednania narodowego.

W ciągu następnych tygodni ambasador Koźmiński pozostawał w kontakcie z Millerem i Brzezińskim, dopracowując szczegóły przesłuchania Kuklińskiego. Ich wysiłki przypominały nieco tajną operację. Z obawy, że przeciek w Warszawie może skazać całe przedsięwzięcie na niepowodzenie, Koźmiński nie przekazywał żadnych informacji w tej sprawie w oficjalnych depeszach. Za to rozmawiał z Millerem przez telefon i obydwaj używali takich haseł jak: „nasz przyjaciel" zamiast „Kukliński", „podróżnicy" zamiast „prokuratorzy", „szef" zamiast „prezydent Kwaśniewski" i „profesor" dla określenia Brzezińskiego.

10 marca 1997 r. ambasador Koźmiński wygłosił przemówienie na temat Polski i NATO podczas lunchu na spotkaniu Stowarzyszenia Byłych

Oficerów Wywiadu w Fort Myer w Wirginii. W czasie sesji pytań i odpowiedzi jeden z uczestników, emerytowany agent CIA, spytał go, kiedy Polska rozwiąże sprawę Kuklińskiego.

Wypowiadając się jedynie we własnym imieniu, Koźmiński wyraził ostrożny optymizm. Po spotkaniu agent wziął go na stronę i spytał bez ogródek, czy rząd polski w ogóle chce zająć się tą kwestią.

Nazywał się David Forden. Przedstawił się Koźmińskiemu i zaczęli rozmawiać. Prywatnie Koźmiński wyznał mu, że jest bardziej przekonany do pozytywnego rozstrzygnięcia tej kwestii. Forden podziękował mu i oświadczył, że traktuje jego wypowiedź jako zobowiązanie, że ambasador będzie kontynuował działania na rzecz Kuklińskiego[4].

66-letni Forden już nie pracował w CIA. Wraz z Aurelią spędził cztery lata w Grecji. W roku 1988 przeszedł na emeryturę. W sumie przepracował w Agencji 35 lat.

Po kilku tygodniach od spotkania z ambasadorem Koźmińskim Forden dowiedział się od Kuklińskiego o zbliżającej się wizycie polskich prokuratorów. Ustalił również, że CIA nie podejmuje żadnych środków ostrożności. Niepokoił się, ponieważ pierwszy raz od czasu wyjazdu Kuklińskiego przedstawiciele polskich władz mieli poznać dokładne miejsce pobytu pułkownika w Stanach Zjednoczonych. Zadzwonił do innego emerytowanego agenta, Jacka Platta, który służył kiedyś w Europie i w Azji. Postanowili razem opracować prosty plan ochrony Kuklińskiego. Obejrzeli budynek przy K Street, w którym urzędował Brzeziński. Wynajęli na ochroniarza Kuklińskiego potężnie zbudowanego, mierzącego ponad metr osiemdziesiąt wzrostu, emerytowanego agenta FBI, którego ramiona były tak grube jak uda Platta. Forden i Aurelia (która przyswoiła sobie techniki rozpoznawania „ogonów" podczas czteroletniego pobytu w Grecji) oraz córka Platta, Michelle, pracująca jako prywatny detektyw, mieli stać przed budynkiem, dowozić i odwozić Kuklińskiego na spotkania, upewniać się, że za każdym razem wchodzi i wychodzi innym wyjściem, oraz tropić wszelkie podejrzane działania, jak choćby samochody z włączonym silnikiem parkujące pod budynkiem[5].

Zgodnie z założeniami Koźmiński nie powiadomił o wizycie prokuratorów nawet współpracowników z ambasady. 20 kwietnia, w niedzielę, pojechał na lotnisko im. Dullesa i zawiózł gości z Polski na drinka do hotelu Ritz-Carlton znajdującego się w waszyngtońskiej dzielnicy ambasad. Prokuratorzy, major Bogdan Włodarczyk i kapitan Jerzy Kwieciński, byli uprzejmi, ale zachowywali się z rezerwą. Mimo niepokoju Koźmiński był bardzo podekscytowany, bo wcześniej nie spotkał się z pułkownikiem.

*

Tuż przed 16.00, w poniedziałek 21 kwietnia 1997 r., Kukliński przybył do biura Brzezińskiego w towarzystwie adwokata polskiego pochodzenia oraz energicznego emerytowanego agenta FBI, pozostającego w radiowym kontakcie z resztą ekipy, która została na zewnątrz. Brzeziński zawiózł ich do sali konferencyjnej na piątym piętrze. Emerytowany agent FBI stanął pod drzwiami. Brzeziński udał się do swojego gabinetu, gdzie czekał Koźmiński i dwóch prokuratorów.

Prokuratorzy zachowywali się nerwowo i sztywno. Ściskając dłoń Brzezińskiego, kapitan Kwieciński stuknął obcasami. Zanim przeszli do sali konferencyjnej, Brzeziński omówił z nimi znaczenie postępowania. „Potakiwali, ale nie byli zbyt rozmowni. Wyczuwałem u nich duże skrępowanie" – napisał Brzeziński w notatkach.

Cała grupa zebrała się w sali konferencyjnej. Nastąpiły formalne powitania. Kapitan Kwieciński uścisnął dłoń Kuklińskiego, znowu zastukał obcasami i skinął głową. Zgodnie z obietnicą obaj tytułowali go „pułkownikiem". Koźmiński i Brzeziński, jako świadkowie przesłuchania, usiedli po przeciwległych krańcach dużego stołu. Kukliński i jego adwokat – po jednej stronie, a prokuratorzy naprzeciwko.

Po krótkim wstępie wygłoszonym przez Koźmińskiego major Włodarczyk zaczął odczytywać akt oskarżenia: dezercja, ucieczka i przekazywanie tajnych informacji NATO. Kukliński siedział niewzruszenie, gdy prokurator omawiał przebieg procesu z roku 1984, kwestię wyroku, jego złagodzenia z kary śmierci na karę 25 lat pozbawienia wolności oraz decyzję sądu wojskowego o cofnięciu wyroku i odesłaniu sprawy do ponownego rozpatrzenia.

Major Włodarczyk stwierdził, że – dla trwałego unieważnienia poprzednich zarzutów – Kukliński musi przedstawić dowody i oświadczenie, że działał w warunkach wyższej konieczności. Występująca w polskim prawie koncepcja działania „w stanie wyższej konieczności" wydawała się Koźmińskiemu rozsądnym sposobem umożliwiającym rehabilitację Kuklińskiego.

Prokuratorzy podkreślili, że muszą omówić przebieg postępowania, by spełnić wymogi formalne. Przerywając sobie nawzajem, zaznaczyli, że przesłuchanie ma charakter dobrowolny, że Kukliński nie musi odpowiadać na wszystkie pytania, a jeśli zechce milczeć, nie zostanie to wykorzystane przeciwko niemu. Na koniec kapitan Kwieciński głęboko westchnął, jakby był zawstydzony, że w ogóle musi to tłumaczyć Kuklińskiemu.

Poprosili Kuklińskiego o podpisanie dokumentu, że zgadza się na przesłuchanie. Kukliński, czując nagłe obrzydzenie, początkowo się zawahał, ale w końcu podpisał.

W tym momencie major Włodarczyk z szerokiem uśmiechem wręczył Kuklińskiemu dokument stwierdzający, że Ministerstwo Obrony Narodowej przywraca mu stopień pułkownika i przenosi w stan spoczynku.

Kukliński był najpierw zaskoczony, później się odprężył. Powiedział prokuratorom, że liczy na ich obiektywizm i że chce wreszcie rozstrzygnąć tę sprawę.

Ci zapewnili go, że nie brali udziału we wcześniejszym postępowaniu ani procesie i że nie byli zaangażowani w działania związane z wprowadzeniem stanu wojennego. Kukliński stwierdził, że odpowie na wszystkie pytania, jednak uważa postawione mu zarzuty za „obrzydliwe".

O 17.00 seria pytań rozpoczęła formalną część przesłuchania. Prokuratorzy pytali Kuklińskiego, czym się zajmuje. Zanim Kukliński zdążył odpowiedzieć, major zaproponował: „Jeśli pan pozwoli, wpiszemy, że jest pan «emerytem»".

Brzeziński robił dokładne notatki. Zauważył, że prokuratorzy wybuchnęli śmiechem, gdy w kwestionariuszu pojawiło się pytanie, czy Kukliński jest członkiem partii komunistycznej. Z pewnym zażenowaniem wyjaśnili, że korzystają ze starych formularzy. Ze względu na koszty ministerstwo nie wydrukowało nowych.

Brzeziński zanotował:

> Zadali Kuklińskiemu pytanie, czy pragnie złożyć wyjaśnienia. Powiedział, że tak, i odniósł się do zarzutu „dezercji". Stwierdził, że jego wyjazd nie był kwestią wolnego wyboru, ale że zmusiły go do niego okoliczności. Chciał pozbawić reżim możliwości postawienia go przed sądem i wykorzystania do skompromitowania „Solidarności", co miałoby miejsce, gdyby został aresztowany i publicznie osądzony.
>
> Odnośnie do poważniejszego zarzutu zaznaczył, że Polska była zdominowana przez imperium sowieckie i że Związek Sowiecki podporządkował sobie polskie siły zbrojne. Świat był podzielony, a Polska nie otrzymała szansy swobodnego wyboru swojego miejsca w tym podzielonym świecie. Jednak naród nigdy nie porzucił marzeń o wolności. Polscy oficerowie zawsze pragnęli uniezależnienia od dowództwa sowieckiego, a wysiłki Kuklińskiego były próbą ustanowienia kontaktów między armią polską a armią amerykańską[6].

Następnie Kukliński przedstawił szczegółowe plany Moskwy dotyczące wojny w Europie i to, w jakim sensie były one „wielkim zagrożeniem dla Polski". Opisał rolę drugiego rzutu strategicznego. „Sowieci kalkulowali, że kontratak nuklearny Zachodu skierowany przeciwko wojskom drugiego rzutu sił sowieckich nastąpi na terytorium Polski" – wyjaśnił. Wyraził przekonanie, że przy takim rozwoju wydarzeń „Polska zniknęłaby z mapy". Dodał, że inni oficerowie Sztabu Generalnego podzielali ten pogląd, ale nie mieli pomysłu, co należy zrobić. Wspomniał swoją rozmowę sprzed lat z generałem Bolesławem Chochą, któremu zasugerował, że „należy bezpośrednio powiadomić stronę amerykańską o zagrożeniu i o polskich obawach z nim związanych".

Kolejne spotkanie rozpoczęło się nazajutrz o godzinie 8.10. Kukliński opowiedział, w jaki sposób nawiązał kontakt z Amerykanami, wysyłając list do attaché wojskowego ambasady w Bonn z prośbą o spotkanie z amerykańskim pułkownikiem. Podczas pierwszych spotkań był pewien, że rozmawia z oficerami armii amerykańskiej. Wyjaśnił im, że reprezentuje grupę około dziesięciu polskich oficerów, którzy podzielają jego opinię na temat potrzeby nawiązania kontaktów z Zachodem w celu zapobieżenia wybuchowi wojny w Europie, choć żaden z nich nie wiedział o jego decyzji skontaktowania się z Amerykanami. „Oficerowie ci uważają, że Polska nie wybrała sobie sojuszu z Układem Warszawskim, że nie jest niepodległa i że trzeba dla niej zrobić to, co należy zrobić. Gdyby Zachód zaatakował Układ Warszawski, Polska broniłaby się w ramach jego struktur, jednak nie leżało w interesie Polski uczestniczenie w agresji przeciwko Zachodowi" – zanotował Brzeziński.

Kukliński skrytykował zachodnie przywiązanie do koncepcji odstraszania nuklearnego, która stanowiła wielkie zagrożenie dla Polski. Opowiedział o nadziejach na nawiązanie jakiejś formy tajnej współpracy między Polską a Amerykanami, która, być może, „wykluczyłaby zaangażowanie Polski we wstępną fazę wojny lub umożliwiła wspólne działania w celu zdezorganizowania i sparaliżowania sowieckich operacji strategicznych, zwłaszcza drugiego rzutu strategicznego, oraz zniszczenia jego systemu dowodzenia z chwilą wybuchu wojny" – zapisał Brzeziński.

Kukliński stwierdził, że gdy zaproponował ów „spisek" Amerykanom, ci odrzucili propozycję, uważając, że w jego wyniku „najlepsi polscy oficerowie" straciliby życie. Chcieli współpracować wyłącznie z nim. Opisał, jak pojawił się na pierwszym spotkaniu w Warszawie w mundurze, czym przeraził amerykańskiego agenta, który poprosił, by przy następnej okazji ubrał się mniej ostentacyjnie.

Scharakteryzował dokumenty, które przekazywał Amerykanom, począwszy od planów wojennych, poprzez sowieckie systemy dowodzenia i kontroli w Układzie Warszawskim na wypadek wojny aż po szczegóły dotyczące tajnych sowieckich schronów dowódczych. Denerwowały go opinie, że swoimi działaniami osłabił polską armię. Oświadczył, iż marzył, by polskie wojsko „było możliwie najsilniejsze, żeby – w razie konieczności – mogło to potwierdzić". Nie uważał armii amerykańskiej za wroga Polski.

„Chciał, by Polska była neutralna albo proamerykańska" – zanotował Brzeziński.

Spotkania w biurze Brzezińskiego trwały tydzień. Kukliński odpowiedział na pytania dotyczące planowanej sowieckiej interwencji w roku 1980 oraz przygotowań do wprowadzenia stanu wojennego w roku 1981. W pewnym momencie zabrał głos Brzeziński, podkreślając geopolityczne uwarunkowania lat siedemdziesiątych, „to, że Związek Sowiecki chciał osiągnąć przewagę strategiczną, oraz rolę, jaką odegrały materiały przekazywane przez Kuklińskiego w udaremnieniu tych zamiarów".

Podczas spotkań prokuratorzy stawali się coraz serdeczniejsi i Brzeziński wyczuł, że darzą Kuklińskiego rosnącą sympatią. Po ich zakończeniu Koźmiński wyznał Brzezińskiemu, że wcześniej nie do końca doceniał heroiczny wymiar działań Kuklińskiego. Brzeziński był również głęboko poruszony, zwłaszcza jedną z ostatnich wypowiedzi pułkownika.

„Kukliński powiedział polskim oficerom, że nawet jeśli zostanie w pełni zrehabilitowany, nie zmieni to w dużym stopniu jego życia, ponieważ zdaje sobie sprawę, że nie ma w Polsce do czego wracać i że jego życie zmieniło się na zawsze" – zanotował Brzeziński. „Nie wspomniał o tym wyraźnie, ale sądzę, że była to aluzja do faktu, iż stracił dwóch synów, do czego pewnie by nie doszło, gdyby nie podjął się kiedyś swojej misji".

Co do Kuklińskiego to on sam mówił, że często zadaje sobie pytanie o cenę, jaką on i jego rodzina musieli zapłacić za jego decyzję o nawiązaniu kontaktu z Zachodem.

Mijały miesiące, a polskie władze milczały. Ambasador Koźmiński zaczął się niepokoić. Wiedział, że Miller działa na rzecz Kuklińskiego w Warszawie. W Polsce pojawiły się nieliczne, ale za to znaczące gesty poparcia dla pułkownika. W maju Kukliński dostał wiadomość, że nadano mu tytuł „Honorowego Obywatela Stołecznego Królewskiego Miasta Krakowa". Rada Miasta Krakowa zaprosiła go do Polski na uroczystość wręczenia tego zaszczytnego wyróżnienia. Podobne zaproszenie wystosowano z Gdańska.

W czerwcu 1997 r., gdy Koźmiński przyjechał do Polski na konsultacje przed szczytem NATO w Madrycie, udał się do Millera, by dokonać przeglądu sytuacji. Rozmawiał też z prezydentem Kwaśniewskim, powtarzając pogląd, że sprawę należy załatwić szybko.

8 i 9 lipca prezydent Kwaśniewski udał się na czele polskiej delegacji na obrady szczytu w Madrycie, podczas którego Polska, Węgry i Republika Czeska zostały oficjalnie zaproszone do członkostwa w Sojuszu.

10 lipca prezydent Clinton przyleciał z Madrytu do Warszawy, gdzie ponad 10 000 Polaków zgotowało mu entuzjastyczne powitanie, gdy pojawił się wraz z prezydentem Kwaśniewskim na placu Zamkowym.

Clinton odwiedził także wraz ze swoim doradcą, Danielem Friedem, pałac prezydencki, gdzie prezydent Kwaśniewski i ambasador Koźmiński zaprosili ich na wyłożony kamiennymi płytami taras z widokiem na ogród.

Obaj prezydenci oraz ich doradcy siedzieli przez 20 minut przy stole, omawiając kilka delikatnych kwestii, które nie mogły zostać ujęte w oficjalnym programie wizyty. Jedna z nich dotyczyła Kuklińskiego. Clinton podziękował polskiemu prezydentowi za jego zaangażowanie w tę sprawę. O nic nie poprosił. Same podziękowania miały tu swoją wymowę.

Jeszcze w lipcu, na prośbę Białego Domu, Brzeziński spotkał się osobno w Polsce z Millerem i Kwaśniewskim, nalegając, by podjęli bardziej zdecydowane działania w celu rozwiązania kwestii Kuklińskiego, która, zdaniem Brzezińskiego, stanęła w miejscu. Kwaśniewski dał do zrozumienia, że wciąż istnieje sprzeciw na najwyższych szczeblach polskich władz, m.in. w Ministerstwie Sprawiedliwości oraz w Naczelnej Prokuraturze Wojskowej. Sam zgodził się mocniej zaangażować w tę sprawę.

We wrześniu ambasador Koźmiński odebrał telefon od polskiego ministra sprawiedliwości, który powiadomił go, że Kukliński zostanie zrehabilitowany z uwagi na fakt, iż działał w „stanie wyższej konieczności". Decyzję odczytano Kuklińskiemu w gabinecie Brzezińskiego. Poinformowano go, że może pojechać do Polski bez obawy, że zostanie aresztowany. Polska prokuratura wojskowa ogłosiła swoją decyzję 22 września.

Stała się ona przedmiotem szyderczych wystąpień przeciwników Kuklińskiego. W październiku grupa około trzydziestu emerytowanych generałów wydała oświadczenie uznające usprawiedliwienie działań Kuklińskiego za „oskarżenie wymierzone przeciwko nim"[7]. Także w październiku prokurator wojskowy, Piotr Daniluk, stwierdził w wywiadzie dla „Gazety Wyborczej", największego i najbardziej wpływowego dziennika w Polsce, że Kukliński nie działał z pobudek wyższej konieczność, lecz dla pieniędzy.

W listopadzie, podczas konferencji pod Warszawą, marszałek Wiktor Kulikow, były dowódca wojsk Układu Warszawskiego, zdyskredytował Kuklińskiego jako zdrajcę, „który przekazał wszystkie nasze plany wojskowe nieprzyjacielowi", i zasugerował, że wartość informacji wywiadowczych udostępnionych przez niego Amerykanom jest mocno przesadzona. Po kilku minutach Brzeziński odpowiedział Kulikowowi, że dzięki materiałom dostarczonym przez Kuklińskiego całe sowieckie dowództwo, w tym Kulikow, zginęłoby w ciągu trzech godzin od uderzenia na wojska NATO. „Kulikow był zszokowany, aż się zadławił" – wspominał Brzeziński[8].

W grudniu „Los Angeles Times" zacytował wypowiedź Jaruzelskiego o tysiącach oficerów służących w polskiej armii. „Jeśli dojdziemy do wniosku, że czyn Kuklińskiego był czynem bohaterskim – że działał dla dobra Polski – to trzeba sobie zadać pytanie: Czy wszyscy pozostali byli zdrajcami?"[9].

Wkrótce po ogłoszeniu decyzji prokuratury Kukliński wydał krótkie oświadczenie, w którym stwierdził, że przyjmuje ją z pewną ulgą, dodając: „Ma ona dla mnie znaczenie bardziej symboliczne niż praktyczne. Dziękuję Bogu, że pozwolił mi dożyć tej chwili". W wywiadach publikowanych w Stanach Zjednoczonych i w Polsce wielokrotnie zaprzeczał, jakoby, nawiązując kontakt z Amerykanami, był szantażowany lub działał z pobudek finansowych. Podkreślał też, że w ciągu dziewięciu lat tajnej działalności otrzymywał od Amerykanów jedynie niewielkie sumy pieniędzy przeznaczane na działania operacyjne oraz urządzenia techniczne i sprzęt łączności, np. nadajniki, aparaty fotograficzne, klisze oraz rekwizyty maskujące[10].

W wywiadzie udzielonym Andrew Nagorsky'emu z „Newsweeka" w październiku 1997 r. stwierdził, że ma nadzieję, iż kiedyś pojedzie do Polski, choćby żeby podziękować mieszkańcom Krakowa za przyznanie mu honorowego obywatelstwa miasta. Jednak nie zamierzał być tam osobą publiczną. „Wolałbym skryć się w cieniu" – powiedział[11].

Forden ucieszył się z decyzji polskiej prokuratury w sprawie Kuklińskiego, ale wciąż dręczyła go kwestia dekonspiracji jego działań. Minęło 16 lat od chwili, gdy generał Skalski wspomniał o „informatorze z Rzymu", odkrywcy przecieku, którego działania zmusiły Kuklińskiego do ucieczki z Polski. Forden wiedział, że operacja „Mewa" nie miała nic wspólnego z Rzymem. Po ewakuacji Kuklińskiego kontrwywiad CIA miał ustalić, kim jest „informator z Rzymu" i gdzie nastąpił przeciek. Konsultowano w tej sprawie także FBI, jednak bez efektu.

W roku 1992 Forden wpadł na pewien niepokojący trop. Popularny włoski tygodnik „Panorama" zamieścił wywiad z Borysem Sołomatinem, rezydentem KGB w Rzymie w latach 1976–1982. Pytany o informatorów, as sowieckiego wywiadu wspomniał, że miał „czterech złotych ludzi. Mogliśmy pozyskać każdą informację" – dodał. Twierdził, że jeden z nich był ważną postacią w Watykanie. W tym samym roku Forden przeczytał też artykuł Carla Bernsteina w tygodniku „Time", który opisywał tajny sojusz zawarty między dyrektorem CIA, Caseyem, a papieżem, Janem Pawłem II, w celu wspierania „Solidarności", obejmujący wizyty w Watykanie i udostępnianie materiałów wywiadowczych[12].

Forden zaczął się zastanawiać, czy przypadkiem Casey lub inne amerykańskie osobistości nie ujawniły zbyt wielu informacji podczas tajnych kontaktów z Watykanem. Wydana w 1999 r. książka Bernsteina i włoskiego dziennikarza, Marca Politiego, zdawała się potwierdzać jego obawy. Jej autorzy sugerowali, że tuż po tym, jak w sierpniu 1981 r. Kukliński dostarczył Amerykanom plany dotyczące wprowadzenia stanu wojennego w Polsce, Waszyngton powiadomił o nich papieża[13].

Forden dowiedział się, że jego przyjaciel, Jack Platt, który pomagał zapewnić Kuklińskiemu bezpieczeństwo podczas jego spotkań z polskimi prokuratorami, poznał prawie 80-letniego obecnie Sołomatina na niwie zawodowej (firma Platta współpracowała z byłymi agentami KGB, zapewniając ochronę amerykańskim biznesmenom w podróży i prześwietlając rosyjskie spółki i ich ewentualne powiązania z mafią).

Platt opowiadał, że Sołomatin jest nałogowym palaczem z bujną fryzurą, krzaczastymi brwiami i często nabiegłymi krwią oczami. Potrafił być czarujący i dowcipny, snując swoje wojenne historie, jednak Platt podejrzewał, iż ten weteran KGB jest w głębi ducha rozgoryczony, iż poświęcił życie dla sprawy, która jest już nieważna.

Jesienią 1997 r. Platt wybierał się w kolejną podróż służbową do Moskwy. Forden poprosił, żeby odwiedził Sołomatina. Przekazał mu swoje notatki dotyczące wywiadu w „Panoramie" i książki o papieżu oraz listę pytań dla Rosjanina na temat jego kontaktów w Rzymie. Czy jego „szpieg" w Watykanie był kluczem do zrozumienia tajemnicy „informatora z Rzymu"? Minęło wiele lat i Forden liczył, że Plattowi uda się coś od niego wyciągnąć.

Platt spotkał się z Sołomatinem przy wódce i kawiorze. Sołomatin roześmiał się, gdy Platt spytał go o wywiad dla „Panoramy". „Robiłem sobie jaja z dziennikarzy" – wyznał. Dodał, że śmieszy go pomysł, by miał ujawnić nazwiska swoich informatorów. Wyjaśnił, że w tym wywiadzie chodziło mu o to, że agent potrzebuje tylko kilku dobrych kontaktów, żeby dobrze sobie radzić. Słyszał o Kuklińskim, ale nie miał pojęcia, w jaki sposób Moskwa dowiedziała się o wycieku planów dotyczących wprowadzenia stanu wojennego.

Po powrocie z Moskwy Platt oświadczył, że ani trochę nie zbliżyli się do ustalenia prawdy.

„Wierzysz mu?" – spytał go Forden.

„Tak" – odpowiedział Platt. Wiedział, że mógł oszukać jego albo dziennikary „Panoramy", ale wiedział też, że żaden dobry agent nie zdradzi swojego informatora. Wszyscy się do tego zobowiązują i słowa dotrzymują. Platt sądził, że Sołomatin zabierze tę tajemnicę ze sobą do grobu. Forden zrozumiał, że będzie musiał pogodzić się z myślą, iż nigdy jej nie pozna.

28 lutego 1998 r. Kukliński został zaproszony do polskiej ambasady przy Szesnastej Ulicy w Waszyngtonie na uroczystość przygotowaną przez Kongres Polonii Amerykańskiej w 252. rocznicę urodzin Tadeusza Kościuszki, polskiego bohatera wojny o niepodległość Stanów Zjednoczonych, który od zawsze uosabia przyjaźń polsko-amerykańską. Gość honorowy, Kukliński, był w ambasadzie po raz pierwszy. Obaj wzruszyli się, gdy Koźmiński wręczył mu nowy polski paszport. Później przedstawił go setkom przychylnych mu osób obecnych na uroczystości.

W marcu Koźmiński dostał list od Fordena, który przypomniał mu ich rozmowę przeprowadzoną rok wcześniej podczas lunchu w Wirginii, kiedy to ambasador wyraził swój optymizm w sprawie Kuklińskiego.

„Byłem sceptyczny - przyznał Forden. - Ale to Pan miał rację!". Podziękował mu za jego „mądre i odważne starania"[14].

W poniedziałek 27 kwietnia 1998 r., w tygodniu, w którym Kongres miał zatwierdzić polskie członkostwo w NATO, Kukliński poleciał polskimi liniami lotniczymi do Warszawy. W ciągu dziesięciu dni odwiedził sześć miast. Był niezwykle wzruszony. Podczas lotu dziennikarz polskiej telewizji przeprowadził z nim wywiad. „Nie mogę złapać tchu" - wyznał mu Kukliński.

„Jeśli znajdę chwilę czasu, zgolę brodę, żeby kompletnie zmienić swój wygląd. Chciałbym pozostać nierozpoznany, żeby przespacerować się Marszałkowską, Nowym Światem, Krakowskim Przedmieściem i po Starym Mieście. To byłoby fantastyczne, ale pewnie jest niemożliwe" - powiedział.

Zapytany o to, co chciałby zobaczyć, odparł, że w Stanach uwielbia widok kwitnących na wiosnę rododendronów i azalii. W Polsce jego ulubionymi kwiatami są lilie, wyznał. „Uwielbiam tę porę roku. Chcę zobaczyć lilie i zanieść je na grób mojej matki"[15].

Gdy samolot wylądował na lotnisku w Warszawie, na pokład weszła grupa agentów BOR przysłana przez polskiego premiera. Zasalutowali mu i oznajmili, że będą go chronić. Wyprowadzili go bocznym wyjściem z budynku lotniska, by uniknąć dziennikarzy, i zawieźli do rezydencji premiera Jerzego Buzka. Kukliński zjadł obiad w towarzystwie premiera, jego żony i najbliższych współpracowników, po czym premier i Kukliński stanęli przed tłumem ponad stu dziennikarzy. Buzek oświadczył, że Kukliński wykazał się ogromną odwagą w czasach wielkiego zagrożenia Polski. „Sądzimy, że pańskie decyzje uratowały Polskę przed rozlewem krwi".

Kukliński był bardzo wzruszony. „Moja trwająca 25 lat podróż do wolnej Polski dobiegła końca" – powiedział. „Dzisiaj czuję tę wolność. Liczę na waszą wrażliwość, na to, że pozwolicie mi ujrzeć ten kraj tak – jak sobie wymarzyłem".

Indagowany o możliwość powrotu do Polski na stałe, odpowiedział: „Ja w ogóle nie chcę stąd wyjeżdżać"[16].

Później pojechał na cmentarz w Rembertowie, na którym jest pochowana jego matka. Na nagrobku wyryto też nazwisko ojca. Gdy samochód się zatrzymał, Kukliński ujrzał przy bramie cmentarza tłum życzliwych mu osób. Niektóre miały w rękach bukiety lilii. Położył je na grobie matki.

Pierwszy wieczór spędził w Warszawie na kolacji w mieszkaniu Barbary i Romana Barszczów, w którym był razem z Hanką ostatniego dnia przed wyjazdem z Warszawy w roku 1981. Jeden z gości, górnik z Katowic, podarował mu cegłę ze ściany kopalni zniszczonej przez polski czołg podczas ataku przypuszczonego w pierwszym dniu stanu wojennego.

Następnego dnia poleciał do Krakowa, gdzie spędził noc w apartamencie dla VIP-ów na Wawelu. Gdy obudził się nazajutrz, 29 kwietnia, za oknem była wspaniała, słoneczna pogoda. W południe w magistracie rozległy się dźwięki trąbki zapowiadające rozpoczęcie uroczystej sesji rady miejskiej. Podjęto rygorystyczne środki bezpieczeństwa. Chór odśpiewał pieśni. Gdy burmistrz wręczył dokument przyznający Kuklińskiemu honorowe obywatelstwo miasta, publiczność przyjęła to głośną owacją.

Następnie Kukliński wygłosił długo oczekiwane przemówienie transmitowane na żywo przez radio.

„Nigdy nie wątpiłem, że wrócę do wolnej Polski, do ziemi moich przodków, mojego dzieciństwa, dorosłego życia i działań na rzecz właśnie takiej Polski" – mówił. „Jednak nie przypuszczałem, że droga do ojczyzny, tak trudna i długa, zawiedzie mnie w końcu do tego Królewskiego Grodu, którego dziedzictwo uszlachetnia jego wspaniałych mieszkańców. Nigdy nie mierzyłem ani nie mierzę tak wysoko.

Uważam się za zwykłego żołnierza Rzeczpospolitej, który nie uczynił nic ponad to, że spełnił swój święty obowiązek służenia Ojczyźnie w potrzebie. Być może tym, co odróżnia mnie od ogromnej rzeszy ludzi zaangażowanych w historyczne przemiany w Polsce i w Europie, jest szczególny charakter misji, której się podjąłem i [jej konsekwencji]. Dlatego wciąż trudno jest mi uwierzyć, że wszystko, czego doświadczam w tej chwili, naprawdę dzieje się w Krakowie, a nie w moich marzeniach o Polsce, że Rzeczpospolita jest dzisiaj suwerennym państwem, a Polacy mogą bez przeszkód nie tylko opowiadać o swojej walce z imperium zła, lecz także tak wspaniale uhonorować jednego z uczestników tej walki, którym, dziwnym zrządzeniem losu, jestem dzisiaj ja"[17].

Entuzjastyczne brawa towarzyszyły Kuklińskiemu, który podziękował swoim gospodarzom, nazywając tytuł honorowego obywatela miasta nie tylko „najwyższym wyróżnieniem, jakie może otrzymać za życia", ale także jednoznaczną deklaracją zwracającą „szacunek i dobre imię, które zostały mu odebrane". Podziękował wszystkim osobom, które go wspierały. Ich lista była zbyt długa, by mógł wymienić każdego z nawiska. Jednak uczynił jeden wyjątek. „Nie mogę nie podziękować największemu żyjącemu polskiemu poecie, Zbigniewowi Herbertowi, którego list otwarty do byłego prezydenta Rzeczpospolitej [Wałęsy] stał się dla mnie aktem moralnego oczyszczenia mojego nazwiska".

Stwierdził, że ma nadzieję, iż kiedyś Polacy zrozumieją jego „prawdziwe cele, intencje i motywy" i będą mogli „zapoznać się z faktami i dokumentami szykowanymi przez imperium zła" przed „wojną wyzwoleńczą" w Europie.

Powiedział, że biało-czerwone sztandary „Solidarności" zatrzęsły polskimi fundamentami komunistycznego imperium, jednak sowieckim „prowokacjom w Europie i na świecie mógł się jedynie przeciwstawić defensywny sojusz wolnego świata". Należało uprzedzić NATO o zagrożeniach, by mogło właściwie na nie reagować.

„Nie potrafię powiedzieć, jak skuteczna, czy choćby pomocna, była [tajna] misja, w której – jako Polak i żołnierz – miałem zaszczyt i przywilej uczestniczyć. Jednak głęboko wierzę, że leżała ona w najgłębszym interesie Ojczyzny zniewolonej i uzależnionej od imperialnych zakusów Związku Sowieckiego, i że prowadziła ona Polskę drogą ku wolności, nigdy przeciwko niej".

Kukliński stwierdził, że jego misja nigdy by się nie powiodła bez pomocy Amerykanów, ale że nie był to ich pomysł. Była to idea, która wykrystalizowała się w Polsce, w Sztabie Generalnym, w pionie operacyjnym, gdzie on i inni oficerowie postulowali odwrót od „samobójczych koncepcji ofensywnych". Jednak zostali zignorowani. Dopiero później zaczął się zastanawiać, czy jest jakieś wyjście z tej sytuacji, i opracowywać plan, który uchroniłby Polskę przed grożącą jej zagładą.

Interwencja w Czechosłowacji w roku 1968 uzmysłowiła mu, że reforma sowieckiej machiny wojennej jest nierealna. Potwierdził, że wielu polskich oficerów uważało, iż Związek Sowiecki, „który zaatakował Polskę w zmowie z Hitlerem i który w zmowie z Hitlerem podzielił się z nim łupami, a na dodatek dopuścił się zbrodni masowych deportacji polskiej ludności cywilnej, zbrodni Katynia oraz zdrady powstańców Warszawy, nie był sojusznikiem, lecz ciemięzcą, który zniewolił Polskę [i] narzucił jej marionetkowy rząd i komunizm".

Udział wojska w zdławieniu czeskiej rewolucji oraz w masakrze strajkujących robotników Wybrzeża w roku 1970 spowodował jego odejście od „enigmatycznych słów i pragnień do czynów".

Opisał swoją „desperacką próbę nawiązania wojskowej współpracy operacyjnej ze Stanami Zjednoczonymi". Opowiedział, jak po raz pierwszy skontaktował się z Amerykanami i jak odrzucili jego propozycję polsko-zachodniego spisku.

„W ten sposób pozostałem sam na placu boju – dla części polskiego społeczeństwa jestem wciąż kimś bez honoru, kimś, kto działał na szkodę Polski. Wierzę, że kiedyś historia skoryguje te poglądy".

Podkreślił, że przez 34 lata z dumą nosił mundur polskiego żołnierza, jednak nie potępiał oficerów, którzy dokonali innego wyboru. „Nie tylko nie stawiałem misji, której się podjąłem, w opozycji do bezinteresownej służby moich byłych towarzyszy broni – stwierdził – lecz także nigdy nie stawiałem jej wyżej".

„Zbiorowy opór wobec sowieckiej hegemonii w wojsku był niemożliwy i bezcelowy. Byli wśród nas ludzie, którzy widzieli w swojej służalczości wobec Związku Sowieckiego drogę do karier i awansów. Jednak w ogromnej większości była to głęboko patriotyczna armia i kadra, która dbała o bezpieczeństwo i los naszego państwa".

Przypomniał hasło „Miłość wymaga poświęceń" wyszyte przez wileńskie kobiety na sztandarze wysłanym podziemną pocztą w czasie II wojny światowej polskiej dywizji powietrznodesantowej w Wielkiej Brytanii. Wyznał, że kiedy wstąpił do wojska i zaczęto odbierać mu wiarę i przekonania, dodał do tego hasła jeszcze jedno słowo: „Miłość wymaga poświęceń i wierności" – wierności jedynemu Bogu i jednej, jedynej Ojczyźnie, Polsce". Słowa te przyjęto długimi oklaskami.

„Dzisiejsza piękna ceremonia nadania mi tytułu Honorowego Obywatela Stołecznego Królewskiego Miasta Krakowa – które od czasów dzieciństwa jawiło mi się jako serce i dusza Polski – potwierdza moje przekonanie, że mój wybór był słuszny" – zakończył Kukliński.

Pożegnały go gromkie brawa i okrzyki. Wieczorem wygłosił przemówienie do setek studentów oraz profesorów Uniwersytetu Jagiellońskiego, a nazajutrz odwiedził krakowski rynek, składając kwiaty w miejscu, w którym Tadeusz Kościuszko złożył w 1794 r. ślubowanie jako przywódca powstania przeciwko Rosjanom. Pojechał także do Nowej Huty, gdzie w 1981 r. doszło do potężnego strajku „Solidarności".

Wieczorem był jednym z ośmiuset gości na koncercie zorganizowanym na jego cześć w krakowskiej filharmonii. Dziewczynka wręczyła mu bukiet czerwono-białych kwiatów i salę wypełniły dźwięki muzyki Szopena. Aktor, ubrany na czarno, wyrecytował wiersz Zbigniewa Herberta *Raport z oblężonego miasta*, napisany po wprowadzeniu stanu wojennego w roku 1981:

Zbyt stary żeby nosić broń i walczyć jak inni –

wyznaczono mi z łaski poślednią rolę kronikarza
zapisuję – nie wiadomo dla kogo – dzieje oblężenia

mam być dokładny lecz nie wiem kiedy zaczął się najazd
przed dwustu laty w grudniu wrześniu może wczoraj o świcie
wszyscy chorują tutaj na zanik poczucia czasu...

Na koniec w sali rozbrzmiały dojmujące słowa, wypowiadane przez aktora:

cmentarze rosną maleje liczba obrońców
ale obrona trwa i trwać będzie do końca

i jeśli Miasto padnie a ocaleje jeden
on będzie niósł Miasto w sobie po drogach wygnania
on będzie Miasto

patrzymy w twarz głodu twarz ognia twarz śmierci
najgorszą ze wszystkich – twarz zdrady

i tylko sny nasze nie zostały upokorzone[18].

Nazajutrz, 30 kwietnia, amerykański Senat zatwierdził większością głosów 80:19 przyjęcie Polski do NATO. Ambasador Koźmiński, który był świadkiem głosowania, rozmawiał później z Kuklińskim, który przekazał mu gratulacje.

W następnych dniach Kukliński podróżował po Polsce, odbierał medale, odznaczenia, górnicze czapki, szable, wydrukowane w podziemiu znaczki pocztowe i kwiaty. W piątek, 1 maja, dawne komunistyczne święto pracy, poleciał śmigłowcem do Zakopanego. W towarzystwie ochrony chodził po górach, pozdrawiając setki turystów, którym rozdawał autografy i z którymi pozował do wspólnych zdjęć.

W sobotę poleciał do Katowic, gdzie na początku stanu wojennego ZOMO zastrzeliło dziewięciu strajkujących górników kopalni „Wujek". Na lotnisku przywitała go ludowa orkiestra i taca z chlebem i solą. 3 maja odebrał z rąk członków rady miejskiej honorowe obywatelstwo Gdańska. Przypięto mu do klapy Krzyż Armii Krajowej i podarowano drewniany fotel z jego wygrawerowanym nazwiskiem.

W południe udał się do ogromnej katedry pod wezwaniem św. Maryi Panny, gdzie w mszy uczestniczyły tysiące wiernych. Ku jego zaskoczeniu biskup Tadeusz Gocłowski przedstawił go zgromadzonym. Tłum odśpiewał mu „100 lat" i zaczął skandować „Zostań z nami"[19].

Jego wizyta wciąż wywoływała dyskusje na temat patriotyzmu i żołnierskiej powinności. 4 maja powiedział pięciuset studentom i profesorom Uniwersytetu Gdańskiego, że doszedł do wniosku, iż nie mógł być ślepo posłuszny Jaruzelskiemu i że lojalność wobec przełożonych nie jest dla niego ważniejsza niż lojalność wobec ojczyzny. „Wojsko to nie mafia" – stwierdził. „Żołnierze mogą odmówić wykonania rozkazu dowódców, którzy są nielojalni wobec ojczyzny"[20].

Jaruzelski oraz inni przeciwnicy zaatakowali go w radiu i w telewizji. Adam Michnik, redaktor naczelny „Gazety Wyborczej", internowany przez reżim Jaruzelskiego w czasie stanu wojennego, napisał, że Kuklińskiego nie można uznawać za bohatera. „Jeśli ten cały festiwal [towarzyszący wizycie Kuklińskiego] ma oznaczać, że stosunek do Kuklińskiego i amerykańskich służb specjalnych stanie się testem na patriotyzm Polaków, będzie to żałosny finał polskiego marzenia o wolności"[21].

W środę, 6 maja, po powrocie do Warszawy Kukliński odsłonił pomnik ku czci polskich oficerów wymordowanych przez Sowietów w Katyniu. Przybyło tysiące osób, w tym rodziny ofiar oraz warta honorowa straży pożarnej. Wieczorem Kukliński odwiedził 73-letniego, ciężko chorego Zbigniewa Herberta (który trzy miesiące później zmarł).

Nazajutrz, po złożeniu kwiatów na Grobie Nieznanego Żołnierza, Kukliński wsiadł na pokład samolotu lecącego do Chicago. Nigdy nie zapomni gorącego powitania, jakie zgotowano mu w Polsce. Wspominał jednak także swój poprzedni lot na Zachód sprzed siedemnastu lat. „Wiatr przewrócił tylko jedną kartkę i twoje miasto zniknęło" – napisał Waldek. Kukliński rozumiał, co miał na myśli jego syn, pisząc te słowa, rozumiał poczucie straty i tęsknoty. Podejmując decyzję o współpracy z Zachodem, przynajmniej wiedział, że dokonuje wolnego wyboru ze świadomością ryzyka, jakie się z nim wiąże. „Jest we mnie bezgraniczna wiara w słuszność tego, co robię" – napisał kiedyś do Daniela. Nie żałował swojej zuchwałej decyzji. Jednak jego rodzina nie znała jego przekonań i aspiracji, a kiedy je poznała, podążyła za nim z czystej wiary. „Pójdę za tobą wszędzie" – powiedział Bogdan. „Musimy spróbować" – nalegała Hanka. „Może teraz – pomyślał – wreszcie jego nazwisko znajdzie tu swoje miejsce".

Ostatnie lata upłynęły Kuklińskiemu na spokojnym życiu w Stanach Zjednoczonych i rzadkich wystąpieniach publicznych, najczęściej na spotkaniach z polskimi weteranami. W listopadzie 1999 r. The George Bush School of Government and Public Service przy A&M University w Teksasie zorganizowała trzydniowe seminarium na temat wywiadu i końca „zimnej wojny". Zakończyło się ono uroczystością, podczas której dyrektor CIA, George Tenet, wspominał agentów poległych na służbie. Zwrócił uwagę, że symbolizują ich złote gwiazdy na granitowych ścianach holu siedziby Agencji.

Mówił również o innej grupie „bohaterów «zimnej wojny»":

> O kobietach i mężczyznach zza „żelaznej kurtyny", którzy nam pomagali... Byli, jak większość ich rodaków, zwykłymi ludźmi, którzy bardzo kochali swoje rodziny i swój kraj i marzyli dla nich o lepszej przyszłości. Jednak ci odważni ludzie byli wyjątkowi, ponieważ zdecydowali się działać. Postanowili pracować dla Zachodu. Poczucie dumy i wyznawane wartości dały im siłę, by mogli podążać za głosem sumienia bardzo samotną ścieżką wiodącą ku śmiertelnemu zagrożeniu[22].

Wielu z nich nie ujrzało „radosnego poranka".

Później Tenet przedstawił zebranym Kuklińskiego, stwierdzając, że jego misja może być symbolem tajnych operacji z czasów „zimnej wojny". Kukliński jest „człowiekiem, który bardzo wiele ryzykował, by dla nas pracować, i który – dzięki Bogu – ocalał". Tenet zaznaczył, że to dzięki „odwadze i poświęceniu takich patriotów jak pułkownik Ryszard Kukliński jego ojczysta Polska i pozostałe, zniewolone niegdyś narody Europy Środkowej i Wschodniej oraz Związku Sowieckiego są teraz wolne".

Kukliński zbliżył się do zebranych i powiedział: „Jestem głęboko zaszczycony, że mogę reprezentować wielu moich anonimowych towarzyszy, którzy służyli po obydwu stronach frontu. Cieszę się, że nasza długa i ciężka walka przyniosła pokój, wolność i demokrację nie tylko mojemu krajowi, ale także wielu innym narodom"[23].

Następnie odprowadzono go do samochodu, który zawiózł go na lotnisko. Później wrócił samolotem do miejscowości, w której wraz z Hanką wiedzie własne życie pod zmienionym nazwiskiem.

Posłowie

Z uwagi na ścisły rozdział informacji wewnątrz CIA jeszcze do niedawna kilku jej agentów uczestniczących we wczesnej fazie operacji „Mewa" nie miało pojęcia, jaki był jej finał.

John Dimmer, szef placówki CIA w Bonn, który otrzymał pierwszy list Kuklińskiego i koordynował jego pierwsze kontakty z agentami, wkrótce potem przeszedł na emeryturę i nie wiedział, że sprawa ta stała się jedną z najważniejszych w historii CIA. Obecnie mieszka na wsi w stanie Maine.

Pułkownik Henry, agent o ojcowskim sposobie bycia, który uczestniczył w pierwszych spotkaniach z Kuklińskim, przeszedł na emeryturę i już nigdy się z nim nie spotkał. Zmarł na początku lat 90.

Walter Lang, który towarzyszył pułkownikowi Henry'emu podczas pierwszego spotkania w roku 1972, przeszedł na emeryturę. Czasami odwiedza siedzibę CIA, by porozmawiać o sprawie Kuklińskiego z młodymi agentami.

David Blee, szef sekcji sowieckiej, który zatwierdził operację „Mewa", przeszedł na emeryturę w roku 1985 i zmarł piętnaście lat później w swoim domu w Bethseda w Maryland.

Tom Ryan, który wraz z żoną, Lucille, przyjechał z Berlina do Warszawy, by wywieźć Kuklińskiego z Polski, przeszedł na emeryturę.

Sue Burggraf, która koordynowała ewakuację Kuklińskich z Warszawy, również odeszła z CIA. Uczestniczy w akcjach charytatywnych w Waszyngtonie, zajmując się zakupem książek dla bibliotek oraz dowożeniem posiłków dla ludzi starszych, chorych i samotnych.

Stanley Patkowski, pierwszy tłumacz komunikatów Mewy, nie żyje. Jego następca, Victor Kliss, przeszedł na emeryturę i pozostawał w kontakcie z Kuklińskim aż do śmierci w 2003 r.

Ted Gilbertson, który znalazł przesyłkę Mewy w śniegu w roku 1980, niedawno przeszedł na emeryturę. Aris Pappas, analityk stanu wojennego, odszedł na emeryturę w roku 2003, po 28 latach pracy w Agencji.

Jerzy Koźmiński zakończył pełnienie misji ambasadora w roku 2000 i jest obecnie prezesem Polsko-Amerykańskiej Fundacji Wolności. Leszek Miller był w latach 2001–2004 polskim premierem.

Iza i Bogdan byli małżeństwem przez około 7 lat, jednak ich związek się rozpadł i ostatecznie rozwiedli się. Iza podjęła pracę naukowo-badawczą w Nowej Anglii. Bogdan związał się z Amerykanką polskiego pochodzenia. Byli razem aż do jego śmierci.

Ryszard i Hanka Kuklińscy postanowili pozostać w Stanach Zjednoczonych, które uznali za swój dom. Od czasu pierwszej wizyty w Polsce w roku 1998 Kukliński powracał tam kilkakrotnie, aż do swojej śmierci w lutym 2004 r. Za każdym razem ciepło go witano. Podczas wizyty jesienią 2003 r. odważył się na spacer ulicami Warszawy – pierwszy raz bez ochrony. Witały go uśmiechy i uściski dłoni zaskoczonych przechodniów, którzy go rozpoznawali.

David i Aurelia Fordenowie byli małżeństwem przez ponad 19 lat. We wrześniu 2003 r., pięć tygodni po przeprowadzce do nowego domu pod Waszyngtonem, Aurelia zmarła na raka. David wciąż w nim mieszka, a Kukliński pozostał aż do śmierci jednym z jego najlepszych przyjaciół.

Ryszard Kukliński zmarł 11 lutego 2004 roku, kilka dni po rozległym wylewie. Miał siedemdziesiąt trzy lata.

Urny z prochami pułkownika oraz jego syna, Waldka, zostały przewiezione do Polski. Pogrzeb odbył się 19 czerwca na Cmentarzu Wojskowym na warszawskich Powązkach. Na uroczystości z udziałem kompanii honorowej Wojska Polskiego obecni byli: wdowa, Hanna Kuklińska, przedstawiciele środowisk kombatanckich, tysiące Polaków, byli polscy premierzy oraz ambasador Stanów Zjednoczonych, Christopher Hill. Polski rząd nie przysłał oficjalnego przedstawiciela.

W kolejnych miesiącach tysiące ludzi oddało hołd zmarłemu, przynosząc kwiaty oraz zapalając znicze na jego grobie.

Bibliografia

Książka ta nie jest próbą przedstawienia historii Polski ani jej okresu solidarnościowego. Wiedzę na ten temat autor czerpał z kilku książek oraz innych prac, m.in.:

The Haunted Land, Tina Rosenberg (New York: Random House, 1995);
U.S. Intelligence and the Confrontation in Poland, 1980–1981, Douglas J. MacEachin (University Park, Pennsylvania: Penn State Press, 2002);
From the Shadows, Robert M. Gates (New York: Simon and Schuster, 1996);
The Vilification and Vindication of Colonel Kukliński, Benjamin B. Fischer (Studies in Intelligence, lato 2000, wydanie nietajne);
A White House Diary, Zbigniew Brzeziński (Orbis, zima 1988);
Colonel Kukliński and the Polish Crisis, 1980–1981, Mark Kramer („Cold War International History Project Bulletin" 11, zima 1998) ze wstępem Malcolma Byrne'a;
Veil: The Secret Wars of the CIA 1981–1987 (New York: Simon and Schuster, 1987);
Wywiad Ryszarda Kuklińskiego dla „Kultury" (fragmenty opublikowane w Orbis, *The Crushing of Solidarity*, zima 1988) oraz
Between East and West: Writings from Kultura, pod redakcją Roberta Kostrzewy, (New York: Hill and Wang, 1990).
Kilka książek na temat CIA również okazało się pomocnych: *The Agency: The Rise and Decline of the CIA*, John Ranelagh (New York: Simon and Schuster, 1986);
Molehunt: The Secret Search for Traitors that Shattered the CIA, David Wise (New York: Random House, 1992);
The Main Enemy: The Inside Story of the CIA's Final Showdown with KGB, Milt Bearden i James Risen (New York: Random House, 2003). Chcę tu również wspomnieć o innych autorach: Christine Spolar, Jane Perlez, Iwonie Jurczenko, Carlu Bernsteinie oraz Michaelu Dobbsie.

Przypisy

O nazwiskach

Na prośbę kilku agentów opisanych w tej książce ich nazwiska zostały zastąpione pseudonimami. Autor zaznaczył to stosownymi odnośnikami.

O depeszach

W archiwalnych materiałach CIA wykorzystanych w tej książce większość depesz była pisana dużymi, drukowanymi literami, jednak dla przejrzystości tekstu autor zrezygnował z dużej czcionki. Niektóre z depesz są pisane swoistym dla nich językiem, nie zawsze zgodnym z zasadami gramatyki. Autor zamieścił je w formie oryginalnej, dodając czasami dla większej klarowności słowa w nawiasach kwadratowych.

O tłumaczeniach

Zarejestrowane na taśmie oraz pisemne przekazy Kuklińskiego, zwykle formułowane w języku polskim (a w pierwszym roku działalności także po rosyjsku), były w pośpiechu tłumaczone przez CIA, nie zawsze w zgodzie z gramatyką. Kukliński bardzo sprawnie posługiwał się językiem polskim w mowie i piśmie. Autor dokonał poprawek oczywistych błędów popełnionych w tłumaczeniach, a w niektórych przypadkach, dla większej jasności, uzupełnił treść przekazów słowami umieszczonymi w nawiasach kwadratowych.

O kryptonimach

W trakcie operacji nazwisko Kuklińskiego zwykle zastępowano w depeszach i raportach kryptonimami typu CKGULL lub QTGULL (skróty CK i QT wskazywały na kraj informatora bądź miejsce działań operacyjnych). W przekazanych autorowi materiałach kryptonimy te były usunięte. Dla przejrzystości tekstu autor wprowadził do niego słowa „Mewa", tam gdzie zostało ono usunięte. Nazwy miast, takie jak Warszawa lub Moskwa, również zostały z materiałów archiwalnych usunięte. W przypadkach oczywistych autor przywrócił je w nawiasach.

O dialogach

Większość cytowanych rozmów pochodzi z transkrypcji nagrań lub notatek sporządzonych tuż po odbyciu danej rozmowy. W kilku przypadkach autor zrekonstruował ich treść na podstawie relacji jednego z uczestników rozmowy, wskazanego w tekście lub w przypisach. Fragmenty dialogów, które nie mają przypisów, zostały przytoczone na podstawie odbywanych przez lata rozmów autora z Kuklińskim.

Archiwa

Używane poniżej określenie „materiały archiwalne" odnosi się do relacji oraz notatek Petera Earnesta, emerytowanego agenta CIA, który analizował archiwa Agencji. Dotyczy to materiałów, których źródło nie zostało oznaczone w inny sposób.

W poniższych objaśnieniach przypis (*) oznacza pseudonim użyty w tekście. „Centrala" to odniesienie do siedziby CIA w Langley w Wirginii. Słowem „Warszawa" autor określa niekiedy komórkę CIA w Warszawie. „RK" to Ryszard Kukliński. Autor nie opatrzył przypisem „rozmowa z Kuklińskim" wszystkich jego dokumentów, jednak za każdym razem konsultował się z Kuklińskim i tekst często odzwierciedla jego reakcje w chwili ich przygotowywania lub otrzymania.

Prolog
Podstawowe źródło: Kukliński.

Rozdział I
Podstawowe źródła: RK, John P. Dimmer Jr., Walter Lang*, David Blee, Katharine Hart, Richard Stolz, Clair George, Richard Helms, Bill Donnelly, David Forden, Peter Eearnest, Ed Schooley*.

1 Rozmowa z Dimmerem; fragmenty jego depeszy do Centrali i odpowiedzi Agencji.
2 List RK do armii amerykańskiej, 11.08.1972.
3 Rozmowy z Blee, Donnellym, Stolzem, Helmsem, Hart, George'em.
4 Robert M. Gates, *From the Shadows* (New York: Simon and Schuster, 1996), s. 34.
5 Poprzednik Blee, Rolfe Kingsley, szef sekcji sowieckiej w latach 1968–1971, wprowadził zmiany w sekcji i odparł zakusy Angletona zmierzające do ingerowania w działalność agentów. Jak stwierdził emerytowany pracownik sekcji, utorował drogę dla Blee, który mógł wykazać bardziej zdecydowane podejście do kwestii werbowania nowych informatorów.
6 Rozmowa z Blee. Gdy Hart dowiedziała się, kim jest P.V. i jaki ma dostęp do dokumentów, zareagowała z entuzjazmem. Rozmowa z Hart.

[7] Relacja z przygotowań do pierwszego spotkania z RK i z samego spotkania pochodzi z rozmów z RK, Blee, Dimmerem, Fordenem i Earnestem. Wyjątki z depeszy Langa i Henry'ego do Centrali z 18.08.1972. Depesza i szczegółowa relacja ze spotkania wysłane do Centrali przez Henry'ego i Langa 19.08. Depesze Centrali do agentów z 18.08. Materiały archiwalne. Rozmowy z Langiem i RK.

[8] Relacja ze spotkania na podstawie rozmów z RK i Langiem oraz fragmentu notatek ze spotkania.

[9] Oprócz Związku Sowieckiego i Polski Układ Warszawski tworzyły: NRD, Węgry, Czechosłowacja, Bułgaria, Rumunia i Albania.

[10] CIA zakładała, że ewakuowani Kukliński i jego rodzina nie będą mieli niczego i że będą potrzebowali wsparcia ze strony Agencji. W takich sytuacjach CIA asygnuje przez określony czas stosowne środki, tworząc dla takich osób specjalny fundusz.

[11] Rozmowa z Schooleyem.

[12] Zapiski RK.

[13] Rozmowa z Langiem.

Rozdział II

Podstawowe źródła: RK, Roman Barszcz, Florian Siwicki.

[1] Szczegóły jego biografii pochodzą, przede wszystkim, z wielogodzinnych rozmów z samym RK.

[2] Rozmowa z Barszczem.

[3] Joseph Conrad, *Smuga cienia*. Adam Gillon, emerytowany profesor Uniwersytetu Stanu Nowy Jork w New Paltz, przekazał autorowi uwagi na temat twórczości Conrada. Był założycielem i długoletnim prezesem stowarzyszenia Conrad Society of America oraz założycielem i redaktorem biuletynu „Joseph Conrad Today".

[4] Wywiad RK dla „Kultury" paryskiej (nr 4/475) z kwietnia 1987. Przetłumaczone fragmenty opublikowane w „Orbis", *The Crushing of Solidarity*, zima 1988, oraz *Between East and West: Writings from „Kultura"*, red. Robert Kostrzewa (New York, Hill and Wang, 1990).

Rozdział III

Podstawowe źródła: RK, Carl i Nancy Gebhardt, Blee, Hart, Donnelly, Forden, Peter Falk, Alan Goldfarb, Ron Estes, Haviland Smith, Stolz, John Horton.

[1] Rozmowa z Langiem.

[2] Fragment depeszy do Warszawy z 31.08.1972.

[3] Rozmowa z Gebhardtem.

[4] Rozmowa z RK.

[5] Rozmowa z Gebhardtami. Później Amerykanie poprosili Kuklińskiego, by ubierał się po cywilnemu, żeby mniej rzucał się w oczy. Odtąd występował w różnych

ciemnych ubraniach. Nie wkładał także butów, w których chodził na co dzień, zwłaszcza do pracy, nie chcąc zostawiać śladów.

[6] Fragment niedatowanego raportu Gebhardta z uwagami na temat pierwszego spotkania z Mewą.

[7] Fragment listu do RK. Dokumenty archiwalne nie stwierdzają dokładnie, kiedy RK otrzymał list „Orła" – w przesyłce podrzuconej w kopercie do jego samochodu, podczas spotkania na cmentarzu czy nieco później – jednak było to na samym początku operacji.

[8] Rozmowa z RK. Materiały archiwalne.

[9] Fragment komentarza agenta CIA na temat pierwszych raportów Mewy, 8.01.1973.

[10] Fragment raportu przesłanego wicedyrektorowi do spraw planowania CIA z 15.01.1973.

[11] Fragment raportu, zapewne ze stycznia 1973, przygotowanego „do wglądu dla osób najwyższego szczebla".

[12] Fragment depeszy Centrali do agentów biorących udział w początkowej fazie operacji. Poza Henrym i Langiem zapewne do agentów z Bonn i z Warszawy.

[13] Rozmowy z Blee, Hart i Donnellym.

[14] „KC" Hart, jak ją nazywano (używała tych inicjałów w tablicach rejestracyjnych), była drugą kobietą pod względem piastowania najwyższego stanowiska w CIA. Po skończeniu psychologii w Bryn Mawr College zatrudniła się w CIA w 1949, tuż po jej powołaniu. Początkowo pracowała jako tłumaczka z niemieckiego. Później wysłano ją do Frankfurtu, gdzie nadzorowała raporty sporządzane na podstawie relacji osób zbiegłych z państw Bloku Wschodniego. W 1957 wróciła do Centrali i została szefową działu raportów i priorytetów wywiadowczych sekcji sowieckiej. Pracowała w narożnym biurze na trzecim piętrze, nadzorując pracę kilkudziesięciu agentów różnych specjalności – politycznej, gospodarczej, wojskowej, naukowej i technicznej – a także dwa zespoły tłumaczy, rosyjskich i polskich. Sekretarka dysponująca specjalnymi uprawnieniami przygotowywała raporty, posługując się maszyną do pisania Selectric firmy IBM.

[15] Blee wspominał, że informatorem w Związku Sowieckim był generał GRU, Dimitrij Fiedorowicz Poliakow (kryptonim w CIA – BOURBON, w FBI – TOPHAT). Poliakowa zwerbowało na początku lat 60. FBI. Przez 20 lat pozostawał cennym źródłem informacji dla CIA, mieszkając w Moskwie oraz w innych miejscowościach. W końcu sypnęła go wtyczka w FBI, Robert P. Hanssen, i podwójny agent w CIA, Aldrich Ames. Został aresztowany i stracony. Hart i trzeci agent, obecnie na emeryturze, wspominają, że rosyjskie materiały Mewy mogły być przypisywane innemu informatorowi sowieckiemu. Jednak trzeci agent stwierdził, że cel pozostawał ten sam: „Zatrzeć ślady pojawienia się nowego źródła informacji".

[16] Zdaniem Blee przypisywanie materiałów Kuklińskiego innym źródłom było sposobem na „zwodzenie ludzi bez konieczności mówienia im nieprawdy. Oszukiwali sami siebie – wierząc w to, co im podsuwałem – że chodzi o tego samego in-

formatora polskiego i tego samego informatora sowieckiego. Zabieg się powiódł. Myślę, że chroniło to Kuklińskiego".

17 Stan urodził się w Polsce. Był synem polskiego chłopa. W 1939, podczas napaści hitlerowskich Niemiec na Polskę, został oficerem polskiej armii. Uczestniczył w akcji przerzucania polskich rezerw złota do Wielkiej Brytanii. Tam dołączył do polskich lotników i walczył w niezależnych polskich dywizjonach. Po wojnie wyjechał do Stanów Zjednoczonych, skąd na początku lat 50. wrócił do Europy. CIA zatrudniła go, gdy mieszkał w Paryżu. Z uwagi na pochodzenie etniczne i znajomość języków – polskiego, angielskiego, francuskiego i, słabszą, niemieckiego – był pracownikiem cenionym przez agentów w terenie i w Centrali (tak opisało go kilku kolegów).

18 Fragment wiadomości przekazanej przez RK agentom w Warszawie w styczniu 1973 roku.

19 Materiały archiwalne.

20 Rozmowy z Blee i Donnellym.

21 Pewien emerytowany agent stwierdził, że Forden wyjechał na placówkę w Warszawie, gdyż inni agenci po szkoleniu językowym nie mogli jej objąć. Jeden z uwagi na chorobę w rodzinie. Drugiego zdyskwalifikowano po tym, jak pracownik ambasady niechcący ujawnił jego tożsamość w swoim domu w Warszawie, gdzie mógł zostać podsłuchany przez Polaków. Trzeci nie mógł wyjechać do Warszawy, gdy jego tożsamość ujawnił mniej znaczący informator z Bloku Wschodniego, którego prowadził i który wycofał się ze współpracy.

22 Koncepcje chwilowego kontaktu i wykorzystywania luk czasowych zostały przedstawione autorowi w rozmowach ze Smithem, Fordenem, Donnellym, Estesem i Stolzem.

23 Rozmowy z Fordenem i Donnellym.

24 Koncepcja kontaktu informatora z samochodem w ruchu została przedstawiona autorowi w rozmowach z Fordenem.

25 Rozmowy z Fordenem, Donnellym, Falkiem, Estesem, Smithem, Stolzem, Hortonem i Goldfarbem.

26 Spotkanie z RK 23.06.1973. Fragmenty raportu przesłanego przez Warszawę do Centrali.

Rozdział IV

Podstawowe źródła: RK, Forden, Gebhardt.

1 Memorandum Fordena: raport ze spotkań z RK w RFN w dniach 23.06–2.07.1973 (raport).

2 Wypowiedzi własne ze wspomnień Daniela.

3 Spotkania Daniela, RK i Henry'ego. Rozmowy z RK, Fordenem, Gebhardtem oraz fragmenty protokołów spotkań. Memorandum Daniela. Pisemna relacja Gebhardta. Raport Henry'ego ze spotkania z 23.06.1973.

4 Pierwszy list Daniela do RK, niedatowany, ale napisany niedługo po spotkaniach.

[5] Wiadomość od RK z 6.11.1973.
[6] Wiadomość od RK z 3.01.1974.
[7] List RK do Daniela z 2.01.1974.
[8] Fragment depeszy Centrali przesłanej do Warszawy na początku 1974.
[9] Rozmowa z RK. Fragmenty listu RK do agencji z 5.03.
[10] Relacja o przebiegu incydentu na podstawie rozmów z RK i materiałów archiwalnych.
[11] Materiały archiwalne i fragmenty protokołów spotkań.
Fragmenty depeszy Centrali przesłanej do Warszawy po spotkaniach w lipcu.
[12] Kukliński przekazał wcześniej wiadomość o „Strzale". Pytania zadane mu przez CIA były, jak zawsze, bardzo precyzyjne i szczegółowe: Prosimy o naszkicowanie pocisku „Strzała-1", jeśli różni się wyglądem od „Strzały-2". Ile waży jedna „Strzała-1"? Ile waży zasobnik uzbrojony w cztery pociski? Piszesz, że każdy zasobnik ma dwa albo cztery pociski. W jakich okolicznościach pojazd przewozi tylko dwa pociski w zasobniku, tzn. połowę ładunku? Czy w zasobniku może być jeden albo trzy pociski? Jeśli nie, to dlaczego? Jak ładuje się cztery pociski do zasobnika? Możesz naszkicować zasobnik z czterema pociskami widziany od tyłu? 22 lipca, podczas parady wojskowej w Warszawie, pokazywano „Strzałę-1". W każdym z zasobników był tylko jeden pocisk, czyli na pojeździe było ich cztery. 1) Czy istnieją dwie wersje „Strzały-1"? 2) Czy istnieje wersja szkoleniowa? Czy to była wersja zademonstrowana na paradzie? Czy możesz uzyskać wymiary pocisku w wersji szkoleniowej? 3) Czy istnieją dwa różne zasobniki? Jakie są ich wymiary? Rozmowa z RK.
[13] Fragment listu Daniela przesłanego przez Centralę do Warszawy po spotkaniach w lipcu.
[14] Rozmowa z RK. Fragment listu RK do CIA, 5.11.1974.
[15] Fragment listu CIA do RK z października 1974.
[16] Fragment depeszy Warszawy do Centrali z 20.11. Odpowiedź Centrali (bez daty).
[17] Materiały archiwalne.
[18] List Daniela przesłany przez Centralę do Warszawy 25.02 dla RK.

Rozdział V
Podstawowe źródła: RK, Forden, Czesław Kiszczak.
[1] Rozmowy z RK i Kiszczakiem. Listy RK do CIA i Daniela z 12.06.1975.
[2] Depesza Henry'ego do Centrali z 16.07.1975. Depesza Warszawy do Centrali z 7.07.
[3] Wiadomość z Centrali dla Warszawy z października 1975.
[4] List Daniela do RK przekazany wraz z depeszą do Warszawy.
[5] Fragment listu RK do Daniela z 21.12.1975.
[6] Fragment listu RK do CIA z 5.02.1976.
[7] Fragment raportu ze spotkań w czerwcu.
[8] Fragment depeszy Daniela do Centrali z 8.06.1976. Fragment listu RK do CIA z 22.08.1976. Fragment notatki agenta z Warszawy z 22.08.1976. Fragment de-

peszy wysłanej przez Warszawę do Centrali 24.08.1976. Fragment listu Daniela do RK przekazanego 22.08.1976.

[9] Fragment listu RK do CIA z 31.10.1976.

[10] Fragment pisma szefa sekcji sowieckiej do dyrektora CIA z 31.10.1976. Fragment listu Daniela do RK dostarczonego 31.10.1976.

[11] Incydent z kolumną: rozmowa z RK. Fragment listu RK do CIA z 12.12.1976. Materiały archiwalne na temat reakcji Warszawy. Fragmenty odpowiedzi Warszawy na przesyłkę z lutego 1977.

[12] Fragment listu Daniela do PV. Fragment listu RK do Daniela. Obydwa doręczono 13.02.1977.

Rozdział VI

Podstawowe źródła: RK, Forden, Ruth Brerewood*, Harold Larsen, Robert Lubbehusen, Victor Kliss.

[1] Fragment listu Daniela do RK dostarczonego w kwietniu 1977.

[2] Fragment pisma szefa sekcji sowieckiej do wicedyrektora pionu operacyjnego CIA z 18.04.1977.

[3] Fragment listu RK do CIA z 17.04.1977.

[4] Fragment depeszy Warszawy do Centrali z 10.05.1977.

[5] Fragment listu RK do CIA z 12.06.1977.

[6] Fragment listu RK do CIA z 24.07.1977.

[7] Fragment listu RK do CIA z 14.10.1977.

[8] Rozmowa z RK.

[9] Fragmenty listu RK do CIA dostarczonego 22.01.1978.

[10] Fragmenty listu CIA do RK dostarczonego w styczniu 1978.

[11] Fragment listu Daniela do RK dostarczonego w styczniu 1978.

[12] Fragmenty listu RK do CIA dostarczonego 25.06.1978.

[13] Fragmenty listów RK do Daniela i CIA dostarczonych 16.04.1978.

[14] Fragment listu Daniela do RK dostarczonego w czerwcu 1978.

[15] Fragmenty listów RK do CIA dostarczonych w czerwcu 1978.

[16] CIA uznała dostarczone przez niego dokumenty za wyjątkowo cenne. 363-stronicowy rosyjski dokument zawierał dane taktyczne i techniczne sowieckiej broni, która miała zostać wprowadzona do wyposażenia wojsk Układu Warszawskiego do roku 1985. Była tam także 52-stronicowa, „poufna" relacja z wystąpienia Gribkowa na temat współpracy sztabów generalnych wojsk państw Układu Warszawskiego.

[17] Depesza Centrali do Warszawy z 28.06.1978. List Centrali do RK przesłany do Warszawy.

[18] Fragment listu RK do Daniela przekazany 3.07.1978. Agenci z Warszawy zauważyli słabszą niż zwykle aktywność SB. Wiązali ten fakt z wizytą w Warszawie prezydenta Libii, Muammara Kadafiego.

[19] Rozmowa z RK.
[20] Fragmenty raportu z dochodzenia przeprowadzonego przez kontrwywiad CIA.
[21] Materiały archiwalne dotyczące raportu sporządzonego w październiku 1978. Fragmenty listu dostarczonego 21.01.1979.
[22] Fragmenty listów RK dostarczonych CIA między grudniem 1978 a styczniem 1979.
[23] Fragment listu Centrali do RK, przesłanego Warszawie pod koniec stycznia wraz z listem Daniela.
[24] Rozmowy z Fordenem, Brerewood, Lubbehusenem, Larsenem i Klissem.

Rozdział VII
Podstawowe źródła: RK, Brerewood*, Sue Burggraf, Dave Forden, Michael Dwyer*, Ted Gilbertson*, Earnest.

[1] Rozmowa z Brerewood.
[2] Rozmowy z Burggraf i Earnestem.
[3] Fragmenty listów RK do CIA i Daniela z 6.05.1979.
[4] Fragment pisma Centrali na temat decyzji podjętej 23.05.1979 o ograniczeniu dostępu do listu Jaruzelskiego do Kulikowa.
[5] Fragment listu RK do CIA z 8.07.1979.
[6] Fragment listu „Daniela" przesłanego przez Warszawę do RK w lipcu 1979.
[7] Rozmowy z Gilbertsonem i Dwyerem.
[8] Rozmowa z RK, fragmenty listów RK do CIA i Daniela z 24.09.1979. Zaznaczył także, że załącza mikrofilm z rosyjskim podręcznikiem pt. *Operacje ofensywne na froncie*, opublikowanym przez Akademię Sztabu Generalnego sowieckich sił zbrojnych. Siwicki poprosił o egzemplarz podręcznika. Sowieci dostarczyli go, pod warunkiem że nie udostępni go innym oficerom. „W dokumencie nie ma żadnych wskazówek, że pochodzi on ze źródeł polskich" – napisał Kukliński.
[9] Fragmenty listu RK do CIA z 16 i 18.12.1979. Rozmowa z RK.
[10] Rozmowa z Dwyerem.
[11] List RK do Agencji z 16.12.1979. Kukliński napisał o T-72: „Prędkość początkowa podkalibrowego [pocisku] wynosi 1800 m/s. [Pocisk] ma dodatkowy ładunek napędowy o wadze 4,5 kg. Lotki, które odpadają podczas lotu, nadają [pociskowi] rotację 800 obrotów na minutę". Dodał, że [pocisk] wystrzelony z czołgu T-72 przebija pancerz „o grubości 500 milimetrów, jeśli znajduje się pod kątem prostym do toru lotu [pocisku], i 200 milimetrów, jeśli znajduje się pod kątem 60 stopni do toru lotu [pocisku]".
[12] CIA dostarczyła także listę dokumentów, na których szczególnie jej zależało, m.in.: „Szczegóły systemów alarmowych wojsk sowieckich i Układu Warszawskiego, teoria i praktyka (w tym sposoby maskowania) reagowania na amerykańskie satelity szpiegowskie". Agencja przesłała RK pytania na temat dokumentu przekazanego w czerwcu 1977, zawierającego tabele porównawcze

odnośnie do możliwości bojowych sowieckiego i natowskiego sprzętu i uzbrojenia, oceniające dane dotyczące siły rażenia, opancerzenia i trwałości. Dokument ten „wciąż cieszy się wielkim zainteresowaniem naszych analityków wojskowych i będzie miał istotne znaczenie dla działań prowadzonych przez nasz wywiad" – napisała Agencja. W jaki sposób dokonano tych ocen? „Czy dokumentów tych używają sowieccy analitycy wojskowi do oceny jakości i ilości sprzętu wojskowego, organizacji i struktury wojsk NATO i Układu Warszawskiego? Czy są one używane jedynie w symulacjach, czy też wykorzystuje się je w planowaniu prawdziwych działań wojennych?".

[13] List CIA do RK dostarczony 18.12.1979 z notatką od tłumacza, Patkowskiego.

Rozdział VIII

Podstawowe źródła: RK, Larsen, Lubbehusen, Hart, Burggraf, Gilbertson, Forden, Zbigniew Brzeziński, gen. Jerzy Skalski, Donnelly, Lucille i Tom Ryanowie.

[1] Rozmowy z Larsenem, Lubbehusenem i Hart.

[2] List RK do CIA z 10.02.1980; list RK z 17.02.1980.

[3] List CIA do RK z 17.02.1980.

[4] Raport w sprawie Mewy z 04.03.1980.

[5] Rozmowy z Burggraf, Gilbertsonem i Donnellym.

[6] Lista mikrofilmów przesłanych przez RK z 13.04.1980.

[7] Fragmenty listu RK do CIA z 13.04.1980.

[8] Fragment raportu Warszawy po odebraniu przesyłki z 13.04.1980.

[9] Fragment listu „Daniela" przekazanego RK 13.04.1980.

[10] Fragmenty pisma szefa sekcji sowieckiej do komisji odznaczeń z 26.03.1980. Fragmenty niedatowanego pisma do McMahona, szefa pionu operacyjnego, podpisanego przez dyrektora CIA, Turnera.

[11] Archiwalny dokument na temat wymiany depesz między Centralą a Warszawą na temat bezpieczeństwa Kuklińskiego.

[12] Fragment depeszy Centrali do Fordena z 22.04.1980. Fragment odpowiedzi Fordena z 23.04.1980.

[13] Fragment listu RK do Daniela z 7.06.1980.

[14] Lista dokumentów dostarczonych przez RK 8.06.1980.

[15] Rozmowa z RK; list RK do CIA z 13.09.1980.

[16] Rozmowa z Ryanami.

[17] Fragment listu RK do CIA z 13.09.1980.

[18] Fragment listy dokumentów dostarczonych przez RK 14.09.1980.

[19] Fragmenty listów CIA i „Daniela" przekazanych RK 14.09.1980.

[20] R. Gates, *From the Shadows*, s. 163.

[21] Fragmenty listu RK do Daniela z 22.09.1980.

[22] R. Gates, *From the Shadows*, s. 163, 164.

[23] Rozmowa z RK; fragment listu RK do CIA z 26.10.1980.

[24] Rozmowa z RK; wywiad ze Skalskim przeprowadzony przez Marka Skrzydelskiego.

[25] Z. Brzeziński, *A White House Diary*, Orbis, zima 1988, s. 32–48.

[26] Fragment listu RK do CIA z 26.10.1980.

[27] Fragment listu RK do CIA z 30.10.1980.

[28] Dodatkowe dokumenty dotyczące stanu wojennego dostarczone przez RK 30.10.1980: 1) Wpływ wprowadzenia stanu wojennego w zakresie powszechnego obowiązku obrony PRL. Tajne. 4 strony. 2) Wstępny projekt rezolucji Rady Państwa dotyczącej wprowadzenia stanu wojennego. Tajne. 2 strony. 3) Obwieszczenie o wprowadzeniu stanu wojennego. Tajne. 3 strony. 4) Oficjalna nota w sprawie stanu wojennego. Tajne. 15 stron z załącznikami.

[29] Z. Brzeziński, *A White House Diary*, s. 34.

[30] R. Gates, *From the Shadows*, s. 165.

[31] Fragmenty depesz Centrali do Warszawy z 1.12.1980.

[32] Rozmowa z RK; list RK do CIA z 14.12.1980.

[33] R. Gates, *From the Shadows*, s. 166.

[34] Z. Brzeziński, *A White House Diary*, s. 36–37; R. Gates, *From the Shadows*, s. 167.

[35] Tekst *Oświadczenia rządu USA w sprawie Polski*, „New York Times”, 4.12.1980, s. 10.

[36] Rozmowa z RK.

[37] List RK do CIA z 4.12.1980. Fragment depeszy Centrali do Warszawy opisującej treść przesyłki RK.

[38] Fragment depeszy Warszawy. Rozmowa z Gilbertsonem.

[39] Fragment depeszy Centrali do Warszawy po otrzymaniu wiadomości od RK z 4.12.1980.

[40] Fragment depeszy Centrali do Warszawy z tekstem raportu przedstawionego prezydentowi.

[41] Z. Brzeziński, *A White House Diary*, s. 38–43. Rozmowa z Brzezińskim.

[42] Fragment listu RK do CIA z 08.12.1980.

[43] Fragment depeszy Centrali do Warszawy z 08.12.1980.

[44] List RK do CIA z 14.12.1980.

[45] List RK do CIA z 23.12.1980.

[46] Fragment depeszy Centrali do Warszawy z listem do RK.

Rozdział IX

Podstawowe źródła: RK, Forden, Donnelly, Burggraf, Tom Ryan, Aris Pappas, James Simon, Iza.

[1] Gazeta Lenina, drukowana w Niemczech w roku 1900, nosiła tytuł „Iskra”. W nagłówku umieszczono tekst: „Z tej iskry wybuchnie pożar”, A. Ulam, *The Bolsheviks* (Cambridge: Harvard University Press, 1965), s. 159.

[2] Fragment depeszy Centrali do Warszawy z 1.12.1981.

[3] Według generała Hermaszewskiego kandydatem na stanowisko szefa sztabu, zajmowane przez Siwickiego, był generał Hupałowski, pozostający „w codziennym kontakcie z Rosjanami". Mimo że spisek wydał się Kuklińskiemu mało prawdopodobny, to jednak RK uważał Hermaszewskiego, dowódcę pierwszego korpusu obrony powietrznej, za wiarygodne źródło informacji, ponieważ pozostawał on w bliskich kontaktach z pracownikami Ambasady ZSRR w Warszawie. Kukliński napisał do Centrali, że jego „informacje na temat planów zamachu stanu" należy traktować „ze szczególną ostrożnością".

[4] Fragmenty listu RK do CIA z 2.01.1981.

[5] Rozmowa z RK.

[6] Rozmowy z Izą i z RK.

[7] Fragmenty depeszy Warszawy do Centrali. Fragment pierwszej wiadomości przesłanej za pomocą Iskry z 21.01 o godz. 22.00; Fragment depeszy szefa sekcji sowieckiej do Warszawy i depeszy Centrali do Warszawy z 23.01.1981.

[8] Fragment depeszy Centrali do Warszawy z 29.01.1981.

[9] Fragment listu RK z 9.02.1981.

[10] Fragment listu RK do CIA z 22.02.1981.

[11] RK dołączył trzystronicowy dokument dotyczący stanowiska Moskwy w negocjacjach na temat ograniczenia zbrojeń strategicznych oraz wykresy przedstawiające strukturę wojsk Układu Warszawskiego na lata 1981–1985, w tym punkty dowodzenia, liczebność oddziałów, uzbrojenie i kwestie dotyczące rezerw.

[12] Fragment depeszy Centrali do Warszawy z 5.03.1981.

[13] „Manewry Układu Warszawskiego wzbudzają zaniepokojenie władz USA, które wydały ostrzeżenie", „New York Times", 6.03.1981.

[14] Mikrofilmy zawierały również (fragment listy dokumentów z 13.03.1981): Pismo gen. Gribkowa do polskiego MON z listą wszystkich oficerów wojsk Układu Warszawskiego dysponujących immunitetem w roku 1981, 5 stron. Tajne. Dokument rosyjski; Raport o stanie badań naukowych i programów eksperymentalnych wojsk/państw Układu Warszawskiego na rok 1981. 15 stron. Ściśle tajne. Dokument rosyjski; Wytyczne operacyjno-strategicznych manewrów dowódczo-wojskowych. 22 strony. Tajne. Dokument rosyjski; Listę uczestników gry wojennej z 16.02.1981. 3 strony. Poufne. Dokument polski; Raport o stanie przygotowań państwa na wypadek wprowadzenia stanu wojennego i wniosków płynących z gry wojennej. 10 stron. Ściśle tajne. Dokument polski.

[15] Fragment listu RK z 1.04.1981.

[16] Tłumaczenie wywiadu RK dla „Kultury". Podobne sformułowania w liście RK na temat Iskry z 12.04., odczytane z wadliwego urządzenia po jego zwrocie 26.04.1981. W odpowiedzi CIA napisała, że inżynierowie Agencji są „równie rozczarowani", że starają się rozwiązać problem, i wierzą, iż im się to uda. „To skomplikowany i prototypowy sprzęt, niestety, jak się okazuje, zawodny" – napisał „Daniel" w liście. Fragmenty listów RK do CIA z 26.04.1991.

[17] Jeden z przekazanych dokumentów, raport podsumowujący ćwiczenia „Sojuz 81", CIA nazwała w liście do RK „dokumentem wyjątkowej wagi", ponieważ znalazła się tam pierwsza wskazówka na temat tworzenia mobilnej grupy armii. Sowieci opracowali koncepcję szybkich sił lądowych i powietrznych zdolnych do przełamywania linii frontu i zapuszczania się daleko w głąb terytorium NATO. CIA stwierdziła, że będzie to „miało wpływ na ocenę przyszłej doktryny i taktyki wojsk ZSRR i Układu Warszawskiego".

[18] Fragment listu RK do Daniela z 26.01.1981.

[19] Fragmenty depeszy Centrali do Warszawy z 9.04.1981.

[20] Fragmenty odpowiedzi Warszawy. Rozmowa z Ryanem.

[21] Relacja na temat incydentu z sejfem: rozmowa z RK; fragment listu RK do CIA z 22.06.1981. Mniej więcej w tym czasie, po incydencie z sejfem, CIA zaproponowała RK przesłanie neseseru z podwójnym dnem i zamkiem szyfrowym, które pozwolą mu na swobodniejsze wynoszenie dokumentów. Jego teczka nie miała takiego zamka. RK odrzucił ten pomysł, pisząc 10.07.: „Z uwagi na ostatni incydent nie chcę zmieniać rzeczy, których używam na co dzień". Może w przyszłości, dodał.

[22] Rozmowy z Pappasem, Simonem, Burggraf i Ryanem.

[23] List RK z 10.07.1981, dostarczony 14.07.1981; list RK z 14.07.1981.

[24] Fragment listu Centrali do RK.

[25] Fragmenty listu RK do CIA z 6.09.1981. List zawierał również raport wywiadu na temat wojsk NATO w okresie od połowy czerwca do połowy lipca, sporządzony przez sowiecki Sztab Generalny. Jako że był przeznaczony dla wąskiego kręgu osób w Moskwie, RK podjął szczególne środki ostrożności, zakrywając niektóre numery identyfikacyjne dokumentu przed zrobieniem zdjęcia, by trudniej je było namierzyć.

[26] Fragmenty listu RK do Daniela z 6.09.1981.

[27] Rozmowa z Fordenem.

[28] Fragmenty raportu CIA na temat operacji „Mewa". Napisano w nim, że jego materiały są udostępniane analitykom średnio w liczbie 66 na kwartał.

[29] Fragment listu RK z 10.09.1981. Lista dokumentów dołączonych do niego:

1) Lista dokumentów prawnych dotyczących wprowadzenia stanu wojennego z uwagi na bezpieczeństwo państwa. Tajne. 10 stron.
2) Uchwała Rady Państwa (z miejscem na wstawienie daty) o wprowadzeniu stanu wojennego z uwagi na bezpieczeństwo państwa (do podpisania przez przewodniczącego Rady Państwa). Tajne „S". 2 strony.
3) Dekret o stanie wojennym (z miejscem na wstawienie daty) (do podpisania przez przewodniczącego Rady Państwa). Tajne. 29 stron.
4) Dekret o szczególnym traktowaniu sprawców przestępstw i naruszeń prawa w czasie obowiązywania stanu wojennego (miejsce na datę). Tajne. 12 stron.
5) Rozporządzenie prezesa Rady Ministrów dotyczące zawieszenia działalności związków zawodowych i niektórych organizacji społecznych w czasie obowiązywania stanu wojennego. Tajne „S". 5 stron.

6) Rozporządzenie Rady Ministrów (bez daty) dotyczące wprowadzenia przepisów dekretu o stanie wojennym odnośnie do łączności. Tajne „S". 12 stron.
7) Rozporządzenie Rady Ministrów (bez daty) o zasadach postępowania w kwestii internowania obywateli polskich. Tajne. 5 stron.
8) Rozporządzenie prezesa Rady Ministrów (bez daty) dotyczące zasad i procedur wydawania zezwoleń na rozpowszechnianie publikacji i widowisk oraz wykorzystywanie drukarń i sprzętu w czasie obowiązywania stanu wojennego. Tajne. 3 strony.
9) Rozporządzenie ministra spraw wewnętrznych (bez daty) dotyczące zezwoleń na zmianę miejsca zamieszkania w czasie obowiązywania stanu wojennego. Tajne. 6 stron.
10) Rozporządzenie ministra spraw wewnętrznych (bez daty) dotyczące zwolnienia organizatorów niektórych spotkań i zgromadzeń publicznych z obowiązku uzyskania zgody w czasie obowiązywania stanu wojennego. Tajne. 2 strony.
11) Rozporządzenie ministra spraw wewnętrznych (bez daty) dotyczące ograniczenia swobody poruszania się w czasie obowiązywania stanu wojennego. Tajne „S". 2 strony.
12) Rozporządzenie ministra sprawiedliwości (bez daty) dotyczące utworzenia ośrodków odizolowania. Tajne „S". 1 strona.
13) Rozporządzenie ministra sprawiedliwości (bez daty) dotyczące doraźnych przepisów odnośnie do przetrzymywania osób internowanych w ośrodkach odizolowania. Tajne „S". 1 strona.

[30] Fragment listu RK do CIA z 13.09.1981.

[31] „Zaprezentowano wyrzutnie SS-20... lotniskowce ze startującymi pionowo myśliwcami Jak-23. Duże okręty zaopatrzeniowo-desantowe przewożące na pokładzie 56 czołgów oraz urządzenia pływające do transportowania ich na brzeg; nowe, 152-milimetrowe haubice; wozy bojowe (BMP-2) wyposażone w 37-milimetrowe działa do ostrzeliwania celów na lądzie i w powietrzu; pojazdy UAZ z bronią automatyczną oraz inny, nowoczesny sprzęt... Zaprezentowano symulację bitwy (z udziałem dwóch walczących stron) dwóch dywizji pancernych, w której uczestniczyło ponad 600 czołgów T-72 oraz setki transporterów WBP-2. Czołgi T-80 nie zostały pokazane. Zaprezentowano desant morski całej dywizji zmechanizowanej oraz brygady piechoty morskiej. Pokazano także desant dywizji powietrznodesantowej... a także nową formację – brygadę powietrzno-uderzeniową".

[32] Fragmenty depesz szefa sekcji sowieckiej do Warszawy z 14.09.1981.

[33] Rozmowa z RK; fragment listu RK do CIA z 15.09.1981.

[34] Fragment komunikatu RK przekazanego 11.10.1981 za pomocą Iskry do Warszawy. Rozmowa z Burggraf.

[35] *Moscow Orders Poles to Control Anti-Sovietism*, UPI, „New York Times", 18.09.1981; *U.S. says Kremlin Trying 'To Intimidate the Polish People'*, Associated Press, 18.09.1981.
[36] Rozmowa z RK.
[37] Rozmowa z Fordenem; fragment listu CIA do RK; rozmowa z RK.
[38] List Daniela do RK z 7.10.1981.
[39] Fragment listu RK do CIA z 9.10.1981.
[40] Depesza Warszawy do Centrali z 10.10.1981.
[41] Archiwalny zapisek o depeszy Centrali do Warszawy.
[42] Rozmowa z RK.
[43] Komunikat RK wysłany za pomocą Iskry 10.10.1981, odebrany przez CIA 11.10.1981.
[44] Depesza Warszawy do Centrali przekazująca komunikat RK z 18.10.1981.
[45] Komunikat RK przekazany za pomocą Iskry do CIA 25.10.1981.
[46] Komunikat dla RK z 21.10.1981, odebrany 25.10.1981.

Rozdział X
Podstawowe źródła: Kukliński, Forden, Burggraf, Iza, Lucille i Tom Ryanowie, Francis Meehan, Władysław Hermaszewski, Jerzy Skalski, Stanisław Radaj, Barbara i Roman Barszczowie, Brerewood, Brzeziński, Pappas.

[1] Rozmowa z RK; komunikat RK przesłany CIA za pomocą Iskry 02.11.1981.
[2] Rozmowa z RK; raport w sprawie ewakuacji (odtąd raport).
[3] Raport; rozmowa z RK.
[4] Fragment depeszy Warszawy do Centrali z 3.11.1981. Rozmowy z Fordenem, Burggraf i Ryanem.
[5] Fragment depeszy Caseya do ambasadora Meehana w Warszawie.
[6] Fragment depeszy Centrali do Warszawy z 3.11 do przekazania RK za pomocą Iskry.
[7] Fragment depeszy Centrali do Warszawy z pytaniami, które Burggraf miała zadać RK.
[8] Rozmowa z Fordenem.
[9] Raport; rozmowa z RK.
[10] Fragment listu przekazanego przez RK Burggraf podczas wieczornego spotkania 3.11.1981.
[11] Raport; rozmowy z RK i Burggraf.
[12] Rozmowa z Izą; raport. Raport stwierdza, że Bogdan przekazał Izie wiadomość w jej mieszkaniu, wieczorem, we wtorek, 3 listopada. Iza przypomina sobie, że Bogdan przyjechał po nią do jej matki we wtorek lub w środę i przekazał jej tę wiadomość, kiedy jechali samochodem. W każdym razie raczej nie powiedział jej o tym później niż w środę, ponieważ wiedział, że może wyjechać z Polski już w środę wieczorem. Autor wskazał wcześniejszą datę, zgodnie z treścią raportu, za to wykorzystał relację Izy na temat przebiegu rozmowy.

[13] Fragment depeszy Centrali do Warszawy wysłanej po otrzymaniu listu RK.

[14] Rozmowa z RK. Nie pamiętał dokładnej daty wizyty u Czesława Jakubowskiego. Zapewne było to na początku tygodnia, bo ewakuacja miała nastąpić bardzo szybko. Jakubowski przekazał zbliżoną relację Iwonie Jurczenko, która w swoim artykule z 1992 napisała, że RK przyszedł do niego w środę lub w czwartek. Autor wykorzystał wcześniejszą datę (I. Jurczenko, *Idealny agent*, „Prawo i Życie", nr 33, 1992).

[15] Rozmowa z Burggraf.

[16] Fragment depeszy Centrali do Warszawy z 5.11.1981.

[17] Raport; rozmowa z RK.

[18] Rozmowa z Burggraf.

[19] Fragment depeszy Warszawy do Centrali z 6.11.1981.

[20] Rozmowy z Lucille i Tomem Ryanami.

[21] Rozmowa z RK.

[22] Rozmowa z Radajem.

[23] Komunikat RK przekazany za pomocą Iskry do Warszawy z 6.11.1981.

[24] Rozmowa z RK; raport.

[25] Fragment depeszy Warszawy do Centrali z 7.11.1981.

[26] Raport. Rozmowy z RK, Burggraf i Fordenem.

[27] Depesza Centrali do Warszawy z 8.11.1981.

[28] Rozmowa z Ryanami. Lucille i Tom byli tak poruszeni biedą Polaków, że przestali robić zakupy w polskich sklepach spożywczych. Lucille czuła się tam, jakby odbierała jedzenie Polakom. Kupowali produkty spożywcze w sklepie przy ambasadzie oraz w sklepie dla dyplomatów, gdzie jedzenia było mnóstwo, jednak było znacznie droższe.

[29] Rozmowa Hermaszewskiego z Markiem Skrzydelskim.

[30] Rozmowa z RK. Relację ze swojego ostatniego powrotu do domu zdał również w wywiadzie dla „Kultury".

[31] Rozmowa z Barbarą Barszcz.

[32] Tekst pierwszego listu Bogdana pojawił się najpierw w artykule I. Jurczenko *Idealny agent*, *op. cit.* Iza stwierdziła, że w zasadzie tak go sobie przypomina. List był dowodem w zaocznym procesie RK w 1984.

[33] Rozmowa z Izą.

[34] Raport. Rozmowy z Ryanami i RK.

[35] Rozmowy z RK, Ryanami, Fordenem i Burggraf.

[36] Rozmowy z RK i Fordenem.

[37] Fragment „błyskawicznej" depeszy od placówki, która odebrała Kuklińskich w Berlinie, do Centrali.

[38] Rozmowa Skrzydelskiego ze Skalskim.

[39] I. Jurczenko, *Idealny agent*, *op. cit*.

[40] Rozmowa z Brzezińskim.

[41] Rozmowa z Pappasem.

Rozdział XI

Podstawowe źródła: RK, Forden, Lucille i Tom Ryanowie, Les Griggs, Pappas, Simon, Kliss, Al Gray, Richard Stolz, Hubert Romanowski, Jacek Szymanderski, Zbigniew Brzeziński, Jerzy Koźmiński, Siwicki, Kiszczak, Roman Barszcz, Wojciech Jaruzelski, Władysław Hermaszewski, Kazimierz Oklesiński, Czesław Półtorak, Richard Davies.

[1] Rozmowy z RK, Fordenem i Klissem.

[2] Przekład listu gratulacyjnego.

[3] Rozmowy z Griggsem, Pappasem i RK.

[4] David C. Martin, *A Polish Agent in Place*, „Newsweek", 20.12.1982, s. 49.

[5] List Williama J. Caseya do RK z 15.12.1982.

[6] Rozmowy z RK, Fordenem, Izą i Dwyerem.
Rozmowa z RK.

[7] W. Kukliński, *Spełnienie*, 1983, maszynopis (przekazany przez RK i przetłumaczony przez Klissa).

[8] Tłumaczenie wyroku z 23.05.1984, archiwum autora.

[9] Rozmowy z Fordenem i RK.

[10] Rozmowy z Pappasem, Simonem i Grayem.

[11] B. Woodward i M. Dobbs, *CIA Had Secret Agent on Polish General Staff*, „Washington Post", 4.06.1986.

[12] Konferencja prasowa Urbana, *USA Accused of Advance Knowledge of Martial Law in Poland*, BBC, 9.06.1986.

[13] Rozmowa z RK.

[14] Wywiad RK dla „Kultury" paryskiej, 1987.

[15] Rozmowa ze Stolzem.

[16] Rozmowa z RK. Kukliński stwierdził, że wrócił następnego dnia i rozmawiał z Hubertem Romanowskim, nowo mianowanym konsulem generalnym, którego nie było poprzedniego dnia. Romanowski później powiedział, że było to miłe spotkanie, które trwało około godziny. Kukliński spytał go o swój status. „Możliwe, że płk Kukliński dobrze się czuł podczas tej rozmowy, ponieważ byłem nie tylko pierwszym niekomunistycznym konsulem generalnym w Chicago od czasów II wojny światowej, ale także dawnym uchodźcą politycznym, który znalazł schronienie w USA" – napisał Romanowski w liście do „Washington Post" w grudniu 1992, po ukazaniu się tych artykułów. Zginął pięć miesięcy później w wypadku samochodowym pod Waverly w Tennessee podczas podróży służbowej.

[17] Tłumaczenie listu Wałęsy do Brzezińskiego z 12.01.1991.

[18] Fragmenty polskiego programu telewizyjnego z 21.07.1991.

[19] List Waldka do „Polityki" z marca 1992.

[20] Wystąpienie Brzezińskiego podczas kolacji wydanej przez Kongres Polonii Amerykańskiej 15.10.1992 w Waszyngtonie.

[21] Rozmowa z Romanem Barszczem.

[22] Rozmowy autora z Siwickim, Kiszczakiem i Jaruzelskim.
[23] Rozmowa Marka Skrzydelskiego z Hermaszewskim.
[24] Rozmowa Skrzydelskiego z Oklesińskim.
[25] Rozmowa Skrzydelskiego z Półtorakiem.
[26] B. Weiser, *Polish Officer Was U.S.'s Window on Soviet War Plans* oraz *Traitor or Patriot: Puzzle for Polish Military*, 27.11.1992, „Washington Post"; *A question of Loyalty*, „Washington Post Magazine", 13.12.1992; w odpowiedzi na artykuł Blaine Harden, *Poles Debate Who's a Real Patriot; Defector's Claims, Jaruzelski's Testimony Ignite Controversy*, „Washington Post", 09.10.1992.
[27] „Trybuna", cytat w UPI, *Zdrajca czy bohater: wybuch kontrowersji*, Warszawa, 30.09.1992.
[28] D. Kalbarczyk, „Życie Warszawy", cytowany przez Dariusza Fikusa w artykule *Wallenrodyzm*, „Rzeczpospolita" (dodatek „Zawsze w sobotę"), Warszawa, 24–25.10.1992.
[29] Rozmowa z Daviesem, który przekazał mi kopie wielu listów i odpowiedzi, które otrzymał.
[30] List RK do Daviesa, 8.03.1993.
[31] List Daviesa do Clintona, 28.02.1994.
[32] List Białego Domu do Daviesa z 25.04.1994.
[33] Rozmowa z Koźmińskim.
[34] Wywiad RK dla „Tygodnika Solidarność" z 9.12.1994.
[35] List Herberta do Wałęsy, cytowany przez UPI, 9.01.1995.

Rozdział XII
Podstawowe źródła: RK, Forden, Krzysztof Piesiewicz, Brzeziński, Koźmiński, Jack Platt, Davies.

[1] Na rozprawie 25.05.1995 był Marek Skrzydelski. Później autor rozmawiał z Piesiewiczem w Nowym Jorku.
[2] Rozmowy z Koźmińskim i Brzezińskim.
[3] R.T. Davies, *The Hero Anthony Lake Has Forgotten*, „Washington Times", Op-Ed, 24.02.1997.
[4] Rozmowy z Koźmińskim i Fordenem.
[5] Rozmowy z Fordenem i Plattem.
[6] Szczegółowy opis spotkań RK z polskimi prokuratorami został sporządzony na podstawie rozmów z Brzezińskim, Koźmińskim, RK oraz siedmiostronicowych „nieformalnych zapisków" Brzezińskiego. Wszystkie cytaty oraz wiele uwag pochodzą właśnie z tych notatek.
[7] BBC, *Generals Demand Explanation of Spy Case Decision by Prosecutor*, 8.10.1997.
[8] Konferencja została zorganizowana wspólnie przez Instytut Studiów Politycznych PAN w Warszawie oraz National Security Archive przy George Washington University oraz Cold War International History Project przy Woodrow Wilson

International Center for Scholars. Cytat wypowiedzi Kulikowa pochodzi z artykułu J. Perlez, *Iron Curtain Chills: A Cold War Spy Doesn't Dare Go Home*, „New York Times", 16.11.1997. Dziękuję również Malcolmowi Byrne'owi.

[9] M. Williams Walsh, *Poland's Spy Who's Still Out in the Cold*, „Los Angeles Times", 17.12.1997.

[10] Rozmowa z RK.

[11] A. Nagorski, *In from the Cold*, „Newsweek", 27.10.1997; wywiad Sołomatina dla „Panoramy", 22.03.1992, według zapisków i tłumaczenia Fordena.

[12] C. Bernstein, *The Holy Alliance*, „Time", 24.02.1992.

[13] C. Bernstein, M. Politi, *His Holiness: John Paul II and the Hidden History of Our Time* (Nowy Jork: Doubleday, 1996).

[14] List Fordena do Koźmińskiego z 15.03.1998.

[15] *Wzruszający powrót byłego szpiega po 17 latach*, program TV Polonia, Warszawa, 17.30, 27.04.1998/BBC Monitoring, 29.04.1998.

[16] Wywiad RK.

[17] Przemówienie RK; rozmowa z RK. Fragmenty wystąpienia: Program 1 Polskiego Radia, Warszawa, 10.34, 29.04.1998/BBC Monitoring.

[18] Fragmenty wiersza Zbigniewa Herberta, *Raport z oblężonego miasta* (z: *Raport z oblężonego miasta i inne wiersze*, Instytut Literacki, Paryż 1983) zostały opublikowane za zgodą Katarzyny Herbert.

[19] Rozmowa z RK.

[20] BBC, *Former Spy Explains His Silence on Martial Law to Solidarity Presidium*, 5.05.1998 (za PAP), Warszawa, 04.05.1998.

[21] A. Michnik, *Pułapka politycznej beatyfikacji*, „Gazeta Wyborcza", maj 1998, s. 10, 11 (autor wykorzystał tłumaczenie, które ukazało się w: B.B. Fischer, *The Vilification and Vindication of Colonel Kuklinski*, Studies in Intelligence, lato 2000, nr 9).

[22] Protokół z seminarium „U.S. Intelligence and the End of the Cold War", Texas A&M University Memorial Ceremony, 20.11.1999, Biuro Prasowe CIA.

[23] Rozmowa z RK.

Podziękowania

Książka ta nie powstałaby bez niezwykłej życzliwości płk. Ryszarda Kuklińskiego, który przez kilka lat opowiadał mi o swoim życiu i dzielił się wspomnieniami, znosząc cierpliwie i z humorem moje niekończące się pytania. Dziękuję również Hance Kuklińskiej, która witała mnie, gdy przyjeżdżałem na te spotkania. Wkład pracy Petera Earnesta, emerytowanego agenta CIA, był również bezcenny. Od początku zdecydowanie poparł mój pomysł, godzinami przeszukiwał z mozołem archiwa Agencji i przekazał mi wiele uwag na temat tamtych czasów. Teraz jest dyrektorem Międzynarodowego Muzeum Szpiegostwa w Waszyngtonie. Dziękuję mu za jego pomoc.

Marek Skrzydelski pełnił rolę mojego sprawnego tłumacza i przewodnika po Polsce, przeprowadził w moim imieniu kilka wywiadów i zebrał materiały opisujące posiedzenie sądu przedstawione w tej książce. Halina Potocka i Jola Ciborowska pomagały mi umówić się na rozmowy w Warszawie i je tłumaczyły.

Kilku przyjaciół dokonało recenzji maszynopisu, dyskutując ze mną na temat koncepcji zawartych w książce i przedstawiając swoje cenne uwagi. Byli to m.in. Evan Thomas, Andrew Nagorski, Steve Engelberg, David Remnick, Bob Woodward i Phillip Blumberg. Wszystkim im dziękuję.

Dr Zbigniew Brzeziński, który zawsze doceniał wagę tej operacji, odpowiadał na moje pytania, opisywał kontekst zdarzeń i przekazał mi notatki sporządzone podczas ważnego spotkania w roku 1997, stanowiące istotną część jednego z rozdziałów. Dziękuję również Jerzemu Koźmińskiemu, byłemu polskiemu ambasadorowi w Stanach Zjednoczonych, za jego uwagi na temat Polski i sprawy Kuklińskiego.

Pierwszy raz napisałem o niej w roku 1992, w artykułach opublikowanych przez „Washington Post" i „Post Magazine". Wśród moich dawnych kolegów redakcyjnych, którzy przekazali mi cenne informacje na temat CIA i Polski, byli: Bob Woodward, Steve Luxenberg, David Maraniss, Blaine Harden, Jackson Diehl, Mary Battiata, David Ignatius, Rick Atkinson, Chuck Babcock, Michael Getler, Lucy Shackelford oraz pracownicy „Post Magazine": Linton Weeks, Bob Thompson, John Cotter oraz Deborah Needleman. Dziękuję również Olwenowi Price'owi. Kilku redaktorów z „New York Times" również okazało mi swą pomoc, zwłaszcza gdy kończyłem pisać tę książkę. Byli to: Jon Landman, Susan Edgerley, Joe Sexton, Richard Berke, Joyce Purnick, Matt Purdy, Gerry Mullany, Tony Marcano, Christine Kay, Bill Goss, Anne Cronin oraz Wendell Jamieson.

Miałem również szczęście słyszeć słowa zachęty i rady od takich osób, jak: Stephen Sestanovich, Delia Marshall, John Orefice, Nick Lemann, Elsa Walsh, Chris Drew, David McCraw, Maggie Drucker, Dale Russakoff, Jay Mathews, Adam Liptak, Jim Risen, John Darnton, Linda Healey, Sara Forden, Megan Barnett, Joanna i Ren Weschlerowie, Simon Schama, Vint Lawrence, Anne Garrels, Luke Menand, Jonathan Karp, Rick Hertzberg, Kris Dahl, Malcolm Byrne oraz, nieżyjący, Robert Jones, Charles Rembar i Michael Dorris. Dziękuję Caroline Backlund, Jamiemu Baylisowi, Davidowi Wickendenowi, Cindy Snyder, Joy i Murrayowi Zinomanom, Whitney Pinger, Rogerowi Pollakowi, Ellen Dennis i Rudiemu Pribitzerowi za słuchanie i witanie mnie podczas moich reporterskich podróży po Stanach Zjednoczonych i za granicą. Szczególne podziękowania dla Judy Dennis, na którą zawsze mogłem liczyć oraz, oczywiście, Normy Weiser i Hermione Wickenden.

Podczas moich negocjacji z CIA dwie osoby – Molly J. Tasker, ówczesna szefowa komisji recenzującej, oraz Carolyn M. Ekedahl, ówczesna dyrektor działu kontaktów z mediami – zdecydowanie popierały umożliwienie mi dostępu do materiałów archiwalnych. Dziękuję im oraz następcy Molly, Johnowi Hedleyowi, a także innym, anonimowym pracownikom Agencji za ich starania. Dziękuję także Markowi Mansfieldowi, Tomowi Crispellowi, Midge'owi Holmesowi oraz ich kolegom z biura prasowego CIA.

Kilkunastu obecnych i byłych agentów CIA, których nie wszystkich mogę wymienić z nazwiska, udzieliło mi obszernych wywiadów. Wszyscy czytelnicy zauważą, że zdrowa ocena i rozsądek Davida Fordena miały znaczny wpływ na przebieg naszych rozmów. Dziękuję jemu i jego nieżyjącej już żonie, Aurelii, za gościnność. Dziękuję także Tomowi i Lucille Ryanom, Sue Burggraf, Arisowi Pappasowi, Billowi Donnelly'emu, Katharine Hart, Richardowi Stolzowi, Ronowi Estesowi, Havilandowi

Smithowi, Carlowi i Nancy Gebhardtom, Jamesowi M. Simonowi Jr., nieżyjącemu już Davidowi Blee, Johnowi Dimmerowi, Bobby'emu Rayowi Inmanowi, Clairowi George'owi, Johnowi Hortonowi, nieżyjącemu już Victorowi Klissowi, Bobowi Lubbehusenowi, Jackowi Plattowi, Halowi Larsenowi, nieżyjącemu już Richardowi Helmsowi, Douglasowi J. MacEachinowi, Kurtowi Taylorowi, Mary Gromley oraz kilku osobom, które występują tu jedynie pod pseudonimem: Tedowi Gilbertsonowi, Michaelowi Dwyerowi, Edowi Schooleyowi, Ruth Brerewood i Walterowi Langowi. Kilka osób przedstawionych w tej książce było uprzejmych przeczytać maszynopis lub jego fragmenty, wskazując błędy czy udzielając mi swoich sugestii.

Bardzo dziękuję Michaelowi Pollakowi, Billowi Vourvourliasowi oraz Idzie May Norton za dokładne sczytanie maszynopisu, Victorowi Klissowi za przetłumaczenie wiersza Waldemara Kuklińskiego oraz Adamowi Gillonowi za jego uwagi na temat twórczości Josepha Conrada. Oto inne osoby, z którymi rozmawiałem o sprawie Kuklińskiego: Jan Nowak-Jeziorański, Richard Davies, Francis Meehan, Richard Pipes, William Odom, Les Griggs, Krzysztof Piesiewicz, Al Gray, Edmund Thompson, nieżyjący już Roy Jonkers, Peter Falk, Alan Goldfarb, Barbara i Roman Barszczowie, Stanisław Radaj, Jacek Szymanderski, Stanisław Przyjemski, Wojciech Jaruzelski, Florian Siwicki, Czesław Kiszczak oraz Janusz Onyszkiewicz.

Moja agentka, Amanda Urban, od samego początku entuzjastycznie wspierała mój projekt, udzielając mi bezcennych wskazówek. Peter Osnos oraz redaktorzy z wydawnictwa PublicAffairs byli niezłomnymi rzecznikami powstania tej książki. Dziękuję zwłaszcza redaktor Kate Darnton, której entuzjazm był zaraźliwy i która sprawnie poprowadziła mnie przez procedury redakcyjne związane z wydaniem tej książki. Dziękuję również Robertowi Kimzeyowi, Melanie Peirson Johnstone, Ninie D'Amario, Kasey Pfaff, Gene'owi Taftowi, Matthew Goldbergowi oraz Lindsay Jones.

Na koniec największe podziękowania dla moich córek, Sarah i Rebeki, oraz dla mojej żony, Dorothy Wickenden, której mądrość i bystrość umysłu miały wielki wpływ na ostateczny kształt tej książki.

Dziękuję osobom opracowującym polskie wydanie tej książki z wydawnictwa Bertelsmann: Joannie Salak, Bohdanowi Maliborskiemu, Beacie Karewicz, Tomaszowi Jendryczko oraz Kazimierzowi Stembrowiczowi. Dziękuję również Janowi Nowakowi-Jeziorańskiemu, który zechciał napisać przedmowę do polskiego wydania oraz Thaddeusowi Mireckiemu z Waszyngtonu, który przeczytał polskie tłumaczenie książki i przekazał swe cenne uwagi i sugestie.

Indeks osób

Andropow, Jurij 211
Angleton, James J. 23, 24, 80

Balcerowicz, Leszek 274
Barszcz, Barbara 98, 252, 253, 290
Barszcz, Leon 145, 149
Barszcz, Roman 41, 98, 99, 145, 206, 252, 271, 290
Bernstein, Carl 287, 288
Blee, David 23–25, 62, 63, 68, 69, 71, 72, 100, 297
Boggs, Sally (pseudonim, analityk CIA) 146–148, 172
Brerewood, Ruth (pseudonim, szefowa sekcji polskiej CIA) 153, 256
Breżniew, Leonid 164, 176, 196, 222, 233
Brown, Harold 189, 196, 201
Brzeziński, Zbigniew 16, 182, 185, 187, 189, 190, 192, 193, 196, 201, 202, 256, 269, 270, 275, 279–281, 283–287
Burggraf, Sue 154, 159, 166, 174–176, 219, 220, 230, 240–242, 244, 246–248, 250, 251, 297
Bush, George W. 14, 127
Buzek, Jerzy 16, 289, 290

Carson, Sally zob. Forden, Sally Carson
Carter, Jimmy 128, 129, 134–136, 138, 182, 186, 1190, 194–196, 201, 202
Casey, William 240, 259, 261, 287
Ceauşescu, Nicolae 151
Chocha, Bolesław, gen. 51, 53, 54, 56–60, 284
Chomeini, Ruhollah 167
Church, Frank 124
Churchill, Winston 261
Ciepłowski, Jarosław, mjr 277
Clausewitz, Karl von 57
Clinton, Bill 274, 280, 285
Colby, William 124
Conrad, Joseph 49, 51, 267

Daniel zob. Forden David
Daniluk, Piotr 286
Davies, Richard 273, 274, 280
Davis, Evan (pseudonim, agent CIA) 219, 240–242, 247, 248, 251
Dewiński, Piotr 277
Dimmer, John P. Jr. 22, 23, 25, 297
Dobbs, Michael 266
Donnelly, Bill 72, 75, 80, 81, 83
Donnelly, Margery 81

Dulles, Allen 25
Dwyer, Michael (pseudonim, agent CIA) 159, 160, 166, 167
Dzierżyński, Feliks 166

Earnest, Peter 13, 14, 154
Eisenhower, D. Dwight 25, 73
Estes, Ron 75, 78, 79, 82

Falk, Peter 73, 74
Ford, Gerald 107
Forden, Amy 72
Forden, Aurelia 265, 281
Forden, Caty 82, 149
Forden, Daniel 149
Forden, David W. 12, 73–75, 78–83, 87–89, 91–95, 97, 99, 100, 104–106, 112–114, 117–128, 130, 131, 133, 137–140, 143–145, 149, 150, 152, 153, 157–159, 161, 167, 168, 172, 177–181, 184–187, 213, 223–225, 227, 228, 231, 232, 234, 240–242, 246, 247, 251, 255, 256, 258, 259, 261–265, 281, 287–289, 294
Forden, Mary 72
Forden, Sally Carson 73–75, 81, 82, 149, 224
Forden, Sara 75, 149
Forden, William „Ted" 72, 73
Franke, Egon 34
Fried, Daniel 280, 286

Gates, Robert M. 13, 23, 194
Gebhardt, Carl E. 63, 64, 66, 93, 94
Gebhardt, Nancy 66
George, Clair 24, 240
Gierek, Edward 104, 135, 160, 161, 164, 177, 179, 182, 183
Gilbertson, Ted (pseudonim, agent CIA) 159, 166, 174–176, 199, 219, 298
Glebow, gen. 107
Gocłowski, Tadeusz 294
Goldfarb, Alan 74
Gomułka, Władysław 49, 50, 55
Górnicki, Wiesław, płk 269, 270
Gray, Al, gen. 265, 266
Gribkow, Anatolij, gen. 136, 162, 163, 171, 212
Griggs, Les, płk 260
Grudziński, Przemysław 16

Haig, Alexander M. Jr. 288
Harden, Blaine 12
Hart, Katharine Colvin 25, 68, 69, 170
Helms, Richard 23, 24, 67, 71, 79, 107, 114
Henry, płk zob. Morton, Henry P.
Herbert, Zbigniew 275, 291, 293, 294
Hermaszewska, Grażyna 98, 99, 122, 206
Hermaszewski, Władysław, gen. 98, 122, 123, 134, 206, 233, 245, 252, 272
Hill, Christopher 16, 298
Hitler, Adolf 26, 57, 291
Holiday, Billy 73
Honecker, Erich 177
Horton, John 82, 100
Hupałowski, Tadeusz, gen. 196–197, 214

Inman, Bobby Ray 158, 240

Jakubowska, Barbara (155–158, 161, 172
Jakubowski, Czesław 155, 246, 264
Jakubowski, Iwan 54, 57
Jan Paweł II 159, 202, 287
Jaroszewicz, Piotr 156, 160
Jaruzelski, Wojciech, gen. 11, 18, 35, 38, 50, 52–56, 58, 97, 116, 117, 126, 135, 142, 158, 158, 160, 161, 163, 164, 167, 181, 183, 188, 195, 197, 198, 201–204, 206, 208–212, 215, 220–222, 225, 227, 230, 233, 235, 237, 248, 249,

257, 264, 266, 267, 269, 271, 272, 287, 294
Jasiński, Antoni, gen. 214, 215

Kalaris, George 145, 148, 159, 178
Kania, Stanisław 182, 183, 186, 198, 201, 202, 206, 208, 211, 212, 221, 222, 226, 227, 230, 233, 235
Karamessines, Thomas H. 79
Kennedy, John F. 23, 52, 141
Kennedy, Robert 141
Kieślowski, Krzysztof 276
Kiszczak, Czesław, gen. 115, 116, 226–228, 268, 271
Kliss, Victor 256, 259, 260, 298
Kościuszko, Tadeusz 230, 289, 292
Koźmiński, Jerzy 274, 275, 278, 280–282, 285, 286, 289, 293, 298
Kufel, Teodor 138, 140, 141
Kuklińska, Anna (matka RK) 41, 44, 45
Kuklińska, Joanna „Hanka" (żona RK) 16, 31, 34, 39, 48, 49, 51, 64–66, 91, 98, 99, 104, 105, 108, 109, 122, 123, 138, 142, 149, 155, 156, 177, 230, 234, 235, 238, 243, 245, 247–250, 252–256, 259, 264, 266, 267, 274, 290, 295, 298
Kuklińska, Iza (żona Bogdana) 207, 239, 244, 246, 250, 253, 255, 259, 262, 298
Kukliński, Bogdan (syn RK) 28, 34, 49, 60, 61, 98, 109, 110, 117, 122, 123, 134, 136, 155, 156, 171, 206, 207, 234, 235, 239, 243–248, 250, 253, 254, 256, 259, 262, 274, 295, 298
Kukliński, Stanisław (ojciec RK) 41, 44
Kukliński, Waldemar (syn RK) 34, 49, 70, 98, 99, 121, 123, 134, 239, 243, 247, 248, 250, 253, 254, 256, 259, 263, 270, 274, 294, 298
Kulikow, Wiktor 102, 132, 136, 137, 140, 142, 150, 156–158, 161–164, 167, 171, 176, 188, 196, 208, 210–212, 215, 220–222, 286
Kwaśniewski, Aleksander 278–280, 285, 286
Kwieciński, Jerzy, kpt. 281, 282

Lang, Walter (pseudonim, oficer armii USA) 25–27, 30–35, 38, 39, 62, 68, 88, 297
Larsen, Hal 170, 171
Lubbehusen, Robert 170

Mazowiecki, Tadeusz 268
McArthur, Douglas 49
McMahon, John N. 178
Meehan, Francis J. 200, 240
Michnik, Adam 294
Mickiewicz, Adam 230
Milewski, Mirosław 193
Miller, Leszek 278–280, 285, 286, 298
Molczyk, Eugeniusz, gen. 195, 198, 210, 213
Moltke, Helmut Karl Bernhard von 57
Morton, Henry P., płk (pseudonim) 25–28, 30–33, 35, 36, 38, 39, 62, 66, 68, 83–85, 87–89, 91, 92, 95, 101, 104, 105, 117–120, 131, 137, 139, 297
Muskie, Edmund S. 189, 196, 201

Nagorski, Andrew 287
Nixon, Richard M. 107

Ogarkow, Nikołaj 197
Oklesiński, Kazimierz, płk 272
Olszewski, Jan 16
Ostaszewicz, Włodzimierz, płk 231, 232, 234, 235, 241, 245

Pacepa, Ion, gen. rumuński 151
Pappas, Aris 216–219, 256, 257, 260, 265
Pappas, Eva 256, 257

Pappas, Lara 256, 257
Patkowski, Stanisław Longin „Stan" 69, 89, 152, 153, 158, 162, 168, 169, 172, 298
Pawłowski, Jerzy, płk 116, 119, 120, 123, 125
Pieńkowski, Oleg 79, 80, 118, 217
Piesiewicz, Krzysztof 267, 277, 278
Piłsudski, Józef 230
Pińkowski, Józef 23, 193, 208
Platt, Jack 281, 288, 289
Platt, Michelle 281
Podgorny, gen. rosyjski 164
Politi, Marco 288
Popiełuszko, Jerzy 276
Półtorak, Czesław, płk 272
Puchała, Franciszek, płk 194–197, 226, 236, 237
Putek, Józef, płk 133, 134, 140, 141, 158

QT-LUX (amerykański agent w Polsce) 69

Radaj, Stanisław 47, 84, 249
Rakowski, gen. 249
Reagan, Ronald 209, 224, 261, 266, 267
Ribicoff, Abraham 74
Rogers, Bernard W., gen. 288
Rokossowski, Konstanty 46, 49
Rosenberg, Ethel 73
Rosenberg, Julius 73
Rutherford, Ben 216, 257
Ryan, Lucille 182, 240, 249–254, 297
Ryan, Maureen 240, 249
Ryan, Tom 182, 200, 213, 214, 219, 230, 240, 248–254, 297

Schama, Simon 15
Schooley, Ed (pseudonim, agent CIA) 36–38
Sikorski, Władysław, gen. 230
Simon, James M. Jr. 265
Siwicki, Florian, gen. 22, 102–104, 111, 126, 132, 133, 140, 141, 149, 158, 160, 161, 163–165, 179, 197, 198, 203, 206, 208, 211, 213–215, 220, 225–227, 233, 252, 271
Skalski, Jerzy, gen. 97, 101, 104, 130, 132, 142, 182, 188, 189, 193, 202, 213, 214, 221, 226, 235, 237, 238, 241, 242, 247–249, 255, 287
Smith, Haviland 76–80
Sołomatin, Borys 287–289
Stalin, Józef 26, 57, 221
Stalin, Swietłana 24
Staniszewski, Konstanty 47, 48
Stein, John 240, 262
Stolz, Richard (dyrektor pionu operacyjnego CIA) 268
Suchocka, Hanna 274
Svoboda, Ludwik 55
Szklarski, Wacław, gen. 196, 197, 202, 215, 236, 237, 255
Szopen, Fryderyk 257, 293
Sztiemienko, S.M., gen. 57
Szymanderski, Jacek 269

Śliwiński, gen. 57

Taylor, Jacek 276
Tenet, George 16, 295
Thompson, Edmund R., gen. 158
Tighe, Eugene F., Jr., gen. 158
Tito, Josip „Broz" 73
Turner, Stansfield J., adm. 128, 138, 148, 178, 183, 185–187, 189, 194–196, 201
Tweedy, Bronson 79

Urban, Jerzy 266, 267
Urbanowicz, Józef, gen. 85
Ustinow, Dimitrij F. 132, 164, 167, 181, 227, 233

Wajda, Andrzej 247
Wałęsa, Lech 17, 18, 181, 182, 189, 222, 257, 268, 269, 274, 275, 278, 291
„Wally", agent CIA zob. Morton, Henry P.
Weber, Steve 240
Webster, William 268
Welch, Richard 224
Wilcox, Jason (pseudonim, agent CIA) 219, 240, 241, 254
Witt, Czesław, płk 236, 237, 242, 243
Włodarczyk, Bogdan, mjr 281–283
Woodward, Bob 11, 266
Wyszyński, Stefan 127, 160

Żarek, Jan, płk 116, 130, 132